"东方问题"与巴尔干化的历史根源

The Eastern Question and the Historical Roots of the Balkanization

孙兴杰 ◎ 著

图书在版编目（CIP）数据

"东方问题"与巴尔干化的历史根源 / 孙兴杰著. —北京：中央编译出版社，2021.6
ISBN 978-7-5117-3900-1

Ⅰ. ①东… Ⅱ. ①孙… Ⅲ. ①巴尔干半岛–历史–研究 Ⅳ. ①K540.7

中国版本图书馆 CIP 数据核字（2021）第 003336 号

"东方问题"与巴尔干化的历史根源

责任编辑	赵　灿
执行编辑	郑永杰
责任印制	刘　慧
出版发行	中央编译出版社
地　　址	北京西城区车公庄大街乙 5 号鸿儒大厦 B 座（100044）
电　　话	（010）52612345（总编室）　　（010）52612362（编辑室）
	（010）52612311（营销部）　　（010）52612315（新技术部）
传　　真	（010）66515838
经　　销	全国新华书店
印　　刷	北京印刷集团有限责任公司印刷一厂
开　　本	710 毫米 × 1000 毫米　1/16
字　　数	404 千字
印　　张	25.25
版　　次	2021 年 6 月第 1 版
印　　次	2021 年 6 月第 1 次印刷
定　　价	120.00 元

新浪微博：@中央编译出版社　　　微　　信：中央编译出版社(ID: cctphome)
淘宝店铺：中央编译出版社直销店(http://shop108367160.taobao.com)　（010）52612322

本社常年法律顾问：北京市吴栾赵阎律师事务所律师　　闫军　　梁勤
凡有印装质量问题，本社负责调换，电话：（010）52612317

国家社科基金后期资助项目
出版说明

后期资助项目是国家社科基金设立的一类重要项目，旨在鼓励广大社科研究者潜心治学，支持基础研究多出优秀成果。它是经过严格评审，从接近完成的科研成果中遴选立项的。为扩大后期资助项目的影响，更好地推动学术发展，促进成果转化，全国哲学社会科学工作办公室按照"统一设计、统一标识、统一版式、形成系列"的总体要求，组织出版国家社科基金后期资助项目成果。

全国哲学社会科学工作办公室

前　言

　　再次为这些文字写前言，已经是十年之后了。"东方问题"，这一国际关系史编纂体系中非常重要的一个问题也不再那么冷僻了。十年前，撰写博士论文的时候，我面临着一个困扰，当别人问，你在研究什么问题？我没有用"东方问题"，而是说，我研究奥斯曼土耳其与欧洲关系。即便听者或许不解其意，但不至于毫无头绪。近些年来，环绕地中海、黑海沿岸的国际热点事件，让"东方问题"具有了强烈的现实意义，"东方问题"也受到了更多的关注。

　　"东方问题"，简单说，就是"奥斯曼帝国怎么办"的问题。18世纪之后，奥斯曼帝国不断衰落，成为"西亚病夫"，帝国衰落留下的权力真空如何填补？欧洲列强在如何分配奥斯曼帝国庞大的边缘地带的问题上难以协调，似乎变成了欧洲国家的烦恼。"东方问题"引发的危机贯穿了19世纪欧洲的"百年和平"，20世纪初，巴尔干半岛成为国际危机的焦点，第三次巴尔干战争演变为一场席卷欧洲，甚至全球的世界大战。战争浩劫之后，欧洲人将责任推到了德国等战败国头上，而巴尔干半岛的"八月炮火"也让"火药桶"变成了巴尔干的专属。巴尔干半岛为什么会成为地缘政治的破碎地带，其积存的能量一直在释放，直到今天，巴尔干半岛依然处于各种力量竞争之地。

　　"东方问题"所涵盖的内容不仅远远超出了如何处理衰弱的奥斯曼帝国的遗产问题，还是国际秩序演化过程中的"节点"。在研究过程中，我试着搭建一个分析"东方问题"的框架，从长时段的角度做了历史发展脉络的梳理，将"东方问题"的历史透镜拉长到奥斯曼帝国与"欧洲"的互动与碰撞的14世纪。

　　第一，"东方问题"背后是国际秩序的演变，从帝国秩序到所谓的现代国际秩序，这一转变并不是一蹴而就，甚至并非必然。帝国、霸权与区域作为三种不同的国际秩序类型，贯穿了"东方问题"的历史进程，而秩序变迁背后的逻辑和动力在于治理模式和治理能力，也可以说是"国家能力"。现代国际关系被假定为始于1648年《威斯特伐利亚和约》签订之后，主权国家作为一种政治组织形态登上历史舞台。从历史来看，这种假设并无道理，而将主权国家之前的历史视为"前现代国际关系"，不仅抹杀了国际关系久远而复杂的历史起源，也忽视了主权国家源于欧洲特殊历史的事实。从帝国到现代国际秩序，是历史的插曲还是合目的论的必然趋势呢？"东方问题"的复杂历史消解了这一假定，将帝国、帝国边缘、霸权等概念作为分析工具之后，无疑增加了"盲人摸象"的次数，由此拼接起来的"东方问题"或许能够更完整。

第二，国际关系中的边缘与中心互动及其转换。"东方问题"与欧洲地缘空间的转换息息相关，从地中海到大西洋，东地中海从权力中心变成了欧洲的边缘地带。而巴尔干半岛则从奥斯曼帝国的边缘地带变成了奥斯曼帝国、俄罗斯帝国和哈布斯堡帝国三大帝国争夺的边缘地带。边缘与中心在时间的长河中不断转换，帝国的兴衰成败也在边缘与中心的伸缩之中。边缘地带叠合着人种、宗教、部落等不同的边界，而帝国区别于主权国家的最大特征在于，帝国没有明确的边界，帝国边缘是不同边界叠合与混杂的空间，因模糊而形成了相对稳定的秩序。民族主义与主权国家的结合，构建了基于明确权力边界和身份边界的政治组织，帝国边缘由此进入了持续裂变之中，因精确而无法形成稳定的秩序。

第三，从帝国到后帝国秩序的惊险一跃。相比于帝国久远的历史，主权国家还只是历史的一瞬间，有一点可以确定的是，从帝国到后帝国的转折已经发生，而在后帝国空间中构建何种秩序是一个开放的问题。在相当长的历史中，帝国秩序的循环往复是历史的常态，后帝国始于"罗马之后无罗马"，在罗马帝国曾经的边缘地带出现了新的秩序形态，也就是所谓的欧洲秩序。奥斯曼帝国面对的欧洲秩序是非帝国或者说是后帝国的，为什么欧洲成为后帝国的先锋，也许这是政治学研究的重大议题。从帝国到后帝国秩序是"东方问题"演化的内在逻辑和动力，欧洲在本土建立了主权国家为基础的霸权秩序和海外帝国体系，因此，欧洲秩序是后帝国秩序的产物，但是在向外扩张之际又经历了"再帝国化"。直到20世纪初，欧洲列强通过征服其他地区的"帝国"而建立了全球性殖民帝国体系，这种"再帝国化"的进程才停止。欧洲体系内部的矛盾难以通过扩张而向外转嫁,最终,聚焦到了巴尔干半岛,第一次世界大战让奥斯曼帝国、奥匈帝国和俄罗斯帝国瓦解,而进入了后帝国时代。

第四,巴尔干化的本质在于破碎地缘政治板块上难以建立起稳定的秩序。在后帝国空间,曾经的边缘地带处于持续的裂变之中,主权国家秩序是被"赋予"的,有国家的形却无国家的实。这些国家既反对昔日帝国中心的干预,又要借助外力构建国家秩序,不可避免地卷入到大国竞争中。巴尔干化,在外交层面表现为双层结盟与博弈,欧洲大国之间的竞争愈加激烈,以大陆联盟体系为代表的结盟体系延伸到了巴尔干国家。巴尔干国家之间的竞争不断,巴尔干小国为了生存而与大国结盟,竞争压力之下的同盟承诺渐趋刚性,大国为了声誉而不得不兑现承诺。有了大国的保障,小国可能不会克制自己的欲望,从而形成了小国"绑架"大国的态势。大国的战略博弈压力与刚性结盟体系缠绕在一起,最终失去了弹性和韧性。

"东方问题",不只是一个国际关系史研究的案例,更是透视国际关系的"镜子",既可以从长时段"鸟瞰"历史演变的趋势和方向,也可以从事件"细察"身处历史"生死攸关"的人的意志和意识。对"东方问题"的研究是我一次难得的思想和精神的历险,也为我观察现实的国际关系提供了一座思想富矿和学术参照。由历史而现实,由历史而理论,也许,这就是国际关系研究的"历史路径"。研究越深,困惑越多,在这本书中提出的问题要远远多于答案,未竟的研究议题要远远多于成果或则心得体会。

本书的初稿来自我的博士学位论文的一部分,2015年获国家社科基金后期项目支持。感谢我的导师刘德斌教授的教诲。从2006年入刘德斌教授门下学习国际关系史,从老师那里学到的不只是知识,还有学术视野与担当,更感谢老师给我充分自由探索的空间。在吉林大学十几年的学习和工作,从众多师友中获益良多。感谢《史学集刊》常务副主编宋鸥编审、《吉林大学社会科学学报》主编刘文山编审、吉林大学历史系任东波教授、徐萍教授、公共外交学院孙丽萍教授、《史学集刊》编辑郑广超博士、湘潭大学张骁虎博士在我求学和工作中的指导和支持。感谢中央编译出版社郑永杰女士、赵灿先生卓有成效的编辑工作。

十年之间,求职就业,结婚生子,需要扮演的角色一下子多了起来。

感谢我的妻子王洪霞女士，从博士论文写作一直到本书成稿，她不仅分担了繁杂的家务，也聆听了我学术上的困惑。感谢父母的养育以及对我每个决定的支持，甘当"老漂"，从山东老家来到东北照看孙辈儿，让我能够在"学者"的角色上投入更多的时间和精力。感谢我的女儿和儿子，他们的出生和成长，让我感受到了生命与智识的奇妙，与他们相互的督促和鼓励，让我体悟到了成长的"加速度"。这本书是我学习的总结，更是学术研究的开始。

2021 年 5 月 29 日于长春

目　录

第一章　导论 ··· 1
　第一节　选题的意义 ·· 1
　第二节　研究现状 ··· 2
　第三节　研究方法与思路 ·· 12
　第四节　创新之处 ·· 16

第二章　东方问题的内涵与分期 ··· 18
　第一节　帝国、霸权与战争 ··· 18
　　一、霸权与帝国：两种形态与逻辑 ··································· 18
　　二、国家能力的理论框架 ··· 30
　　三、帝国战争与霸权战争 ··· 47
　　四、帝国之后：区域的兴起 ·· 55
　第二节　"东方问题"的几种解读范式 ································ 59
　　一、马克思恩格斯解读"东方问题" ································ 59
　　二、文明冲突的范式 ··· 68
　　三、地缘政治范式 ··· 76
　第三节　"东方问题"的内涵与分期框架 ···························· 82
　　一、东方问题：内涵与本质 ·· 82
　　二、东方问题的分期框架 ··· 89

第三章　帝国、战争与边缘的形成 ······································ 95
　第一节　三大帝国国家能力的变迁概述 ······························ 95
　　一、奥斯曼帝国国家能力的演变 ····································· 95

二、哈布斯堡帝国国家能力的演变 …………………… 106
　　三、俄国国家能力的演变 ………………………………… 119
第二节　三大帝国之间的战争 ……………………………… 131
　　一、战争与（去）边疆化 ………………………………… 132
　　二、文明的接触与对抗：奥斯曼 VS. 哈布斯堡 ……… 138
　　三、自然边界的分割与土俄战争 ………………………… 148
　　四、若即若离的俄奥联盟 ………………………………… 158
第三节　帝国边缘：形成与特征 …………………………… 162
　　一、帝国扩张与边缘的形成 ……………………………… 162
　　二、边缘的内涵与特征 …………………………………… 173

第四章　霸权体系下的东方问题 …………………………… 181
第一节　从帝国体系向霸权体系的转型 …………………… 181
　　一、欧洲现代国际体系的形成与扩张 …………………… 182
　　二、面向霸权：奥斯曼帝国的初次改革 ………………… 195
第二节　帝国战争与霸权战争：奥斯曼帝国的内外挑战 …… 202
　　一、来自边缘地区的冲击：希腊革命及阿里 …………… 203
　　二、克里米亚战争与维也纳体系的重组 ………………… 215
第三节　欧洲霸权体系与东方问题的互动 ………………… 230
　　一、东方问题的"欧洲化" ……………………………… 231
　　二、欧洲变局与近东危机 ………………………………… 244

第五章　区域崛起与东方问题的终结 ……………………… 259
第一节　巴尔干民族国家的构建 …………………………… 259
　　一、民族主义与国家能力结构的重塑 …………………… 260
　　二、巴尔干的民族主义与国家：类型与历程 …………… 269
第二节　巴尔干区域的构建 ………………………………… 290
　　一、巴尔干区域的初步构建与尝试 ……………………… 290
　　二、战争与巴尔干区域的确立 …………………………… 302
第三节　东方问题的终结 …………………………………… 315
　　一、南斯拉夫：次区域秩序的构建 ……………………… 316
　　二、希土战争 ……………………………………………… 324

第六章　后帝国空间与巴尔干化的逻辑 …… 330
第一节　人类组织演化的动力与逻辑 …… 331
第二节　迈向后帝国时代的动力 …… 337
第三节　后帝国空间的特征 …… 345
第四节　巴尔干化的逻辑 …… 349

结　语 …… 359

参考文献 …… 362

第一章　导论

第一节　选题的意义

"东方问题",自19世纪以来一直是欧洲国际关系中难解的热点问题,1914年第一次世界大战可以视为东方问题的延伸。一个世纪之后,东方问题的遗产依然存留于当代国际关系之中,成为诸多热点问题的历史根源。第一次世界大战改变了欧洲以及世界发展的方向,开启了一个迈向"后帝国"的时代。东方问题绵延数百年,关于东方问题的论述夹杂着不同的偏见与想象,审视与理解东方问题,不仅对编纂相对客观全面的国际关系史具有重要意义,而且对认知与预测国际关系发展走向具有指导意义。

从学理而言,东方问题以其绵延时间久远、牵涉问题之繁复,而成为国际关系史编纂中难以绕开的重大课题,研究本问题不仅需要理论方法的更新,还需要研究心态的转换,培育广阔的学术心理空间,锤炼比较成熟客观的解读体系。东方问题贯穿于近现代国际关系史发展的进程之中,内涵国际关系史的转型与特征,辨识与剖析东方问题的视角与方法便是对国际关系史编纂的补充。长期以来,国际关系史的编纂一直深陷于"欧洲中心论"的泥潭之中,纠结于"威斯特伐利亚情结"。东方问题的发展逻辑昭示着,欧洲现代国际关系的兴起是欧洲与非欧洲世界互动的结果。

本书以帝国、霸权与区域三个概念来概述与分析东方问题演进的阶段,以期能够客观准确地把握东方问题发展的历史进程与演进逻辑。帝国与霸权既是国际关系的两种组织形态,也是国际关系演进的两种逻辑。在漫长的历史进程中,两种形态与两种逻辑交互出现,并呈现出帝国向霸权转换的趋势。帝国既是一种组织单位，又是一种国际体系；霸权则是一种动态平衡的国际体系。二者之间的复杂关系也反映了国际关系演进的复杂性、多样性。区域则是建基于主权国家基础之上的国际秩序，虽然区域的兴起不是帝国的回归，但是帝国的遗产确实为区域秩序的构建奠定了基石。东方问题漫长的历史进程中叠合了帝国、霸权与区域的诸种因素，是研究区域国际关系史的"化石"。对东方问题的探析与解读能够推动国际关系史研究的深化与编纂的革新。

从现实而言，东方问题涉及的地区与国家至今依然是国际关系的热点与焦点，构成了全球地缘政治板块中的破碎地带，是全球政治中的"巴尔干化"的典型案例。所谓的破碎地带，其本质在于缺乏有效的权力组织，难以形成稳定的社会秩序，而其根源在于各种权力边界交叠，各种利益冲突。现实的国际政治源于久远的历史，东方问题源于帝国的扩张与竞争，进而西方列强的介入与殖民，历史恩怨与现实利益纠葛在一起进而成为难解之结。奥斯曼帝国兴盛之时，一度将势力范围扩展至今日的阿拉伯半岛、北非、高加索、巴尔干等地，当奥斯曼帝国衰落直至崩溃之际，这些地区并没有建立起稳定的国际秩序。东方问题成为当前巴尔干、高加索、中东、北非战火频发的历史根源，只有对东方问题进行抽丝剥茧地研究，探究巴尔干化的机理，才能认清热点问题的真实面目。

第二节 研究现状

东方问题的延续时间绵长，影响比较深远。学术界对于东方问题的研究有比较深厚的积累，这些研究成果成为本书研究的基础和出发点。

国内学术界对东方问题的研究起步比较晚，在中国知网中输入"东方问题"一词，相关的文献仅有20多篇，研究基础比较薄弱。这些论文的研究内容大致可以分为以下几类：

第一种是关于东方问题概貌性的认识。1984年，《齐齐哈尔师范学院学报》刊登了节译于《大英百科全书》中的词条"东方问题"，时隔两年，这一词条的后半部分才刊登出来。[1] 这是国内学术界关于东方问

---

[1] 唐承运，译. 东方问题[J]. 齐齐哈尔师范学院学报，1984（3）；唐承运，译. 东方问题[J]. 齐齐哈尔师范学院学报，1986（1）.

题比较早的介绍。"东方问题"的词条主要论述了奥斯曼帝国的衰落与列强之间在奥斯曼帝国的争夺。19世纪确立维也纳体系之后，奥斯曼帝国并没有受到当时国际条约的保护而成为列强竞相争夺的对象，这是东方问题成为欧洲国际危机的原因。武红旗在《东方问题的若干探讨》一文中对东方问题的产生、发展与解决给予论略，文中引用了国外学者的观点，认为东方问题源于1791年英俄之间的外交危机，而东方问题并没有在1923年《洛桑条约》签订后终结。① 行文将东方问题的演进历程予以梳理，但是似乎缺少具有创新性的观点。关于东方问题的起源与终结各有一篇论文。黄淑桢在《"东方问题"产生的浅析》一文中解读了马克思关于东方问题的论断，即东方问题就是"土耳其怎么办"的问题。该文对拜占庭帝国的衰落与奥斯曼帝国的兴衰进行了论述，但是又认为，"东方问题产生在十八世纪末，斗争的重点却是在十九世纪，整个十九世纪东方问题成为国际关系的主体之一。如果说十八世纪末，在东方问题上俄法矛盾是主要矛盾的话，那么十九世纪，英俄矛盾就变成主要矛盾了"②。研究中东委任统治的王三义在《"东方问题"的延续与终结》一文中指出，将《洛桑条约》签订、土耳其独立作为东方问题的终结并不合理，因为虽然土耳其独立了，但是中东的阿拉伯身份却陷入英法等大国的委任统治之下，直到中东国家独立，东方问题才真正终结。③ 这种观点的优点在于转换了东方问题的焦点，换言之，将东方问题从奥斯曼帝国转向奥斯曼帝国的遗产，只有这些遗产都得以消化之后东方问题才告终结。北非地区的阿尔及利亚反抗法国殖民统治一直持续到20世纪60年代，是不是应该将东方问题的终结延长到所有奥斯曼帝国藩属地都获得解放与独立呢？恐怕这样的逻辑与东方问题自身的发展逻辑有所悖逆。

第二种是关于东方问题的专题性研究，由于东方问题复杂绵长，涉及的具体问题繁乱，对东方问题进行专题性研究就显得尤有必要。关于东方问题与欧洲外交的论文比较多，如关于克里米亚战争时期东方问题的就有两篇，赵明杰的《克里米亚战前英俄在东方问题上的政策》④ 与刘锦涛的

---

① 武红旗.东方问题的若干探讨 [J].黑龙江史志, 2008 (16).
② 黄淑桢."东方问题"产生的浅析 [J].史学月刊, 1984 (5).
③ 王三义."东方问题"的延续与终结 [J].南京师大学报（社会科学版）, 2006 (2).
④ 赵明杰.克里米亚战前英俄在东方问题上的政策 [J].长江大学学报（社会科学版）, 2004 (6).

《克里米亚战前俄英在东方问题上的冷战》①。值得注意的是，这两篇文章在诸多表述上有雷同之处，观点与内容也大抵相同，主要论述了英俄两国在19世纪前半个世纪之间在奥斯曼帝国的主导权、黑海海峡的通航权等方面的争夺与博弈。关于东方问题与英国、德国、俄国外交政策的论文各有一篇。赵爱伦的《俄国与"东方问题"的形成》，以奥斯曼帝国与俄国的几次战争为主线，考察了俄国在东方问题形成过程中扮演的角色，尤其是叶卡捷琳娜大帝在位期间，俄国的扩张促成了"东方问题"的最后形成。②洪邮生在《东方问题和坎宁的"外交革命"》一文中指出，正是英国的介入使东方问题演变为整个19世纪欧洲外交的主题之一。③《俾斯麦在东方问题上的"现实政策"》一文主要以1875年东方危机为切入点分析了俾斯麦在东方问题上采取的战略并归纳为两点：第一，从德国实际条件出发，不直接参与东方问题；第二，以东方问题作为诱饵挑拨欧洲各国之间的矛盾，以此达到巩固新生德国在中欧地位的目的。文章对俾斯麦的现实主义政策提出了批判，同时也肯定了俾斯麦政策的合理性。文章认为东方问题具有复杂性和易变性，处理不慎便会引发欧洲国际关系的动荡，俾斯麦通过国际会议的方式缓和了东方问题，俾斯麦下台之后，威廉二世在东方问题上的"进取"政策最终将德国及其他欧洲各国拉进第一次世界大战的深渊之中。④

20世纪80年代以来，国内学者开始关注东方问题，但是在过去20多年中只有20余篇论文发表，就数量而言，东方问题的研究刚刚开始起步，并没有形成专门研究东方问题的学术群体或者学术团队，当然就不可能围绕这一问题连续出现高水平的研究成果。比较稀少的研究成果昭示着，东方问题并非学术界研究的热点与焦点，代表国内世界历史研究最高水平的刊物《世界历史》也只在1986年刊登过一篇专题性论文。就论文研究的内容而言，多数论文停留在介绍评述的层面，只有少数几篇可以算作研究性论文。论文观点大同小异，而对于一些关键的历史分期则众说纷纭。就论题而言，东方问题尚未开掘，单单停留在个别外交事

---

① 刘锦涛. 克里米亚战前俄英在东方问题上的冷战 [J]. 贵州师范大学学报（社会科学版），2002（2）.

② 赵爱伦. 俄国与"东方问题"的形成 [J]. 西伯利亚研究，2001（5）.

③ 洪邮生. 东方问题和坎宁的"外交革命" [J]. 南京大学学报（哲学社会科学版），1994（2）.

④ 孙炳辉，赵星铁. 俾斯麦在东方问题上的"现实政策" [J]. 世界历史，1986（1）.

件的解析或者总体概观的介绍。总而言之，从发表的学术论文来看，对东方问题的研究还需要继续深入。

　　国内学术界以东方问题为主题的专著尚不多见。1995年出版的朱瀛泉的《近东危机与柏林会议》① 是为数不多的关于东方问题的研究专著，在这部著作中作者将东方问题置于欧洲国际关系的大背景中予以阐释，从"整体、联系、全面"的角度考察了1875—1878年近东危机的过程，从多边外交档案出发，探讨了近东危机彰显的国际关系的逻辑。书中认为，1875—1878年近东危机的重要性在于"自从土耳其参加欧洲协调以后，大国建立在维持近东现状基础上的力量平衡是由1856年巴黎条约和1871年伦敦条约等一系列国际条约加以保证的"。这些条约形成了一种关于东方问题的国际制度与原则，即东方问题的任何变动都需要欧洲六强予以批准。1877年，土俄战争搅乱了这种规定，造成了东方问题的大变动。柏林会议便是在这种背景下召开的。柏林会议是对《圣斯特法诺条约》的修订，也是对俄国在东方问题上"冒进"之举的遏制。柏林会议之后，在东方问题上形成了英奥俄三大国势力的相对平衡，在奥斯曼帝国的欧洲部分，奥俄两国划分势力范围，而亚洲部分则形成了英俄对峙的局面。柏林会议虽然重新调整了大国的关系，避免了战争的危险，但是这并不意味着东方问题的消失。柏林会议引发了欧洲国际政治结构的震荡，"三皇同盟"趋于崩溃，欧洲既有的权力结构难以消化东方问题带来的冲击。该书是关于东方问题专题性研究的上乘之作，将东方问题置于欧洲国际体系之中进行分析，揭示了东方问题丰富的内涵。应该指出的是，柏林会议是欧洲列强最后一次"独力"解决东方问题的机会，随着巴尔干民族国家的发展，东方问题的内涵发生了巨大的变化。

　　赵军秀的专著《英国对土耳其海峡政策的演变》② 从土耳其海峡问题出发，认为英俄之间围绕海峡问题展开的斗争是东方问题的焦点所在，是两国战略的交叉点，涉及两国的核心利益，因此这种斗争是持久的。对于俄国而言，要开放土耳其海峡，让黑海舰队进入地中海；对英国而言，俄国舰队进出海峡将威胁到英国与印度之间的海上生命线，因此必须遏制俄国出入海峡。赵军秀认为，18世纪末到19世纪后半叶，列强

---

① 朱瀛泉. 近东危机与柏林会议 [M]. 南京：南京大学出版社，1995.
② 赵军秀. 英国对土耳其海峡政策的演变（18世纪末至20世纪初）[M]. 北京：中国社会科学出版社，2007.

在关于海峡问题上的争夺与博弈延缓了奥斯曼帝国的崩溃，20世纪初，列强对中近东的关注则加速了奥斯曼帝国的解体过程。海峡问题是东方问题的焦点之一，一直贯穿于东方问题发展的各个阶段，因此，海峡问题是研究东方问题的重要线索，作者围绕海峡问题上英俄两国的较量梳理了一个清晰的线索，为认知东方问题提供了一个有力的视角。应该注意的是，海峡问题只是东方问题的一个层面，东方问题的发展是复杂力量共同作用的结果，尤其是奥斯曼帝国内部的发展，作者在这个方面着墨不多。此外，这部研究海峡问题的著作针对两次重要的战争——拿破仑战争与克里米亚战争期间的海峡问题似乎有所遗漏。

以上两部著作是国内学术界研究东方问题的代表作，除此之外，关于东方问题的论述散见于通史或者国际关系史之中。如王绳祖主编的《国际关系史》[1]、刘德斌主编的《国际关系史》[2]、唐贤兴主编的《近现代国际关系史》[3]、左文华与肖宪主编的《当代中东国际关系》[4] 等著作中都不同程度地论述了东方问题。周鲠生在《近代欧洲外交史》中"东方问题"一节论述道："东方问题，就是土耳其帝国之命运决定问题。此问题可分为两层：（一）土耳其帝国当保全，抑当瓜分？（二）对于在土耳其帝国治下领土及基督教人民当如何处分？"[5] 各种不同的通史或者国际关系史都对东方问题予以关注，这说明东方问题本身具有不容忽视的历史意义。由于东方问题持续的时间久远，在这些通史作品中东方问题不得不被割裂为不同的部分，因此东方问题很多时候"散落"于一本书中的不同部分。

国内学术界对东方问题的研究成果表明：首先，东方问题具有重要的研究价值，它是无论在解读世界历史还是国际关系史时都难以绕开的重要问题。其次，东方问题的研究处于起步阶段，大量的问题需要深入研究。相比之下，国外学术界对东方问题的研究成果要丰富得多。

国外对东方问题的研究大致可以划分为三个阶段：19世纪后半期；"一战"爆发到"二战"；"二战"结束以来。19世纪后半期，尤其是

---

[1] 王绳祖. 国际关系史 [M]. 北京：法律出版社，1983.
[2] 刘德斌. 国际关系史 [M]. 北京：高等教育出版社，2003.
[3] 唐贤兴. 近现代国际关系史 [M]. 上海：复旦大学出版社，2002.
[4] 左文华，肖宪. 当代中东国际关系 [M]. 北京：世界知识出版社，1999.
[5] 周鲠生. 近代欧洲外交史 [M]. 武汉：武汉大学出版社，2007：29.

1870年以来，欧洲格局大变，许多欧洲人认为东方问题是影响欧洲和平的最大隐患，当时流行的一些小册子多数反映了欧洲人对东方问题的恐惧与憎恶的心态。有学者在1911年发表论文指出，"东欧目前处于一种非均衡，甚至混乱的状态之中，没有人知道这种孱弱变态的国家是不是会陷入战争"①。"一战"爆发之后，欧洲人开始探寻"一战"爆发的原因，多数学者认为巴尔干是引爆欧洲战争的火药桶，同时也在反思东方问题的症结，并且力图探寻东方问题的解决之道。第一次世界大战美国参战，介入欧洲国际体系，尤其是威尔逊总统的"十四点"原则使美国站在了道德的制高点上，对东方问题施加影响。有些美国学者认为，东方问题的症结在于欧洲的均势外交、秘密外交，只有许诺给奥斯曼帝国境内的各个民族以自决权，并且以国际法加以规制才能使东方问题真正得到解决。"二战"结束以来，每次巴尔干出现混乱之际，东方问题便又成为热点话题。冷战期间，奥斯曼帝国既有的属地成为美苏争霸的焦点，尤其是中东地区。1969年在探讨"美苏在中东的竞逐"问题时就有学者把东方问题重新摆上了学术讨论的平台，指出，近一个世纪以来，东方问题一直处于欧洲外交的前沿，因为欧洲诸多列强都觊觎中东地区，奥斯曼帝国贫弱无能，无力保护自己的属地。"事实上，在这场利益争夺的斗争中只有两个主角，那就是英国与俄国。"② 此学者将美苏两国的争夺看作是英俄在东方问题上竞逐的继续，在此，东方问题的内涵发生了位移，即东方问题的中心从巴尔干转向中东。2004年3月，科索沃地区的塞尔维亚人与阿尔巴尼亚人发生冲突，即便北约部队在此维持秩序，但依然出现了流血与牺牲。这次乱象引发了学者的思考，有学者指出，一些认为在此地可以建立国家的人应当为今天的乱局负责，因为这些人无视该地区的历史，认为维和部队能够弥合过去几百年中的经济衰退、政治动荡的鸿沟。自1999年科索沃战争以来，西巴尔干一直处于动荡之中，检视历史并吸取教训才能避免曾经的错误，而作为一个开端，"我们必须重新思考一直没有解决的'东方问题'"③。从国际关系的现实而言，

---

① G. Scelle. Studies on the Eastern Question [J]. American Journal of International Law, 1911 (1): 144.

② Elie Kedourie. Britain, France, and the Last Phase of the Eastern Question [J]. Proceedings of the Academy of Political Science, 1969 (3): 189.

③ Matthew Z. Mayer. The Eastern Question Unresolved: Europe, the US, and the Western Balkans [J]. International Journal, 2004/2005 (1): 238.

悬而未决的东方问题一直是困扰当今世界的难题，由现实进入历史，与马克·布洛赫倡导的"由今知古"的研究理论不谋而合。种种现实问题昭示着，东方问题并没有远去，历史并不遥远。

国外学术界对东方问题的研究大致可以分为三种范式，即马克思主义、文明冲突与地缘政治，在第四章有专文论述，在此不再赘述。在众多研究成果中，有几部著作值得关注。马里奥特在《东方问题》一书中对东方问题进行了系统的研究，这本著作出版以来经过多次改版。他从文明发展的角度对东方问题进行了长时段的考察，东方问题不是一个简单的"问题"，而是一组复杂多样的"问题群组"。概括起来，东方问题的参与者包括哈布斯堡帝国、俄国、奥斯曼帝国等三大帝国，它们在欧洲不同历史时期都发挥了重要的作用，都有不同的特质与利益诉求；巴尔干的各个民族是东方问题的另一"当事人"，各个民族在东方问题发展的几百年中几经沉浮荣辱；此外，欧洲列强尤其是英国也是东方问题有力的"介入者"。① 东方问题是不同历史遗产的积累，只从任何单一的视角审视都可能陷入"盲人摸象"的陷阱，它应该是复数的，而不是单数的。有论者认为："所谓的东方问题，自19世纪初期就成为欧洲外交的首要问题，出于对欧洲大战的恐惧，各国竭力维持现状。"②

著名的全球史大家斯塔夫里阿诺斯教授撰写的《1453年以来的巴尔干》，洋洋洒洒近百万言，其宗旨在于"强调巴尔干、欧洲以及世界历史之间的互动角度来凸显巴尔干历史所具有的意义"③。斯塔夫里阿诺斯在这部著作中体现出了宏阔的视野和敏锐的透视力，在他看来，东方问题一直绵延至今，原因是"二战"结束之后，斯大林、丘吉尔、杜鲁门、罗斯福的交锋与对垒不过是东方问题的老剧本换了新演员而已，在此之前，东方问题这场大戏是由希腊人、波斯人、罗马人、斯拉夫人和土耳其人出演的。这本著作是斯塔夫里阿诺斯全球史观的实践与尝试，是关于巴尔干问题不可多得的研究著作。在近千页的历史叙述中，巴尔干地区几百年跌宕起伏的历史被淋漓尽致地展现出来。

---

① J. A. R. Marriot. The Eastern Question: an Historical Study in European Diplomacy [M]. Oxford: Oxford University Press, 1947.

② Valery Kolev, Christina Koulouri. The Balkan Wars [M]. Thessaloniki: Center for Democracy and Reconciliation in Southeast Europe, 2009: 39.

③ L. S. Stavrianos. The Balkans since 1453 [M]. NY: Rinehatr & Company, Inc., 1958: Preface, v.

英国出色的国际关系史学者泰勒从欧洲争霸的视角对东方问题进行了透视，在泰勒看来，东方问题是欧洲霸权体系的边缘问题，随着欧洲霸权体系的调整，东方问题在其中扮演着不同的角色。维也纳体系确立之后，东方问题、德国问题与意大利问题则成为困扰欧洲秩序的三大难题，随着意大利与德意志的统一，东方问题则成为困扰欧洲列强的主要问题。近东危机之后的柏林条约对东方问题进行了重新安排，同时随着欧洲列强的海外扩张，东方问题又被边缘化。值得注意的是，泰勒虽然没有对东方问题作出清晰的界定，但是在他的语境中，东方问题主要是指巴尔干半岛的问题。泰勒并不认为巴尔干半岛问题引发了第一次世界大战，欧洲的均势体系的崩溃，使列强之间的冲突失去了调节与回旋的余地，大众社会的来临、军事技术专家占据上风、奥匈帝国的衰落，都使萨拉热窝危机成为第一次世界大战的导火线。泰勒的研究在某种意义上起到了为巴尔干正名的作用，巴尔干半岛问题并不是引发"一战"的根本原因。马克·马佐尔的《巴尔干：被误解的"欧洲火药库"》一书，进一步为巴尔干洗刷了火药桶的"恶名"，马佐尔以一种乐观主义的进化观审视巴尔干的历史发展。在他看来，巴尔干的乱象都是发展过程中难免的，因为巴尔干民族国家的建设在19世纪末才开始起步，所以在现代国家建设过程中出现战争与混乱也属正常，欧洲现代国家建设过程中一直与战争相伴。①

奥斯曼帝国在东方问题中扮演着最重要的角色，有些学者将历史的镜头拉长，研究与分析奥斯曼帝国对欧洲国际体系发展演变的作用。奥斯曼帝国的崛起是影响欧洲国家形成与演进的最重要的动力之一，沙皇俄国在几个世纪中被封堵在黑海北岸，奥斯曼帝国成为俄国重要的敌人，从17到20世纪，沙皇和苏丹不停地进行战争，直到两个帝国消失为止。"这些战争带来了重要的影响便是，莫斯科对来自西方或者南方强大的敌人十分恐惧，不断地在侧翼进行扩张以寻求安全。"② 威尼斯是对抗奥斯曼帝国的前沿，因为巴尔干半岛诸国已经沦为帝国的附庸。哈布斯堡帝国是拱卫中欧的要塞，与奥斯曼帝国的战争深深地影响和塑造了哈布斯

---

① [英]马克·马佐尔. 巴尔干：被误解的"欧洲火药库"[M]. 刘会梁，译. 天津：天津人民出版社，2007.

② Donald Quataert. The Ottoman Empire, 1700－1922 [M]. Cambridge: Cambridge University Press, 2000: 5.

堡帝国的结构，界定了其国家性质。托马斯·纳夫从历史演进的角度认为，奥斯曼帝国占据了欧洲三分之一到四分之一的领土，通过战争、政治经济政策等手段深深地影响了欧洲大陆的历史。起初奥斯曼帝国占据主导地位，直到18世纪之后苏丹的控制力衰落。"从逻辑上讲，奥斯曼帝国事实上是一个欧洲国家，但是吊诡的是，它不是，即便帝国的一部分是欧洲的，但是帝国本身却不能算是欧洲的。"① 亚当·沃森认为，自欧洲国家体系形成以来，奥斯曼帝国便扮演着极为重要的角色，无论是16世纪欧洲体系形成之际还是在"一战"之后全球性国际体系遭受重创之时都是如此。②

　　国外学术界对于东方问题的研究已经有比较深厚的学术积累，为进一步认识东方问题的发展演变提供了比较可靠的知识储备。不可忽视的是，这些学术研究中也存在着一些问题：第一，比较浓郁的"欧洲中心论"色彩，欧洲学者更愿意将东方问题看作奥斯曼帝国衰落给欧洲和平与稳定带来的麻烦。在从16世纪到20世纪的西方文献中，"土耳其"一词代表着专制、独裁、好战、残忍等含义，这是对历史的歪曲，而历史的真相是，"土耳其人为自己先祖的功绩感到骄傲，这种认同感也是凯末尔改革成功的基础"③。南斯拉夫内战之后，"巴尔干便被扣上了暴戾成性、争斗不止的大帽子"④。第二，"主体缺失"，在诸多论述之中，东方问题的主角奥斯曼帝国隐没了，剩下的主要是欧洲列强之间的博弈，奥斯曼帝国及其藩属国家成为西方列强鱼肉与瓜分的对象。金重远教授认为，1878年之后，"巴尔干进入新时代"，一个民族主义国家涌现的时代，"由于各国统治集团都怀有强烈的民族主义情绪，力图扩大自身的势力范围，再加上欧洲列强的挑拨和干预，于是纷争和战乱也就接踵而至"⑤。换言之，民族主义的传播流布瓦解了既有的地缘政治结构，巴尔干的民族国家逐渐成为东方问题的主角，这是东方问题演变逻辑的展现，

---

① Thomas Naff. The Ottoman Empire and the European States System [A] //Heddly Bull, Adam Watson. The Expansion of International Society [C]. Oxford: Clarendon Press, 1984: 143.

② Adam Watson, Hedley Bull. States Systems and International Societies [J]. Review of International Studies, 1987 (2): 147.

③ Andrew Wheatcroft. The Enemy at the Gate: Habsburgs, Ottomans and the Battle for Europe [M]. New York: Basic Books, 2008: Preface, 5.

④ Pavlos Hatzopoulos. The Balkans Beyond Nationalism and Identity: International Relations and Ideology [M]. London: I. B. Tauris & Co Ltd, 2008: 1.

⑤ 金重远. 巴尔干和第一次世界大战 [J]. 复旦学报（社会科学版），2007 (4): 25.

但是很多学者将巴尔干视为欧洲稳定的威胁。第三，东方问题是"东方主义"话语的组成部分，所谓的东方主义其实是一种西方的话语体系，在这种话语体系中东方处于附属地位，西方学者一直将东方问题视为西方国家对于奥斯曼帝国的胜利，在西方国家与奥斯曼帝国之间发生的无数次战争中，只有西方取胜的战争才会被大书特书，如1571年勒班陀海战。同时，对奥斯曼帝国对欧洲的冲击则惜墨如金，在欧洲国际体系形成过程中，奥斯曼帝国曾经扮演着重要角色，但是很多学者几乎不提起。西方学者在研究东方问题时存在弊病也是可以理解的，现代社会科学的话语基本都源于西方，西方中心论或者东方主义已经内嵌于学者的思维之中。可喜的是，有些西方学者已经开始反思与批判这种殖民话语体系。如果西方学者持有一种西方中心论尚可原谅的话，那么非西方学者再亦步亦趋，就难以理解和宽恕了。东方问题的研究需要研究者心态的调整和方法论的更新。

对于巴尔干化的研究还没有上升到学理的高度，其中一个重要的原因就是巴尔干化作为一个流行用语被广泛接受，包括城市治理、互联网空间，甚至大学的科学研究都与"巴尔干化"联系在一起。巴尔干化，一般被认为是裂变和冲突，"'巴尔干化'在全球范围的扩张是国际复杂的政治、经济、外交形势共同作用的结果。虽然'巴尔干化'一词作为对一种现象的描述，本身并不具有褒贬色彩，但由于其经常被用于描述那些民族矛盾纷争、大国利益冲突的地区，于是'巴尔干化'变成一种令人不安和焦虑的趋势。"①

对巴尔干化的关注，与"一战"以及后来的科索沃战争是紧密联系在一起的。罗伯特·卡普兰在冷战结束之后就预言，巴尔干半岛将成为欧洲新的冲突点。"巴尔干复仇主义综合征：每一个民族都把巅峰时期拥有的所有领土视为其自然的领土。"② "现代巴尔干半岛的问题主要是由已经发生变化的环境和权力结构，尤其是它们成为欧盟成员的前景和影响所引发的，而不是由所谓的'巴尔干'态度、心智和思想倾向造成的。"③

---

① 林温霜. 巴尔干化：全球政治流行病［J］. 世界知识，2009（12）.
② ［美］罗伯特·卡普兰. 巴尔干两千年［M］. 赵秀福，译. 北京：北京大学出版社，2018：280.
③ ［英］罗伯特·拜德勒克斯，伊恩·杰弗里斯. 东欧史（上卷）［M］. 韩炯，等，译. 上海：东方出版中心，2013：5.

巴尔干的历史是不同历史遗产的叠加，更重要的是，随着欧洲体系的扩展，巴尔干半岛经历着历史性的转折。"在15至18世纪，东西方的这些差异由于经济与技术方面的发展和以欧洲的大西洋海岸为中心、在地缘政治上居于霸权地位的'资本主义世界体系'的出现而被扩大了，与此相关，东中欧、巴尔干和俄国降为欠发达国家和越来越具有依附性的'半边缘地区'的角色，他们主要生产和输出原材料或半加工的初级产品，换取西欧的制造业产品和商业金融服务。"① 可以看到，因为世界经济体系的扩展，所以巴尔干半岛被卷入世界经济体系之中，但是政治治理体系严重滞后，形成了体系对巴尔干半岛的挤压。

巴尔干化也是一个地缘政治不断裂变的过程，是大国与小国双重结盟的外交互动导致的僵局。"一群弱小、相互敌视且不能自给自足的国家会自动创造出某种国际真空，周围的强国就会被吸引进去。它们的向心运动就是一种帝国主义。当一些合流的帝国主义在这个真空中碰撞，一场全体的灾难可能就会发生。"② 巴尔干化，是一个尚未得到充分诠释和发掘的概念。

第三节 研究方法与思路

东方问题的延续性与断裂性构成了对其进行历史学分期研究的合法依据，而东方问题内在的复杂性则呼唤新的研究方法与手段的介入。本书遵循纵向线索清晰、横向分析丰富的原则尝试对东方问题进行深入研究。

东方问题贯穿了世界历史从农业文明时代向工业文明时代转型，国家形态从帝国向主权国家的转变。仅仅以国际关系学的理论与方法难以透过历史的浓雾透析国际关系史上最重要的国家形态的演变，自然也就无法真正从错综复杂的矛盾与斗争中厘清东方问题的发展逻辑。既有的国际关系理论大抵以1648年《威斯特伐利亚和约》签订以来的国际关系史作为概念抽象和理论推演的依据，为"威斯特伐利亚情结"所困。既

---

① [英]罗伯特·拜德勒克斯,伊恩·杰弗里斯. 东欧史（上卷）[M]. 韩炯,等,译. 上海：东方出版中心,2013：25—26.
② [英]阿诺德·汤因比. 文明的接触：希腊与土耳其的西方问题[M]. 张文涛,译. 上海：上海人民出版社,2019：36.

有的国际关系理论在解释东方问题时面临着两大难题：第一，东方问题涉及的国家并非现代国际关系理论指涉的主权国家，其内涵经历了深刻的变化。第二，奥斯曼帝国衰落过程中边缘地带的崛起，难以用以主权国家为核心的国际关系理论予以阐释。从根本而言，国家理论的缺失是导致现有国际关系理论难以解释东方问题的原因所在。马克斯·韦伯关于国家的定义在国际关系理论界得到了普遍的认同，将国家视为在特定领土范围内具有垄断使用暴力的组织，强调国家具有的自主性，现实主义理论更是将国家视为结构功能类似的"弹子球"，国家之间唯一的差别是国家实力的强弱。以韦伯意义上的国家为基础的国际关系理论可以视为一种从外部观察国际关系的理路，但他忽视了国家内部的差异与变迁。用英国理论家拉斯基的话来说："将这个定义所包含的意义，转用到现实的国家生活上，就会引起很困难的问题。"① 而东方问题的研究则需要一种由内而外的方法，兼顾国家形态转型与外部形势的变化。

马克思主义的国家理论为我们打破国家的坚硬外壳提供了一把宝剑，马克思以阶级分析来"解构"资产阶级国家的视角，为我们提供了诸多启示。许多学者深入国家内部探寻国家的历史与理论，为我们提供了值得借鉴的方法。美国学者查尔斯·蒂利终其一生研究国家形成的历史与理论，在《西欧民族国家的兴起》《强制、资本与欧洲国家》等著作中深入分析了欧洲国家形成的历程。在蒂利看来，西欧国家的形成绝非是直线进化的，国家也并非是欧洲历史必然的选择，相反，这种政治经济组织形态是在与城邦、骑士领、公爵领地等不同组织竞争过程中逐渐形成的，"回到公元900年，像德国、俄国和西班牙并不是具有凝聚力的组织"。② 资本的逻辑与强制的逻辑互动与博弈造成了不同的国家类型。在《信任与统治》一书中，蒂利揭示了国家形成的基础，他认为人类社会最基本的组织形态是信任网络，所谓的信任网络就是不同的人群之间形成了强大的联系纽带，彼此相互扶持与信任，成员可以将共同的事业置于失信、失败和失误的风险之中。③ 信任网络内含强制、资本与信义三

---

① [英]拉斯基. 国家的理论与实际 [M]. 王造时，译. 北京：商务印书馆，1959：23.
② Charles Tilly. Coercion, Capital, and European States, AD 990 - 1990 [M]. Cambridge: Basil Blackwell, Inc.. 1990：5.
③ [美]查尔斯·蒂利. 信任与统治 [M]. 胡位钧，译. 上海：上海人民出版社，2010：6.

种资源，信任网络的存在是社会成员为了规避风险而自行形成的组织，国家在建设过程中要不断地将各种信任网络吸收、融合进公共政治之中，否则，国家便会受到不同的信任网络的挑战。国家的形成便是边界重构的过程，既要消除不同信任网络之间的边界，又要形成国家的边界。在《身份、边界与社会联系》一书中，蒂利指出："边界改变由形成、转变、激活和压制的合成构成。边界变化出现在各种现象之中，包括政治身份的激活或减活、经济剥削、类型差异、民主化和促进或抑制机体暴力爆发的不确定性改变。"① 民族国家的建立便是对各种边界的重新整合，不同的臣民具有了公民的身份而附着于国家边界之内。从边界重构的角度而言，正是西欧民族国家的边界模式摧毁了奥斯曼帝国，在蒂利看来，走向直接统治的奥斯曼模式危险地偏离了相当有效的间接统治系统，在这种间接统治中，分离的宗教、军队和财产拥有者部分维持了与帝国中央清晰的合同。具有讽刺意味的是，正是西欧列强——在它们自己国内领土上建立了直接统治——成功地迫使奥斯曼帝国政府为名义上的民族创造特殊的地位，因此阻止了直接统治的建立和帝国中普遍化的公民身份。

从国家内部来审视，国家千姿百态，结构功能差别极大，国际法只是赋予了国家以形式上的主权，而实质主权则需要不断的建设。研究比较政治经济学的学者很早就注意到国家权力与经济发展之间的关联性。亚历山大·格申克龙在1962年出版的《经济落后的历史透视》一书认为，国家权力对于落后国家的现代化尤为重要。② 1982年查默斯·约翰逊在《通产省与日本奇迹：产业政策的成长（1925—1975）》③ 一书中提出了"发展型国家"的概念，并以此来解释国家与经济发展之间的关系。后来这一学说被广泛传播与接收，并且形成了一个比较有影响力的流派，禹贞恩将发展型国家概括为"由政治的、官僚的和财阀势力组成的无缝网络的简称"④。对国家在现代化进程中重新解读，标志着国家与

---

① [美] 查尔斯·蒂利. 身份、边界与社会联系 [M]. 谢岳，译. 上海：上海人民出版社，2008：141.
② [美] 亚历山大·格申克龙. 经济落后的历史透视 [M]. 张凤林，译. 北京：商务印书馆，2009.
③ [美] 查默斯·约翰逊. 通产省与日本奇迹：产业政策的成长（1925—1975）[M]. 金毅，等，译. 长春：吉林出版集团有限责任公司，2010.
④ [美] 禹贞恩. 发展型国家 [M]. 曹海军，译. 长春：吉林出版集团有限责任公司，2008：1.

市场的二元论被打破，安东尼·吉登斯在1981年出版的著作《历史唯物主义的当代批判》进一步丰富了这一研究视角，在吉登斯看来，资本主义国家实现了对配置性资源的控制，阶级矛盾已经渗入劳动的过程之中。因此，需要加强对国家的研究与分析。① 1986年，迈克尔·曼出版了《社会权力来源》的第一卷，在这部纲领性著作中，曼试图弥合国家与社会的鸿沟，他认为并不存在社会，只存在有组织的权力，不同的权力网络的变迁推动了历史的发展，国家只是一种有组织的权力网络。曼的理论与蒂利的观点相互映衬，权力边界的变迁是国家形态转化的根源，而国家形态的转变则是国际关系史演进的核心动力。迈克尔·曼的理论视角得到了众多学者的回应，

琳达·维斯与约翰·M. 霍布森在《国家与经济发展》一书中秉承了迈克尔·曼对基础结构性权力与专断性权力的划分，认为强国家并不是专断性行使权力，而是在与社会融合协调的基础上调动诸多资源达成目标。战争是欧洲国家发展的动力，但也带来了沉重的财政压力，而封建制国家根本无法应对这种财政压力，所以转型成为一种必然。这种观点将国家内部的权力结构作为研究的重点，弥补了现实主义国际关系理论的缺漏，当然，这种理论视角对国家边界以外的外部局势关注不够。

本书试图综合以上不同理论家的观点，建立一个新的理论框架来解读东方问题复杂的演变历程。国家形态的转变与国际关系的发展是相互影响的历史进程，本书试图将国家理论与权力边界的概念融为一体，"边界线划定了空间，国家可以对这个空间行使完全的主权。现代国家是一块封闭的和划定的领土，它有被国际组织确定和承认的边界"②。国家是一种有组织的权力网络，帝国与主权国家都是如此，而权力边界的变迁则导致帝国向主权国家的转变。不同的权力资源的配置导致国家能力的变化，国家能力是对国家应付内外风险的一种度量，只有具有比较强的国家能力的国家才能长治久安。国家能力可以视为国内/国际的纽带，是国内政治学与国际政治学之间的桥梁，其结构的变迁解释了从帝国向主权国家转型的历程，揭示了国家兴衰的内在机理。因此，国家能力可以

---

① [英] 安东尼·吉登斯. 历史唯物主义的当代批判：权力、财产与国家 [M]. 郭忠华, 译. 上海：上海译文出版社, 2010.

② [西] 胡安·诺格. 民族主义与领土 [M]. 徐鹤林, 朱伦, 译. 北京：中央民族大学出版社, 2009：32-33.

视为本书的核心概念，以此为总揽来审视东方问题包含的帝国的兴衰与民族国家的勃兴。

著名经济学家熊彼特在解释为什么要研究经济学史时指出："历史以一种非常自然的方式跨越多学科界线。"① 东方问题更需要多学科的介入，任何一种单一的理论都难以解释复杂的历史现象，国际关系学家认为："历史学是具有重要意义和最有意思的政治学问。不管什么时候，想要发展出一种演绎风格的'理论'都希望不大。"② 因为历史学是其他学科研究的母体，所以历史学更需要借鉴其他社会科学的方法进行系统的研究。本书在马克思历史唯物主义基本原理的指导下，借鉴社会学、国际关系学、政治学等学科的理论与方法，对东方问题进行长时段的分析与研究。胡适先生曾云："大致来说，学问的进步有两个重要的关键，一是材料的聚积与分解；二是材料的组织与贯通。前者须靠精勤的功力，后者全靠综合的理解。"③ 本书的研究大抵属于后者，希望通过新的理论方法与视角对东方问题进行重新分析与界定，以期对东方问题形成新的认识。

第四节　创新之处

第一，在东方问题解读体系上进行了一些有益的尝试，以帝国、霸权与区域三个核心概念作为解读东方问题的基石，初步建立了东方问题的历史分析框架。

第二，以整体主义视野研究东方问题的起源、演进与终结。东方问题的历史昭示着西方中心论的偏执，奥斯曼帝国崛起并扩张到欧洲境内，对欧洲的历史发展带来了冲击。完整的国际关系史叙事需要非西方地区历史的参与与批判。

第三，视角的转换。东方问题的主角多次转换，但是巴尔干却一直

---

① ［瑞典］理查德·斯威德伯格. 熊彼特［M］. 安佳，译. 南京：江苏人民出版社，2005：288.
② ［美］彼得·卡赞斯坦. 导论：国际安全研究的不同视角［A］//［美］彼得·卡赞斯坦. 国家安全的文化：世界政治中的规范与认同［C］. 宋伟，刘铁娃，译. 北京：北京大学出版社，2009：28.
③ 胡适. 胡适口述自传［M］. 唐德刚，译注. 桂林：广西师范大学出版社，2005：202－203.

占据核心位置，既往的历史研究一直以欧洲大国作为研究对象，而作为东方问题主体的奥斯曼帝国及其边缘地带却被忽视。本书尝试以帝国边缘的视角审视东方问题发展的逻辑。

第二章　东方问题的内涵与分期

帝国、霸权与区域代表了不同的国际秩序的形态与逻辑，在世界历史的演进过程中三者存在递进关系。帝国是一个独立而自足的国际体系，而霸权则是多种形式上平等的单位构成的动态国际体系，区域代表着帝国之后主权国家走向联合的努力，也是构建新的国际体系的基础。三者代表了不同的国家能力结构，随着国家能力结构的变迁，国际体系形态发生了相应的变化。关于东方问题，不同的学者有不同的界定和结论，从国际关系的角度而言，东方问题是帝国、霸权与区域的叠加与演进。

第一节　帝国、霸权与战争

帝国与霸权既是国际关系的两种组织形态，也是国际关系演进的两种逻辑。在漫长的历史进程中，两种形态与逻辑交互出现，并呈现出帝国向霸权转换的趋势。帝国既是一种组织单位，又是一种国际体系；霸权则是一种动态平衡的国际体系。二者之间的复杂关系也反映了国际关系演进的复杂性、多样性。战争的规模与烈度在帝国与霸权体系中具有不同的表现，区分战争的性质能够更好地把握国际关系史演进的脉络。

一、霸权与帝国：两种形态与逻辑

关于"霸权"，各种观点与学说杂陈其间，让人目不暇接。在中国知网中输入"霸权"一词有几千个条目，"经济霸权""货币霸权""语言霸权""影视霸权"等不一而足。由此可见，"霸权"一词不仅仅是一个学术概念，而变成了公共话语的一部分。如果我们不对"霸权"这个概念进行历史考察，并对其作出清晰的界定，那么霸权就过于泛化而失去解释能力。

中国古代典籍中虽然没有"帝国"的概念，但是关于"霸"的论述却十分丰富。春秋时期，辅佐齐桓公获取首霸的管子对霸权有着深刻的认识。他认为："夫丰国之谓霸，兼正之国之谓王。"虽然周王室已经衰落，但是威严尚存，因此管子区分了"霸"与"王"之间的区别，前者是物质力量的强大，而后者则是一种道义、规范力量的延伸，是一种软权力，当然"王"必须以"霸"的实力作为基础。管子的论述不止于此，而且从霸权运作的体系环境进行了分析："强国众，合强以攻弱，以图霸。强国少，合小以攻大，以图王。强国众，而言王势者，患人之智也；强国少，而施霸道者，败事之谋也。……强国众，先举者危，后举者利。强国少，先举者王，后举者亡。战国众，后举可以霸；战国少，先举可以王。"① 战国的荀子根据国家的性质将国家分为王权、霸权与强权三种类型，并认为"霸权是低于王权的这一种国际权力，是在君主道义达不到王者水平时通过强大实力和战略诚信而努力获得的国际主导权"②。

在中国古代语境中的霸权，是实力与道义的结合体，而在西方，似乎有着相通的含义。"霸权"一词来源于希腊语"盟主"一词③，当时雅典领导希腊各个城邦共同对抗波斯帝国，从这个意义上讲，霸权意味着"（雅典）组织并指导盟邦戮力同心，但却不谋求施加于它们的政治权力"④。霸权意味着一种体系，霸权国并不谋求干涉从属国的内政。东西方对这一概念近乎相通的解释反映了历史演进的相似性。

如果以上是关于霸权的"古典"定义，那么我们需要探究霸权在现代语境中的含义，梳理各种文献，四种不同的"霸权"浮现在我们面前，概而言之，即葛兰西主义的霸权、世界体系论者的霸权、现实主义

---

① 龙汉宸，等. 管子［M］. 北京：北京燕山出版社，1995：120.
② 阎学通，徐进，等. 王霸天下思想及启迪［M］. 北京：世界知识出版社，2009：14.
③ 巴里·K. 吉尔斯. 世纪体系之霸权转移［A］//安德烈·冈德·弗兰克，巴里·K. 吉尔斯. 世界体系：500年还是5000年？［C］. 郝名玮，译. 北京：社会科学文献出版社，2004：134.
④ Niall Ferguson. Review of Hegemony or Empire? ［J］. Foreign Affairs, 2003（5）：156.

霸权与自由主义霸权。对几种霸权观念的梳理是认知霸权的前提，也为我们重新界定霸权提供了理论基础。

20世纪七八十年代，当西方学者就美国的霸权兴衰进行激烈讨论的时候，他们在意大利发现了葛兰西。由此上溯20年，葛兰西只是被意大利的读者关注，而如今，葛兰西已经成为一个具有世界知名度的学者。葛兰西关于霸权的论断散见于《狱中札记》之中，这种观念深植于"自发哲学"的土壤之中。在他看来，"人人都是哲学家"，自发哲学包括语言、常识、宗教等不同的层面，这些层面构成了一个人的世界观。"在获得其世界观的时候，人们总是属于一个特定的社会集团，这个集团是和他采取相同思维方式和行为方式的一切社会分子之集团。"[①] 世界观的塑造不仅关乎个人利益，也是社会集团利益的重新分配，葛兰西指出："创造一种新文化，并不仅仅意味着个人的'原创性'发现，它同时——这一点尤为重要——意味着以一种批判的方式去传播已经发现的真理，可以说是这些真理的'社会化'，甚至使它们成为重大活动的基础，成为一个共同使命、智力与道德秩序的要素。因为引导大众进行融贯一致的思想，并以同样融贯一致的方式去思考真实的当今世纪，这远比作为某一位哲学天才的个人发现或是知识分子小集团的财富的真理要重要，也更具有'原创性'得多。"[②] 不同的世界观塑造了不同的社会集团，缺乏系统一贯世界观的社会集团容易借用和遵循强势的世界观，进而形成一种从属与统治的关系，换言之，政治的统治是通过精神观念的服从与依赖实现的，这种形式的统治便是一种霸权，是政治发展的表现。正因为霸权性的统治贯通于整个社会的角角落落，所以，"实现霸权是一件艰难的工作，支配集团不仅要赢得运动战（war of maneuver）——控制资源与制度，还要赢得阵地战（war of position）——他们必须使自己的胜利在被征服者眼中看起来是合法的而且是必要的"[③]。对于无产阶级革命而言，反霸权同样任重道远，观念的革新比革命战争看起来更重要。葛兰西指出："哲学是一种世界观，哲学活动也不要看成只是'个人'对于

[①] [意] 安东尼奥·葛兰西. 狱中札记 [M]. 曹雷雨, 等, 译. 北京: 中国社会科学出版社, 2000: 233.

[②] [意] 安东尼奥·葛兰西. 狱中札记 [M]. 曹雷雨, 等, 译. 北京: 中国社会科学出版社, 2000: 235.

[③] George Lipsitz. The Struggle for Hegemony [J]. Journal of American History, 1988 (1): 147.

系统的、融贯一致的概念的研究，要把它看成是改变群众的'心态'，传播哲学新事物的一场文化上的战斗。"①

虽然葛兰西没有就霸权进行系统的论述，但是毫无疑问，葛兰西关于霸权的思想源于对社会主义革命的反思，"霸权的现代含义主要源于马克思主义"。霸权的概念主要用于分析国内阶级意识的发展，"在现代资本主义社会中有两种不同的意识形态——激进的大众政党难以占据主导，即便大众政党也已经放弃了激进的政治主张。一种是主流价值体系，一种是从属价值体系，前者依靠制度得以延续，后者源于劳工阶级的集体生活；前者认为既存的报酬制度是公正合理的，后者则在接受或者拒绝现存社会秩序之间摇摆不定"②。霸权的产生源于政治与经济的分离，而"出现范例的'政治'领域之条件实际上存在于生产方式的内部，而只有资本主义才具有这种情况"③。

因此，霸权是一种统治体系，是一种历史集团，历史集团不仅包括统治社会的主导阶级，还包括支配性的意识形态。因此，"霸权可以被看做是一种支配集团建基于'永久同意'之上的工具，支配集团借助知识分子创造并坚信的一个完整的理念网络而将主流社会秩序合法化。政治社会秩序可以界定为一种融合暴力与同意基础上的霸权性的平衡体"④。马克思思考与阐述了资本主义统治的物质基础，而葛兰西则从文化意识的层面补充与发展了这个问题。"葛兰西的兴趣集中在文化霸权这个概念上，并以此来描述资本主义社会中的文化与权力之间的关系。"⑤ 加拿大学者罗伯特·考克斯指出："安东尼奥·葛兰西使用霸权这一概念用来表达客观物质力量与道德规范—政治理念之间的联合，用马克思主义的术语来说，这是结构与超结构（superstructure）的联合。通过主导集团与从属集团之间形成的融合妥协与同意的意识形态，这种联合能将基于对

---

① [意] 安东尼奥·葛兰西. 狱中札记 [M]. 曹雷雨，等，译. 北京：中国社会科学出版社，2000：260.
② David J. Cheal. Hegemony, Ideology and Contradictory Consciousness [J]. Sociological Quarterly, 1979 (1): 110–111.
③ [英] 贾斯廷·罗森伯格. 市民社会的帝国——现实主义国际关系理论批判 [M]. 洪邮生，译. 南京：江苏人民出版社，2002：111.
④ Benedetto Fontana. Hegemony and Power: on the Relation between Gramsci and Machiavelli [M]. Minneapolis: University of Minnesota Press, 1993: 149.
⑤ T. J. Jackson Lears. The Concept of Cultural Hegemony: Problems and Possibilities [J]. American Historical Review, 1985 (3): 568.

生产控制而获得的权力合理化。"① 因此,"整合型国家(integral state)意味着政治社会与市民社会之间辩证综合,霸权从来就不能被简单地认为是政治权力的独力运作"②。

葛兰西从资本主义统治霸权出发,深刻地揭示了资本主义社会运行的逻辑,这种统治不仅具有强大的暴力工具,而且还有精细的社会结构与社会文化,因此革命要想取得成功便需要推翻并取代这种霸权,"如果一个文化资源不能提供切入点,使日常生活的体验得以与之共鸣,那么它就不会是大众的"③,没有大众的觉醒与参与,霸权就难以撼动。不同的学者从葛兰西那里汲取精神营养,同时也形成了围绕葛兰西的学术论战。因此,有学者称,"安东尼·葛兰西已经变成霸权这个概念的象征,他的作品成为观点迥异的学者论战的战场"④。对于葛兰西界定的霸权这一概念,应该从其文化和历史背景中加以理解:首先如果不理解支配,就难以理解霸权的概念;为了维系霸权,需要一种道德权威的气氛;同意是一种矛盾的复合体,既有向心又有离心,既有认可又有抗拒;葛兰西发展了马克思的意识形态概念,包括语言、常识、宗教等,并将其称为自发的哲学(spontaneous philosophy);霸权并非一个静态的,而是一个不断创造的过程。⑤

葛兰西对霸权的论述具有深刻的启发意义,但是这种论述几乎止于"国内"政治学,这与国际关系学者所论述的"霸权"还有一定的差别,但是厘清葛兰西论述的"霸权"含义,无疑能够帮助我们找到其学术源头,从而正本清源。左翼的国际关系理论家继承了葛兰西关于"霸权"的论述并且加以发展。罗伯特·考克斯认为:"只有一个国内实现了或正在实现社会霸权的国家才能建立世界霸权秩序。一个正在形成中的社会霸权在巩固自己的力量的同时,其扩张

---

① Robert W. Cox. Labor and Hegemony [J]. International Organization, 1977 (3): 387.
② Richard Howson and Kylie Smith. Hegemony: Studies in Consensus and Coercion [M]. NY.: Routledge, 2008: 3.
③ [美] 约翰·费斯克. 理解大众文化 [M]. 王晓钰,宋伟杰,译. 北京:中央编译出版社, 2001: 136.
④ Jonathan Joseph. Hegomony: a Realist Analysis [M]. New York: Routledge, 2002: 19.
⑤ T. J. Jackson Lears. The Concept of Cultural Hegemony: Problems and Possibilities [J]. The American Historical Review, 1985 (3): 569 – 571.

性的能量也向外部世界发展。"① 考克斯的论断的意义在于,指出了葛兰西论述的"霸权"所具有的"国际意义",换言之,世界霸权秩序源于霸权国国家内的社会霸权,那么联结国内霸权与国际霸权的桥梁是什么呢?在考克斯看来是社会力量,不同的生产形态下会有不同的政治结构与政治关系,不同国家处于同样的生产力水平下,在社会阶级结构方面具有相似性,各国的支配阶级便会形成一个占据统治地位的历史集团,也就是一种社会霸权。社会霸权的统治具有国际性,自然形成了一种国际性的霸权秩序。因此,考克斯指出,霸权"不单纯指一个世界强国的统治,而是一种特定的统治方式,其中占主导地位的国家创立的秩序在意识形态上得到广泛的认同,秩序的运作依照普遍的原则,这些原则确保主导国和统治阶级能够继续保持它们的无上地位,同时又给弱势团体以一定的满足或得到满足的希望"②。

世界体系理论家在葛兰西关于霸权的经典定义的基础上分析了世界体系中霸权发展历程。这些理论家回到了马克思关于积累的论述之上,认为霸权是一种等级性的积累结构。霸权周期贯穿于世界体系近 5000 年的历史中。吉尔斯等认为:"霸权是一些政治实体以及构成这些政治实体的各阶级之间依实力而形成的一种剩余价值积累等级结构。形成积累中心和政治等级结构的目的在于使称霸中心(国家)及其统治(有产)阶级享有独占剩余价值积累的特权。"③ 沃勒斯坦认为,世界体系产生于漫长的 16 世纪,霸权是世界体系的产物。沃勒斯坦认为:"霸权不是一种存在状态,而毋宁是一种描述大国之间彼此竞争的流动持续性的端点。这种持续性的一个端点是相当的平衡状态,一种许多力量均存在的形势。"在沃勒斯坦看来,霸权是因为国际体系中的大国掌握了工农业、商业和金融三个方面的物质基础,从而"能将它的法则和意愿(至少通过有效的否决权)大部分施加于经济、政治、军事、外交甚至于文化领域",这样便造成一种情势,"优势是如此显著,以至于它的主要盟国都受其保护,而与之相对应的主要大国感到相对受挫并且霸权国家对此实

---

① [加] 罗伯特·W. 考克斯. 生产、权力和世界秩序:社会力量在缔造历史中的作用 [M]. 林华,译. 北京:世界知识出版社,2004:105.
② [加] 罗伯特·W. 考克斯. 生产、权力和世界秩序:社会力量在缔造历史中的作用 [M]. 林华,译. 北京:世界知识出版社,2004:12.
③ 巴里·K. 吉尔斯、安德烈·冈德·弗兰克. 积累之积聚 [A] //世界体系:500 年还是 5000 年? [C]. 郝名玮,译. 北京:社会科学文献出版社,2004:134.

行高度防御"。①

沃勒斯坦的论述更接近于现实主义霸权理论,对霸权作出系统深刻论述的现实主义国际关系理论家当属罗伯特·吉尔平。1981年吉尔平出版了《世界政治中的战争与变革》一书,奠定了其在霸权研究领域中的地位。此外,保罗·肯尼迪、肯尼思·沃尔兹、约翰·米尔斯海默等人的研究对大国,尤其是霸权国的发展也多有涉猎。

吉尔平的霸权观可以归结为动态平衡论与历史循环观念,战争是实现体系变革的必经之途。由于经济、政治、科技的不断发展,体系内部一直进行着失衡与调整的过程,当权力失衡使得力图改变体系安排的国家可以冲过改变国际体系而获得重大利益的时候,体系的基础不复存在,经过一场霸权战争之后,重新安排符合新霸权国利益要求的国际体系。基欧汉与奈认为,战争或总体均势的重大变化是霸权崩溃的根本原因。这种情势源于多方面的变化:其一,霸权国提供公共物品,而二流强国可以免费搭便车;其二,霸权国制定和执行规则的能力衰落;霸权平衡发生动摇之后,霸权体系便进入瓦解崩溃的快车道。②

吉尔平借鉴了经济学与社会学的方法,论述了霸权的兴衰变化历程。布莱恩·巴利认为政治学理论研究存在两种不同的路径:"一种是不证自明的、经济的、机械的和数学式的理论;另一种是发散的、社会学的、有机的和文学的理论。"③ 前者强调行为体在系统中的理性选择;后者主要讨论一个整体社会,甚至历史上所有的社会,强调系统的稳定性。罗伯特·吉尔平认为:"社会体系和政治制度的产生是由那些追求眼前利益的强有力的行为者决定的。可是,其后所产生的社会安排却不能完全随这些行为者的意志而转移或控制。而且,一旦社会和政治制度安排就位,就会按照其自身的逻辑运作。"④ 吉尔平将两种方法论融合起来,指出国际体系的变革源于体系内行为体的运作(挑战),而体系的维系则是一

---

① [美] 伊曼纽尔·沃勒斯坦. 沃勒斯坦精粹 [M]. 黄光耀, 洪霞, 译. 南京: 南京大学出版社, 2003: 306 – 307.
② [美] 罗伯特·基欧汉, 约瑟夫·奈. 权力与相互依赖(第三版)[M]. 门洪华, 译. 北京: 北京大学出版社, 2002: 46 – 47.
③ [美] 布莱恩·巴利. 社会学家、经济学家和民主 [M]. 舒小昀, 等, 译. 南京: 江苏人民出版社, 2007: 3.
④ [美] 罗伯特·吉尔平. 世界政治中的战争与变革 [M]. 宋新宁, 杜建平, 译. 上海: 上海人民出版社, 2007: 4.

种规则与制度。换言之，经济学的视角用以解释体系的变革动力；而社会学的视角则探寻体系维系之道。

吉尔平的著作有浓厚的国际政治经济学的色彩，因此，相比国际政治理论，他引入了更多的分析变量，对霸权体系的解释更具有可信性。吉尔平认为："一个国家是否谋求变革国际体系，最终取决于该国家的性质及其所代表的机会。"① 吉尔平借鉴微观经济学中边际理论与效用理论来解释国家扩张的动力及其扩张的边界。首先，国家的任何举措都有成本，当国家扩张的成本低于收益之际，扩张便成为国家的主要政策，反之，当成本等于或者高于收益时，霸权国便停止了扩张。其次，国家扩张的范围取决于国家的权力资源，有限的资源与无限的目标之间存在一种矛盾，国家需要在安全、福利等目标中作出取舍。国家对外战略取决于两种因素：一方面是各种目标的组合；另一方面是国家的权力资源的总量。如果国家的权力资源丰富就可以将效用曲线向外推，如此，便对国家体系具有更大的控制权和影响力。

吉尔平认为，战争是霸权更替的动力所在，通过一场霸权战争，霸主实现了轮替，但是国际体系并没有发生根本性变化，吉尔平认为，国际体系的变革分三个层次，即体系变革、系统性变革与互动变革。霸权的更替属于第二个层次，体系的运行规则没有发生变化，但是规则的制定者与主导者发生了变化。吉尔平是在国际体系的视角下论述霸权的，虽然国际政治是一种无政府状态，但是国际体系的某些控制机制可以与国内政治相类比，霸权国对于国际体系的发展尤为重要。

现实主义理论家们都认为，霸权对于国际秩序至关重要，霸权的衰落会使体系陷入混乱。"霸权稳定论的核心观点在于，霸权可以创建并且维系国际政治经济体系的秩序与开放。"② 伊肯伯里认为："美国不仅是一个追求自身利益的超级大国，也是直接秩序的创建者，在过去几十年中，美国从其他国家中获得的支持多于抵抗，基于此而建立了一个开放、法治的国际秩序。"③ 而自由主义理论家更看重制度对于国际秩序的意

---

① ［美］罗伯特·吉尔平. 世界政治中的战争与变革［M］. 宋新宁，杜建平，译. 上海：上海人民出版社，2007：60.

② G. John Ikenberry. Rethinking the Origins of American Hegemony［J］. Political Science Quarterly, 1989（3）: 377.

③ G. John Ikenberry. Liberalism and Empire: Logics of Order in the American Unipolar Age［J］. Review of International Studies, 2004（4）: 609.

义。尤其是罗伯特·基欧汉，在他看来，国际机制是霸权体系的制度维度，"国际机制是国际体系的权力结构与该结构内的政治、经济谈判之间的中介因素"。权力结构与国际机制二者的变动反映了霸权的变迁，罗伯特·基欧汉反对霸权稳定论的观点，他认为："国际机制建立以后，合作并不必然需要一个霸权领导者的存在；霸权后合作是可能的。"①

秦亚青区分了两种霸权体系：一种是权势霸权，霸权秩序主要依靠霸权国的实力；一种是制度霸权，霸权体系的秩序依靠制度维系。简言之，前者依靠硬实力，后者依靠软实力。② 这种区分综合了现实主义与自由主义的理论核心，而沃勒斯坦对霸权的论述时常在现实主义与自由主义之间摇摆。在1998年，他指出："霸权国意味着在政治上几乎总能为所欲为而不需要作出很多重大让步。"时隔五年，沃勒斯坦指出："霸权指的是经济效率，它使创建一种世界秩序成为可能，并保证世界体系平稳运行，其中霸权国家成为资本超比例积累的集中地。"③

对于现实主义与自由主义的霸权观念，杨光斌批评这是一种宿命论观点，他指出，四百年来只有一种霸权，那就是英国式霸权。之所以出现霸权轮替之说，根源在于以往对国际实力的认识存在观念的偏差，倒果为因，将政治、经济等实力作为霸权更替的自变量，而没有探究这些权力变化背后的制度因素。④

无论现实主义还是自由主义，其理论核心都在于霸权的兴衰，尤其是美国霸权的发展趋势。此种理论话语中，霸权是一个中性词。而在国际政治的日常用语中，霸权却是一个贬义词。在中文字典中，霸权是这样定义的："在国际关系上以实力操纵或控制别国的行为。"此外，中文还有一个常见的词汇：霸权主义。"霸权主义是指大国、强国凭借军事和经济实力，强行干涉、控制小国、弱国的内政外交，在世界或地区称霸的政策和行为。"⑤ 通常，霸权主义与强权政治是并列的。王缉思对"霸

---

① ［美］罗伯特·基欧汉. 霸权之后：世界政治经济中的合作与纷争 [M]. 苏长和，等，译. 上海：上海人民出版社，2001：37.

② 秦亚青. 权势霸权、制度霸权与美国的地位 [J]. 现代国际关系，2004（3）：7，336.

③ ［美］伊曼纽尔·沃勒斯坦. 转型中的世界体系 [M]. 路爱国，译. 北京：社会科学文献出版社，2006：3.

④ 杨光斌. 400年霸权还是周期性霸权——质疑霸权轮替说 [J]. 国际关系学报，2006（3）.

⑤ 中国社会科学院语言研究所词典编辑室. 现代汉语词典（第5版）[M]. 北京：商务印书馆，2002：22.

权主义"和"霸权地位"作了区分,前者是指"使用强权胁迫及其损害他国利益的手段追求霸权、维持霸权的指导思想、行为和政策",后者是指"一种能力和客观局面"。① 这种划分加深了人们对霸权的理解。对霸权的批判性观点增加了发展中国家的视角,刘德斌教授指出:"中国人对与霸权的解释更接近于我们所能看到的美国的'硬权力',而西方的解释则偏重于我们现在所谈的'软权力'的内容。"② 我们应该承认,霸权对于国际秩序有重要的作用,但是反霸权的活动却是推动世界秩序的发展与变迁的重要动力。

以上是对"霸权"这一概念所作的简单的梳理,这些理论多数都是由"美国是否衰落"而起,冷战期间两强对峙,霸权成为理论家研究的核心命题,并且将其简化为"极",由此而诞生了关于霸权的不同理论学说,比如霸权稳定论、霸权更替说、两极稳定论、大国悲剧论,等等。这些理论为我们认知历史与现实提供了一定的启示和方法,但是这些理论却缺乏一种历史时间的维度,缺少一种厚度。同时,很多理论家将帝国与霸权混为一谈,比如布热津斯基就认为:"霸权像人类一样古老。"③ 因此,为了更清晰地认识霸权,就需要一种长时段的视野,在霸权与帝国之间作必要的区分的同时,以帝国作为参照系审视霸权的起源与结构。

由于前文已经对帝国进行了必要的探讨,在此不作细述,只作为认知霸权的参照。我们假定帝国与霸权是两种不同的国际秩序的形态与逻辑,但是从帝国向霸权的转变是一个漫长的历史进程,尤其是近代以来,帝国越来越让位于霸权。不少学者已经对帝国与霸权作出了区分,现在从形态、结构、延续机制等方面分别予以论述。

第一,帝国既是一个组织形态,也是一个自足的世界;而霸权是一个国际体系。帝国的自足性体现在两个方面,从客观而言,帝国是一个比较封闭的空间,帝国止步于"蛮族",同时帝国并没有一个清晰明确的边界,因为帝国是一种多重边界交叠的组织形态。如布热津斯基正确地指出:"罗马帝国的外部世界大都是野蛮的和缺乏严密组织的,在大部分时间里它们只能偶尔对罗马帝国发起攻击,而且在文化方面显然比罗

---

① 王缉思. 美国霸权的逻辑 [J]. 美国研究, 2003 (3): 9.
② 刘德斌. "软权力"说的由来与发展 [J]. 吉林大学社会科学学报, 2004 (4): 61.
③ [美] 兹比格纽·布热津斯基. 大棋局——美国的首要地位及其地缘 [M]. 中国国际问题研究所, 译. 上海: 上海人民出版社, 1998: 3.

马帝国低下。只要罗马帝国能够保持内部的活力和团结，外部世界就无力与之竞争。"① 在古代世界，帝国往往与文明的发展同步，一个庞大的空间性帝国留下的是一个辉煌的文明，如罗马文明、埃及文明、中华文明等。帝国的自足性更主要地体现在一种帝国形态上，对此汤因比作出了精彩的论述，他认为："任何大一统国家都不会包容整个地球，都达不到名副其实的大一统。但是，就那些生活在其政权之下的人的主观感受而言，这些国家确实是大一统的，它们看上去并且让人觉得是整个世界。"② 此外，帝国心态还包括一种文明与野蛮的区隔，帝国自认为是文明的中心，肩负教化野蛮人的责任。

与帝国的自足相比，霸权生存于一种体系之中，所谓的体系是指"以某种控制形式进行有规则的互动的而联结在一起的多种多样的实体的集合体"③。构成霸权体系的是多种多样的实体，而霸权国则是平等中的老大（first among equals）。秦亚青指出："霸权理论首先认为在某些历史时期内存在一个国际霸权系统（hegemonic system），即一个国家统治国际政治和经济体系的国际关系状态。"④ 这是霸权存在的环境，也是霸权的前提。亚当·沃森则进一步指出了霸权运作的规则，在他看来："霸权是指体系中的某些大国或者权威能够制定有关体系运转的规则以在某种程度上规制了成员之间的外部关系，但是，这些成员在内政方面确实独立的。"霸权体系并不一定只是由一个大国主导的，可能是由一个大国的小集团共同行使，换言之，霸权国的数目无关紧要，关键之处在于，无论是一个还是多个国家行使霸权，都要卷入霸权权威与其他国家之间的持续性对话（continual dialogue），在某种程度上这是双方互给方便。⑤ 换言之，霸权体系中的各个单位保持了形式上的平等与自主，即使从属国家也保持了内政上的自主。"霸权治下的单位由于它们宣称独立于帝国中

---

① [美] 兹比格纽·布热津斯基. 大棋局——美国的首要地位及其地缘 [M]. 中国国际问题研究所，译. 上海：上海人民出版社，1998：10.

② [英] 阿诺德·汤因比. 历史研究 [M]. 刘北成，郭小凌，译. 上海：上海人民出版社，2000：235.

③ [美] 罗伯特·吉尔平. 世界政治中的战争与变革 [M]. 宋新宁，杜建平，译. 上海：上海人民出版社，2007：32.

④ 秦亚青. 霸权体系与国际冲突：美国在国际武装冲突中的支持行为 [M]. 上海：上海人民出版社，2008：83.

⑤ Adam Watson. The Evolution of International Society: a Comparative Historical Analysis [M]. London and New York: Routledge, 1992: 15.

心而在功能上没有什么差异。"①

第二，帝国的边缘形成于辐射能力衰减，霸权的边界形成于外部强国的对抗。汤因比指出："一个文明只要仍处于成长时期，它就不会有牢固的边界，除非它在某个边境地段恰好与某个同类的文明发生了碰撞。"② 帝国是一个相对封闭的空间，尤其是古代世界，互动能力有限，加上山川河流的阻碍，帝国之间存在着巨大的"野蛮"部落作为缓冲，因此，帝国的边界主要源于帝国中心的辐射能力有限，或者遇到沙漠、森林的阻挡或者遇到"野蛮"部落的阻挡，帝国边界会稳定下来。

霸权体系中则是强国之间的游戏，尤其是《威斯特伐利亚和约》签订以来，主权国家神圣不可侵犯成为现代国际关系的基石。霸权体系中内含一种矛盾，即《威斯特伐利亚和约》确立了主权国家平等的原则，但是各国在权势方面却是等级性的。虽然霸权体系在表面是平等的，但是实质运作过程是等级性的。如爱德华·卡尔所说："在形式上完全相同的政治问题，如果发生在英国和日本之间就完全不同于发生在英国和尼加拉瓜之间。"③ 因此，决定霸权边界的是外部国家的实力，"单极霸权""两极霸权"这样的提法就反映了霸权的边界是在与外部强国互动过程中形成的。

第三，帝国的统治原则是分而治之或者实现一体化统治；霸权则通过均势维系生存。"帝国，在运作过程中与独立的行为体无异，这意味着一种来自帝国中心对不同的团体的直接管理。"④ 帝国具有一个统一的政治机构，帝王通过庞大的官僚队伍力图实现对领土的一体化统治。囿于国家能力不足，帝国的权力边界是交叠的，各种地方势力都成为威胁帝国统治的隐患，分而治之便成为维系统治的选择。

霸权体系中，即便是霸权国也难以对每个国家处处干预，同时，在法律上各个国家彼此承认对方的生存权利，即使弱小的国家也会在大国

---

① [英] 巴里·布赞，理查德·利特尔. 世界历史中的国际体系 [M]. 刘德斌，主译. 北京：高等教育出版社，2004：159.

② [英] 阿诺德·汤因比. 历史研究 [M]. 刘北成，郭小凌，译. 上海：上海人民出版社，2000：209.

③ [英] 爱德华·卡尔. 20 年危机（1919—1939）——国际关系研究导论 [M]. 秦亚青，译. 北京：世界知识出版社，2005：98.

④ Adam Watson. The Evolution of International Society: a Comparative Historical Analysis [M]. London and New York: Routledge, 1992: 16.

的博弈中获取一线生机。尤其是现代霸权体系中,主要单位都是主权国家。均势是霸权运作的逻辑,"它的与众不同之处不是在于参与者的数量多寡,而是在于它的非人格化、它的空洞、它的抽象性、它的无个性特征以及它近乎科学的技巧性"。① 布热津斯基的论断从侧面回应了这种观点,他认为:"霸权要有一个相互交织的机构和程序的复杂结构。创造这种结构的目的,是为了形成一致意见并使力量和影响的不对称模糊不清。"② 霸权体系运作在表面上具有平等性,而帝国则是表里如一的等级性。伊肯伯里区分了两种国际秩序的逻辑,一种是基于自由主义建立的单极秩序,这种秩序是围绕多边主义、盟友伙伴关系、战略约束以及制度与法治关系建立起来的,1945 年之后的西方体系便是这种秩序的代表。另一种秩序是指一种帝国秩序,这种秩序建立在美国单边主义、强制性主导、分而治之的战略以及不断减少的共享游戏规则的承诺。③

显然,帝国与霸权并不是一回事,二者之间存在着重要的差别,从历史演进而言,帝国在先,霸权在后,霸权更是一种现代性的产物;从学理而言,两者都是国际秩序的组织形态和逻辑,在同一历史时期或者同一国家中两种逻辑会同时存在。如伊肯伯里认为,美国在拉美地区的政策是帝国性质的,而与欧洲、日本、俄罗斯和欧盟的来往却不能称为帝国性质的。④ 现在我们应该从国际关系历史演进的大视野出发,结合国家能力理论对帝国与霸权之间的关系作进一步研究。

二、国家能力的理论框架

"二战"结束之后,"国家"的研究开始衰落,政治学者更愿意以系统论来解析国家⑤,"国家"的隐没,也引起了不少学者的不满。1982 年 2 月,斯考切波等人在纽约召开"国家理论在当前研究中的应用"学

---

① [英] 贾斯廷·罗森伯格. 市民社会的帝国——现实主义国际关系理论批判 [M]. 洪邮生,译. 南京:江苏人民出版社,2002:197-198.
② [美] 兹比格纽·布热津斯基. 大棋局——美国的首要地位及其地缘 [M]. 中国国际问题研究所,译. 上海:上海人民出版社,1998:23.
③ G. John Ikenberry. Liberalism and Empire: Logics of Order in the American Unipolar Age [J]. Review of International Studies, 2004 (4):610.
④ G. John Ikenberry. Liberalism and Empire: Logics of Order in the American Unipolar Age [J]. Review of International Studies, 2004 (4):611.
⑤ [美] 罗伯特·A. 达尔. 现代政治分析 [M]. 王沪宁,陈峰,译. 上海:上海译文出版社,1987.

术研讨会，会后编辑了《找回国家》(Bring the State Back in)一书，该书涵盖了历史学、政治学、社会学、经济学等多个学科，形成了基本的共识，就是要恢复国家研究①，这标志着国家研究进入一个新的阶段，围绕国家能力这一概念，国家研究不断繁荣起来，每一代学人都有不同的侧重点。比如第一代学者更看重国家的自主性，第二代学人关注到了嵌入性自主，新近学人则关注治理的相互依赖型。②

对国家研究兴趣的复苏与东亚经济奇迹的出现密切相关，东亚地区，尤其是日本与"亚洲四小龙"的快速发展引起了学术界的兴趣，在诸多因素中，强大的、干预型的政府是东亚经济发展的重要原因。③ 2008年金融危机之后，加强对金融市场的监管，遏制金融权力的泛滥，成为普遍的共识。政府与市场的边界有待再次厘清，而中东、北非地区弱势政府带来的治理难题又对国家治理能力提出了严峻的考验。凡此种种，国家能力不仅是学术研究的"旧话题"，更是当下世界面临的新议题。对于当下国际关系而言，国家能力的建设已经成为关乎世界和平与稳定的重大课题。

简单而言，国家能力就是国家实现其目标的能力。然而，随着国家形态的演变，国家的职能也不断增加，国家能力的内涵也要随之改变。如果以目标来界定国家能力，就会陷入无休无止的目标列举之中，且难分主次，军事防御和医疗保障同样重要吗？枚举法不能解决国家能力的概念边界问题，过于泛化，无法保持其解释力。

"国家能力"一词包含着两个核心的关键词：一是国家，二是能力。强调国家自主性的学者们几乎都接受马克斯·韦伯关于国家的界定，即国家的特征在于在"一定的领土之内（成功地）宣布了对正当使用物理暴力的垄断权"④。国家的自主性源于对暴力的垄断，"民族国家的存在本身就是一种带有镇压功能的强制性力量，在执政者的意识形态中这种

---

① [美]彼得·埃文斯、迪特里希·鲁施迈耶、西达·斯考切波. 找回国家[M]. 方力维，等，译. 北京：生活·读书·新知三联书店，2009.

② 曹海军. "国家学派"评析：基于国家自主与国家能力维度的分析[J]. 政治学研究，2013（1）.

③ Donald K. Crone. State, Social Elites, and Government Capacity in Southeast Asia [J]. World Politics, 1988（2）: 253.

④ [德]马克斯·韦伯. 韦伯政治著作选[M]. 阎克文，译. 北京：东方出版社，2009：248.

权力被定义为可以凌驾于他们心目中的'老百姓'之上的霸权,他们的任务只是努力维持霸权崇高的地位"①。韦伯式的国家定义赋予了国家去实现目标的主体性,国家是凌驾于社会之上的一种权力装置。

对于国家与社会之间的关系,马克思提出了不同的观点,在《黑格尔法哲学批判》中,他指出:"国家的制度只不过是政治国家与非政治国家之间的协调,所以,它本身必然是两种本质上各不相同的势力之间的一种契约。"② 国家产生于市民社会之中,并不是凌驾于社会之上,而是深植于社会土壤之中,没有社会的支撑,国家就是无源之水。国家与社会之间的良性互动是进行有效治理的前提,虽然现代国家拥有了作为最高权力的主权,然而,"主权依赖于国家的实际有效性,而这种有效性来源于在那些声称统治和实际统治行为之间所保持的显著一致性"③。换言之,主权的行使有赖于社会与公民的认同与支持。

米格代尔综合两种理论观点,提出了"社会中的国家"这一研究路径,探求社会与国家之间相互作用的规律。"二战"后,新兴国家面临的一个问题是强社会带来的挑战,国家权力很难渗透到社会基底之中。米格代尔认为,国家并非一个实体,而是一个权力的场域。"其标志是使用暴力和威胁使用暴力,并为以下两个方面所形塑:(1)一个领土内具有凝聚性和控制力的、代表生活于领土之上的民众的组织的观念;(2)国家各个组成部分的实际实践。"④ 米格代尔既保留了国家的暴力特性,同时也关注了国家与民众、国家机构内部的互动。

由两种不同的国家观念出发,学术界对国家能力也形成了与之相关的两种观点:一是意志论,如胡鞍钢、王绍光等人将国家能力视为国家贯彻自己的意志,国家能力等于国家实际实现的干预程度与国家希望达到的干预范围之比,简单来讲就是国家干预的效果与干预的范围之比。日裔美国学者福山呼吁重建国家性(stateness),国家性包括两方面的要素:一是国家权力的强度,二是国家的职能范围。前者便是国家能力,指"国家制定并实施政策和执法的能力特别是干净的、透明的执

---

① [美]史丹利·阿若诺威兹,彼得·布拉提斯.逝去的范式:反思国家理论[M].李中,译.长春:吉林人民出版社,2008:8.
② 马克思恩格斯全集(第1卷)[M].北京:人民出版社,1956:316.
③ [美]约翰·霍夫曼.主权[M].陆彬,译.长春:吉林人民出版社,2005:30.
④ [美]乔尔·S.米格代尔.社会中的国家——国家与社会如何相互改变与相互构成[M].李杨,郭一聪,译.南京:江苏人民出版社,2013:16.

法能力"①。在《政治秩序的起源》一书中，福山认为国家建设、负责任政府和法治是政治秩序的三大要素。② 国家的自主性要受到法治和民众的双重约束，国家能力高低也不仅仅体现在国家强力贯彻自己意志的能力。

与意志论相对的是互动论。国家能力来源于国家与社会之间的相关性，国家与社会各自拥有相对独立的空间，二者之间相互建构、良性互动，最终形成一种有机的公共生活。这种公共生活"既要服务于个体的权利，同时也要服务于公共的利益，并促进国家与社会的有机互动、相互协商、相互合作，以实现个体利益和公共利益的最大化作为公共生活的基本目标"③。社会并不是国家的婢女，社会与国家之间形成协调统一的关系才能从社会中汲取人力、物力资源的同时，"驾驭"社会发展的方向。"社会资本"这一概念的提出，重新界定了国家与社会之间的关系，当一个社会的信任关系得以建立之后，政府与社会之间会呈现良性循环，政府的诉求也能得到积极有效的回应。"在发展良好的国家，行政机构能力通常是强大的，制度化的监督和制衡限制了专断行为，它们甚至使政府组织实施公共使命具有灵活性。"④

既有的国家能力理论强调国家的自主性，国家能力强弱取决于国家掌控社会的能力。从广度而言，国家履行的职能越多，说明国家能力涵盖的范围越大；从强度而言，国家对社会的控制、渗透、驾驭的程度越深，表明国家越有能力。从国家与社会二元对立的角度来衡量国家能力，进而将国家分为强国家（strong state）与弱国家（weak state），参见表2-1：

表 2-1 强国家与弱国家

	强国家（strong state）	弱国家（weak state）
深度	高	低
广度	高	低
（被社会）渗透性（permeability）	低	高

---

① ［美］弗兰西斯·福山. 国家构建：21世纪的国家治理与世界秩序［M］. 黄胜强，许铭原，译. 北京：中国社会科学出版社，2007：7.
② ［美］弗兰西斯·福山. 政治秩序的起源［M］. 毛俊杰译，广西师范大学出版社，2012.
③ 林尚立. 有机的公共生活：从责任建构民主［A］//陈明明. 权利、责任与国家——复旦政治学评论第四辑［C］. 上海：上海人民出版社，2006：16.
④ ［美］萨特·达斯古普特，伊斯梅尔·萨拉格尔丁. 社会资本——一个多角度的观点［M］. 张慧东，等，译. 北京：中国人民大学出版社，2004：388.

这种衡量体系中存在一个严重的问题：社会缺位。无论是政府还是政府的雇员，都是在管理、渗透、控制社会，单纯扩张政府或者政客的权力与能力有可能使国家全面控制社会，从而窒息社会的活力，最终导致国家与社会双双衰败。正如激进的批判学者指出的，"伴随着国家潜在权力的增长，国家行使权力的手段却在减少。由于这个原因，国家活动的增长并不意味着可供选择的方式增加了，而是反映出可供选择的方式耗竭了"①。

国家形式扎根于"物质生活条件"之中，国家形态随着物质条件的变化而发生变化。城邦和中世纪时代，私人和公共利益并没有明确的分离，到了近代，国家与社会日渐分离，公共生活与私人生活的界线更加明显。② 世俗国家逐渐承担了越来越多的社会职能，国家与社会之间的关系也更加复杂，讨论国家能力的时候，必须在社会的大背景下展开。马克思在《路易·波拿巴的雾月十八日》一文中生动地揭示了国家能力广度与强度的变化过程：第一次法国革命破坏一切地方的、区域的、城市的和各省的特殊权力以造成全国的公民的统一，它必须把专制君主制已经开始的事情——中央集权加以发展，但是它同时也就扩大了政府权力的容量、属性和帮手的数目。③ 此后的拿破仑、正统王朝和七月王朝不过延续了这一建国的进程，社会与国家之间的分离进一步加速，国家成为过滤各种利益的市场。拿破仑将这个国家机器打造完成了。

国家的构建是一个长期的、连续性的过程，在此过程中，权力更加集中于中央政府，但是这并不意味着国家与中央政府相等同。政府是有形的，而国家是无形的；政府是一套完整的制度，国家是一种复杂的过程。如斯蒂潘所说："决不能将国家与'政府'等同。国家是一个连续的行政、法律和强制制度。它不但试图建构政治体内部市民社会与公共权力当局之间的关系，而且也试图建构市民社会中诸多关键的关系。"④ 国家能力的发展受到多种因素的制约：第一，法律和制度对国家权力和

---

① [美] 艾伦·沃尔夫. 合法性的限度 [M]. 沈汉，等，译. 北京：商务印书馆，2005：371.

② [美] 罗纳德·H. 奇尔科特. 比较政治学理论 [M]. 高铦，潘世强，译. 北京：社会科学文献出版社，1998：203.

③ 马克思恩格斯选集（第1卷）[M]. 北京：人民出版社，1972：691-692.

④ Stepan, A.. The State and Society: Peru in Comparative Perspective [M]. Princeton: Princeton University Press, 1978: ⅶ.

职能边界所作的设定和控制与约束；第二，国家汲取和拥有的人力、财力、物质、信息等资源规模的限制；第三，国家能力与社会能力关系格局的制约，一般而言，二者是一种此强彼弱、此消彼长的互补关系，社会所能承受的限度就是国家能力作用增长的限度。① 因此，马克思更是认为，"看来高高凌驾于社会之上的国家政权，实际上正是这个社会的莫大耻辱，是一切龌龊事物的温床"②。一个善治国家，应该寻求与社会、市场的均衡发展。

除了关注国家能力的社会背景之外，还有一个重大问题需要注意：现代国家与现代国家体系是同时产生的，至少在欧洲是这样。在非西方，现代国家的构建是在国际体系的压力之下展开的，尤其是19世纪中后期的全球殖民主义体系，迫使亚非拉等地区开始了建国或者重建国家的进程，外部的压力在很大程度上塑造了这些国家形态。"国家总是存在于具有决定性作用的地缘政治环境之中，并与其他实际和潜在的国家相互作用"③，对于一些处于弱势的国家来说，国际体系的压力是直接的，甚至是致命的。因此，"国家必须站在国内社会秩序与跨国关系二者的交叉面上，而且在后一领域，国家必须努力谋求生存并取得相对于其他国家的优势地位"④。许田波就认为，国家能力是国际关系的核心要素，既是国家形成理论的重要组成部分，也是解读国际关系变革的重要的因素。⑤

简而言之，所谓国家能力是指国家组合与运用现有的权力资源和手段应对内外威胁的能力。国家存在的合法性在于保护国民的生命、自由

---

① 黄宝玖. 国家能力：涵义、特征与结构分析 [J]. 政治学研究，2004（4）：74.
② 马克思恩格斯选集（第2卷）[M]. 北京：人民出版社，1972：374.
③ [美] 西达·斯考切波. 国家与社会革命：对法国、俄国和中国的比较分析 [M]. 何俊志，王学东，译. 上海：上海人民出版社，2007：31.
④ [美] 西达·斯考切波. 找回国家——当前研究的战略分析 [A] //彼得·埃文斯，迪特里希·鲁施迈耶，西达·斯考切波. 找回国家 [M]. 方力维，等，译. 北京：生活·读书·新知三联书店，2009：9.
⑤ "国家—社会关系中体现的国家能力是国际关系中相对能力的关键构成要素。第一，军事改革提高了作战能力和获胜的几率。第二，财政和经济改革可能产生更多的资源以弥补扩张成本。第三，行政改革使国家能够征召和管理更大规模的军队，动员更多的资源以供战争之用，而且缓解了远征中后勤补给困难。第四，行政能力令统治者比较易于巩固所占领土和从被征服人民那里汲取额外资源。第五，行政改革亦有助于发展更明智的战略。"参见 [美] 许田波. 战争与国家形成：春秋战国与近代早期欧洲之比较 [M]. 徐进，译. 上海：上海人民出版社，2009：23 – 24.

和财产①,为了达到最低的防御目标,主权国家的持续存在将最终取决于国家使敌人陷入困境的能力②。作为一种解释框架,国家能力试图解释以下两个问题:第一,国家形态转变源于国家能力结构的转变;第二,国家能力与国际关系演进的关系,战争是国际体系演变的动力之一,也是考验国家能力的试金石,只有国家能力强的国家才能在战争中存活下来。战争在淘汰国家能力弱小的国家的同时,也迫使各国提升国家能力,以应对国际体系的压力。从某种意义上说,威胁的存在是驱动国家能力进化与升级的动力,同时应对威胁也给国家划定了职权的界限。

基于国家职能来界定国家能力,难免会面临过于泛化的问题。在对权力资源进行抽象化的基础之上,才能建立比较清晰的国家能力结构框架,政治权力、经济权力、意识形态权力与军事权力是构成国家权力网络的要素,这些权力要素的不同组合能够形成不同的权力结构。我们可以形象地将国家能力结构比作一个图钉,图钉分为三部分:钉帽、钉轴与钉针。钉帽是"集聚"力量的"基础"部分;钉轴是"传送"力量的"调控"部分;而钉针则是"释放"力量的"爆破"部分。根据图钉结构的连贯可以分为松散的国家能力与完整的国家能力;根据图钉结构的稳固程度可以分为脆弱的国家能力与强固的国家能力。如图 2-1 所示:

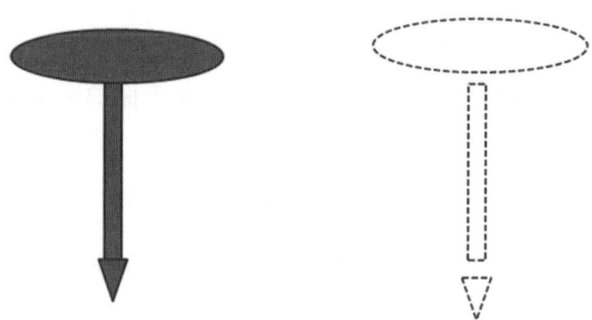

图 2-1　国家能力比作图钉

---

① [英]洛克. 政府论(下篇)[M]. 叶启芳,瞿菊农,译. 北京:商务印书馆,1964:58.

② Alan James. Sovereign Statehood:the Basis of International Society [M]. London:Allen & Unwin, 1986:41.

从理论上讲，将四种权力置放于图钉的三个不同的部分会有36种不同的组合，显然，对36种组合代表的国家能力的类型进行分析已经远远超过了本书的容量，为了方便起见，将钉帽的"基础"部分分配两种权力因素，钉轴与顶尖各一种，这样就会形成12种组合。见表2-2：

表2-2　国家能力的结构组合

钉针＼钉轴	E（经济）	P（政治）	I（意识形态）	M（军事）
E（经济）	NULL			
P（政治）		NULL		
I（意识形态）			NULL	
M（军事）				NULL

注：表中重合部分用NULL标出（余下12种组合）；钉轴与钉针排列完毕之后，剩余的两种权力因素自然在钉帽部分。

当然，这只是在理论上的一种组合，在历史与现实中，各种权力并不是严格按照这种组合形成国家能力结构的。虽然逻辑并不能取代历史与现实的证据，但是逻辑却为理解与感悟、现实与历史提供了一种理论地图。所谓的功能，就是结构中各部分的作用，在相互依存的关系中扮演的角色。① 在图钉式的结构中，钉帽是基础，是聚合国家能力的后方基地，如意识形态权力与经济权力等弥散性的权力可以担当"集中"权力资源的作用，国家的观念对于维系国家的存在具有重要的作用。布赞认为，"国家观念的主要来源有二，其一存在于民族（nation）之中，其二存在于支撑性的意识形态之中"②。钉轴是集中并传输权力资源的调控中枢，如政治权力可以扮演此种角色，因为政治权力不仅要实现权力的集中还要实现各种权力资源的协调统一，政治权力的一个功能是实现领土的集中化，支配性的集团要获得更多的权力，就希望在一个闭合的空间内贯彻自己的意志。美国著名政治学家古德诺就认为权力是二分的，即政治和行动，政治主要负责国家意志的表达，行政负责贯彻执行。国

---

① 社会学家罗伯特·莫顿列举了关于"功能"的五种含义，具体内容参见［美］罗伯特·K.默顿. 社会理论和社会结构［M］. 唐少志, 齐心, 等, 译. 南京: 译林出版社, 2006: 107-110.

② ［英］巴里·布赞. 人、国家与恐惧: 后冷战时代的国际安全研究议程［M］. 闫健, 李剑, 译. 北京: 中央编译出版社, 2009: 73.

家意志的形成与表达就是政治过程。钉针是权力资源集中释放的突破点，军事权力是各种权力的集中与合成，并且成为权力扩张的先锋。"国家的相对实力与可利用资源之间不是一个简单函数关系，而是政府从社会汲取必要的战争资源和博得支持的能力"[①]，国家能力是国际体系支配逻辑的重要手段。[②] 因此，"在国际背景之下，国家的概念便成为可以接受的具有排他性的动员资源的场所"[③]。国际体系与国家能力结构的变革是相互促进的。

国家能力处于良性状态时，基础、调控与释放三种功能处于联动状态，同时，四种权力要素按照其不同的属性（弥散性、集中性与权威性）各就其位。然而，各种权力在国家能力结构中并非"专业对口"，出现错位或者换位的情况并不鲜见。理想状态只是表2-2中的12种组合之一，因此，从理论上来讲，国家能力结构处于非良性状态的概率更大。如果从长时段而言，可以看到国家能力结构处于一种"进化"趋势，并且趋于合理。面对内外挑战，国家需要健全与优化其国家能力结构，"高效率的组织过程大多是一个相对封闭的结构，分工明确、各司其职、一环套一环"[④]。强调效率的组织必须实现结构化与稳定化，因为只有稳定化才能实现劳动分工、功能细化，进而建立一种稳定的组织结构，在组织内部协调资源与信息，从而实现组织的高效运转。企业如此，国家亦如此。

国家要实现能力结构的革新，就需要优化各种权力要素的配置，而配置意味着权力可以流动，而权力的流动性需要满足一个关键条件：权力的抽象化、符号化，只有在此基础上才能实现权力的快速配置与组合。随着交换规模的扩大，交换手段也要抽象化，唯其如此，才能形成权力的转换空间，而这个空间就是现代国家依托的市场体系。在小型共同体时期，比如部落时代，物品的交换通过特定的仪式或者战争完成。随着统治的地域扩大，人口增多便需要借助

---

① [美]许田波. 战争与国家形成：春秋战国与近代早期欧洲之比较 [M]. 徐进，译. 上海：上海人民出版社，2009：23.

② 国家体系的维持需要外部制衡（均势的形成）和内部制衡（霸权扩张的边际效应），而国家能力的提升能够减少内部制衡的阻力。参见 [美] 罗伯特·吉尔平. 世界政治中的战争与变革 [M]. 宋新宁，杜建平，译. 上海：上海人民出版社，2007.

③ J. P. Nettl, The State as a Conceptual Variable [J]. World Politics, 1968 (4): 559–592.

④ 周雪光. 组织社会学十讲 [M]. 北京：社会科学文献出版社，2003：322.

中间环节，"国家已经日渐显示出它在世界历史中是这样一个组织：它注定要来确认公共利益和私人利益，并在这两者之间进行协调"①。为了在国家与社会之间建立良好的管道，就需要形成一套简明有效的符号，比如货币、人口统计表、土地图册等。这种符合体系的好处在于"可以在复杂和难于处理的事实面前只集中关注有限的一些特征"②。通过这套符号体系提供的管道，国王或皇帝才能了解国内的人口、资源，才能通过相应的"管道"征收赋税、组建军队，才能以此"管道"对社会进行有效的控制。这也是一个国家权力理性化的过程，通过抽象的数字管理，政府可以有效汲取资源，减少治国的成本。

权力的符号化与抽象化经历了一个非常复杂的历史过程，货币与法律是推动权力加速流动的双轮。货币与法律的共同特点是将财富与正义符号化、抽象化，并且使之可以流动。如马克思所言，"在资本存在之前，银行存在之前，雇佣劳动等等存在之前，货币能够存在，而且在历史上存在过。因此，从这一方面看来，可以说，比较简单的范畴可以表现一个比较不发展的整体的处于支配地位的关系，或者一个比较发展的整体的从属关系"③。货币作为一种简单的范畴而发展其复杂的关系网络。"货币就像中央车站一样，所有事物都流经货币而互相关联，比重相等的万事万物都在滚滚流动的金钱浪潮中漂浮，由于它们都漂浮在同一水平面上，它们之间的区别就只有覆盖的尺寸大小的不同而已。"④ 货币提供了一种交流的通用语，它实现了交换的虚拟化与抽象化，将一切异质性的物质与思想置于同一的交换平台上，打破了地理隔绝与心理隔阂的界限，最终将社会关系与精神关系置于均质化的状态中。

货币的出现是劳动分工与交换密集发展的结果，反过来，货币的发展也促进了劳动分工的进一步发展，任何社会活动都必须通过细密的劳动分工才能实现，而货币成为交换的"绝对手段"，使劳动交换形式化

---

① ［美］彼得·J. 卡岑斯坦. 权力与财富之间［M］. 陈刚，译. 长春：吉林出版集团有限责任公司，2007：18.
② ［美］詹姆斯·C. 斯科特. 国家的视角：那些改善人类状况的项目是如何失败的［M］. 王晓毅，译. 北京：社会科学文献出版社，2004：3.
③ 马克思恩格斯选集（第2卷）［M］. 北京：人民出版社，1972：105.
④ ［德］西美尔. 货币哲学［M］. 陈戎女，等，译. 北京：华夏出版社，2007：310.

与隐形化，进而从一种"绝对手段"转变为一种"绝对目的"。① 由货币而构建起来的庞大市场网络，在市场中，"一定要通过价格机制将质的差异简化为量的差异，并推动标准化。在市场上起作用的是钱，而不是人"②。货币的发展推动了信用的迅速发展，信用尤其是远程信用实现了交换的虚拟，并且在表面上已经获得了自主性。马克思在100多年前已经指出："信用制度和银行制度把社会上一切可用的、甚至可能的、未积极参加活动的资本，交给产业资本家和商业资本家支配，以致这个资本的贷者和用者，都不是这个资本的所有者或生产者。它因此扬弃了资本的私有性质。因此，就它本身说，但也仅仅是就它本身说，已经包含着资本本身的扬弃。因为有银行制度，资本的分配就当作一种特殊的营业，当作一种社会的职能，从资本家私有和高利贷者手中夺去了。因此，银行和信用制度同时也成了一种非常有力的使资本主义生产超出它的固有限界而进行的手段，是引起危机和诈欺的最有效的工具之一。"③ 货币实现了资源的跨时空配置，股市、有限责任公司等现代经济组织的出现实现了欧洲在近代的崛起，而货币扮演着各种资源转换中枢的角色。

货币使财富符号化，使经济权力资源得以快速流动，极大地消解了传统社会中存在的人身依附关系。货币极大地解放了个体，荡平了各种以血缘、宗教为纽带的小共同体，重新建立起以交换与分工为基础的社会。如韦伯所言："会计制（accountabity）一旦在家族社会范围内确立，经济关系一旦不再是严格的共产主义性质的，纯朴的虔诚和它对于经济动机的抑制就从此告终了。"④ 在这种新型的社会中，货币是重要的润滑剂，个人不再被束缚于具体的依附关系之中，而依赖于抽象的关系——金钱关系。货币极大地扩展了人类活动的深度与广度，统一的货币关系无疑形成了一种新的社会权力边界，不仅仅是经济权力。货币经济的发展使欧洲的城市得以在天主教世界和无头制封建制的夹缝中成长，并且

---

① 货币超越了任何事物的形式，最终成为一切事物的中心与归宿，因此，金钱成为衡量一切价值的标准，追求金钱成为人们生活的最高目的，货币从一种交换媒介最终异化为人类生活与精神的最高追求。
② [美] 詹姆斯·C. 斯科特. 国家的视角：那些改善人类状况的项目是如何失败的 [M]. 王晓毅，译. 北京：社会科学文献出版社，2004：导言，9.
③ [德] 马克思. 资本论（第3卷）[M]. 郭大力，王亚南，译. 北京：人民出版社，1953：711.
④ [德] 马克斯·韦伯. 经济通史 [M]. 姚曾廙，译. 上海：上海三联书店，2006：223.

成为一个有效的权力者（power actor）。①

货币不仅仅是经济交换的媒介，毋宁说是社会关系的重塑，从根本而言，货币是债务关系的显性化。"人们认识到自己对给予了自己生命的人负有绝对的债务，货币即从这种认知中诞生。"② 债务得以成立的前提是偿还的承诺，当这种承诺跨越时空的时候，就会将交换关系不断延伸。货币是债务的符号和载体，回溯现代货币体系会发现，纸币就是承诺兑付的票据，尤其是政府公债变成了货币发行的基础。政府公债最先在意大利城邦兴起，因政府信用相对有保障，这些票据就可以流通。无独有偶，英国也是如此，1694 年建立的英格兰银行，最开始主要向政府提供贷款，后来变成了中央银行获得了货币发行权力，国家信用就变成了货币发行的基础，尤其是在纸币时代，货币已经成为国家能力的核心内容。

与货币并行的是统一的法律，一种摆脱人身依附关系的法律规范的出现，一种超越于任何个人意志的客观、统一的意志的出现。"法律概念在技术上日臻完善的特征也是与货币经济齐头并进的抽象的个人主义的相关物。"③ 从 14 世纪开始，个人主义在欧洲开始兴起，隐私的观念也开始流行起来，这标志着"自我隔绝的个人的出现，这些独立的个人在社会交往中的界限必须以受到尊重为标准"④。个人主义是打破基督教神权的重要基础，权力世俗化的媒介就是政教分离，世俗的法律取代了宗教的清规戒律，自然法的基础在于人的理性与权利。法律是世俗国家权威的来源，尼布尔认为："政府的权威是国家内聚力的根本动因。"⑤ 政府权威超越了家族等血缘纽带，政治组织超越了家族管理，"从十六世纪以来，社会政治组织已经成为首要的了。它具有或者要求具有，并且就整个来说，事实上保持着一种对强力的垄断。所有其他社会控制的手段

---

① 赵鼎新. 国家、战争与历史发展——前现代中西模式的比较 [M]. 杭州：浙江大学出版社，2015：182.
② [美] 大卫·格雷伯. 债：一个 5000 年 [M]. 孙碳，董子云，译. 北京：中信出版社，2012：134.
③ [德] 西美尔. 货币哲学 [M]. 陈戎女，等，译. 北京：华夏出版社，2007：257.
④ [美] 林·亨特. 人权的发明——一部历史 [M]. 沈占春，译. 北京：商务印书馆，2011：58.
⑤ [美] R. 尼布尔. 道德的人与不道德的社会 [M]. 蒋庆，等，译. 贵阳：贵州人民出版社，2009：51.

被认为只能行使从属于法律并在法律确定范围内的纪律性权力"①。天赋权利，每个公民都是自由、平等和独立的，国家的合法性和权威来自公民授权，这也是契约论最重要的表达。阿伦特就认为："没有稳定的构架，任何一种文明——为人类世代更替提供居所的人造品——都无法给汹汹变革提供场所。在这些使之保持稳定的因素中，最重要的是法律体系，它规约我们在现世的生活和彼此之间的日常事务，它比习俗、生活方式和传统更持久。"② 由此，最重要的权力需要由民意机构来行使，立法权也就具有了最高的权威，洛克将立法权界定为"享有权利来指导如何运用国家的力量以保障这个社会及其成员的权力"③。世俗国家的治理水平取决于法律施行的范围及其力度，甚至可以说，"国家政治能力指的就是国家的法律秩序和规则接受和认可的程度"④。正因如此，现代国家面临着"合法化危机"。⑤

　　法律在形式上规定了社会群体的权利与义务，打破了各个地区之间迥异的风俗的藩篱，卢曼提出权力链的概念，所谓的权力链条并不是 A 支配 B、B 支配 C 这样单向流动的权力控制，而是一种具有反身性的双向互动，而法律则在形式上实现了权力链在更大范围内的有效运转。"法律不仅保证那些没有权力的人在社会权力中的一份，而且它也使秩序进入不同权力资源的合作，首先是经济、政治和军事权力的合作。"⑥ 统一有效的法律为建立官僚体制创造了条件，官僚制的建立则是国家走向理性的重要标志，"一个国家政权采取科层制组织形式就更有能力去获取资源、动员资源"⑦，在国家竞争过程中，国家能力强大的国家势必占据上风，而这种组织方式便会成为失败者、落伍者竞相学习、模仿的对象，

---

① [美] 罗斯科·庞德. 通过法律的社会控制 [M]. 沈宗灵，译. 北京：商务印书馆，1984：11.
② [美] 汉娜·阿伦特. 共和的危机 [M]. 郑辟瑞，译. 上海：上海人民出版社，2013：58-59.
③ [英] 洛克. 政府论（下篇）[M]. 叶启芳，瞿菊农，译. 北京：商务印书馆，1964：91.
④ [美] 罗伯特·杰克曼. 不需要暴力的权力——民族国家的政治能力 [M]. 欧阳景根，译. 天津：天津人民出版社，2005：96.
⑤ [德] 尤尔根·哈贝马斯. 合法化危机 [M]. 刘北成，曹卫东，译. 上海：上海人民出版社，2009.
⑥ [德] 尼克拉斯·卢曼. 权力 [M]. 瞿铁鹏，译. 上海：上海人民出版社，2005：54.
⑦ 周雪光. 组织社会学十讲 [M]. 北京：社会科学文献出版社，2003：12.

从而推动了现代国家模式的传播。

　　法律与货币的交叉点也是政府与市场的交界点，财税体系是国家能力的风向标。法律赋予了政府征税的权力，但是也划定了界线，即不能侵犯公民的财产权。"财产权既限制公职人员监守自盗，又限制其随意没收，因而使普通公民和公职人员都比可能倾向的更负责任地行为。更进一步讲，除非政府把稀缺的税收用于公共事业，而不使其落入腐败官员的口袋，否则实施和保护权利的政府不可能做到这些。对任何为公共目的而扣押的财产完全而公平的补偿需要运作良好的公共财政体制。"① 法律构筑了一道从国民向国家输送资源的渠道，而货币则实现了资源的形式化和抽象化，拥有雄厚税收资源的国家自然就更有能力应对威胁。稳定有序的财政秩序对于国家的生存发展尤为重要。保罗·肯尼迪认为："能够建立先进的银行借贷系统的国家比金融系统落后的对手，享有多方面的优势。"② 18—19世纪英法争霸战争根本上是两国财税能力的竞争，英国建立了一个具有深度和广度的国债市场，英格兰银行最初就是为战争筹款的机构，而法国则依靠卖官鬻爵来筹集资金。两国不同的融资方式及其能力决定了其持久争霸战争的能力。

　　当然，并不是说一国征税能力越强其国家能力就越强，还需要考虑的是税收的可持续性。在现代国家的进化中，最先进行官僚化的领域就是税收和司法领域，如何降低征税成本是各国政府面临的首要问题，只有当货币经济成为经济主体的时候，征税成本才会大幅度降低，政府与市场同步发展。在农业经济时代，包税制的流行与货币不发达密不可分。现代国家征税成本下降，但税收也不能无限增长，而是取决于政府提供的公共产品的成本。税收法定的原则已经被普遍接受，货币与法律两种形式化的权力被集中在一起。因此，"我们还要将一个国家财政上的复杂情况考虑在内：它征用税收资源的能力，能从投资者那里借到钱。遇到冲突时，一个国家必须有能力将广大民众动员起来。为了使可供战争利用的资源达到最大化，同时又不损害民众的福利，国家经济的各部门需要达到一定的平衡。国有或私有部门中官僚组织的素质跟军事组织的素

---

　　① ［美］史蒂芬·霍尔姆斯. 权利的成本——为什么自由依赖于税［M］. 毕竞悦，译. 北京：北京大学出版社，2011：103.
　　② ［美］保罗·肯尼迪. 大国的兴衰［M］. 陈景彪，等，译. 北京：国际文化出版公司，2006：4.

质同等重要"①。从这个意义上说,"近代国家制造了财政政策,而财政政策也制造了国家"②。

货币与法律促进了经济权力与政治权力的流动性,法律与货币相互促进,共同提升了国家能力,但是这种情形并不贯穿所有的历史时期,它是现代性的重要特征,韦伯认为,"为国家制定一个名副其实的经济政策,也就是有连贯性的先后一致的经济政策,完全是起源于现代的一种建制"③。法律、货币提供了一种系统信任的基础,正是系统信任推动了现代国家的进化。

国家能力理论源自政治学家或者发展经济学家,具有强烈的"经济学"色彩,但国家能力理论最大的特色在于打开了国家的"黑箱",揭示了主权的内涵及其国家形态的历史演进,在此基础上解释大国的兴衰问题。

第一,国家能力的提升与演变,改变了国际秩序的主导单位形态,从帝国向主权国家的演进是具有世界历史意义的变革。相比于帝国,主权国家具有更强的国家能力,能够对社会进行有效的控制与管理,因此主权国家的威胁更多的来自外部压力,而不是内部,即便出现了国内革命,也会在革命之后完成国家重建。尤其是民族主义兴起之后,国家的认同取代地域、血缘认同成为主导性身份认同。帝国的国家能力结构单一,效率相对低下,同时,帝国的主要任务在于有效控制征服地区,因此帝国的主要威胁与其说来自外部,不如说来自内部。帝国的外部是"蛮族",而国家的外部还是国家,因此,基于国家而建立起来的霸权体系从历史演进的角度而言,应该是帝国之后的产物。"现代形式的地缘政治力量的特殊之处不在于它是由大量独立单位来行使(一般的无政府状态),而在于它不再代表人格化的支配关系(这种关系剥夺了被支配者形式上的独立),而是非人格化的、由物来作中介的。正是这种结构变化

---

① [英]尼亚尔·弗格逊. 金钱关系:现代世界中的金钱与权力[M]. 蒋显璟, 译. 北京:东方出版社, 2007:398.
② [美]菲利浦·T. 霍夫曼, 凯瑟琳·诺伯格. 财政危机、自由和代议制政府(1450—1789)[M]. 储建国, 译. 上海:格致出版社·上海人民出版社, 2008:334.
③ [德]马克斯·韦伯. 经济通史[M]. 姚曾廙, 译. 上海:上海三联书店, 2006:215.

解释了为什么那些单位不再是帝国而是相互接壤的主权国家。"①

第二，国家能力结构中权力因素的功能分化为帝国向霸权的转变提供了逻辑基础。完整、有效、均衡的国家能力结构是国家长久延续的根本保障。国家能力的发展受到时代的限制，也是时代的产物，在古代历史中，生产力水平低下，构成国家能力的各种权力资源还没有在功能上实现分化。军事暴力资源具有高度的累积性，所谓的累积性是指如果获取一种资源就能更好地占有和利用其他资源，反之，失去这种资源便失去了对其他资源的控制和利用。在农业经济时代，劳动力与土地是权力与财富的载体，而通过军事征服便能获取土地与人口。

因此，帝国几乎都是以军事征服为基础的，而背后的原因在于各种权力之间没有完成功能分化。"当征服是容易的时候，资源具有更高的累积性。当一国控制战略要地和资源的时候，它征服别国和自我保护的能力就具有更大的灵活性。结果，收益的加成效应就更高——国家能将小征服行为转化为大的征服行动——而损失的逆转性就更弱了。所以，小的损失也会引发灾难性后果，而小的收益也能为走向霸权统治开辟道路。"② 从经济的角度而言，在帝国时代，为了获取财富就需要借助政治控制与暴力征服，换言之，剩余价值的剥削与积累是通过超经济强制实现的。

随着生产力的发展与时代的转换，构成国家能力的各种权力逐渐在功能上实现分化、在结构上重组。私人产权制度的发展使政治权力难以通过强制而获取财富，而不得不通过税收等合法手段从经济发展的过程中获取利益。产权制度在保护私人财产的同时也推进了技术革新，新技术的发明刷新了传统经济的面容。农业经济时代，国家深受马尔萨斯陷阱之害，帝国即使占领了广袤的国土，也难以维系经济的持续发展。市场经济的发展扭转了这种态势，通过复杂的劳动分工，经济形成了一个循环的积累结构。"资本主义生产关系下，剩余价值的榨取是通过与社会力量新的形态相联系的'非政治'关系来实现的。"③ 市场力量重新塑造

---

① [英]贾斯廷·罗森伯格. 市民社会的帝国——现实主义国际关系理论批判[M]. 洪邮生，译. 南京：江苏人民出版社，2002：205.
② [美]斯蒂芬·范·埃弗拉. 战争的原因[M]. 何曜，译. 上海：上海人民出版社，2007：147.
③ [英]贾斯廷·罗森伯格. 市民社会的帝国——现实主义国际关系理论批判[M]. 洪邮生，译. 南京：江苏人民出版社，2002：181.

了社会秩序，市场"将劳动与生活中的其他活动相分离，使之受市场规律的支配，这就意味着毁灭生存的一切有机形式，并代之以一种不同类型的组织，即原子主义的和个体主义的组织"①。市场力量改变了剩余价值的剥削形式，通过劳动契约的形式，"榨取剩余的过程被再建构为市民社会的私人活动"②，换言之，剥削已经不再需要政治暴力的直接介入。国家主权是适应于市民社会的发展而逐渐建构起来的，是社会结构形态转变的政治表现，由此带来国际体系的转变。与资本主义经济市场经济扩张相并行的是私人产权在全球的确立，虽然主权国家在地理空间上由不同的国家管理，但是在经济交换方面却趋于一致：对私人产权的尊重。从这个角度讲，国际经济体系与国际政治体系开始分化，这就为霸权的形成创造了坚实的政治经济基础。

第三，帝国与霸权是两种不同的组织逻辑，二者可以相互转化，甚至共存。在古代世界，由于财富的积累需要依靠军事与政治权力，但霸权秩序具有不稳定性，因此，为了控制盟国就必须施加军事威胁与政治压力。如以雅典为核心的提洛同盟最终转变为雅典帝国。"当雅典人强行不让退出同盟、把库府从得洛斯搬迁到雅典、镇压独立的海上活动以及更为严密地监督贡赋的缴纳时，它就转变成了一个帝国。"③ 顾准的论断与此相似，他认为，提洛同盟在伯罗奔尼撒战争之前达到巅峰，各个盟国几乎沦为雅典的附庸，同盟金库的司库成为"雅典国家的官职，盟国的讼案要到雅典来审理，同盟已不存在，存在的只是雅典帝国了"④。而在当代，很多学者认为美国在冷战之后开始从霸权向帝国转变。小布什政府放弃了基于集体经济与安全制度之上的霸权式治理（hegemonic governance），而倾向于黩武主义（militarism）或者以暴力获取全球的主宰权，促成这一转变的是美国的帝国政治与帝国意愿。⑤ 笔者认为，美国是霸权与帝国的结合体，在面对中国、日本、俄罗斯等大国时，美国显

---

① ［英］卡尔·波兰尼. 大转型：我们时代的政治与经济起源［M］. 冯钢，刘阳，译. 杭州：浙江人民出版社，2007：140.

② ［英］贾斯廷·罗森伯格. 市民社会的帝国——现实主义国际关系理论批判［M］. 洪邮生，译. 南京：江苏人民出版社，2002：181.

③ ［英］贾斯廷·罗森伯格. 市民社会的帝国——现实主义国际关系理论批判［M］. 洪邮生，译. 南京：江苏人民出版社，2002：106.

④ 顾准. 顾准文集［M］. 贵阳：贵州人民出版社，1994：204.

⑤ Philip S. Golub. Imperial Politics, Imperial Will and the Crisis of US Hegemony［J］. Review of International Political Economy, 2004（4）：763.

然是依靠霸权手段维系主导地位，因为"既有的国际制度将每一个国家都纳入美国主导的世界秩序之中，从而构筑了一个'隐秘的美利坚帝国'"①，这种"隐秘的帝国"是依靠制度、软权力维系的②。当面对伊拉克、阿富汗等小国时，美国又露出帝国的面容，将这些国家定义为"流氓政权"，从而对其大打出手。近代以来，由于主权国家体系与世界市场携手并进，最终使经济与政治开始分化与重组，霸权的成本要低于帝国，因此，霸权成为国际秩序的主要形态。

罗森伯格认为，"从领土帝国到主权民族国家的形式上的变化并不意味着对于个人的直接政治支配不再延伸到边界之外"③，从帝国向霸权的过渡，需要一个至关重要的中介——那就是主权国家。如果帝国是一种直接的支配关系，那么霸权则是一种间接的支配关系。这种转型与人身依附关系的转变类似，从帝国时代的直接的人身依附关系转变为通过劳动契约、私人产权为中介的间接的依附关系。在帝国之后，除了主权国家的发展之外，还促成了区域的兴起，在未来的全球秩序中，区域将成为重要的一环。

三、帝国战争与霸权战争

和平与战争是国际关系学研究的核心命题，关于战争的论述可谓汗牛充栋，关于战争的起源也是众说纷纭。国际关系理论家埃弗拉认为："关于战争原因的假说多而无用。"即便如此，埃弗拉还是提供了一项自称具有解释力和预见性的战争假说。埃弗拉认为战争爆发的原因有五种：错误的乐观主义；"抢跑"；力量对比的变动；资源累积；征服变得容易等。④ 埃弗拉认为，在当代世界，除了错误的乐观主义之外，引发战争的原因慢慢失效，战争往往是因为错误的知觉引起的。埃弗拉自认为自己的假定具有解释力，但是却陷入一种唯意志论的迷途之中。对权力结构的错误认知固然可以导致战争的爆发，但是却难以构成战争的主要原

---

① 门洪华. 西方三大霸权的战略比较——简论美国制度霸权的基本特征 [J]. 当代世界与社会主义, 2006 (2): 64.
② 刘德斌. 软权力：美国霸权的挑战与启示 [J]. 吉林大学社会科学学报, 2001 (5).
③ [英] 贾斯廷·罗森伯格. 市民社会的帝国——现实主义国际关系理论批判 [M]. 洪邮生, 译. 南京：江苏人民出版社, 2002: 247.
④ [美] 斯蒂芬·范·埃弗拉. 战争的原因 [M]. 何曜, 译. 上海：上海人民出版社, 2007: 2, 3.

因，而且容易掉进同义反复的泥潭之中。

　　战争跟人类一样古老，构建关于战争的理论已经超过了本书的研究范围，在此只就与霸权、帝国相关的战争做一简单梳理，从而为我们认识战争与国际关系的演进之间的关系提供一扇窗户。

　　根据前文对霸权与帝国的区分，霸权是由平等主体组成，而帝国则是等级性的。如明克勒所言，"霸权是在一组形式上平等的政治行为主体中的主导地位，而帝国统治则消除了这种——起码在形式上存在的——平等，将处在劣势地位的国家贬低到附庸国或卫星国的地位"①。我们可以将战争分为两类：一类是帝国战争，一类是霸权战争。此外，根据战争的规模与烈度我们可以对其进行细化。见表 2 – 3：

表 2 – 3　战争的类型

强度/规模 \ 战争形式	高烈度（大规模）	低烈度（小规模）
等级性	帝国生存战争	帝国维持战争
平等性	霸权轮替战争	霸权护持战争

　　将战争粗略地分为以上四种类型当然难以涵盖历史上形态各异的战争，但是这种分类为我们认知帝国与霸权的起源与发展却有所助益。首先，这种分类以大时空背景为依据；其次，这种分类以战争背后隐含的国家能力的发展变迁为依据；最后，无论是帝国还是霸权，都是人类秩序的形态，这几类战争都是创建或者维持秩序的战争。从逻辑上来讲，这些战争的爆发都是对无政府状态的抵抗。如巴里·布赞指出的："无政府状态表明了人类的某些局限——他们无法在更大范围内建立稳定的政治单元，同时它也表明了这样一个政治事实，即人类在地理、种族和文化上存在极大的差异。同样，无政府状态也可以被看作是一种更为可取的政治秩序，它代表了意识形态和文化的多样性、经济多元化、政治独立以及自力更生等价值理念。"②

　　现在我们需要对这四类战争进行简单的分析，辨别其区别之后，寻

---

①　[德] 赫尔弗里德·明克勒. 帝国统治世界的逻辑 [M]. 阎振江，孟翰，译. 北京：中央编译出版社，2008：6.
②　[英] 巴里·布赞. 人、国家与恐惧：后冷战时代的国际安全研究议程 [M]. 闫健，李剑，译. 北京：中央编译出版社，2009：28.

找其背后的演变脉络。帝国战争的等级性是由帝国自身的特性决定的，帝国本身是一个自足的文明，"无论罗马帝国还是中华帝国都自认为在某种程度上是文明的全部，而且两大帝国至少具有潜在的普世性"。① 帝国战争的主要特点源于一种深深的自我优越感，帝国战争在于将"原始人同化、改变或摧毁"。② 孟德斯鸠认为："大国的统治者一般是很少有邻国可以作为他们的野心目标的：如果他们有这样的邻居，他们也早就用武力把他们吞并了。因此，这种国家的疆界就是海洋、山岳和大片的沙漠，而这些地方的贫困竟保证了他们的不受威胁。"③ 由此可见，在帝国眼中不允许存在与之相当的敌人，至少在道德感上是难以平等的。

"为了帝国权利和荣誉可以名正言顺发动战争，这种观念从未在欧洲人的头脑中消逝，尽管在整个中世纪都还是颇有争论的观念。"④ 在此，埃弗拉关于战争原因的论述似乎难以正确地阐释帝国战争的特质。他认为，"当对立国误解它们的相对军事实力、相对意志，或是每方盟国的相对数量、实力和意志时，就会产生错误的对胜利的希望"⑤，帝国战争中对胜利的信心并不是源于理性计算的失误，而是源于内心深处的自我优越感。

无论是帝国的生存战争还是帝国的维持战争，在道德感上都具有等级性的特征，而区分二者的标准则在于战争的规模。我们可以将帝国生存战争界定为帝国创建时期的征服战争与衰败时期的帝国保卫战，帝国的维持战争是在帝国稳定时期平息各种帝国内外的挑战的小规模战争。帝国生存战争与维持战争之所以的区别，在于帝国发展的周期性，被认为最早试图解释王朝兴替的理论家是战国时期的邹衍。⑥ 有学者将帝国分为兴起时期（emergence date）、崛起时期（rise time）、成年期（adult-

---

① S. A. M. Adshead. Dragon and Eagle: A Comparison of the Roman and Chinese Empires [J]. Journal of Southeast Asian History, 1961 (3): 13.
② [美] 托马斯·F. 梅登. 信任帝国 [M]. 孙饴，等，译. 上海: 学林出版社，2009: 55.
③ [法] 孟德斯鸠. 罗马盛衰原因论 [M]. 北京: 商务印书馆，1962: 93.
④ [美] 理查德·塔克. 战争与和平的权利: 从格劳秀斯到康德的政治思想与国际秩序 [M]. 罗炯，等，译. 南京: 译林出版社，2009: 27.
⑤ [美] 斯蒂芬·范·埃弗拉. 战争的原因 [M]. 何曜，译. 上海: 上海人民出版社，2007: 19.
⑥ Rein Taagepera. Size and Duration of Empires: Growth-Decline Curves, 600 B. C. to 600 A. D. [J]. Social Science History, 1979 (3.4): 115.

hood date)、持续期（duration time）、失败期（failure date）五个阶段，当然这五个阶段仅仅是以领土面积的大小来衡量的。①

帝国为何在历史上屡仆屡起，为什么有些帝国崩溃之后便"黄鹤一去不复返"，而有些帝国则如初春野草，悄无声息地"旧貌换新颜"。有学者将这种不同的结果归纳为五种原因：帝国迅速而彻底地崩溃之后形成权力真空，屡遭挫折的革命精英开始倾向回归帝国；帝国崩溃的时机（timing），一个帝国在其兴盛、成熟抑或衰落时迅速瓦解将决定着强烈的帝国意识形态是否还有市场；帝国边缘地带的忠诚度；强大的国家能力使帝国重建易如反掌；此外还需要一个适宜的条件。②"在人类历史的大多数时期，农业都是政府赖以维持强力的主要收入来源。占领邻国土地提供了一种增加收入的方式。"③ "帝国周期的动力是建立在原始农业和贸易关税的经济基础之上的。虽然当一个群体或另一个群体寻求达到最完善的状态之时，帝国就会像罗马帝国那样崩溃，然而更加普遍的形式是外部的野蛮人推翻和征服帝国的文明。"④

无论帝国周期演变背后的逻辑如何，在帝国不同的周期阶段战争都会有不同的形态。在帝国初建时期，亦即帝国生存战争呈现这样的特征：第一，帝国战争停止于自然边界。恩格斯在论述易北河以东斯拉夫人受到德意志同化时指出："德意志人并吞其他民族的趋势过去一向是，现在也还是西欧文明传播到东欧的最有力的方法之一；只有当德意志化的过程进行到那些能够作为独立民族生存的团结一致的大民族（匈牙利是这种民族，在某种程度上波兰人也是这种民族）的边界时，这种趋势才会停止；因此，这些垂死的民族的自然而不可避免的命运，就是让它们的强邻完成这种瓦解和并吞它们的过程。"⑤ 虽然恩格斯并不是在描绘帝国的扩张战争，但是却揭示了帝国扩张战争的逻辑。

---

① 兴起阶段，帝国面积达到其稳定时期的最大面积（M）的20%，成年时期达到80%，失败期则首次降低到50%，崛起时期等于成年期—兴起期，持续期等于失败期—成年期。参见 Rein Taagepera. Size and Duration of Empires: Growth-Decline Curves, 600 B. C. to 600 A. D. [J]. Social Science History, 1979 (3/4): 119.

② Alexander J. Motyl. Why Empires Reemerge: Imperial Collapse and Imperial Revival in Comparative Perspective [J]. Comparative Politics, 1999 (2): 127.

③ Susan Strange. The Defective State [J]. Daedalus, 1995 (2): 55 – 74.

④ [美] 罗伯特·吉尔平. 世界政治中的战争与变革 [M]. 宋新宁，杜建平，译. 上海：上海人民出版社，2007：120.

⑤ 马克思恩格斯全集（第8卷）[M]. 北京：人民出版社，1961：86.

第二,帝国扩张战争与帝国的迷思密切相关,帝国的迷思是国际关系学家杰克·斯奈德提出的一个用于解释国家过度扩张的概念。在他看来,帝国之所以过度扩张,是源于帝国的迷思,迷思有三,即多米诺骨牌理论,认为任何损失或者收益都具有累积性,帝国认为内陆深处的荒凉之地对于帝国安全至关重要,难以承受失去这一要地的损失;进攻有利的理念,当两强对峙之际,最先发动攻击者将获利;纸老虎和追随,贬低对手是纸老虎,并且认为如果向对方示强便会迫使小国追随自己。如大英帝国在印度的扩张,一方面英国从印度获利甚丰,另一方面源于印度高度的脆弱性,受到法国和俄国扩张的威胁。① 在英国眼中,印度具有高度累积性,得到它获利无限,失去它损失巨大,最终英国将印度置于帝国统治之下。帝国扩张的迷思来源于帝国国内的联盟互助,具体而言,统治阶级并非铁板一块,但是他们在扩张这一问题上互相支持,最终形成一种舆论,这样造成的后果在于少数人控制了国家的对外政策,但是扩张的成本则"通过国家税收的方式由整个社会来承担"。② 斯奈德的解释主要用于现代"帝国"的扩张,但是却抓住了帝国扩张的"心理"基础:帝国难以允许视野中出现与之争锋的对手,更不用说承认其平等的地位。罗马帝国的创建者认为:"潜在的危害必须被扼杀于襁褓,共和国有权如此攻击可能之敌,这样的思想在罗马人看来,并不仅仅适用于马克·安东尼之类的内部威胁。据载,加图(Cato)这么评论迦太基的毁灭,'迦太基人已经是我们的敌人;因为任何厉兵秣马,准备在他认为有利的时刻对我发动战争的人,哪怕尚未采取行动,他都已经是我的敌人'。"③

至于帝国的维持战争,我们可以界定为帝国稳定期或者兴盛时期对国内外的反抗势力的镇压战争。空间性帝国的特征在于在一个自足的世界里,帝国建立了稳定的秩序,帝国面对的挑战只可能是弱势群体的非对称挑战。"非对称战略的目标就是刺激进攻者身上对资源消耗最为敏感

---

① John S. Galbraith. The "Turbulent Frontier" as a Factor in British Expansion [J]. Comparative Studies in Society and History, 1960 (2): 156.
② [美] 杰克·斯奈德. 帝国的迷思:国内政治与对外扩张 [M]. 于铁军,等,译. 北京:北京大学出版社,2007: 19.
③ [美] 理查德·塔克. 战争与和平的权利:从格劳秀斯到康德的政治思想与国际秩序 [M]. 罗炯,等,译. 南京:译林出版社,2009: 23.

的部位，以此增加进攻者的能源成本。"① 帝国的维持战争应该属于维系帝国存续的"日常事务"。当然，帝国维持战争与帝国的生存战争并没有严格的鲜明的界限，随着帝国的衰落，帝国面临的内外挑战会越来越严重，所以帝国的维持战争会逐渐演变为关乎帝国生存的战争。

"什么情况下统治者确实会开战？根据锦标赛模型，在多个条件成立时，战争一触即发。首先，两个统治者必须面临相当的资源调动可变成本，他们为之争夺的战利品必须与建立财政体系和军事机构所需的固定成本在价值上是相关的。双方所统治的国家或经济体规模差距不大，他们的借贷能力也不悬殊。这其中留有一定的灵活性，即当小国统治者拥有轻松借贷的能力，而大国统治者虽借贷能力更弱但可以从其国内榨取丰富资源时，小国的统治者还是敢于与大国统治者对战的。"②

霸权战争无疑是霸权理论的重要一环，众多理论家在霸权战争这个问题上挥毫泼墨，在这些理论家的著作中霸权战争等同于霸权轮替战争，归结起来关于霸权战争的论述集中于以下几个方面：

第一，霸权体系与战争息息相关，霸权来源于一场霸权战争，沃勒斯坦认为，"霸权均是由一场三十年左右长的世界战争来确保的"。这种战争是一场对土地和人口都是毁灭性的陆地战争，同时波及几乎所有军事大国。③ 基辛格认为，处于稳定状态的霸权体系可以视为一种具有合法性的国际秩序，虽然这种国际秩序并不能消除战争与冲突，但是却能限制冲突的范围。战争是有可能发生的，但是以现存结构的名义而战。④ 战争并没有改变霸权的结构，只是更换了霸权的主人，1815 年的维也纳会议便是典型的例子。

第二，霸权战争的原因是多种因素交错作用的结果，即空间因素、时间因素与心理因素的综合作用。具体来讲，空间因素，在一个特定的区域中形成多个权力中心势必会造成这一空间的封闭，在一个封闭的空

---

① ［德］赫尔弗里德·明克勒. 帝国统治世界的逻辑［M］. 阎振江，孟翰，译. 北京：中央编译出版社，2008：118.
② ［美］菲利普·霍夫曼. 欧洲向以征服世界［M］. 莱希倩，译. 北京：中信出版社，2017：34.
③ ［美］伊曼纽尔·沃勒斯坦. 沃勒斯坦精粹［M］. 黄光耀，洪霞，译. 南京：南京大学出版社，2003：309.
④ Henry Kissinger. A World Restored: Metternich, Castlereagh and the Problems of Peace 1812 – 1822 ［M］. London: Weidenfeld & Nicolson , 2000.

间中面临着距离压缩、权力隙地消失的困境,各个权力中心展开争夺,霸权战争便是要在一个相对封闭的空间中重新分配资源、制定规则。时间与心理因素,是指霸权国在失去控制权之前面临着一种抉择,这种选择是在一个较短的时间中作出的,如果霸权国不以战争阻止自身地位的下降,就可能陷入快速衰落的轨道。"霸权国难免衰落,它只有选择投降或者战争,既然很少有国家会选择投降,那么霸权战争似乎必不可免。"① 从某种意义上讲,霸权战争也是一种预防性战争。利维认为:"预防性战争的动机来源于这样的观念,即一方的军事权力或者潜在权力相对于一个崛起的对手正在衰落,或者恐惧于这种衰落带来的后果。"② 霸权战争是体系结构调整、资源重组的战争,因此战争的进程几乎是任何政治家都难以控制的,战争遵循着暴力螺旋上升的趋势不断扩大,直至能量释放殆尽。

第三,关于霸权战争的后果,学者们存在分歧,一种观点认为,霸权战争是体系领导权的战争,是大国之间的游戏,通过一场旷日持久、波及广泛的霸权战争,霸权体系的主人易位。"霸权战争最重要的后果就是它改变了这一体系,以适应新的国际权力分配;它带来了对该体系基本组成部分的重新安排。"③ 无疑,这是一种循环论的观点。另一种观点认为,霸权战争改变的不仅仅是更换了一个霸主,而是一种积累结构与形态的转变。"霸权转移主要是阶级和国家在积累等级结构中的相对地位发生了变化,且对社会发展有着深刻影响,因而绝非仅仅是角逐场上角斗者们的重新排位。"④ 阿瑞吉认为,"金融扩张是霸权危机和危机最后转化为霸权崩溃不可或缺的一个方面",此时体系陷入混沌状态,即"企业间竞争激化、社会冲突升级、力量新格局从裂隙中出现"。⑤

---

① Mary Ann Tetreault. Review of The Declining Hegemony Thesis [J]. The Journal of Politics, 1987 (1): 284.
② Jack S. Levy. Declining Power and the Preventive Motivation for War [J]. World Politics, 1987 (1): 87.
③ [美] 罗伯特·吉尔平. 世界政治中的战争与变革 [M]. 宋新宁, 杜建平, 译. 上海: 上海人民出版社, 2007: 200.
④ 巴里·K. 吉尔斯. 世纪体系之霸权转移 [A] //安德烈·冈德·弗兰克, 巴里·K. 吉尔斯. 世界体系: 500年还是5000年? [C]. 郝名玮, 译. 北京: 社会科学文献出版社, 2004: 151.
⑤ [意] 乔万尼·阿瑞吉, 贝弗里·J. 西尔弗. 现代世界体系的混沌与治理 [M]. 王宇洁, 译. 北京: 生活·读书·新知三联书店, 2003: 38.

除了霸权的轮替战争之外，在霸权形成之后，霸权国还会面对一些"来自潜在挑战国的间接的、较为长期的威胁"。① 因此，霸权国还会进行霸权护持的战争，当然这种战争的规模要小于霸权的轮替战争，而且这种战争多数都是为了消除对霸权形成挑战的威胁，代理人战争就是霸权国与霸权挑战国或者潜在挑战国之间的战争，这种战争便是霸权护持的举措。

帝国战争与霸权战争在理论上泾渭分明，但是在历史与现实中，二者往往相互转化或者共存，下面以罗马帝国为例简要阐述这一问题。罗马在控制意大利半岛之前承认迦太基在西地中海的垄断权力，同时迦太基保证不袭扰意大利沿海；两大霸主互相承认彼此的地位；当罗马控制了南意大利半岛之后，双方又开始了争霸战争，战争的焦点并非两大强权的本土，而是中间地带——麦山那。霸权战争的逻辑②使双方刀兵相见，从而展开了漫长的争霸战争。"罗马的军事力量不足以征服和团结整个地区，但是他们建立起了公平交易的良好信誉，体现了他们良好的组织能力，就自然得到了领导权。"③ 战争开始后一年，战争已经不单纯是一种争霸战争，同时夹杂着帝国战争，因为罗马人得出结论，"有限战争将会无果而终，只有把迦太基人完全赶出西西里，才能实现令人满意的和平"④，也就是说，罗马已经将西西里岛视为自己的领土组成部分，而不是迦太基与罗马讨价还价的筹码。不谙水战的罗马人为了挑战迦太基的海上霸权，白手起家建立起强大的海军。最终罗马人打败了迦太基人，将西西里建成罗马帝国第一个海外行省。同样，当罗马帝国面对东方的帕提亚帝国或者波斯帝国时，又从帝国战争转向了霸权战争，因为两者势均力敌，罗马帝国承认了帕提亚与自己相等的地位，两国通过谈判划界而治。

---

① 秦亚青. 霸权体系与国际冲突：美国在国际武装冲突中的支持行为 [M]. 上海：上海人民出版社，2008：97.
② 罗马史专家认为，布匿战争双方都难辞其咎，首先，"罗马领土扩张推向了这样的程度，居然怀疑这个周边大国对自己或盟友构成了威胁，这种怀疑很容易成为冲突的借口；同时迦太基也有一个强大的集团，为了赢得更多的贸易利益他们将不择手段"；其次，"在文化上罗马与迦太基有很大差别，彼此互不了解，几乎难以通过外交手段解决分歧"。参见 [英] 迈克尔·格兰特. 罗马史 [M]. 王乃新、郝际陶，译. 上海：上海人民出版社，2008：80.
③ [美] 托马斯·F. 梅登. 信任帝国 [M]. 孙怡，等，译. 上海：学林出版社，2009：61.
④ [英] 迈克尔·格兰特. 罗马史 [M]. 王乃新、郝际陶，译. 上海：上海人民出版社，2008：81.

四、帝国之后：区域①的兴起

冷战之后，世界政治摆脱了两极对立的阴影，区域成为国际政治发展的新的亮点，尤其是欧洲联合的持续发展，区域作为国际系统的子系统出现，吸引了众多理论家的目光。此前以国家为核心的理论似乎难以解释国家之间的合作，或者国际一体化的发展趋势。因此，区域理论作为连接国家与全球的中介而出现。卡赞斯坦认为："地区是政治权力和目标的发源地。强大的国家往往会通过战略行动和自身影响力的结合将国家目标投射在国土之外。"② 不止于此，区域也是国家特别是大国崛起的平台，"国家所在的地区，是自然地理的配置，也是经济地理的通脉，更是大文化的纽带，地区因此成为国家综合安全的一种界标，它对国家走向世界是一个基础性尺度。……地区是国家走向世界的浮桥，而对关键地区的组合型认知，则是在实际上攫取了世界框架的总图"③。

关于区域的理论随着欧盟的发展与推进层出不穷，如安全共同体理论、一体化理论，等等。④ 关于区域的理论大抵集中论述冷战及冷战之后国际格局发展演变趋势，而对区域的兴起及其历史背景进行阐述的则为数不多。在卡赞斯坦看来，区域产生于全球化与国际化的进程之中，"全球化是世界体系进程所导致的，地区正是深嵌在这一世界体系之中。……国际化是国家体系进程所导致的，构成国家体系的这些国家也构成了世界上不同的地区"⑤。卡赞斯坦指出的两种动力，可以简洁地归纳为世界经济体系与主权国家体系的发展。卡赞斯坦的论述为区域的兴起提供了一定的历史时空维度，但是点到为止，并未细述。从历史演变的进程而言，区域的兴起是帝国衰落之后，以主权国家为基础国际秩序

---

① 在国内学术界中区域与地区两个概念经常是指称同样一个概念，即 Region，在引文中的"地区"与本书使用的"区域"是同一概念。
② ［美］彼得·卡赞斯坦. 地区构成的世界：美国帝权中的亚洲与欧洲［M］. 秦亚青，魏玲，译. 北京：北京大学出版社，2007：23.
③ 王家福，徐萍. 国际战略学［M］. 北京：高等教育出版社，2005：318.
④ ［美］詹姆斯·多尔蒂，小罗伯特·普法尔茨格拉夫. 争论中的国际关系理论（第五版）［M］. 阎学通，等，译. 北京：世界知识出版社，2003.
⑤ 卡赞斯坦所说的"帝权"（imperium）是指"包括领土和非领土两种要素的综合权力"，从这个意义上讲，帝权既包括帝国权力也涵盖了霸权。参见［美］彼得·卡赞斯坦. 地区构成的世界：美国帝权中的亚洲与欧洲［M］. 秦亚青，魏玲，译. 北京：北京大学出版社，2007：2.

重组的产物。从内在的逻辑而言，帝国是在一个相对封闭的较大空间内力图实现直接控制，而区域秩序主要是以主权国家为主要单位的自发秩序。区域研究要以帝国作为一种参照系，如此不仅能够增强对区域认识的历史深度，而且能够辨析区域发展的前提。在借鉴英国学派区域安全复合体的基础上，以下对区域安全提出一些个人见解。

区域的兴起必须置于广阔的历史时空之中才能更好地认知它的形成与发展，现在我们需要对区域的概念予以界定，在此主要借鉴英国学派的区域安全复合体的理论。

第一，区域是一个界线相对分明的空间，有比较明确的边界。边界具有双重的含义：一方面是物质层面的，山川、河流、沙漠、海洋将地球表面划分为不同的地理单位，地理的分布为人类活动提供了一个前提。另一方面，边界也是社会关系互动的产物，是一种心理与意识的边界，认同的边界横跨"自我"与"他者"之间，宗教传统、国家传统、经济贸易等因素都是心理空间划出的不同的单位。因此，区域必须建基于自然地理区划与集体认同之上，因为一个国家不能选择自己的邻居，同时也无法摆脱历史传承的纠结。

第二，区域是一种无政府状态。这意味着在一个区域中至少有两个独立的国家，否则难以构成一个区域。无政府状态是与帝国逻辑相抗衡的，它并不意味着没有秩序，而是与帝国的等级制度相对立的秩序。沃勒斯坦认为，资本主义出现以前，世界经济往往被世界帝国取代，因此，"帝国是五千年来世界舞台的恒久特征"，在经济方面，"一个帝国没有一个企业家或一个世界经济体中的国家所具有的眼光。因为帝国自命是整个的世界"；在政治方面，帝国关心的是"在短期内维持其世界体系的政治平衡"。① 无政府状态之下，国家之间依然会产生互动，因为"一个社会如果不能成为一个自给自足的生产和消费单位的话，就必须参与较大的体系，与其他社会协同发展自我"②。

第三，大国问题（在国际关系理论中称为极性）。虽然主权国家取

---

① [美] 伊曼纽尔·沃勒斯坦. 现代世界体系（第一卷）[M]. 尤来寅，等，译. 北京：高等教育出版社，1998：12、47、50.
② K. 埃克霍尔姆，J. 弗里德曼. 古代世界体系中的"资本"帝国主义与剥削 [A] //安德烈·冈德·弗兰克，巴里·K. 吉尔斯. 世界体系：500 年还是 5000 年？[C]. 郝名玮，译. 北京：社会科学文献出版社，2004：134.

代帝国而成为国际体系的主要单位，但是这并不意味着国家在国家能力方面也是平等的。区域依然以全球性大国或者区域大国为核心建构起来，在卡赞斯坦看来，区域大国为全球大国施展权力提供了一个中介，如果一个区域内没有大国作为核心，那么区域秩序构建就可能面临多种困难。

昔日帝国的核心地带往往演变为区域秩序构建中的中坚，帝国与区域之间存在复杂隐秘的关系。从历史演进的角度来看，帝国与区域之间的关系可以概括为以下几点：

第一，区域产生于从帝国向霸权转型的历史过程中。如上文所述，从帝国向霸权的过渡是世界历史转型的重要动力与表现。帝国向霸权的转换，一方面推动了国际关系模式的转变，间接控制取代了直接控制；另一方面，国际关系的时空发生了巨大变迁，帝国虽然自认为是一个世界，但是从地理空间而言却是一个区域性的政治组织与秩序，霸权奠基于现代世界经济体系，因此具有全球性的背景。彼得·卡赞斯坦认为，当前的世界是"美国帝权治下不同地区所构成的世界"①。罗伯特·考克斯指出："国际金融是促使各国遵守世界霸权秩序的主要力量，也是对一个霸权性世界经济的政治和生产组织的主要规范。"② 虽然从帝国到霸权的转换并没有改变国际秩序等级制的特点，但是却给区域一个相对较大的发展空间，霸权的特征在于承认从属区域与国家在法律上的平等地位。罗伯特·基欧汉认为，霸权与帝国之间的关键区别在于帝国通过臃肿的政治超结构来主导社会，霸权通过等级控制和市场力量运作相结合的方式来监督各个政治上独立的社会之间的关系。此外，霸权还要依赖附属国对其服从，相比于帝国，霸权的控制更具有松散性。"霸主在没有其他国家一定程度同意的基础上，是不能制定和执行规则的。"③ 因此，帝国的衰落或者帝国统治逻辑的失势为区域的兴起提供了一个空间。

第二，国家是构成区域的主要单位。从帝国向国家的转变使国际关系的主导单位实现了转变，国家能力在这个历史变迁中发生了深刻的变

---

① [美] 彼得·卡赞斯坦. 地区构成的世界：美国帝权中的亚洲与欧洲 [M]. 秦亚青，魏玲，译. 北京：北京大学出版社，2007：序言，1.
② [加] 罗伯特·W. 考克斯. 生产、权力和世界秩序：社会力量在缔造历史中的作用 [M]. 林华，译. 北京：世界知识出版社，2004：191.
③ [美] 罗伯特·基欧汉. 霸权之后：世界政治经济中的合作与纷争 [M]. 苏长和，等，译. 上海：上海人民出版社，2001：52-53.

化。主权国家的产生及其国家能力的提升使国家获取自主性的同时也为国家之间的互动提供了自主性。在全球国际体系之中,即使单极霸权也难以对全球进行有效的控制,区域性大国成为区域互动的核心,因此,区域的兴起也是国际体系多极化的组成部分。

第三,区域建构在历史遗产之上。区域不仅仅是一个自然地理空间,也是一个社会关系的构建。地理环境为区域的构建划定了一个物质空间,而该区域的历史传统则奠定了社会关系建构的基础。虽然帝国体制已经逐渐消失于世界政治舞台,但是帝国的历史遗产却是区域构建的基础所在。首先,历史上大帝国占据一个相对较大的地理空间,帝国的废墟之上形成了多种多样的主权国家;其次,帝国尤其是空间性帝国在特定的地理空间中留下了丰富的历史遗产,是构建区域安全、区域经济、区域认同的基础。虽然区域的兴起不是帝国的回归,但是帝国的遗产确实为区域秩序的构建奠定了基石。

区域安全复合体理论是建立在主权国家基础之上的,换言之,其前提是主权国家组成的全球体系,在解释第二次世界大战之后的国际关系方面具有多重优势。但是在帝国时代,却有致命的弱点,即诸多区域都是帝国的边缘,或者帝国争夺之地,这些区域并没有形成具有互动能力的国家组织。对于这样的解释困境,区域安全复合体以"覆盖"与"无结构"来解围。所谓的覆盖,是指"大国利益超过纯粹的渗透,达到了主导一个区域的程度,以至于当地的安全关系结构事实上已经停止作用"。所谓无结构,是指由于国家能力太弱以至于难以形成互动,或者因为地理环境的隔绝而与外部几乎没有有效互动。①

帝国的边缘地带尤其是多个帝国争夺之地往往难以形成稳定有效的区域秩序,帝国之后的国际体系"是由相互关联的多个霸权国——它们相互关系的特点是既相互竞争又相互合作"②。这些区域又成为各种霸权利益交叠之地,作为区域核心的区域大国难以形成,整个区域犹如无脊椎动物一样软弱无力。巴尔干、高加索等区域便是这种"无脊椎"区域

---

① [英] 巴里·布赞,奥利·维夫. 地区安全复合体与国际安全结构 [M]. 潘忠岐,等,译. 上海:上海人民出版社,2010:61.
② 巴里·K. 吉尔斯. 世纪体系之霸权转移 [A] //安德烈·冈德·弗兰克,巴里·K. 吉尔斯. 世界体系:500年还是5000年? [C]. 郝名玮,译. 北京:社会科学文献出版社,2004:140.

的典型代表，这些区域也是后帝国时代国际秩序构建的软肋。克服这些软肋需要的不仅仅是大国的援助，或是冠冕堂皇的"全球治理"，而是一种深刻的历史透视能力，因为这些区域是数百年乃是上千年矛盾与恩怨的层积，只有建立丰富历史经验之上的智慧宝剑才能解开"戈尔迪乌斯之结"。

第二节 "东方问题"的几种解读范式

东方问题的历史久远，关于东方问题的研究文献亦是汗牛充栋，各种观点纷呈迭出，归结起来，可以分为以下三种主要的范式，即马克思恩格斯的解释范式、文明冲突的范式、地缘政治范式。

一、马克思恩格斯解读"东方问题"

西方主流国际关系学界否认马克思、恩格斯创立了国际关系理论，其理由很简单，因为无论马克思还是恩格斯，都没有撰写系统的国际关系理论著述，所以这个论点难以经得起马克思、恩格斯留下的文献的考验。在1853年至1857年间，马克思与恩格斯携手在《纽约先驱论坛报》就克里米亚战争发表了上百篇评论，而这些论述不仅详尽地记录了国际关系发展的历程，也提供了别具一格的国际关系理论视角，因此，这些经典文献为我们建立一种系统的马克思主义国际关系理论奠定了坚实的文献基础。

东方问题在马克思、恩格斯的文献中具有重要的地位，同时这一问题曾经引起过学术界的大讨论。安德森批评马克思与恩格斯看到的亚洲国家的相似性是一种幻觉，两人几乎全盘继承了欧洲关于亚洲的叙述，几乎没有做任何修正，当然，之所以产生这种结果很大程度上是由于"资讯缺乏"，"因为当时东方历史研究在欧洲才刚刚起步"。[①] 广义上的东方问题是非常复杂的，奥斯曼帝国、波斯、印度、中国等都包括其中，受制于当时的知识储备和东西方交流的限制，要全面准确地把握东方社会的特质是非常困难的。

佩里·安德森认为，1853年6月2日，马克思与恩格斯的通信中第

---

① ［英］佩里·安德森. 绝对主义国家的系谱［M］. 刘北成，龚晓庄，译. 上海：上海人民出版社，2001：520.

一次讨论东方问题,这里的东方,不仅是地理意义上的,更是一种历史文化、社会经济范畴上的,从更广泛的意义上讲,应该是非西方的含义。在这封信中,马克思提出:"东方(他指的是土耳其、波斯、印度斯坦)一切现象的基础是不存在土地私有制。这甚至是了解东方天国的一把真正的钥匙。"① 为什么东方不存在土地私有制呢?马克思初步认为:"这主要是由于气候和土壤的性质,特别是由于大沙漠地带,这个地带从撒哈拉经过阿拉伯、波斯、印度和鞑靼直到亚洲高原的最高区域。"②

安德森认为马克思与恩格斯关于东方问题的见解应该置于西方政治思想传统之中,贯穿了一种东方停滞论的观点。其核心观点在于:第一,"亚洲的干旱气候所必然导致的公共灌溉工程,乃是中央集权的、垄断土地的专制国家的基本决定因素";第二,"东方专制主义统治下的基本社会细胞是自给自足的、家庭手工业和农业相结合的村社"。③ 马克思对东方的认识与启蒙时期的思想家有传承关系,但是马克思并没有停留在如孟德斯鸠等人地理决定论的观点上,而是认为所有制关系是影响国家形态、社会发展的核心因素。马克思认为,民族问题的本质还是所有制关系问题,他认为:"要使各民族真正团结起来,他们就必须有共同的利益。要使他们的利益能一致,就必须消灭现存的所有制关系,因为现存的所有制关系是造成一些民族剥削另一些民族的原因。"④

从生产力发展的角度而言,东方处于一种落后停滞的状态,这种观点与英国经济学家亚当·斯密不谋而合,民族的独立与解放需要在生产力高度发展基础之上,只有那些推动世界历史发展的民族才有可能获得独立自主的发展地位,而"那些从来没有自己的历史,从达到文明发展的最初阶段即最低阶段的时候就陷于异族统治之下,或者只是由于异族的压迫才被强迫提高到文明发展的最初阶段的民族,是没有生命力的,是永远也不可能获得什么独立的"⑤。

这是一种广义的东方问题,而狭义上的东方问题是国际关系中的一个难题。在马克思和恩格斯的论述中,并没有对狭义的东方问题作出清

---

① 马克思恩格斯全集(第28卷)[M]. 北京:人民出版社,1973:256.
② 马克思恩格斯全集(第28卷)[M]. 北京:人民出版社,1973:260.
③ [英]佩里·安德森. 绝对主义国家的系谱[M]. 刘北成,龚晓庄,译. 上海:上海人民出版社,2001:507.
④ 马克思恩格斯全集(第4卷)[M]. 北京:人民出版社,1958:409.
⑤ 马克思恩格斯全集(第6卷)[M]. 北京:人民出版社,1961:328.

晰的界定，据笔者翻阅中文译本《马克思恩格斯全集》，关于东方问题的论述是这样开始的："每当革命风暴暂时平息的时候，一定要出现同一个问题——这就是一直存在的'东方问题'。"① 马克思认为，东方问题的存在是对欧洲正统主义的挑战，也是令欧洲列强难以穷尽的问题之源：对土耳其怎么办？东方问题（即狭义上的，后文不作说明，即此含义）是困扰欧洲历史几百年的死结，从奥斯曼帝国占领君士坦丁堡之后，欧洲就面临着"土耳其怎么办"的问题，而此时欧洲要应对奥斯曼帝国侵略的问题，在此后的几百年中，奥斯曼帝国一直是欧洲难以摆脱的阴霾。18世纪之后，奥斯曼帝国锋芒不再，欧洲强国围绕奥斯曼帝国进行了持久而激烈的博弈，1853年的克里米亚战争是欧洲列强在"土耳其怎么办"问题上博弈的一个高潮。东方问题不仅是影响欧洲国际关系几百年的死结，也是理解错综复杂的现实问题的透镜，马克思、恩格斯着力研究东方问题，可谓抓住了国际关系研究中的一只"小麻雀"，并且对其进行了深入细致的解剖。

当东方问题再度成为欧洲各国关注的焦点时，马克思正在伦敦过着贫困的流亡生活，唯一的经济收入就是稿费，因此，马克思非常希望将东方问题作为一个论题来撰写大量的评论，一方面可以增加收入，改善家庭经济条件；另一方面则是借此机会深入研究与分析国际关系问题，并将自己的理论思考渗入其中，以此作为宣传革命的阵地。此时，还有一位美国人与马克思竞争撰写稿件的资格，马克思写信希望恩格斯能够出手相助，因为马克思面临一个巨大的问题，那就是，"土耳其帝国将会怎样，我一点也不清楚"，因为"这个问题——首先是军事和地理方面的，不在我的写作范围之内"。② 1850年之后，马克思与恩格斯的学术研究有所分工，马克思主要研究政治经济学、欧洲各国外交政策，而恩格斯则着力于语言学、军事战略。马克思在这封信中对"东方问题"也提出了大胆的设想：第一，东方问题不会成为欧洲战争的导火线，它总是会通过外交途径而被压制下来；第二，东方问题是各个强国利益与野心纠结的结果，应当注意其在贸易和军事上的含义；第三，如果东方问题引发欧洲战争，英国将会站在土耳其一边；第四，伊斯兰教帝国必然发

---

① 马克思恩格斯全集（第9卷）[M]. 北京：人民出版社，1961：5.
② 马克思恩格斯全集（第28卷）[M]. 北京：人民出版社，1973：226.

生崩溃，因为它已经或多或少处于欧洲文明影响之下。① 可以说，在这封信中，马克思提出了关于"东方问题"写作计划的论题范围与论调，恩格斯在回信中对马克思的想法当然是鼎力相助，他建议马克思："我们应该装成洞悉内情的样子去打垮与我们竞争的美国佬。"② 同时，恩格斯着手集中精力研究东方问题，以期与马克思更好地合作。在此后两年多时间中，马克思、恩格斯集中而深入地研究与论述了东方问题。

从1853年4月7日，《纽约先驱论坛报》在三年时间里刊登了马克思与恩格斯上百篇时事评论，其中有相当一部分是关于东方问题的讨论。马克思与恩格斯的评论为我们留下了这场19世纪中期重要的国际战争的翔实而可信的记载与分析，尤其可贵的是马克思利用当时披露出来的外交公文对东方问题的利益逻辑进行了详细的阐发。

马克思将东方问题置于欧洲的大背景中，追溯东方问题的来龙去脉、历史渊源与现实困境；将政治经济学的研究成果应用于现实问题的分析中，立体呈现东方问题内含的种种利益纠葛与纷争，一篇篇铿锵有力的文章，现在读起来依然有种强烈的现场感。在马克思、恩格斯看来，东方问题与欧洲，尤其是英国的债券价格、粮食价格、工业危机、罢工等议题连为一体，换言之，国际关系的发展并不是受单一因素的影响，而是受多种因素，尤其是经济层面因素的影响。如果不洞悉各国财政、贸易、金融领域的发展，就难以对战局有精确的判断。例如，马克思发现，为了应对克里米亚战争带来的财政负担，格莱斯顿在英国首次发行国库债券以弥补财政亏空。但是此举并没有获得成功，由于战争及其农业歉收导致粮价上涨与贵金属外流，而贵金属外流则推动利率上涨，进而导致证券市场波动，固定利率的国库债券则问津者变少。由此，马克思判定："东方问题影响了国家有价证券，而宫廷本身则利用证券行情的波动进行危险的交易。"③ 马克思的分析视角至少在两个方面对国际关系研究者有所启发：第一，国际关系与国内政治的发展息息相关，二者紧密互动，马克思指出，"不列颠的小市民不仅必须为对俄战争、为格莱斯顿先生的教友派学说和伪善的拘泥细节而付出费用，还应当供给沙皇本人以

---

① 马克思恩格斯全集（第28卷）[M]. 北京：人民出版社，1973：226.
② 马克思恩格斯全集（第28卷）[M]. 北京：人民出版社，1973：229.
③ 马克思恩格斯全集（第28卷）[M]. 北京：人民出版社，1973：303.

进行对英战争所需的资金"①。因此，国际关系需要由内而外的研究路径，国内政治生态的变迁直接作用于国际关系。第二，国际关系研究必须重视经济因素，因为现代战争需要大量的财政支出，各国的财税金融实力是决定外交政策的基础因素。

马克思与恩格斯对东方问题的解读不仅限于此，笔者学力不逮，只能在经典作家美文华章中采撷几颗思想之核，以展现经典作家的分析方法与深刻思想。纵使时光流散，世事变迁，马克思主义在全球化的今天依然是一把难掩锋芒的思想之剑。随着马克思恩格斯分析解读东方问题的思想之路，我们将再次感受伟大思想的魅力。

东方问题的起因，简单而言，就是奥斯曼帝国衰落之后，欧洲列强如何瓜分和接管这个庞大帝国遗产。世界历史上帝国的兴衰沉浮也属正常，但是奥斯曼帝国却因为纠结了太多的利益与历史恩怨而成为困扰欧洲国家体系的"问题"。马克思与恩格斯对东方问题的起源进行了深入细致的探讨。两位作家认为，奥斯曼帝国已经陷入持续的衰落之中，土耳其如同一匹死马，在不断地腐烂下去，土耳其的存续取决于欧洲均势体系的维持，欧洲各国的权力运作最终以维持奥斯曼帝国的存在。"只要现行的'均势'和维持 status quo 的体系继续存在下去，还会越烂越厉害。因此，它将不顾所有的会议、议定书和最后通牒，经常地每年在外交难题和国际纠纷方面作出自己的贡献，就像任何一种腐烂物体向周围大量放出沼气和其他'芬芳的'气体那样。"②奥斯曼帝国的衰败，使这个庞大的帝国成为欧洲列强觊觎的肥肉。

东方问题包含的内容是丰富多样的，各种利益与历史盘根错节，犹如一个难解的戈尔迪之结一样。奥斯曼帝国主要由三部分组成：亚洲部分、非洲部分和欧洲部分。亚洲部分主要是巴勒斯坦与基督徒居住的黎巴嫩平原，小亚细亚地区是奥斯曼帝国军队的来源，尽管人口并不多，但是"仍然形成了一个非常团结的属于土耳其族的狂热的伊斯兰教徒群，目前就休想去征服它"③。非洲部分，距离帝国统治中心遥远，多数行省与帝国之间的联系非常脆弱，非洲部分已经被欧洲强国瓜分殆尽，几乎不存在什么"问题"。"真正经常引起纠纷的，是沙瓦河和多瑙河以南的

---

① 马克思恩格斯全集（第10卷）[M]. 北京：人民出版社，1962：242.
② 马克思恩格斯全集（第9卷）[M]. 北京：人民出版社，1961：7.
③ 马克思恩格斯全集（第9卷）[M]. 北京：人民出版社，1961：7.

一个大的半岛，即欧洲土耳其。这个地方却不幸成了各个不同种族和民族杂居的地区，同时很难说它们当中谁最缺少走向进步和文明的条件。"① 正是因为巴尔干区域成为帝国博弈的边缘地带，在漫长的历史进程中形成了各种破碎的民族结构、宗教信仰结构，同时各种人群生活在不同帝国的统治之下，失去了自我发展的机会与能力。在这个区域没有哪个人群可以承担起文明发展的重任，最终使该区域成为东方问题的"源泉"。除此之外，巴尔干地区所处的地缘位置也使其成为各国重点关注对象，马克思用简洁的语言概括了东方问题的地缘政治之结：第一，发源于欧洲中心的多瑙河是贯通欧洲与亚洲的通道；第二，谁掌握多瑙河口，谁就掌握了多瑙河这条通往亚洲的道路，同时也就在很大程度上控制了瑞士、德国、匈牙利、土耳其贸易；第三，如果占据了高加索地区，便可以控制黑海，进而可以威胁波斯北部并且控制里海；第四，达达尼尔海峡和博斯普鲁斯海峡是黑海的锁钥之地。②

黑海海峡更是决定欧洲列强势力消长的杠杆，恩格斯在1853年3月撰写的《在土耳其的真正争论点》一文中认为，东方问题的关键在于黑海海峡的控制权问题。恩格斯从地缘经济与地缘政治两个层面论述了这一问题。首先，奥斯曼帝国控制的黑海及其沿岸是欧洲经济往来的枢纽之地，"三分之二的欧洲，即德国和波兰的部分地区、整个匈牙利、俄国最肥沃的地区以及整个欧洲土耳其，在出口和商品交换方面都有天然的纽带与欧克辛海（黑海——引者注）联结起来，同时，这些国家主要是农业国，产品分量大，运输必然以水运为主"③。英国工业革命的推进使工业品市场的重要性不断上升，英国需要通过奥斯曼帝国境内向亚洲出口产品，势必与俄国在亚洲的扩张相冲突。1851年，英国向奥斯曼帝国出口354万英镑，其中三分之二以上通过黑海各港口，"整个不断迅速增长的贸易，都决定于控制着博斯普鲁斯海峡和达达尼尔海峡这两个黑海咽喉的国家是否可靠"④，谁掌握了黑海海峡，谁便掌握了亚欧贸易通道。其次，从地缘政治角度而言，黑海海峡是遏制俄罗斯帝国扩张的关键所在，由于这个海峡地势险要，易守难攻，一旦俄国控制海峡，便可

---

① 马克思恩格斯全集（第9卷）[M]. 北京：人民出版社，1961：7.
② 马克思恩格斯全集（第9卷）[M]. 北京：人民出版社，1961：443.
③ 马克思恩格斯全集（第9卷）[M]. 北京：人民出版社，1961：14–15.
④ 马克思恩格斯全集（第9卷）[M]. 北京：人民出版社，1961：16.

以"筑成一道攻不破的屏障,就是全世界的联合舰队来犯也休想通过海峡"①。如果俄国控制了黑海海峡,会造成多方面的后果:黑海将成为俄国的内湖;黑海沿岸尤其是高加索地区的反抗将会崩溃;奥斯曼帝国将失去国际地位,帝国陷入崩溃状态。最严重的后果可能是,俄国持续不断地扩张,最终会建立一个世界帝国。恩格斯认为,对抗俄国扩张野心力量是"欧洲革命、民主思想的爆炸力量以及人生来就有的自由要求"②,因此,遏制俄国的扩张,不仅有利于国际关系的稳定,也是欧洲革命的题中之义。

东方问题的本质难以用三言两语概括清楚,不过从这两位伟大的思想家的著作论述中,我们可以总结出以下几点:第一,东方问题是在东西方文明漫长的交往互动过程中产生的,尤其是基督教与伊斯兰教几百年的对峙与冲突。伊斯兰教本身就是法律,"可兰经和以它为根据的伊斯兰教把各个不同的民族的地理和人文归结为一个简便的公式,即把我们分为两种国家和两种民族——正统教徒和异教徒。……伊斯兰教宣布异教徒是不受法律保护的,并在穆斯林和异教徒之间造成一种经常互相敌视的状态"③。应该说,宗教的纷争已经存在了几百年,自从伊斯兰教成为世界历史发展的重要力量,这种纷争便存在了,历史上基督教徒发动的十字军东征便是例证。巴尔干半岛上的东正教徒多数是臣服于伊斯兰教的居民,1000多万东正教徒被视为异教徒,并且接受苏丹的统治。西欧列强中很多国家已经实现世俗化,因此,欧洲国家试图推动奥斯曼帝国的世俗化进程势必会破坏奥斯曼帝国的社会结构,"谁想用code civil(民法典)来替代可兰经,谁就必须按照西欧的式样来改造拜占庭社会的全部结构"④。在奥斯曼帝国强盛之际,穆斯林统治者将所有异教徒视为敌人,只有获得帝国特惠权的外国人才可以自由经商,当奥斯曼帝国衰落之时,帝国特惠权利便成为争论的焦点,基督教强国希望保护到奥斯曼帝国旅行或者朝拜的教徒。耶路撒冷是世界三大宗教起源中心,因此,无论天主教还是东正教都希望获得专有保护权,而这需要得到奥斯曼帝国的授权,引发1853年克里米亚战争的导火线由此而起。在马克思

---

① 马克思恩格斯全集(第9卷)[M].北京:人民出版社,1961:17.
② 马克思恩格斯全集(第9卷)[M].北京:人民出版社,1961:18.
③ 马克思恩格斯全集(第10卷)[M].北京:人民出版社,1962:180.
④ 马克思恩格斯全集(第10卷)[M].北京:人民出版社,1962:181.

看来，这些喋喋不休的争吵"不过掩盖着不仅是各个国家而且是各个民族之间的卑鄙的战争"①。奥斯曼帝国的巴尔干地区是由各种宗教历史叠加于一体形成的破碎地带，这种地带极可能成为亨廷顿所说的"文明冲突"之地，无论是巴尔干地区、巴勒斯坦地区还是高加索地区无不如此，冷战之后的波黑战争、科索沃战争背后似乎隐藏着"文明冲突"的影子，这也充分印证了伟大思想家们如炬的洞察力。

第二，巴尔干地区不仅是宗教、文明的交叠之地，也是各种民族杂居相处之地。恩格斯在一篇《欧洲土耳其前途如何？》的论文中深入分析了作为帝国边缘的巴尔干地区的历史进程、现实困境与未来前途。恩格斯批判了欧洲外交界关于维持现状的理论，解开东方问题的死结不在于一种"鸵鸟"心态，而是要以"革命"之剑斩开这个缠绕几百年的死结。这主要有以下三个方面的因素：首先，自1789年以来，欧洲革命的风潮不断蔓延，俄国作为欧洲封建专制的堡垒，势必会成为革命的敌人，"下一次革命的前哨应当是彼得堡和君士坦丁堡。俄国反革命的庞然大物应当在这两个最薄弱之点受到打击"②。其次，塞尔维亚成为南部斯拉夫人解放的中心，虽然塞尔维亚人将俄国视为保护者，二者在宗教与种族方面相似，但是在政治经济利益方面却大异其趣，俄国试图控制巴尔干的市场与过境贸易，而巴尔干的斯拉夫人也希望扩张自己的贸易，并且实现工业化，同时，巴尔干半岛受到西欧现代性的冲击，在政治制度、经济模式、社会组织方面与俄国相异，这些都会使独立后的南斯拉夫人与俄国人渐行渐远。最后，南斯拉夫人依靠俄国人反抗奥斯曼帝国，是因为不堪帝国统治的专制与独裁，但是俄国与奥斯曼帝国一样都是依靠强制与暴力的帝国统治，俄国取代奥斯曼帝国不过是从狼窝进入虎穴。因此，只有通过革命建立一个独立自主的斯拉夫国家，才能使巴尔干地区摆脱帝国边缘的命运。

东方问题是在漫长的历史演变过程中形成的，当然也需要时间慢慢冲淡宗教、利益、权力纠葛的恩怨。马克思和恩格斯认为，唯有革命才能彻底解决东方问题，这与西方资产阶级外交家、学者的观点大异其趣，欧洲主流外交界追求一种均势或者维持现状，这种观念与政策只可能治标而不能治本。当然，革命不仅仅是武装起义，更是一种生产力发展而

---

① 马克思恩格斯全集（第10卷）[M]．北京：人民出版社，1962：187．
② 马克思恩格斯全集（第9卷）[M]．北京：人民出版社，1961：38．

带来的社会关系、政治形态的变革。革命不仅要发生在巴尔干地区，而且奥斯曼帝国、俄国、奥地利帝国都要发生相应的革命，才能使这个地区建立比较稳定的国际秩序。东方问题的解决需要依靠各个帝国内部变革来实现。对俄国而言，只有俄国人民放弃支持沙皇扩张侵略政策，放弃世界霸权的追求，"关心自己本身在国内的受到极严重威胁的切身利益时"，世界战争才能得以避免，东方问题也自然会得到解决。俄国外交战略的转变会引起一系列连锁反应：首先，法俄之间的同盟关系将会松弛甚至会消失，因为法国不能依靠俄国来围堵德国；其次，由于俄国不再威胁君士坦丁堡的安危，奥地利和意大利就没有必要围绕在德国周围；再次，"只要俄国不再威胁博斯普鲁斯海峡，欧洲对于这堆形形色色的民族的存在就会失去任何兴趣"①；最后，由于俄国国内的转变，欧洲两大军事阵营会自行瓦解，战争的威胁随之消失。因此，在恩格斯看来，东方问题的症结还在于俄国的扩张野心。

　　无论马克思还是恩格斯，都将俄国视为欧洲的敌人，他们之所以反俄，有以下几个原因：第一，俄国是欧洲革命的刽子手，推动革命的发展就必须痛击俄国；第二，西欧各国对俄国进行绥靖，以牺牲奥斯曼帝国的利益为代价，他们对西欧国家损人不利己的行为大为愤慨，当奥斯曼帝国军队挫败了沙皇的进攻之际，欧洲国家则试图安排国际会议恢复战前现状，马克思认为，这是"欧洲对俄国一个最广泛的投降计划，乃是一举而批准1830年以后历次反革命所造成的一切变化"②；第三，保存土耳其帝国从而为革命提供一个场所，马克思认识到："如果土耳其在欧洲的统治不加根本改变，以抵消那些使土耳其衰落的内部因素，那末这些因素还是要继续起作用的。"③ 恩格斯则认为，随着战争规模的扩大，欧洲五大强国可能都会卷入其中，而革命则是第六强国，虽然欧洲战争的开始，革命将使列强的均势计划被推翻，将"以期创造万物、永葆青春的活力粉碎旧的欧洲强国及其将军们的一切计划，正如同1792—1800年时的情形一样"④。

　　晚年的恩格斯全面审视了俄罗斯帝国的外交政策发展脉络，将东方问题置于俄国与欧洲互动的背景下加以审视，到19世纪末，东方问题已

---

① 马克思恩格斯全集（22卷）[M]. 北京：人民出版社，1965：54.
② 马克思恩格斯全集（9卷）[M]. 北京：人民出版社，1961：595.
③ 马克思恩格斯全集（9卷）[M]. 北京：人民出版社，1961：589.
④ 马克思恩格斯全集（10卷）[M]. 北京：人民出版社，1962：8.

经不再是奥斯曼帝国与俄国之间的博弈,而是欧洲强国之间联盟与博弈的结果。"俄国沙皇政府要采取最后的决定性的步骤,要真正占领君士坦丁堡,就不能不进行胜负机会大致相等的世界战争,而这次战争的结局大概并取决于交战的双方,而取决于英国。"① 在此之际,革命与国际战争之间产生了一种此消彼长的关系,如果俄国能够迅速发生国内的革命,那么就有可能避免欧洲大战,但是不幸的是,恩格斯的愿望没有实现,东方问题引发了世界大战,而世界大战则推动了俄国革命。历史的发展往往并不能如人所愿。

二、文明冲突的范式

以文明的范式研究国际政治并不起源于亨廷顿,但是亨廷顿却把文明的冲突这个历久弥新的话题变成了全球的热点。一部《文明的冲突与世界秩序的重建》让亨廷顿这位哈佛大学政治学教授成为全球最炙手可热的国际问题权威,"文明冲突"也成为妇孺皆知的学术名词。从历史的角度而言,文明之间的冲突与融合是历史发展的线索与动力所在,将文明的冲突与当今的国际政治现实保持适当距离的时候,也许我们对文明的冲突有更加冷静的认知与判断。历史,无疑是一剂解毒剂。

以文明的范式解读东方问题这个历史难题,早已存在于诸多文献之中,马克思、恩格斯对东方问题的解读中也存在着文明冲突范式的踪影,当然这不是马克思、恩格斯的主要理论根据。从塞缪尔·亨廷顿的主要文本着手,由今溯古,将文明冲突的范式置于久远的历史时空中,一方面以历史的厚重缓解文明冲突的恐惧;另一方面以文明的冲突理解历史演进的逻辑,在理论与历史的相互解读中真正认识文明冲突的内涵。

塞缪尔·亨廷顿对文明作了界定,他认为文明是一种历史实体,是一种真实的存在,人类的历史就是文明发展的历史;文明在很大程度上等同于伟大的宗教,大一统的宗教是文明的核心;文明没有固定的边界,随着时间的变化,其内涵也在发生变化。② 亨廷顿将文明之间的演化关系分为三个阶段:第一个阶段自文明起源到公元1500年,这一阶段主要是文明内部之间的互动,因为各个文明之间在空间上是隔绝的,文明之

---

① 马克思恩格斯全集(22卷)[M]. 北京:人民出版社,1965:49.
② [美]塞缪尔·亨廷顿. 文明的冲突与世界秩序的重建[M]. 周琪,等,译. 北京:新华出版社,2002:23-27.

间的互动在时间上是不连续的;第二个阶段始于西方的兴起以及对世界的冲击,各种非西方文明被西方主导的文明覆盖,其他文明在此阶段对西方文明或者抗拒,或者模仿,或者接受;第三个阶段,随着其他文明的复苏,西方文明的退潮,世界出现了多文明的共存和竞争,冷战结束之后意识形态的冲突终结,而文明之间的冲突则浮出水面。亨廷顿的著作当然是对当代国际关系的解读,但是这种分析模式依然可以用于对历史的解析之中,而且亨廷顿的观点深植于历史的土壤之中。以亨廷顿的观点审视东方问题,我们可以看到,伊斯兰文明包含着不同的政治中心,在不同的历史时期内伊斯兰文明的中心发生了转移。15 世纪以来,奥斯曼帝国是伊斯兰文明的中心,1517 年,哈里发从埃及转移到君士坦丁堡,奥斯曼帝国不仅是伊斯兰的政治力量的体现,也是其精神的化身。在此后的几个世纪,奥斯曼代表的伊斯兰文明横扫东南欧,给欧洲的基督教文明带来巨大的冲击。奥斯曼帝国衰落之后,伊斯兰世界失去了政治中心之后,伊斯兰文明面临整体衰落。亨廷顿认为:"奥斯曼帝国的灭亡使伊斯兰世界失去了核心国家。它的领土在相当大的程度上被西方列强瓜分,列强撤退时,在这些领土上留下了一些脆弱的国家,他们建立在不同于伊斯兰传统的西方模式之上。"① 奥斯曼帝国灭亡之后,伊斯兰世界中没有哪一个国家能够有足够的力量和精神号召力将伊斯兰世界中的国家群体加以整合,正是因为缺少一个核心的国家,所以伊斯兰世界陷入了内外混战的窘境之中,这是伊斯兰文明虚弱的根源。

亨廷顿的文明冲突论,尤其是对伊斯兰文明与西方文明之间会发生冲突的论断遭到诸多学者的批判,而"9·11"的发生以及随后的阿富汗战争与伊拉克战争的爆发似乎佐证了亨廷顿的判断,但是将这一系列国际关系的变化完全归结于文明似乎牵强。与亨廷顿以文明的范式研究当代国际政治不同,伯克则以文明的范式研究近千年的历史,"普世性的冲突,涵盖了在欧洲、古罗马、伊斯兰、维金、拜占庭、斯蒂匹武士、奥斯曼、美洲土著、欧亚大陆交界地缘,以及蒙古等诸种文明之间所发生的各类战争"②,换言之,文明的冲突并不是在冷战结束之后才出现

---

① [美] 塞缪尔·亨廷顿. 文明的冲突与世界秩序的重建 [M]. 周琪,等,译. 北京:新华出版社,2002:193.
② [美] 维克多·李·伯克. 文明的冲突:战争与欧洲国家体制的形成 [M]. 王晋新,译. 上海:上海三联书店,2006:176.

的，而是一种人类历史的常态。伯克认为，文明间的冲突与战争是国家形态进化的重要动力，这种观点与查尔斯·蒂利、安东尼·吉登斯等人有异曲同工之妙。与亨廷顿不同的是，伯克认为，文明间不仅存在着冲突，而且也存在跨文明的合作，在 16 世纪，基督教世界中的法国与伊斯兰文明的奥斯曼帝国合作对抗哈布斯堡帝国的霸权，这种文明间的互动推动了欧洲国家体制的发展。"各种文明之间常常绵延数百年之久的冲突斗争，才是铸就西方国家体制的大熔炉。"①

伯克以超长的历史时段审视了各种战争，尤其是文明间的战争对欧洲国家体制发展的影响，这种观点突破了简单的西欧中心论，将欧洲历史置于世界历史发展的进程中，尤其是诸多具有世界历史意义的力量如蒙古帝国、奥斯曼帝国等外部力量对欧洲的冲击。以大时空的视角审视西方文明与周边文明之间的互动关系，最大限度地还原西方崛起的历史动力，拒绝西方中心论的浅薄与自负。伯克认为："奥斯曼帝国把一个统一的欧洲天主教世界拆得四分五裂，给予宗教改革运动以极大的支持，并对东欧地区进行大规模的扩张。简而言之，直至地理大发现时代的前夜，欧洲人只取得了些微有限的成就，伊斯兰和蒙古的诸种文明扼制着西欧的发展；西欧只是全球中'第三世界'中的一部分，并且从罗马帝国垮台到地理大发现时代，一直滞留在这一境况之中。"② 而以奥斯曼帝国为代表的伊斯兰文明无疑给欧洲在陆上的扩张筑起了铜墙铁壁，尚未强大起来的欧洲只能选择向大西洋方向扩张，欧洲的军事机器只有在手无寸铁的美洲土著面前才具有绝对优势，从这个意义上讲，美洲的灾难在某种程度上是伊斯兰文明冲击带来的连锁反应。在近代早期，东地中海、欧亚交界地带才是文明的核心区域，正是这一核心区域的互动推动欧洲不得不面对茫茫大洋，并且发展起来一套超越其他文明的现代国家体制。汤因比也认为："整个世界以西欧作为起点而不断扩大，这种看法在某种程度上无疑是一种错觉，是由于近代以来西方观察家的视角有误造成的。"③

在 16 世纪欧洲迈向现代性道路的过程中，基督教文明与伊斯兰文明

---

① [美]维克多·李·伯克. 文明的冲突：战争与欧洲国家体制的形成 [M]. 王晋新，译. 上海：上海三联书店，2006：173 - 175.
② [美]维克多·李·伯克. 文明的冲突：战争与欧洲国家体制的形成 [M]. 王晋新，译. 上海：上海三联书店，2006：176.
③ [英]阿诺德·汤因比. 历史研究 [M]. 刘北成，郭小凌，译. 上海：上海人民出版社，2000：350 - 351.

之间存在多层次的互动。首先，以奥斯曼帝国为核心的伊斯兰文明与以哈布斯堡帝国为代表的基督教世界，为了争夺世界的主导权进行了长期的战争，奥斯曼帝国的威胁一度使基督教世界组织起来新的十字军。其次，两个主体文明内部也存在着分裂与斗争，对于基督教世界而言，宗教改革运动使基督教大一统世界被撕裂了，路德派挑战着天主教的权威；对于伊斯兰文明而言，什叶派与逊尼派的冲突由来已久，什叶派的萨菲王朝是奥斯曼帝国在东方有力的对手，牵制了奥斯曼帝国大量的精力。最后，文明的冲突与国家利益的冲突相混杂，奥斯曼帝国为了牵制和瓦解哈布斯堡帝国的战线，给予低地国家和德意志诸侯国以大量的军事援助，法国为了抗衡查理五世的帝国梦想而与奥斯曼帝国结盟。从这个角度而言，文明之间的冲突与王朝利益交织在一起，构成了世界历史演进的"剧情"，以此视角来看，亨廷顿的论点难免失之偏颇。

汤因比从人类文明交往与接触的发展历程审视东方问题的意义，在他看来，1683年奥斯曼帝国围攻维也纳失败之后标志着"非西方社会对西方文明的最后一次进军的终结。从那时候起到第二次世界大战结束，西方具有极其强大的力量，任何单个的或成群结队的对手都不能构成对西方的威胁"①。换言之，奥斯曼帝国对欧洲冲击的终结代表时代的转换，西方从此确立了无可匹敌的优势地位。直到250年之后，世界才逐渐恢复到1683年之前的时代，西方世界占主导的时代，"在国际政治舞台上只有现代西方文化的天然成员或皈依者彼此争执不休。现在由于恢复了正常状态，文化冲突也就重新进入了国际政治舞台"②。"二战"之后的文明冲突已经不同于奥斯曼与西方之间的冲突，而是一种新的文明冲突的组合，是非西方世界的集体觉醒与崛起。

阿拉伯史专家认为，奥斯曼帝国兴起之际正是东西方文明转换的时期，虽然奥斯曼帝国强盛一时，并征服了欧洲很多领土，但是文明中心已经从地中海沿岸转向大西洋沿岸。奥斯曼帝国是阿拉伯帝国的延续，是哈里发帝国发展的新的阶段，也是东西方关系互动的转折的开始，西方面对伊斯兰教的狂飙突进，在整个中世纪几乎没有还手之力。当这种

---

① [英] 阿诺德·汤因比. 历史研究 [M]. 刘北成，郭小凌，译. 上海：上海人民出版社，2000：351.
② [英] 阿诺德·汤因比. 历史研究 [M]. 刘北成，郭小凌，译. 上海：上海人民出版社，2000：351.

关系开始逆转之际,标志着现代曙光的到来。当然,奥斯曼帝国在此后的几百年之中对欧洲形成了极大的威胁,但是文明的核心已经从伊斯兰世界转向了基督教尤其是新教世界。这种转变对于国际体系的转型至关重要,不仅标志着体系单位的变化,同时也是互动的革命。希提的观点值得关注,他认为:"君士坦丁堡的素丹兼哈里发,变成了伊斯兰教最强大的君主,他不仅是巴格达哈里发的继任者,而且是拜占庭皇帝的继任者。由于麦木鲁克王朝的灭亡和土耳其帝国在博斯普鲁斯海峡的建立,伊斯兰教势力的焦点已经西移了。实际上,世界文明的中心,现在已经转移到西方去了,美洲和好望角的发现,改变了世界的通商航路,整个东地中海地区都变成了偏僻的地区。中世纪时期建筑在阿拉伯帝国遗址上的阿拉伯哈里发帝国和穆斯林王朝的历史,就此结束了。奥斯曼哈里发帝国的现代史,从此开始了。"①

从文明发展的角度而言,奥斯曼帝国是伊斯兰文明强盛的尾声,这主要表现在以下几个方面:第一,伊斯兰教与帝国之间呈现渐行渐远的趋势,伊斯兰教成为一种宗教文明,阿拉伯语成为一种通用语。世界宗教与通用语对于帝国的形成与发展至关重要,但是伊斯兰教内部的教派冲突造成了巨大的内耗,这是由于帝国的异质性、多样性、等级性造成的,普世宗教与世界帝国的梦想总是在纷争不已的现实面前破灭,教义在不同的种族、地域中产生了不同的解释,尤其是什叶派与逊尼派的分裂成为伊斯兰教至今难以弥合的裂痕。欧麦叶王朝、阿拔斯王朝分别是逊尼派与什叶派的政权,此后奥斯曼帝国与萨法维王朝双峰并峙成为伊斯兰教世界的两大帝国,宗教与帝国明显分离。第二,除了有代表的几个帝国之外,阿拉伯历史上充满了数不尽的军阀、诸侯、小王朝,这构成了一种与帝国不同的国际秩序,只有伊斯兰教这种宗教共同体才能将这些政权囊括在一起,哈里发作为伊斯兰世界的精神领袖这一地位没有撼动,虽然他并没有实权。第三,穆斯林的帝国在权力架构方面往往存在着巨大的缺陷,换言之,国家能力结构的缺失,作为中枢协调的政治权力或者畸形膨胀,或者缺失。因此,很多帝国在扩张结束之后便陷入衰落与瓦解之中。欧麦叶王朝、阿拔斯王朝都是如此。军人,尤其是禁卫军往往在帝国扩张与征服结束之后控制国家。王位的继承没有成制,

---

① [美]菲利浦·希提. 阿拉伯通史(第十版)[M]. 马坚,译. 北京:新世界出版社,2008:644.

一方面王位更迭会造成统治上层的内乱，另一方面为军人干政创造了条件。第四，伊斯兰教在 13 世纪之后便失去了创造力，经院哲学（神学）垄断了精神领域，世界文明创造的中心逐渐开始向西移动。但是并不意味着西方占据主导，从世界历史的时空来看，此时的世界有三大文明中心：东亚、伊斯兰世界和西方世界。直到 18 世纪，奥斯曼土耳其全面衰落之后，西方才在东西较量中获得了胜利和优势。19 世纪之后，西方获得了全面的胜利。

对以文明的范式解释东方范式作出系统反思的不是历史学家，而是一位文学批判家——萨义德。在《东方学》这本著作中对东方学（或者译为东方主义）的形成及其结构作了细致的分析与批判。他认为："东方不仅与欧洲相毗邻；它也是欧洲最强大、最富裕、最古老的殖民地，是欧洲文明和语言之源，是欧洲文化的竞争者，是欧洲最深奥、最常出现的他者（the Other）形象之一。此外，东方也有助于欧洲（或西方）将自己界定为与东方相对照的形象、观念、人性和经验。然而，这些东方形象并非都出自想象。东方是欧洲物质文明和文化的一个内在组成部分。东方学作为一种话语方式在文化甚至意识形态的层面对此组成部分进行表述和表达，其在学术机制、词汇、意象、正统信念甚至殖民体制和殖民风格等方面有着深厚的基础。"① 萨义德的反思与批判是深刻的，也具有启发意义，但是他研究的主体是东方学，是一种观念、思维、神话和意识形态，他并不关注东方学与东方之间的对应关系，因此，东方并不是研究的主体，他关注的是一种话语，是在西方学术系统中对东方的表达与叙述，是一种知识的生产与传播，他认为东方学是从"1312 年维也纳基督教公会决定'在巴黎、牛津、博洛尼亚、阿维农和萨拉曼卡'等大学设立'阿拉伯语、希腊语、希伯来语和古叙利亚语'系列教席开始的"②。萨义德的方法与观点为我们反思西方话语之中的东方提供了一个很好的起点，但是却不是一个终点，对东方的研究不仅要反思批判"词"，更要检视与认知"物"。

希提从长时段来审视东方的含义："只有从东西方在宗教上、种族上

---

① ［美］爱德华·W. 萨义德. 东方学［M］. 王宇根，译. 北京：生活·读书·新知三联书店，1999：2.
② ［美］爱德华·W. 萨义德. 东方学［M］. 王宇根，译. 北京：生活·读书·新知三联书店，1999：61 - 62.

和语言上有所不同，并且互相竞争的角度来看，东方和西方在地理上不同的事实才有意义。"① 希提从东西方互动的角度解释了东方观念的形成背景。他认为在东西方历史发展过程中互有攻守，第一次在古典时代，即特洛伊战争和后来的希波战争；第二次是穆斯林的扩张风暴及十字军东征；第三次是西方帝国主义的扩张。从这种观点而言，十字军东征不过是西方面对穆斯林扩张作出的反应，当然十字军东征的原因是多方面的，但是只有放在东西方互动的关系中才能充分理解其中的含义。十字军东征的遗产却深深嵌入后来历史发展的进程之中："在整个近东，他们留下了一种相互仇视的传统，由穆斯林和基督徒共同继承，直到现在，还没有被遗忘。"②

约翰·霍布森强烈反对西方中心论的观点，也反对将东西方割裂开来的二分法。在他看来，西方中心论是一种西方人制造的神话而已，事先设定西方的先进、理性，然后回溯历史寻找依据，而将东方视为野蛮、落后、专制的象征，回溯过去，寻找所有阻止东方进入现代社会的阻碍因素。西方的崛起是全球结构、身份认同与偶然性的结果，细而言之，自公元500年开始，东方世界创造了富有活力的经济，并且建立了一个东方化的全球联系，通过这个全球化的网络，西方得以接受、模仿与学习东方的各种资源组合（技术、制度）。在与外部世界的互动过程中，西方人的自我认同也发生着变化，帝国主义的心态便是以贬低与丑化东方为基础，尤其是19世纪欧洲人"造成了东西方之间的大分裂。将东方定义为低等的、不能实现自我发展，而同时将西方定义为独立的、积极主动的和父权制的，自然而然就会将帝国主义看作一种道德天职（即文明使命）"③。以奥斯曼帝国为核心的伊斯兰文明在塑造欧洲身份认同方面起了重要的作用，当欧洲处于弱势，而伊斯兰处于强势之际，欧洲形成了一个关于基督教世界的认同，这种认同是消极的防御性认同，依靠基督徒的身份来整合异质性极强的封建欧洲。十字军东征是推动欧洲自我认同发展的重要的事件，"如果没有伊斯兰教的存在，十字军东侵将是

---

① ［美］菲利浦·希提. 阿拉伯通史（第十版）[M]. 马坚, 译. 北京：新世界出版社, 2008：580.
② ［美］菲利浦·希提. 阿拉伯通史（第十版）[M]. 马坚, 译. 北京：新世界出版社, 2008：602.
③ ［英］约翰·霍布森. 西方文明的东方起源 [M]. 孙建党, 译. 济南：山东画报出版社, 2009：271.

不可想象和不可思议的。就如十字军东侵之主旨深深植入欧洲人的意识之中那样，因此，与伊斯兰教相对立的因素也深植于欧洲人意识之中；这两个方面难解难分，纠缠在一起，缺少其中一个方面，另外一个方面也就失去了存在的基础"①。伊斯兰教是形成欧洲认同的最初的他者，面对强大的伊斯兰文明，欧洲只能转向非洲、美洲地区，随着哥伦布发现新大陆，欧洲的自我认同从防御型变成了攻击型，欧洲也日益被想象为先进的地区。布克哈特也坚持东西方的二元论，在他看来，西方世界的权力是分散的、多元的，有明确的权利与义务的约定；而奥斯曼帝国则是统一的、黩武主义的、征服性的。即便如此，布克哈特依然承认西欧历史的发展过程中都有"土耳其人为背景"。②

文明史的视角以宏阔的时空视野而见长，但是也存在着或多或少的缺陷：一是西方中心论的陷阱，多数作者都以西方文明作为参考，"东方"只是一个参考与背景；二是文明的范式是以文化本质论作为前提的，"用唯心主义的本质先于存在论来解释文化现象，并认为各个文化的特征是各自文化所先天固有的、不变的本质属性"，这种观点忽视了"存在于各个文化领域（文明）中的深层思想因素，一些持续不断起作用的和截然不同的宇宙观"。③ 文化之间的冲突很大程度上受制于现代化的发展，只有当西方的现代性向外广泛传播之后，各个文化圈开始了不同程度的裂变，有些文化能够比较平稳地接受现代性，而有些则发生了文化的断裂，决定文化之间是否发生冲突的不是文明的差异，而是现代化发展的水平，因为"在同一个文化圈内，现代化水平较高的社会与现代化水平较低的社会在价值观方面出现的差别是很大的，它甚至大于分属不同文化圈而发展水平相当的社会在价值观方面所呈现的差别"④。现代化是一个充满矛盾与问题的过程，也是一个不断反思与超越的过程，现代化的进程瓦解了传统社会的经济基础、社会等级关系和政治统治模式，

---

① [英] 齐亚乌丁·萨达尔. 东方主义 [M]. 马雪峰，苏敏，译. 长春：吉林人民出版社，2005：30.
② [瑞士] 雅各布·布克哈特. 历史讲稿 [M]. 刘北成，刘研，译. 北京：生活·读书·新知三联书店，2009：98.
③ [德] 迪特·森格哈斯. 文明内部的冲突与世界秩序 [M]. 张文武，等，译. 北京：新华出版社，2004：前言，1，3-4.
④ [德] 迪特·森格哈斯. 文明内部的冲突与世界秩序 [M]. 张文武，等，译. 北京：新华出版社，2004：前言，12.

社会集团出现多元化的趋势，持有不同利益、价值观念的多元化集团面临共存的问题，在社会建立共存制度的过程中矛盾与冲突便不可避免地出现了，从这个角度而言，文明内部的冲突要甚于文明间的冲突。

文明冲突这种解释范式在理论上可能会存在着诸多的缺陷与漏洞，以文明的视角审视"东方问题"，有学者指出："很久以来，欧洲便面临着一个'东方问题'。但是其实质却没有发生变化，东方问题起源于东南欧地区在习惯、观念、成见等方面东西方之间的冲突。"① 马克思主义历史学家佩里·安德森则从物质文明的层面认为："是奥托曼人的进攻消灭了在巴尔干地区本地人进一步发展的可能性。"② 在他看来，"多瑙河以南东欧的整个地区似乎有着更先进的起点，但在经济上、政治上和文化上却落后于它北面巨大而空旷的土地，那里实际上完全没有经历过城市文明或国家的形成。东欧的整个中心终于移到了北方的草原上，以致到了后来奥托曼帝国统治巴尔干地区的漫长时代，许多历史学家都心照不宣地将多瑙河以南东欧的整个地区完全排除在欧洲之外，或是将其贬低为欧洲一个不确定的边缘地区"③。巴尔干地区——这个欧洲向东南延伸的部分由于奥斯曼帝国的征服而改变了历史发展道路，巴尔干在人文地理上属于欧洲，但是却置于伊斯兰帝国统治之下，正是这种分裂与撕扯造成了东方问题的复杂性与持久性。

三、地缘政治范式

地缘政治学是国际关系研究的重要的思想流派，是研究和判断国际政治的重要的思想工具，任何国家、民族、族群都生活在一定的地理空间之中，都需要从这一地理空间中获取物质资源、精神文化资源，因此，拥有优越的自然地理配置，据有绝佳的经济地理通脉，拥抱精神文化枢纽之地④的国家和民族便会拥有更大的权力和前景。从学理层面而言，"地缘政治学是一种分析国际关系的方法，它强调空间关系和政治权力在

---

① J. A. R. Marriot. The Eastern Question: An Historical Study in European Diplomacy [M]. Oxford: Oxford University Press, 1947: 1.
② [英] 佩里·安德森. 从古代到封建主义的过渡 [M]. 郭方, 刘健, 译. 上海: 上海人民出版社, 2001: 315-316.
③ [英] 佩里·安德森. 从古代到封建主义的过渡 [M]. 郭方, 刘健, 译. 上海: 上海人民出版社, 2001: 291.
④ 王家福, 徐萍. 国际战略学 [M]. 北京: 高等教育出版社, 2005: 318.

全球地理背景中的分布，着重研究构成国家权力的各种因素，但是也认识到地理特征是权力的最重要因素，因为它是国际关系中最稳定不变的因素"①。地缘政治学并不是地理决定论，而是研究权力在地理空间中的分配与变动，而权力的演变则构成了国际关系主线。在东方问题的发展过程中夹杂着各种类型的权力，不同的权力在特定的时空中塑造了东方问题不同的形态与发展阶段。诸多学者以此种框架分析研究东方问题，提供了许多富有见解的观点，本书从地缘政治学思想逻辑对这些观点加以分析与整合，以期增加对东方问题的理解。

首先，东方问题的起源。从地缘政治学的角度而言，东方问题的根源在于奥斯曼帝国衰落之后出现了巨大的权力真空。东方问题似乎是一个无解的方程式，在漫长的历史进程中引起了种种纷争。东方问题意味着"十九世纪不同的国家在不同时期发生的不同的事情；但是这个问题的核心并没有发生变化，那就是土耳其帝国的衰落是这一时期的外交的常量。土耳其帝国的衰落引起了大国竞争的野心"②。东方问题是由奥斯曼帝国的衰落而引起的，关键的问题在于帝国衰落留下的权力真空由谁填充，怎样填充。围绕着奥斯曼帝国的领土和资源，欧洲国家如英国、法国、奥匈帝国以及俄国展开了激烈的博弈，大国之间形成了一定的均势，在此背景下，奥斯曼帝国在表面上被保存下来。如果帝国突然崩溃势必会造成各国权力与利益的失衡，因此各国都避免帝国的完全崩溃。如果一个国家在奥斯曼帝国的扩张过快，获取的利益过多，便会遭到其他国家的反对，均势再次得以确立，克里米亚战争便是其中的一例。除了大国之间的制衡之外，庞大的奥斯曼帝国一旦崩溃，没有一个国家强大到能够完全接管这笔遗产，因此维系苏丹政府的存在符合各国的利益。"强国之间彼此的猜忌和恐惧使其野心得以遏制，土耳其帝国能够延续到20世纪在很大程度上是这些国家允许的结果。"③

东方问题除了大国之间的博弈之外，民族主义的兴起也改变了奥斯曼帝国的地缘版图，将奥斯曼帝国从巴尔干驱逐出去是巴尔干民族主义

---

① 弗朗西斯·塞姆帕. 学报版引言 [A] //阿尔弗雷德·塞尔·马汉. 亚洲问题及其对国际政治的影响 [M]. 范祥涛，译. 上海：上海三联书店，2007：4.

② G. D. Clayton. Britain and the Eastern Question：Missolonghi to Gallipoli [M]. London：University of London Press Ltd.，1971：9.

③ G. D. Clayton. Britain and the Eastern Question：Missolonghi to Gallipoli [M]. London：University of London Press Ltd.，1971：10.

者的目标。民族独立运动、民族国家的出现，以及泛斯拉夫主义、泛塞尔维亚主义等思潮的出现，使巴尔干的局势变得更加复杂。奥匈帝国和俄国在控制巴尔干民族主义发展方面曾经多次合作。随着民族主义的发展，两国在巴尔干的争夺愈加激烈，最终导致第一次世界大战的爆发。东方问题之所以成为困扰国际体系的难题，主要原因在于奥斯曼帝国衰落之后没有哪个力量能够重整秩序，西方列强不能，新兴起的民族主义也不能。因此，有学者指出："奥斯曼帝国能够存续下来主要有两个方面的原因：第一，基督教国家之间的嫉妒；第二，巴尔干各个基督教民族之间缺乏团结。"① 安德森认为，东方问题之所以延宕几百年，根源在于大国的中立政策。大国的干预政策从历史角度审视，是被夸大了。它们能做的只是在西方大国之间保持微妙的平衡，延缓奥斯曼帝国崩溃的时间，如此而已。东方问题充满了干涉、危机，而这些并无益于东方问题的解决，也没有给西方国家和近东人民带来什么利益。②

有学者指出，在普通公众眼中，"土耳其"并不是一个国家，也不是一个民族，如果用民族、政府、代表、臣民等概念来描述土耳其，那是十分荒谬的。土耳其是破碎的，是由互不连接的分立的国家组成的，它所征服的人口要比它真正的臣民多好多倍，因此，土耳其不过是"军事占领"的代名词。③ 正是这种观念，使奥斯曼帝国在欧洲人眼中只是个异类和蛮族，也阻碍了欧洲人正视东方问题，削弱了解决东方问题的动力。此外，民族主义广为传布之后，帝国边缘的各个民族成为参与国际体系的权力主体，从短期来看，民族国家的涌现非但没有缓解东方问题的严重性，而且使之危机重重。"少数民族问题难以解决在很大程度上是由于相互不能容忍，这也是发生冲突的原因之一。巴尔干各民族记忆中的不止一道道疤痕使他们相互之间的矛盾和成见越来越深。"④ 在民族主义广泛传播的年代，学者们将东方问题视为一个民族问题，换言之，

---

① Stephen Plerce Hayden Dugga. The Eastern Question: a Study in Diplomacy [M]. New York: The Columbia University Press, 1902: 1.

② L. S. Stavrianos. Reviewe of the Eastern Question, 1774 – 1923: a Study in International Relations by M. S. Anderson [J]. American Historical Review, 1967 (4): 1345.

③ John Macdonald. Turkey and the Eastern Question [M]. New York: Dodge Publishing Co., 1912: 11.

④ ·[俄] 扎多欣，尼佐夫斯基. 欧洲的火药桶：20 世纪巴尔干战争 [M]. 徐锦栋，等，译. 北京：东方出版社，2004：229.

只有民族解放才能解决东方问题。因此，东方问题的历史可以化约为巴尔干各个民族的历史，塞尔维亚、保加利亚、罗马尼亚以及希腊等主体民族的解放最终使东方问题得以化解。① 这两个因素之间是互动的、连为一体的，只有同时考察这两个因素才能真正理解东方问题。

其次，东方问题的焦点。东方问题的历史就是一部地缘政治角逐的历史，当奥斯曼帝国强盛之际，如黑海、巴尔干、埃及、小亚细亚等地都在帝国的掌控之中，一旦帝国衰落，这些具有高度累积性的战略要地就浮出水面，成为各个强国竞相争夺的焦点。有学者认为，在土耳其海峡问题上英俄争夺最烈，俄国一直将进出土耳其海峡作为其历史使命，无论通过外交还是战争手段；英国则将英印帝国的安全作为其核心利益，保证英国本土与东方，尤其是与印度的交通线的畅通与安全，就需要阻止俄国舰队进入地中海。② 毫无疑问，土耳其海峡一直是东方问题的焦点所在，海峡具有高度的累积性，因此成为列强争夺的焦点所在。英国在东方问题上的利益在于保持英国在东方的商业利益，保障英国通往印度的航道安全，这种战略考虑贯穿了英国在19世纪在东方问题上采取的外交政策。困扰英俄关系的另一个问题是黑海海峡和君士坦丁堡，君士坦丁堡不仅是奥斯曼帝国的首都，也是扼守黑海海峡的要塞，占领君士坦丁堡不但能够控制奥斯曼帝国，也能控制黑海海峡这条战略水道。

东方问题的另一个焦点是巴尔干问题，当然巴尔干涵盖的范围随着历史的变迁而变动，"人们可以毫不费力地说，巴尔干地区不是什么：它不是西方的，也不是俄罗斯的，但是这种说法毫无助益。试图说明它是什么虽然是困难的，但是却更有意义"③。虽然许多研究冷战历史的学者将"巴尔干"界定为东欧的社会主义国家并且将捷克斯洛伐克、波兰与东德也纳入其中，而将希腊、土耳其排除在外，其实这是对历史的误解。从历史发展而言，巴尔干包括希腊、保加利亚、南斯拉夫、罗马尼亚、阿尔巴尼亚和匈牙利。"这些地区多数曾经处于奥斯曼土耳其统治之下；

---

① Luigi Villari. The Balkan Question [M]. London：John Murray, Albemarle Street, W., 1905.
② 赵军秀. 英国对土耳其海峡政策的演变 [M]. 北京：中国社会科学出版社，2007.
③ Steven W. Sowards. Lecture 2: "Asia Begins at the Landstrasse": Comparing Eastern European and European histories //Twenty-five Lectures on Modern Balkan History [R/OL]. [2010-07-20]. http：//staff. lib. msu. edu/sowards/balkan/lecture1. html

其余的则属于奥匈帝国。"① 巴尔干可以简单地成为欧洲土耳其,是奥斯曼帝国的边缘地带。"作为边疆地带,它(巴尔干)经历的更多的是政治的分裂。因成为边疆而带来的遗产也意味着种族的多样化与种族纷争,也使其难以建立一个与欧洲其他地区类似的统一国家。这一地区有独具特色的文化和特殊的历史:巴尔干的文化与历史与西方相比,它不仅仅是一个主教或者例外。"② "如果不了解其种族群体,就难以了解巴尔干;如果不理解巴尔干的区域地理影响,就难以理解其种族发展及其历史。"③ 当然,真正厘清东方问题的症结不仅需要了解其种族,也要彻底"解剖"巴尔干的地理、宗教,等等。

再次,权力结构。著名的地缘战略专家布热津斯基在《大棋局》中写道:"传统的欧洲巴尔干牵涉到奥斯曼帝国、奥匈帝国以及俄罗斯三者间面对面的争夺。还有三个间接的参与者,它们担心其在欧洲的利益会因某一个主角的胜利而受到负面的影响。"④ 英、法、德是东方问题的间接参与者,大国之间的均衡使欧洲免于一场世界大战,但是1914年,复杂的均势体系被破坏,"一战"爆发了。由此可见,东方问题是有自身结构的,各个权力的主体相互影响而形成了一个复杂的权力体系。与布热津斯基一样,有学者将影响东方问题发展的国家分为两个阵营:一个是英国、法国和意大利等"局外国家";另一个是奥匈帝国和俄国等"相关国家"。英国必须长期持续关注局势的发展,并且出面解决各种难题。英法等局外国家都在努力避免局势发生变故,尤其是相关国家的扩张;而俄国和奥匈帝国则抓住任何机会扩张领土。奥匈和俄国的扩张不光给相关国家的人民带来灾难,也严重危害了欧洲的势力均衡。⑤ 东方

---

① Steven W. Sowards. Lecture 1: Geography and Ethnic Geography of the Balkans to 1500//Twenty-five Lectures on Modern Balkan History [R/OL]. [2010 - 07 - 20]. http://staff.lib.msu.edu/sowards/balkan/lecture1.html

② Steven W. Sowards. Lecture 2: "Asia Begins at the Landstrasse": Comparing Eastern European and European histories //Twenty-five Lectures on Modern Balkan History [R/OL]. [2010 - 07 - 20]. http://staff.lib.msu.edu/sowards/balkan/lecture1.html

③ Steven W. Sowards. Lecture 1: Geography and Ethnic Geography of the Balkans to 1500//Twenty-five Lectures on Modern Balkan History [R/OL]. [2010 - 7 - 20]. http://staff.lib.msu.edu/sowards/balkan/lecture1.html

④ [美] 兹比格纽·布热津斯基. 大棋局:美国的首要地位及其地缘战略 [M]. 中国国际问题研究所, 译. 上海:上海人民出版社, 1998: 111.

⑤ Luigi Villari. The Balkan Question [M]. London: John Murray, Albemarle Street, W., 1905: 6.

问题最主要的参与者就是奥斯曼帝国,但是在西方列强的视野中,奥斯曼帝国却隐没了。因为西方人认为,"东方问题一般被认为是十九世纪的问题,主要源于奥斯曼帝国是'欧洲病夫'这样的观念"①。奥斯曼帝国不过是被瓜分的对象,但这只是一种错觉,直到 19 世纪末,奥斯曼帝国依然能够镇压巴尔干的民族起义,说明奥斯曼帝国依然具有一定的国家能力。除了西方列强之外,奥斯曼帝国边缘的民族国家在 19 世纪也成为东方问题的参与者,西方人只是将这些国家视为引发危机的根源,尤其是第一次世界大战之后,巴尔干更是戴上了"火药桶"的大帽子。东方问题的权力结构在几百年中几经变化,由三个帝国之间的互动,变成了以三个帝国为核心,英法外围国家参与,进而又演变为以巴尔干民族国家为核心,周边大国介入的模式。对东方问题进行地缘政治分析时除了分析其空间因素之外,还需要加入时间变量,进而对其有个动态认识。

最后,东方问题的解决。欧洲国家一直采取秘密外交、权力均衡的政策,这种政策最终导致第一次世界大战的爆发。"一战"结束后,一些美国学者便对欧洲的传统外交政策进行批判,其核心思想在于批判欧洲的权力政治,尤其是欧洲对奥斯曼帝国属地的托管政策。托管政策从欧洲外交的传统而言是一种符合逻辑的合法政策,但是这种政策难以达到托管的目的。成功的托管需要"维持秩序,恢复文明,培育自治,巩固这一地区在欧亚非三大陆之间的枢纽地位",如果不能做到这些,那么,"三千年来发生在这个核心地区的战争将继续"。② 在美国人看来,只有美国才是解决东方问题最合适的候选国家,因为美国距离遥远,既没有兼并这一地区任何领土的野心,也没有占领具有战略意义的国际水道或者交通要道,而土耳其是三大洲的交通枢纽,像这样的国家如果不保持中立,或者置于国际管理之下,那么就容易引起竞争、猜忌,最终引发战争。还有学者对由美国解决东方问题的前景充满乐观与期待,他认为,美国人应该为东方的重建贡献自己的道德与物质上的力量,东方问题之所以一直困扰欧洲,是源于欧洲的旧式外交,美国人无论是出于道德的考虑还是商业利益都应该在土耳其帝国的废墟上建立起托管制度

---

① Derek Beales. Review of Austria's Eastern Question, 1700 – 1790 by Karl A. Roider, Jr..[J]. The Journal of Modern History, 1984 (3): 548.

② Talcott Williams. Turkey, A World Problem of Today [M]. Toronto: Doubleday, Page & Company, 1921: 3.

(trusteeship）而不是委任统治（mandate）。但是由于英法两国在东方问题上采取了急功近利的短视的行为，没有在最终解决东方问题上形成一个具有长远眼光的方案，只是采取了一些在复杂多变的国际环境中获得暂时性的平静的临时措施，所以东方问题的最终解决前景仍然黯淡。进而呼吁一种新的国际合作精神，防止像巴尔干半岛那样国家的构建久拖不决，以致形成难解的困局。自1815年以来，就东方问题举行了数次国际会议，但是收效甚微，其根源在于指导国际会议的思想就是错误的，欧洲列强以维护自己的利益为目的，通过切割和分配奥斯曼帝国以维持利益的均衡，因此，东方问题不但没有解决，而且带来了世界大战的灾难。要彻底解决东方问题必须采取一种新的思维，而美国就是这种新思维的倡导者，放弃权力政治，在保障各个民族权利的基础上重建一种新的国际秩序。[1] 美国学者的方案是对欧洲传统的地缘政治观念的批判，但是以美国的力量替代欧洲来"接管"东方问题的遗产，并不能从根本上解决东方问题。这种解决方案从根本上是欧洲地缘政治观念的继承，"二战"结束之后，美国力量全面介入中东，但是依然没有给这个地区带来持久的和平。冷战结束之后，美国在巴尔干地区参与了两场战争，这说明美国人的加入并不会带来根本的改变。东方问题及其遗产的根本解决之道在于，加强各个民族国家的国家能力建设，在国家的基础上开始区域的合作与整合，最终给这个地区带来持久的和平与繁荣。

第三节　"东方问题"的内涵与分期框架

东方问题的复杂与绵长已经不言自明，研究如此庞杂而又变化多端的问题需要强大的概念系统与理论框架。在学习与借鉴前人研究成果的基础之上，结合前文论及的国家能力理论框架，有必要对有关东方问题的核心概念与分析框架予以说明。

一、东方问题：内涵与本质

"东方"这一概念缘起于西方人对世界的观察，在希罗多德等人的历史著述中，东方主要是指地中海以东的亚洲地区，随着伊斯兰教的兴

---

[1] Morris Jastrow. The Eastern Question and Its Solution [M]. Philadelphia and London: J. B. Lippincott Company, 1920: 50-60.

起，东方的范围也不断扩大，近代以来，东方的范围更是扩大到印度、中国等地。"长期以来，东方作为一个地理的、文化的和政治的概念被研究者广泛使用"①，但是东方的内涵与外延却是模糊的，之所以造成这样的困局，在萨义德看来，是"由于东方学占据着如此权威的位置，我相信没有哪个书写、思考或实际影响东方的人可以不考虑东方学对其思想和行动的制约"②。关于东方的思想与认知主要来自西方，东方主义不仅是一种知识体系，也是一种思维方式，更是一种意识形态，是西方形成身份认同的他者。东方，随着西方人的认识范围的扩大，内涵不断丰富，外延不断扩张。最初是奥斯曼帝国，此后是波斯、印度和中国。"随着这种地理涵义的扩大，最初在土耳其发现和局限于土耳其的一组特征就逐渐成为一种普遍的概念。"③

  围绕东方，形成了一个庞杂的知识体系，它是与西方相对的，也是在东西方二元论的基础上形成的，这种二元论有强烈的西方中心论的倾向，将东方作为西方的参照系和附属物。因此，未来的研究方向应该是在东西方互相参照的背景下，消解东西对立的二元论，采取一种融合的视角，还原东西方交流互动的历史。广义上的东方问题便是以这种二元论为基础而构建起来的知识体系，而狭义的东方问题则主要是指由奥斯曼帝国的兴衰而引起的政治、军事互动、文化交流等。恩格斯对东方问题有个比较概括的界定："全部所谓的东方问题，即关于土耳其在斯拉夫人、希腊人和巴尔巴尼亚人居住区的统治的未来命运问题，以及关于黑海门户的占有权的争执……马扎尔人、罗马尼亚人、塞尔维亚人、保加利亚人、阿尔纳乌特人、希腊人和土耳其人将终于有可能不受外来的干涉而自己解决相互间的纠纷，划定自己的国界，按照自己的意见处理自己的内部事务。那时很快就会发现，在喀尔巴阡山和爱琴海之间的地区，各民族以及各民族的残余部分实行自治和实行自由联合的主要障碍，原来就是那个以解放这些民族的假面具来掩盖自己的独霸世界计划的沙皇政府。"④

---

  ① 陈奉林. 东方外交史研究初探［J］. 世界历史，2010（3）：52.
  ② ［美］爱德华·W. 萨义德. 东方学［M］. 王宇根，译. 北京：生活·读书·新知三联书店，1999：5.
  ③ ［英］佩里·安德森. 绝对主义国家的系谱［M］. 刘北成，龚晓庄，译. 上海：上海人民出版社，2001：495.
  ④ 马克思恩格斯全集（22卷）［M］. 北京：人民出版社，1965：55.

恩格斯对东方问题的认识揭示了东方问题的本质，即在巴尔干地区建立一个稳定的政治秩序，但是他却将东方问题的症结归为沙皇政府的扩张政策，东方问题并非由俄国扩张这一个因素引起的。19世纪的学者对东方问题有更直观和切身的感受，因为他们就是当事者，有学者直观地指出："东方问题比任何问题都能刺激我们国家的情绪，这种情况看起来是十分自然的，也只能如此。"① 在当时的人看来，东方问题就是引发欧洲国际危机的导火索，因此，欧洲人憎恶东方问题也是在情理之中。全球史代表作家斯塔夫里阿诺斯在《1453年以来的巴尔干》一书中谈及东方问题时认为："东方问题可以追溯到二战结束的一段时间，由于丘吉尔、斯大林、罗斯福以及杜鲁门等人的操控、理念而具有显著的当代意义，其实这个古老的问题将希腊、波斯、罗马、斯拉夫以及土耳其卷入其中。"② 俄国国际关系专家则认为，东方问题等同于巴尔干问题，"巴尔干半岛历来是欧洲和近东的冲突地带，巴尔干的这一位置引发出一大堆矛盾和问题，这些矛盾和问题被总称为'东方问题'"③。而米勒博士认为："近东问题可以界定为由于土耳其帝国从欧洲逐渐消失而造成的权力真空导致的争夺。"④ 奥斯曼帝国造成的权力真空是东方问题产生的根源，斯蒂芬认为大国是引发东方问题的另一个因素，他认为："'东方问题'主要围绕这个问题展开：作为一个基本的政治事实，如果当奥斯曼帝国在东南欧地区消失之后，巴尔干会怎么样？列强处理每次危机时都希望利益最大化，有时候他们支持革命性的变化，更多的时候则是希望维系现状。"⑤ 这种观点是从外交史的角度对东方问题作出界定的，围绕东方问题而进行的外交并不是起源于19世纪，自近代早期便已经开始了，只是19世纪之前民族主义等大众运动对外交活动几乎没有什么影响。

---

① Argyll. The Eastern Question (Vols. 1) [M]. London: Strahan & Company Limited, 1879: 1.
② L. S. Stavrianos. The Balkans since 1453 [M]. NY: Rinehatr & Company, Inc., 1958: Preface, vi.
③ [俄] 扎多欣，尼佐夫斯基. 欧洲的火药桶：20世纪巴尔干战争 [M]. 徐锦栋，等，译. 北京：东方出版社，2004：46.
④ J. A. R. Marriot. The Eastern Question: An Historical Study in European Diplomacy [M]. Oxford: Oxford University Press, 1947: 2.
⑤ Steven W. Sowards. Lecture 10: The Great Powers and the "Eastern Question" //Twenty-five Lectures on Modern Balkan History [R/OL]. [2010 - 07 - 28]. http://staff.lib.msu.edu/sowards/balkan/lecture1.html

马里奥特是研究东方问题的权威专家，他的观点拉长了历史时空的镜头，拓宽了研究视野，他认为，东方问题至少包括以下这些内容：第一，奥斯曼土耳其帝国自14世纪中期越过达达尼尔海峡便在欧洲历史扮演重要角色；第二，巴尔干半岛的国家如希腊、塞尔维亚、保加利亚和罗马尼亚等国随着奥斯曼帝国的洪水消退之后再次兴起，黑山则一直没有被奥斯曼的征服洪流淹没，而波斯尼亚、黑塞哥维那、特兰西瓦尼亚、布科维纳等则被哈布斯堡王朝所吞并；第三，黑海问题以及君士坦丁堡问题；第四，俄国在欧洲的地位问题，它对地中海有种天然的冲动，为了通过黑海海峡而不断努力，另外，巴尔干半岛有大量处于苏丹统治下的具有斯拉夫血统的东正教徒，为俄国的扩张提供了借口；第五，哈布斯堡帝国的地位，哈布斯堡帝国进行了一系列的兼并以寻求爱琴海的出口，南部斯拉夫成为其吞并的目标，比如达尔马提亚、波斯尼亚、黑塞哥维那以及塞尔维亚—黑山等地；第六，欧洲列强尤其是英国对以上问题的立场。[1] 在马里奥特看来，东方问题是一个"问题群"，包括性质不同的子问题，从以上论述中我们可以得到以下几点启示：首先，东方问题不是近代才出现的，而是一个"历史性"问题，因此需要从长时段的眼光对东方问题进行纵向研究；其次，从空间而言，东方问题具有不同的层次，既是一个巴尔干的区域问题，也是一个全欧洲的问题；最后，从性质而言，可以对东方问题进行不同的区分，东方问题是一个文明问题，是东西文明互动的产物；同时东方问题也是权力冲突与博弈问题，尤其是大国之间的争夺。

东方问题涵括的内容丰富，但是如何从本质上认知这个复杂多变的问题呢？从本质上研究历史问题，也许会陷入一种理性主义的窠臼，历史本身是否存在规律与结构呢？后现代主义者反对本质，反对宏大叙事，因为在他们眼中只是事件与碎片。沉迷于如同尘埃一样的事件之中，便会陷入只见树木不见森林的偏执之中，以破碎的事件代替历史的全貌，以变动不居的人与事掩盖历史变迁的动力与逻辑，如国际关系学家巴里·布赞所言："国际关系在最低程度部分上是一种社会秩序或结构，而非仅是一种机械性的体系。"[2] 东方问题绵延几百年，必然存在着自己的

---

[1] J. A. R. Marriot. The Eastern Question: An Historical Study in European Diplomacy [M]. Oxford: Oxford University Press, 1947: 2-3.

[2] [英]巴里·布赞. 英国学派与世界历史研究 [J]. 史学集刊, 2009 (1).

逻辑与动力，而这些逻辑与动力是我们透彻认知东方问题的钥匙。

马克思对东方问题的实质进行了概括，其实质不外乎有两点：第一，俄国出海口问题，俄国需要暖水港口，历代沙皇都渴望进入海洋，尤其是进入地中海的通道。俄国从奥斯曼帝国最边远地区开始扩张，"而且要一直这样下去，直到这个帝国的心脏——君士坦丁堡——停止跳动为止。每当他看到土耳其政府似乎加强，或者看到一个更大的危险，即斯拉夫人要用自己的力量谋求解放，从而威胁到他对土耳其的计划时，他就会侵入这个国家。他利用西方列强的胆小怕事，吓唬欧洲，过分地提高自己的要求，以便到后来得到了自己本来想要的东西就止步，使人觉得他宽宏大量"①。第二，欧洲国家软弱无力、互相猜忌，面对俄国的扩张，政策摇摆不定、投鼠忌器，"他们太软弱，太胆小，不敢用建立希腊帝国或建立斯拉夫国家联邦共和国的办法来改造奥斯曼帝国"②。恩格斯的观点与马克思相似，他认为："俄国对土耳其人的战争总是在俄国西部边界太平无事，而欧洲在别处忙于其他事务的时候进行的。"③ 首先，东方问题是一个国际关系问题，是欧洲体系中各个列强互动的结果；其次，东方问题是各国外交的重要议题，尤其是俄国通过有效的外交运作而获取了东方问题的主导权；最后，东方问题伴随着一系列战争。在克里米亚战争结束之后，战场的硝烟散去之后，这张战争的真实面目也随之清晰起来，马克思认为："多瑙河流域诸省与土耳其的实际脱离；这次是企图不以'物质保障'的形式，而以各公国合并起来由一个欧洲傀儡王公统治的形式，来实现这种脱离。"④ 换言之，东方问题的本质就是帝国，尤其是奥斯曼帝国边缘地区的地位如何界定，多瑙河流域的公国不仅是土俄战争的焦点，也是哈布斯堡帝国的利益所在，一方面多瑙河流域是哈布斯堡帝国对外贸易的通道；另一方面在奥斯曼帝国边缘建立一个独立的国家，将对哈布斯堡帝国统治下的斯拉夫臣民起到示范效应，可能会引发帝国的崩溃。

马里奥特认为东方问题最重要与最根本的因素在于欧洲的血肉之中渗入了异质性的因素，这种因素就是奥斯曼帝国，这个帝国无论在宗教

---

① 马克思恩格斯全集（第9卷）[M]. 北京：人民出版社，1961：241.
② 马克思恩格斯全集（第9卷）[M]. 北京：人民出版社，1961：241.
③ 马克思恩格斯全集（第10卷）[M]. 北京：人民出版社，1962：27.
④ 马克思恩格斯全集（第12卷）[M]. 北京：人民出版社，1962：276.

信仰、种族、语言、社会习俗，还是在政治天性和传统方面，都与欧洲大家庭格格不入，奥斯曼帝国在长达500年的历史中给欧洲列强带来了困扰，但是此刻却在悲剧、滑稽地模仿欧洲，这是蹩脚而矛盾的。① 佩里·安德森认为，尽管奥斯曼帝国在东南欧盘踞近500年之久，但是却没有与欧洲融为一体，"它始终基本上是欧洲文化的外来客，是伊斯兰世界对基督教世界的入侵，同时也造成了时至今日如何展现欧洲大陆统一历史的棘手问题"②。而年鉴学派第二代领军人物费尔南·布罗代尔认为："从13世纪起，东方陆续丧失了原有的领先地位，诸如精巧的物质文明和技术，大工业、银行以及金银来源等。在16世纪的史无前例的经济剧变中，东方彻底失败了。"③ 东方文明失去创造性才是造成东方问题产生的根源所在。

斯塔夫里阿诺斯认为，东方问题是奥斯曼帝国与欧洲关系互动的延续，也是两种文明之间对峙的最后一个阶段。1699年是一个转折点，在此之前，奥斯曼帝国渡过海峡，横扫中欧，成为欧洲安全的持久威胁；在此之后，奥斯曼帝国急剧衰落，造成了一个巨大的权力真空，欧洲强国竞相填补奥斯曼帝国留下的权力真空的博弈就是东方问题。哈布斯堡帝国和俄国是进入这一权力真空的第一批强国，18世纪末，这两个国家已经将奥斯曼帝国的外围侵蚀殆尽，但是此时的西欧大国无暇东顾，尤其是英国，对俄国的扩张保持一种纵容的态度。曾经英国视俄国为战略侧翼，是对法国的有力牵制，双方是紧密的商业贸易伙伴，19世纪初，英俄关系发生变化，双方贸易依存度不断下降，随着英国工业革命的推进，二者之间贸易关系日渐具有竞争性，英国贸易的范围的扩张是对俄国的威胁；此外，双方的政治利益之争日渐激烈，英国极力阻止俄国占领海峡，如果俄国占领海峡将对英国在黎凡特的贸易、地中海的优势地位和印度的安全造成威胁，整个19世纪英俄两国都围绕着海峡问题展开长久的博弈。除了英俄两国之外，法国与哈布斯堡帝国也是东方问题的参与者，四个强国在近东的利益大异其趣，互相牵制，形成一种动态的

---

① J. A. R. Marriot. The Eastern Question: An Historical Study in European Diplomacy [M]. Oxford: Oxford University Press, 1947: 3.
② [英] 佩里·安德森. 绝对主义国家的系谱 [M]. 刘北成，龚晓庄，译. 上海: 上海人民出版社，2001: 427.
③ [法] 费尔南·布罗代尔. 菲利普二世时代的地中海和地中海世界（上卷）[M]. 唐家龙，曾培耿，等，译. 北京: 商务印书馆，1998: 185.

均衡格局，正是这种大国之间的掣肘与制衡才使得"行将灭亡的奥斯曼帝国能够苟延残喘至第一次世界大战，即便在 19 世纪二三十年代遇到希腊革命和埃及的阿里的挑战"①。

前人的研究成果为我们进一步认识东方问题奠定了坚实的基础，从国家能力的逻辑出发，梳理东方问题发展的历史脉络能够得到以下几点启示：首先，东方问题是一个帝国问题，奥斯曼帝国的国家能力在几百年中由强转弱，并且经历了一个剧烈的时代变迁。帝国是一个多重边界构成的人类组织，随着奥斯曼帝国的征服运动，巴尔干等地进入奥斯曼帝国边界之内，但是在宗教、人种等方面却未能同化，这些地区作为奥斯曼帝国的边缘而存在。此后，哈布斯堡帝国和俄国兴起，挑战奥斯曼帝国的权威，巴尔干逐渐成为三大帝国边缘的交叠地带，各种利益、观念纠结在一起，使东方问题成为一个死结。三大帝国之间的争夺贯穿了 17 世纪和 18 世纪的历史，而巴尔干是三个帝国争夺的战略要地，而该地区是高度分化、复杂化、多样化的地带，是多种历史遗产叠加形成的历史层积。恩格斯指出："决不能否认这样一个事实，就是通常叫做欧洲土耳其的半岛是南方斯拉夫种族世代相传的当然财产。"② 南斯拉夫人在这块土地上生存了 12 个世纪之久，审视东方问题，至少将巴尔干这个帝国边缘地带作为一个核心支点，如果不是最重要的观察点的话。帝国边缘构成了东方问题的核心，帝国边缘特殊的自然地理配置、历史遗产积累使之成为焦点。

其次，东方问题是一个霸权问题。从帝国向霸权的转型是随着现代性的发展而开始的，首先开始于欧洲。如巴里·布赞分析的："也许在过去 200 年间，最主要的变革是从帝国和战争主宰的中心—边缘向普遍的威斯特伐利亚原则和多边主义为基础的形态转移。在这种转移中，更大范围的地缘分化开启了去殖民化的进程，不仅允许边缘区以更加平等的政治身份加入一个全球国家间社会，同时也允许次全球国家间社会以自己的方式塑造和发展。"③ 涉及东方问题的霸权有两种类型：一种是建立于三大帝国之间的临时性均势，换言之，帝国扩张或者受到自然地理障

---

① L. S. Stavrianos. The Balkans since 1453 [M]. NY: Rinehatr & Company, Inc., 1958: 229.
② 马克思恩格斯全集（第 9 卷）[M]. 北京：人民出版社，1961：38.
③ [英] 巴里·布赞. 英国学派与世界历史研究 [J]. 史学集刊，2009（1）.

碍的阻隔，或者受到彼此的制衡而承认对方存在的权力，从帝国的扩张战争变成霸权战争；另一种霸权便是源于西方现代性而来的霸权，基于市场网络的扩张与发展，西方的商业网络渗透到东方，通过各种压力逼迫奥斯曼帝国作出改革，以建立私人产权和法律制度，为利润向西方回流建立保障。这两种霸权类型并不是截然分开的，而是互相交杂于一体。从帝国向霸权的转变也为帝国边缘的民族独立提供了空间，民族主义是现代性的产物，是个人权利的伸张，也是主权内涵的充实与丰富，"民族主义强调的是在国内公民一律平等，有权利参与国家的政治过程，而不能被排斥在国家的政治之外"①。随着巴尔干民族国家的创建，东方问题便开始了区域整合的时代。

第三，东方问题也是一个区域问题。区域的整合是建立在民族国家的基础之上的，巴尔干半岛各种民族、种族、宗教、传统、习俗交杂在一起，民族主义的传播使这个地区发生了急剧裂变，在作为帝国边缘地带之际，各种权力边界是模糊交错的，能够在一定程度避免战争冲突，当民族国家这种边界合一的政治实体成为主流的政治组织形态之后，要厘清各种边界，势必会造成惨烈的战争。区域的发展与整合并不只是通过合作完成，在巴尔干，战争是解决问题的一种重要的手段。此外，东方问题的发展与欧洲这个大的区域国际关系是紧密联系在一起的，东方问题经历了一个从东南欧区域问题到欧洲问题，进而成为影响世界格局的"世界问题"的历史变迁。

二、东方问题的分期框架

分期是历史学研究中最重要的理论问题之一，历史分期既是研究的起点，也是研究的终点。历史是以时间作为主轴记录与研究人类社会发展演变的断裂性与延续性，"构成所谓'历史知识'的东西，既要包容历史本身的'连续的实在性'，同时，它要运用'信码'去分析对象，历史的'信码'就是由年代序列或其他形式的时间序列构成的"②。历史分期之所以说是历史研究的终点，在于分期本身便是对历史时空的判断，历史分期的命名则简洁明快地将历史的特征表达出来。因此，历史分期

---

① 郑永年. 中国模式：经验与困局 [M]. 杭州：浙江人民出版社，2010：16.
② 王铭铭. 走在乡土上——历史人类学札记 [M]. 北京：中国人民大学出版社，2003：247.

的命名就是历史研究的结论。① 1996 年美国历史学会有一个专题研讨会专门讨论分期在世界历史研究中的重要作用,并且认为:"随着世界历史成长为一个独具特色的学科,历史学家们正在努力寻找一种历史分析的根本工具。世界历史研究的时空范围被极大地拓展,但是没有一个普遍适用的分期框架,历史学家们很难使之概念化。"② 因此,研究与分析东方问题的首要任务在于作出合理有效的历史分期框架,在此基础上才能进一步廓清东方问题发展的脉络。

斯塔夫里阿诺斯在巴尔干的通史著作中对巴尔干的历史作了分期,它认为 1566 年之前是奥斯曼帝国征服与统治巴尔干时期,1566—1815 年是奥斯曼帝国衰落时期,1815—1878 年是民族主义兴起的时期,而 1878—1914 年是帝国主义与资本主义高歌猛进的时期。这种分期利弊参半:一方面,斯氏力图将巴尔干置于区域历史乃至全球历史发展的背景下加以审视;另一方面,又使得巴尔干自身历史发展的特性难以得到彰显。全球史意在"超越对过去几个世纪的曲解,透过帝国和霸权遗留下的表面结构洞察其本质,以此来理解在全部历史中塑造人类命运的力量"③,但是这种大时空视野之下,区域特色难免会受到忽视,巴尔干的历史被依附于奥斯曼帝国或者西方历史之上,失去了自主性。换言之,全球史的分期框架与东方问题内在历史逻辑并不能完全对接。

完成历史分期首先要有一个合理的上限与下限,关于东方问题的下限,学术界通行的方法是以 1923 年《洛桑条约》签订、现代土耳其建立作为东方问题的终结,本书采用这一时间断限,但是需要补充的是,《洛桑条约》的签订标志着东方问题在形式上已经解决,但是东方问题的遗产一直存在,奥斯曼帝国的遗产直到今天依然是国际体系面临的重要的难解之题。关于东方问题的上限,学术界有不同的看法,归结起来有这样几种不同的看法:第一,多数学者将东方问题视为 19 世纪欧洲外交的

---

① 冯天瑜教授认为历史分期命名应该遵循这样的标准:第一,命名须准确反映该时段社会形态的实际,概括该时段社会、经济、政治、文化的本质属性,此谓之"制名以指实";第二,"循旧以造新","新义"对"旧义"既有创获,又保持内在联系;第三,命名须观照相对应的国际通用语;第四,"形与义切合"。参见冯天瑜. 历史分期命名标准刍议 [J]. 文史哲,2006 (4):54.

② American Historical Association. Periodization in World History [J]. American Historical Review, 1996:(3):748.

③ [美] 柯娇燕. 什么是全球史 [M]. 刘文明,译. 北京:北京大学出版社,2009:112.

难题,1822 年神圣同盟在维罗纳召开会议解决希腊独立问题,"东方问题"第一次作为特定政治术语出现在文献中。这种观点是对东方问题历史的阉割,斯塔夫里阿诺斯批评西方人,相比于奥斯曼帝国前期的辉煌,他们更关注于帝国后期衰落,之所以如此,是因为欧洲诸国备受强大高效的奥斯曼帝国的攻伐之苦,而近代历史上欧洲崛起与奥斯曼帝国的衰落形成鲜明对比,在欧洲人头脑中土耳其是"西亚病夫""保加利亚暴行""亚美尼亚屠夫"的代名词。① 欧洲人眼中的奥斯曼帝国已经被严重的脸谱化与邪恶化,用萨义德的观点来看,这是以西方的知识谱系与偏好重新构建一个适应西方人心理优势的东方形象。第二,受制于国别的因素,从西欧国家,尤其是英国的视角而言,东方问题始于 19 世纪,因为希腊革命之后东方问题引发了一系列危机,并导致了第一次世界大战的爆发。而俄国则将东方问题追溯至 18 世纪,1774 年土俄战争中,俄国大获全胜,逼迫土耳其签订了《库楚克-凯纳吉条约》;哈布斯堡帝国则将东方问题上溯至 17 世纪,1699 年的《卡尔诺维茨条约》改变了哈布斯堡帝国与奥斯曼帝国的平衡,奥斯曼帝国对欧洲几百年的威胁就此消失了。② 如果这种分期是合理的话,那么在奥斯曼帝国看来,东方问题应该始于 1453 年,因为这一年奥斯曼帝国攻克了基督教帝国的首都——君士坦丁堡,标志着奥斯曼帝国成为世界帝国。第三,以象征性的事件作为分期的依据。"在英国的外交词典中,东方问题并不包括希腊独立战争,即可以远溯至 1571 年的勒班陀海战。"③ 勒班陀海战对西方人的心理是一种安慰,因为长期以来,基督教世界只是出于被动挨打的状态,这次战争虽然取得了胜利,但是并不意味着双方势力的转折,几年之后,奥斯曼帝国重新建立了一支庞大的海军,将东地中海的海上霸权牢牢控制在自己手中。还有种观点认为,"18 世纪末,俄国向南扩张并发动两次俄土战争,揭开了列强在中近东争夺的序幕,'东方问题'随之产生"④。这

---

① L. S. Stavrianos. The Balkans since 1453 [M]. NY: Rinehatr & Company, Inc., 1958: 81.

② Derek Beales. Review of Austria's Eastern Question, 1700 – 1790 by Karl A. Roider, Jr. [J]. Journal of Modern History, 1984 (3): 548.

③ J. A. R. Marriot. The Eastern Question: An Historical Study in European Diplomacy [M]. Oxford: Oxford University Press, 1947: 2.

④ 赵军秀. 英国对土耳其海峡政策的演变(18 世纪末至 20 世纪初)[M]. 北京:中国社会科学出版社,2007:3.

种视角应该是属于俄国式的,并没有以东方问题内在的逻辑为参照。

在前人研究成果之上,本书试图提出一种新的分期模式,以国家能力与国际关系的互动为总纲,以国家形态的演变作为重要参照,并且结合宏观历史演进脉络,对东方问题进行两个层次的分期。在第一个层次上将东方问题分为三个大的时代,即帝国时代、霸权时代与区域时代。

首先,帝国的时代开始于14世纪,奥斯曼帝国兴起并进入巴尔干地区,伊斯兰帝国第一次跨过海峡进入基督教世界,这标志着巴尔干作为奥斯曼帝国边缘的开始。此后几百年中巴尔干成为几个帝国角逐的战场,17世纪之前,奥斯曼帝国成为巴尔干的主人,并且深入中欧腹地,将黑海变为自己的内湖。1683年维也纳之战之后,哈布斯堡帝国兴起并且有力地挑战了奥斯曼帝国在巴尔干的权威,巴尔干的边界开始向南移动,18世纪中期是俄国崛起与扩张的时代,奥斯曼帝国的边界进一步向东南移动。三个帝国之间的战争与休战构成了这个时段东方问题的主旋律。其次,霸权时代,以1798年拿破仑进攻埃及作为起点,一方面,欧洲霸权式的国际体系进一步延伸,将奥斯曼也裹挟其中,西方国家的大举介入,也使东方问题(东南欧的次区域问题)成为欧洲国际体系的问题。"法国的入侵标志着奥斯曼帝国对这个极为重要而富裕的省份失去了控制,在穆罕默德·阿里的领导下成为奥斯曼帝国的对手。"① 另一方面,随着西方现代性的侵入,奥斯曼帝国也开始了多次改革,现代国家的观念在奥斯曼帝国境内传播,国家能力的结构发生变化。民族主义思潮的传播使帝国边缘开始出现新兴的民族国家,东方问题的主体从帝国转向现代国家,主导单位与互动方式同时发生了变化。最后,区域时代,巴尔干民族国家的建立是建立区域互动的前提,1878年柏林会议不但承认了部分巴尔干国家的独立地位,而且大国之间形成的军事格局为巴尔干国家之间的互动提供了空间。巴尔干国家内部的争夺引发了区域战争,区域之间的认同从被动反应式向主动建构式转变,1918年南斯拉夫王国的建立是区域整合的一个阶段性成果。

第一层次的分期厘清了东方问题的主干,第二层次的分期是对东方问题历史的进一步细化,宏观的历史彰显逻辑的美感,而微观的历史则有血肉的丰满。

---

① Donald Quataert. The Ottoman Empire, 1700 – 1922 [M]. Cambridge:Cambridge University Press, 2000:41.

14 世纪至 1699 年，奥斯曼帝国对欧洲的冲击结束，此后哈布斯堡王朝与其在巴尔干北部进行了一系列的战争，威尼斯人征服了希腊半岛南部，此外，由于法国深深地陷入西欧国际体系中而无暇顾及奥斯曼这个东方盟友。尤其是 1699 年签订的《卡尔诺维茨条约》，标志着"穆斯林的攻击被遏制了，东方问题的第一个阶段结束了"。①

1699—1774 年，这一时期主要是三大帝国之间的互动，此时三大帝国处于均势状态，同时由于俄奥两国主要介入欧洲问题的纷争，东方问题暂时平静下来。整个 18 世纪哈布斯堡帝国在东方问题上一直徘徊于三种战略选择之中：第一，与俄国合作将奥斯曼帝国完全赶出欧洲，两国瓜分巴尔干地区；第二，哈布斯堡帝国独力将奥斯曼帝国的欧洲部分置于统治之下；第三，保持现状，即反对俄国势力进入巴尔干，如果需要将不惜动用武力，同时保持奥斯曼帝国的虚弱状态，延缓其崩溃的步伐。② 1768 年土俄两国再启战端，并且在 1774 年签订了条约，在东方问题上的均势格局被打破，俄国不仅获得了黑海出海口，而且势力渗入巴尔干半岛。

1774—1798 年，这一阶段是俄国占据主导地位的时代，西方国家，尤其是英国对于俄国的扩张尚未采取遏制措施，俄国的边界持续向东南延伸，并且获得在黑海获得了暖水港口。拿破仑进入埃及开启了一个新的时代。"如果说法国进入爱奥尼亚岛并没有给奥斯曼帝国敲起警钟的话，那么拿破仑入侵埃及则标志着革命思潮的扩大。"③ 从东方问题发展的进程而言，东方问题从三大帝国之间的博弈演化为欧洲列强的事务。

1798—1815 年，拿破仑战争将东方问题融入了欧洲体系之中，从国际体系的演进角度而言，正是这场欧洲大战促成了全欧洲范围国际体系的形成，奥斯曼帝国直接卷入一场欧洲大战之中。

1815—1856 年，维也纳体系形成之后，俄国成为欧洲国际体系的霸权国家，在东方问题尚处于主导地位，奥斯曼帝国面临着埃及挑战之际，

---

① J. A. R. Marriot. The Eastern Question: An Historical Study in European Diplomacy [M]. Oxford: Oxford University Press, 1947: 5.

② Derek Beales. Review of Austria's Eastern Question, 1700 – 1790 by Karl A. Roider, Jr. [J]. Journal of Modern History, 1984 (3): 548.

③ Steven W. Sowards. Lecture 6: The Greek Revolution and the Greek State//Twenty-five Lectures on Modern Balkan History [R/OL]. [2010 – 07 – 23]. http://staff.lib.msu.edu/sowards/balkan/lecture1.html.

俄国趁势进一步扩张势力。同时，巴尔干的民族解放运动挑动了帝国边界。塞尔维亚、希腊开始谋求独立，在帝国时期被"冻结"的各种权力边界开始"蠕动"。

1856—1878年，克里米亚战争之后，俄国的势力收缩，英法两国成为主导国家，欧洲体系中的两大难题——意大利与德意志问题得到解决，引起列强争论的焦点已经转移到东方问题上面。三皇同盟的内在缺陷就在于俄奥两国在巴尔干地区的争夺。柏林会议结束之后，奥斯曼帝国得以维系，民族解放运动暂时受到压制。

1878—1912年，"巴尔干的斯拉夫人单独造成了1875年的危机；列强的和平宣言不能抹掉他们不再忍受土耳其统治的决心"①，柏林会议之后，巴尔干的民族解放运动成为改变东方问题的重要变量。如泰勒所言："东方问题的重点转移到民族问题上，这一新的发展改变了国际关系的结构。"② "正是在1878年以后可以看出，从各国人民愈来愈敢于起来发表意见并且得到成功的时候起，俄国外交的处境严重地恶化了。甚至在巴尔干半岛，在俄国 ex professo（专门）以各国人民解放者的姿态出现的地区，也毫无收获。"③

1912—1923年，第一次巴尔干联盟战争开始，区域整合进入一个新的阶段，第一次世界大战结束之后，南斯拉夫王国成立，土耳其建国，标志着奥斯曼帝国几百年的遗产被民族主义分解。东方问题以另一种逻辑延续，但它已经超越了东方问题研究的范畴。

---

① [英] A. J. P. 泰勒. 争夺欧洲霸权的斗争（1848—1918）[M]. 沈苏儒，译. 北京：商务印书馆，1987：264.
② [英] A. J. P. 泰勒. 争夺欧洲霸权的斗争（1848—1918）[M]. 沈苏儒，译. 北京：商务印书馆，1987：267.
③ 马克思恩格斯全集（22卷）[M]. 北京：人民出版社，1965：51.

第三章 帝国、战争与边缘的形成

奥斯曼帝国军队进入欧洲标志着一个时代的开启,在此后的几百年间,奥斯曼帝国、俄国与哈布斯堡帝国之间的战争与角逐塑造了巴尔干地区。巴尔干地区从奥斯曼帝国的边缘地带进而演变为三大帝国的边缘地带,各种权力的边界交叠于一体,造就了巴尔干独特的政治地理生态。三大帝国的国家能力变动引发了帝国边界的移动,总体而言,在东方问题的前半段,奥斯曼帝国具有优势地位,帝国边界深入中欧、黑海北岸,随后哈布斯堡帝国兴起,将边界推向多瑙河一线;俄国后来居上,将黑海沿岸收入囊中,并对君士坦丁堡虎视眈眈。巴尔干作为三大帝国争夺的边缘地带,成为日后东方问题的焦点与核心。

第一节 三大帝国国家能力的变迁概述

国家能力的变化是引起国际关系变动的根源,帝国扩张是帝国国家能力的投影。东方问题首先是一个帝国的问题,奥斯曼帝国、哈布斯堡帝国与俄国先后成为东方问题的主导者,并由帝国国家能力决定三大帝国在东方问题中的地位。东方问题不是三个帝国的国家史,也不是帝国外交史,但是对三个帝国国家能力演变的线索进行概述还是非常有必要的。

一、奥斯曼帝国国家能力的演变

奥斯曼帝国国家能力的形成与发展经历了漫长的过程,而国家能力的因素则是通过学习、模仿、继承或者创新等各种手段逐渐累积起来的,本节将讨论这些国家能力因素及其结构变迁,粗线条地认知奥斯曼帝国的崛起与转型。

奥斯曼帝国兴起于一个小公国,其首领是具有魅力的领袖,周围是一些与之共同征战的武士,这种具有游牧特征的军事组织是奥斯曼的力量源泉。① "伊斯兰国家通常出自游牧部落的世系","它们建立在征服之上,其原理和结构都是军事性的"。"军事上的僵化、意识形态的狂热以及对商业的冷漠因此就成为土耳其、波斯和印度征服的一般准则"。② 这种变化来源于奥斯曼帝国内涵的变化,随着征服区域的扩大,奥斯曼帝国从突厥人的国家变成了一个伊斯兰教国家,其基础发生了重要的变化,"这个王朝通过与不同种族之间的通婚很快失去了'突厥'特性,其国家权力基础源于各种民族的混合,将各种能量融入国家内部,很快其根基从中亚来的游牧移民转向中东"③,经过这一变化,"土耳其"失去了其种族特性,而变成了穆斯林的代名词。

有学者认为,奥斯曼帝国的扩张与崛起主要源于以下几个原因:王朝政治,通过联姻与周边的政治势力结成姻亲关系;行之有效的征服手段,在不同的地区实行不同的统治政策,从盟友、附庸到直接统辖等不同的统治方式;轻徭薄赋的政策,在新近征服的地区减轻租税,缓解被征服臣民的反抗行动;建立提马尔等赋税体制,有效地征收赋税;采用先进的火器,提高了军队的战斗力;以征募(devşirme)制度"最大化地动员了男性臣民,使有才能的农家子弟可以登上帝国军事、行政管理的高位,帝国从中吸收了大量的青年才俊为帝国服务"。④ "为了建立一个复杂精巧的国家机构,奥斯曼人从其征服的社会中学习了许多有用的制度。塞尔柱突厥人接受了伊斯兰教、教育与法律制度,其结果是,如奥斯曼社会继承了塞尔柱突厥人的清真寺、学校与法律制度。奥斯曼也从拜占庭帝国那里采用了一套完整的官僚制度:税收、宫廷制度、分封实践以及土地占有制度等都被奥斯曼人所吸收。这些制度成为支撑奥斯

---

① Mehrdad Kia. The Ottoman Empire [M]. London: Greenwood Press, 2008: 3.
② [英]佩里·安德森. 绝对主义国家的系谱 [M]. 刘北成,龚晓庄,译. 上海:上海人民出版社,2001: 531, 542.
③ Donald Quataert. The Ottoman Empire, 1700 – 1922 [M]. Cambridge: Cambridge University Press, 2000: 2.
④ Donald Quataert. The Ottoman Empire, 1700 – 1922 [M]. Cambridge: Cambridge University Press, 2000: 30.

曼帝国的强大工具。"① 因此，"奥斯曼帝国可以被视为是从拜占庭、突厥游牧部落、巴尔干国家和伊斯兰世界各种各样的因素形成的一个高效的混合体"②。

"奥斯曼帝国崛起为一个世界性力量是东南欧、中东、北非甚至世界历史上最重要的事件。"③ 从国家能力的角度而言，奥斯曼帝国的国家能力经历了几次转型，例如从时间性帝国向空间性帝国的转变以及从空间性帝国向现代国家的转变，真正令人惊奇的不是奥斯曼帝国的迅速崛起与扩张，而是奥斯曼帝国能够顺利完成国家能力结构的转型，并且将一个创建于13世纪末的国家延续至20世纪初。

为解开奥斯曼崛起之谜，首先需要了解奥斯曼从一个小小的公国迈向帝国的转折，因为在这个过程中奥斯曼初步形成了国家能力。奥斯曼帝国的苏丹及其大臣多数都是实用主义者，他们能够灵活地将各种制度与自己的游牧习俗融合起来，并服务于政治、经济需要。"随着帝国的扩张，苏丹日益意识到需要建立一套制度收取赋税以满足宫廷和军事需要"④，此时，奥斯曼初具时间性帝国的雏形，奥斯曼土耳其人在本质上是"好战分子、牧人游牧者"⑤。这种游牧的习性并不适合建立有效持久的政治秩序，奥斯曼人的高明之处在于，很快他们便继承了拜占庭帝国的衣钵，实施税收、宫廷制度、分封实践以及土地占有制度。作为征服者，他们迅速调整了与希腊教会之间的关系，苏丹穆罕默德在三天之内便重建了教会秩序，东正教主教需要通过选举产生，同时按照既往的仪式赋予其足够的神圣性。主教从苏丹那里不仅获得了个人的尊严，而且还得了苏丹对教会的保护，尤其是完全的宗教信仰自由。穆罕默德在君士坦丁堡宣传"伊斯兰教优于罗马教皇"⑥（Better Islam than the pope），

---

① Steven W. Sowards. Lecture 3：The Principles of Ottoman Rule in the Balkans//Twenty-five Lectures on Modern Balkan History［R/OL］.［2010 - 7 - 20］. http：//staff. lib. msu. edu/sowards/balkan/lecture1. html.

② Donald Quataert. The Ottoman Empire，1700 - 1922［M］. Cambridge：Cambridge University Press，2000：4.

③ Mehrdad Kia. The Ottoman Empire［M］. London：Greenwood Press，2008：1.

④ Mehrdad Kia. The Ottoman Empire［M］. London：Greenwood Press，2008：5.

⑤ J. A. R. Marriot. The Eastern Question：An Historical Study in European Diplomacy［M］. Oxford：Oxford University Press，1947：74.

⑥ L. S. Stavrianos. The Balkans since 1453［M］. NY：Rinehatr & Company，Inc.，1958：60.

因此，"希腊教会将苏丹视为对抗罗马教廷的保护者"①。苏丹多次造访东正教的最高首脑，并且与其讨论宗教信仰问题，这种宗教举措不仅是一种宗教宽容的政策，更是一种高明的治国之术，通过满足被征服者的宗教需求，苏丹得以在基督教世界的东西两部分制造纷争。

随着帝国的扩张，奥斯曼帝国的统治阶级发生着变化。1453年是奥斯曼帝国的起点，标志着一个地跨欧亚，融合东西方思想的帝国进入世界历史舞台。"征服者穆罕默德统治时期是一个转折点，即开始创建一个新的帝国政体，同时毁灭另一个帝国——拜占庭。"②"奥斯曼苏丹穆罕默德开始着手为这个新的国家设计一个国家结构。"③ 统治阶级由好几个阶层构成：第一个是土库曼家族，他们是构成帝国的核心力量，他们协同第一代奥斯曼苏丹作战，为帝国的建立立下汗马功劳；第二个是早期被征服并且融入奥斯曼帝国的民族；第三个是德迈希，即进入奥斯曼帝国统治阶层的基督教臣民，年轻的基督徒入选之后被送往首都接受教育和培训，然后被派往各地担任职务；第四个是乌里玛，即伊斯兰教的神职人员。

值得注意的是奥斯曼帝国王位的继承方式。1402—1413年的内战为奥斯曼确立了王位继承制度，如果想获得苏丹的大位就必须杀掉所有的竞争者。内战的获胜者穆罕默德认为这种制度是合理的，他认为："杀掉所有的兄弟而获得神圣的支持并且成为苏丹，有利于世界秩序的稳定。"④ 一位苏丹即位后，必须将自己的兄弟及其侄子处死，以免对王位造成威胁。这种王位继承的风俗，源于游牧习俗，"与土库曼—蒙古政体极为相似，即没有一个事先制定好的继承程序，以选择在治国和战争中显示出才能的王室成员为重点"⑤。也许这种继承方式在局外人看来显得十分残忍，但是从政治权力交接与发展的角度而言，利弊参半：一方面

---

① J. A. R. Marriot. The Eastern Question: An Historical Study in European Diplomacy [M]. Oxford: Oxford University Press, 1947: 75.

② Rudi Paul Lindner. Anatolia, 1300 – 1451//Kate Fleet. The Cambridge History of Turkey (Volume 1) [M]. Cambridge: Cambridge University Press, 2009: 102.

③ J. A. R. Marriot. The Eastern Question: An Historical Study in European Diplomacy [M]. Oxford: Oxford University Press, 1947: 74.

④ Dimitis J. Kastritsis. The Sons of Bayezid: Empire Building and Representation in the Ottoman Civil War of 1402 – 1413 [M]. Leiden: Koninklijke Brill NV, 2007: 202.

⑤ Dimitis J. Kastritsis. The Sons of Bayezid: Empire Building and Representation in the Ottoman Civil War of 1402 – 1413 [M]. Leiden: Koninklijke Brill NV, 2007: 200.

保证了统治者的素质,苏丹的儿子们将被派往各地担任封疆大吏,研习治国之术,当苏丹驾崩之后,王子们通过这种比较残酷的角逐,只有权谋与意志兼具者才能胜出,"只有获得军队、宫廷官僚的支持的王子才能获得王位,这种继承方式被认为是获得了神圣的支持"①;另一方面,造成政局动荡。没有完整有序的继承制度,每次王位更迭意味着一次政治动乱,只有获得禁卫军支持的候选者才有可能登上王位,因此,军队在政治生活中成为至关重要的因素。巴耶济德二世的同父异母的兄弟杰姆试图将帝国瓜分,巴耶济德统治帝国的欧洲部分,杰姆占有亚洲部分。最后巴耶济德获得胜利,但是杰姆逃到法国避难,一直是巴耶济德的一块心病。在此期间(1481—1495 年),基督教强国试图利用巴耶济德王位不稳的隐忧对其进行敲诈,除了付出了大量的金钱之外,巴耶济德也难以再次调集兵力进行扩张。只有当杰姆在欧洲去世之后,巴耶济德二世才敢放手一搏,与威尼斯展开了对东地中海霸权的争夺。

  毫无疑问,奥斯曼帝国以宗教与军事立国,其经济制度完全适应于这种军事征服体制的需要。在农业社会,土地是最重要的财产,土地制度及其相关的财税制度极大地影响了一个国家的走向。在奥斯曼帝国中,有四种土地制度:第一种被称为"米尔"(Miri),所有可用耕地和牧场都归上帝所有,或者上帝的代理人苏丹所有;国家还拥有大量的公共用地,如森林、大山、道路、市场用地等;没有继承人的土地要收归国有。第二种是提马尔(Timar),这是一种半公共的土地,是苏丹将"米尔"的土地赐予行政官员或者军官的土地,但是受封人只有用益权,没有所有权。这种权利既不能私吞也不能继承,当然,或多或少会通过合法或者不合法的手段,土地逐渐走向私有化。合法的手段是"无限期租赁",不合法的手段是"通过行贿"获得这种权利。② 提马尔制度的起源存在诸多争论,有人认为起源于游牧部落的习俗,有人认为源自拜占庭帝国的制度。提马尔制度从安纳托利亚传播到其他地区,一些勇猛、体格健壮的农民被招募为提马尔的所有人,这是提马尔制度的扩大,"持有土地

---

  ① Mehrdad Kia. The Ottoman Empire [M]. London: Greenwood Press, 2008: 4.
  ② Steven W. Sowards. Lecture 3: The principles of Ottoman Rule in the Balkans//Twenty-five Lectures on Modern Balkan History [R/OL]. [2010-07-20]. http://staff.lib.msu.edu/sowards/balkan/lecture1.html.

的人必须向国家提供军事服务"①。第三种被称为瓦克福（Vakf），这种土地主要用于宗教目的或者公共福利，土地是免税的，正因为如此，很多地主便想方设法将自己的土地置于瓦克福的保护之下，这样便可以偷税，并且将土地传给自己的子女。第四种，被称为"穆勒克"（Mulk），这是一种真正的私有土地，主要包括臣民的住宅、菜园、果园之类的。这种土地免于国家控制，国家既不会向这种土地征税，也不会征发兵役，因此很多提马尔的土地会转变为穆勒克，这种土地制度的变化，造成了私人财富的增加，因此，"极大地损害了苏丹、中央政府以及军事权力"②。

时间性帝国的构建为奥斯曼帝国的快速扩张奠定了基础，这种国家能力结构以征服作为中心目标，与布匿战争之后的罗马帝国一样，经过一百年，奥斯曼帝国从安纳托利亚的小国成为地跨欧亚非三大洲的庞大帝国。当然，奥斯曼帝国快速扩张的原因是多方面的：从外部来看，奥斯曼帝国的外部环境比较优越，欧洲的教会处于分裂状态，东正教会与天主教会互相对立，欧洲处于分裂状态，绝对主义国家的建设刚刚处于起步阶段，"利维坦"还在孕育之中。此外，拜占庭帝国处于长期衰落状态，巴尔干地区经济社会发展落后，而且处于相互敌视状态。凡此种种都为奥斯曼帝国的扩张提供了比较宽松的空间。从内部而言，奥斯曼帝国建立了一个适合扩张的国家能力结构。在苏莱曼大帝期间，奥斯曼帝国占领了北非、阿拉伯半岛，向东征讨萨法维王朝，向北深入中欧。苏莱曼大帝之后，奥斯曼帝国大规模扩张的进程基本结束，如同罗马帝国在恺撒远征高卢之后。

诸多论者都认为，苏莱曼大帝之后，奥斯曼帝国急剧衰败。"奥斯曼帝国东征西讨的昌盛时期持续了将近3个世纪之后，到了1560—1617年间，在亚洲，特别是在欧洲，实际上已经结束了。"③ 在"战场的胜利之于奥斯

---

① Kate Fleet. The Cambridge History of Turkey（Volume 1）[M]. Cambridge：Cambridge University Press，2009：200.
② Steven W. Sowards. Lecture 3：The Principles of Ottoman Rule in the Balkans//Twenty-five Lectures on Modern Balkan History [R/OL]. [2010 – 07 – 20]. http：//staff. lib. msu. edu/sowards/balkan/lecture1. html.
③ [英] R. B. 沃纳姆. 新编剑桥世界近代史（3）[M]. 中国社会科学院世界历史研究所，译. 北京：中国社会科学出版社，1999：468.

曼帝国犹如呼吸之于生命一样，军事胜利本质上是国内有效管理的表现"。① 另一位《剑桥史》的编纂者认为，苏莱曼大帝将奥斯曼帝国推向了权势的巅峰，"那时候它拥有良好有效的制度支撑其政治的伟大"②。斯塔夫里阿诺斯也认为："苏莱曼大帝是奥斯曼帝国历史上巨大的分水岭。在他之前奥斯曼的历史充满胜利与扩张；在他之后则是收缩与防御。"③ 诸多论者认为，奥斯曼帝国从苏莱曼大帝之后其发展轨迹便是一路下行，直到第一次世界大战之后崩溃为止。"最近的研究结果表明，直到17世纪末，从整体而言，奥斯曼帝国及其社会依然是一个高效的战争组织。"④ 这种国家能力来源于苏丹无可置疑的权威、完整有效的中央机构，以及在广大的领土范围内调度资源的能力。以国家能力的视角来分析，苏莱曼大帝处于帝国转型的关口，他既是一名伟大的征服者，也是一位立法者。奥斯曼帝国从快速扩张趋于稳定，是时间性帝国向空间性帝国转变的开始，从国家能力的要素来分析，帝国的转型表现在以下几个方面：

第一，苏莱曼大帝之下的奥斯曼帝国领土扩张已经接近古代世界的极限，奥斯曼帝国重现了伊斯兰教帝国初期的辉煌，其扩张边界已经遇到各种外部势力的强力抵制。在东方是波斯帝国的后裔，在西方是哈布斯堡帝国，在南方是沙漠的自然阻隔。被西方史学家大书特书的勒班陀海战并没有扭转西欧对抗奥斯曼帝国的颓势，时隔两年，奥斯曼帝国重建了一支更为强大的舰队，威尼斯在此臣服于奥斯曼帝国之下，土耳其重新夺取海上控制权。勒班陀海战并没有撼动奥斯曼帝国在东地中海的统治，而在西地中海，奥斯曼帝国未能打败腓力二世的西班牙。奥斯曼帝国基本达到其最大的扩张边界。

第二，军队转型，曾经为奥斯曼帝国扩张立下汗马功劳的近卫军发生蜕变，奥斯曼帝国的军事权力大打折扣。与东方的波斯、西方的哈布

---

① J. A. R. Marriot. The Eastern Question: An Historical Study in European Diplomacy [M]. Oxford: Oxford University Press, 1947: 104.

② F. L. Carsten. The New Cambridge Modern History (5) [M]. Cambridge: Cambridge University Press, 1961: 502

③ L. S. Stavrianos. The Balkans since 1453 [M]. NY: Rinehatr & Company, Inc., 1958: 81.

④ Suraiya Faroqhi. The Ottoman Empire and the World around It [M]. London and New York: I. B. Tauris & Co Ltd., 2004: 98.

斯堡帝国长期战争造成了帝国军队的大量的伤亡，同时，战争方式的转变、火器的使用、堡垒要塞防御等要求军队功能相应发生转变。奥斯曼帝国的军队以往主要由两部分组成。一部分是非穆斯林或非土耳其出身的"基尔曼"（意思是苏丹的侍从），这些人组成近卫军团，最著名的当属"德伍希尔迈"，主要从巴尔干地区征召的基督教幼童，他们被征召之后便改信伊斯兰教，同时接受严格治国之学训练，包括军事技术、治国经验、行政管理等各方面的教育与培训。近卫军是苏丹手下的扩张锐器，纪律严明、能征善战，这支军队之所以能够一直保持战斗力，主要原因在于：一方面，基尔曼的资格不能世袭，近卫军军官不可以结婚，因此，保证了这支军队一直有新鲜血液注入，避免了近亲裙带关系的侵蚀；另一方面，近卫军不能参与经济活动，他们接受国家俸禄，没有封地，更不用说要参与商业活动了。从某种程度上讲，"庞大的穆斯林帝国是以基督徒的肌肉与大脑为基础的，从1453年到1623年奥斯曼帝国处于鼎盛时期的年代中，47位大维齐尔只有5位有突厥血统"[1]。除此之外，苏丹手下还有一批封建骑兵，即"西帕希"，这些骑兵拥有一块国家封地，依靠封地收入来购买作战装备，西帕希的身份是可以世袭的。这种军制到了17世纪发生了变化，对职业军队的需求使得大量穆斯林进入基尔曼的队伍，使基尔曼讲求高招战术技能和纪律严明的传统受到冲击，同时传统的封建骑兵已经难以担当边境防御的重任，而步兵、工程兵、炮兵等技术兵种更能够胜任。这支禁卫军只是苏丹的私人工具而已，但是随着征战的结束，禁卫军成为兵变的导火索。1566年，禁卫军允许结婚，又允许其子弟继承军职与财产，此后，越来越多的禁卫军军官投身于商业，军队纪律日渐松弛，从16世纪末开始，这支曾经能征善战的军队在国内成为飞扬跋扈的特权阶层。曾经的军事精英集团开始蜕化，纪律严明的禁卫军逐渐成为威胁政权稳定与社会秩序的动乱之源。禁卫军的来源多样化，训练松懈、纪律弛废，在首都的禁卫军"成为受乌里玛集团的偏执或宫廷阴谋所操纵的狂热群氓"[2]。

第三，政治权力的转变。从统治权力由苏丹一人之手向集体统治权

---

[1] L. S. Stavrianos. The Balkans since 1453 [M]. NY: Rinehatr & Company, Inc., 1958: 85.

[2] ［英］佩里·安德森. 绝对主义国家的系谱[M]. 刘北成，龚晓庄，译. 上海：上海人民出版社，2001：405.

力过渡。1453年之后,统治阶层出现变化,苏丹开始逐渐清理昔日的统治精英,因为这些来自中亚草原的游牧家族桀骜不驯,通过削夺他们的财富与权力,苏丹强化了个人统治,直到19世纪,苏丹在理论上成为绝对的统治者。帝国扩张开始停顿之后,"无论男性还是女性,行政管理技巧的作用超过了武士,立法的苏丹超过了战斗的苏丹"①。苏丹宫廷成为统治中心,同时各省的长官及其家族成为新的统治精英,尤其是大维齐尔更是如此。1617年起,奥斯曼帝国苏丹的继承制度发生了变化,获胜的继承者不会血腥地将所有的男性继承人杀死,而是将男性的王位竞争者关在宫廷的高墙之内,王储们失去了政治历练的机会,从此,奥斯曼帝国再也没有可以与苏莱曼大帝比肩的枭雄君主,苏丹的政治能力衰落,使得政治权力开始流散,政治中枢的调控与调度能力大打折扣,"苏丹成为统而不治的领袖,他们赋予官僚权力,但是很少参与政策制定"②。维齐尔代替了苏丹成为奥斯曼帝国的实际统治者,在几代维齐尔的治理下,奥斯曼帝国又重振雄风。1638—1644年,大维齐尔穆斯塔法帕夏采取一系列增强国家能力的举措,削减和控制近卫军数量、建立一个统一的国库、推行货币改革等,此后的科普卢家族掌握奥斯曼帝国大权,当然一个贤明有能的首相对于国家兴衰至关重要,但是如果没有相应的制度的建设,比如官僚制度、财税制度,一个人是难以撑持一个庞大的帝国的。1656年,科普卢就任维齐尔之后,奥斯曼帝国的宫廷阴谋与妇女干政才被终止,"政府的权威才慢慢重建"。③

第四,经济转型。"一个以征服活动获得收益、因财富的涌入而得到发展的帝国,在此之后的生存必须靠本国的农业年产量维持。"④ 奥斯曼帝国基本已经成为一个农业帝国,"它拥有大量的肥沃土地,农业税负是帝国财政收入的支柱,只是农业生产技术和工具还是比较落后"⑤。16世

---

① Donald Quataert. The Ottoman Empire, 1700 – 1922 [M]. Cambridge: Cambridge University Press, 2000: 32.

② Donald Quataert. The Ottoman Empire, 1700 – 1922 [M]. Cambridge: Cambridge University Press, 2000: 33.

③ F. L. Carsten. The New Cambridge Modern History (5) [M]. Cambridge: Cambridge University Press, 1961: 502.

④ [美]约瑟夫·泰恩特. 复杂社会的崩溃 [M]. 邵旭东, 译. 海口: 海南出版社, 2010: 208.

⑤ F. L. Carsten. The New Cambridge Modern History (5) [M]. Cambridge: Cambridge University Press, 1961: 500.

纪末，西方商人日渐侵入奥斯曼帝国境内，威尼斯、法国、英国获得在奥斯曼帝国经商的特权，美洲的白银开始流入奥斯曼帝国境内，由于奥斯曼帝国一直实行银本位制，白银的流入势必会造成价格上涨。除此之外，奥斯曼帝国内部的经济形势也发生了一定变化，人口不断增长，战争耗费巨大，政府收支失衡，为了弥补财政亏空，奥斯曼帝国政府在1584年颁发法令，规定每个阿克切的含银量从五分之一迪拉姆（diram）减少到八分之一迪拉姆。① 政府通过降低货币成色以转移财政负担是一种常用的伎俩，这种手段可以解决政府的一时之需，但是，这种政策无异于饮鸩止渴，会造成多方面的不利影响：第一，一旦政府"作假"，格雷欣法则便会发挥作用，劣币驱赶良币的机制将会持续发挥作用，劣币充斥市场势必会造成通货膨胀；第二，物价飞涨对依靠固定薪金为生的阶层是巨大的冲击，一些封建采邑的主人开始破产，而这些地产则落入富商与权贵手中，社会阶层之间的分化加剧；第三，通货膨胀还造成了严重的政治后果，官员们利用手中的职权谋取私利，吏治败坏，近卫军发动兵变，因为他们的薪酬难以满足自己的需要。

第五，帝国逐渐形成稳定的意识形态结构。伊斯兰教是国家法律的基础，"在法律与行政管理方面是一种必不可少的知识基础"②。帝国境内最高法律与精神首领是穆夫提（Mufti），穆夫提享有特权，除非有过失，基本是终身制，而且最高处罚也不过是流放。在国家的内政外交中，穆夫提有重要的发言权，如宣战、缔结和约等。穆夫提之下是各个地方的法官，其中鲁梅利亚和安纳托利亚的地方法官职权较大，掌管军政事务。1543年，最后一名阿里系统的哈里发去世，土耳其苏丹兼任哈里发，将世俗政权与宗教权威集于一身；奥斯曼帝国成为神权国家，当苏丹的世俗权力逐渐流散之后，意识形态的权力成为主要的支柱。除此之外，一种"奥斯曼帝国"的国家认同逐渐形成，"奥斯曼"的意识通过行政机构和立法在臣民中开始传播，"税收以及帝国官员经常出现强化了臣民属于某个普世共同体的感觉"，统一的法律条文增强了共同体感，

---

① ［英］R. B. 沃纳姆. 新编剑桥世界近代史（3）[M]. 中国社会科学院世界历史研究所，译. 北京：中国社会科学出版社，1999：493.

② F. L. Carsten. The New Cambridge Modern History（5）[M]. Cambridge：Cambridge University Press, 1961：503

"这不是一个微不足道的成就,在很大程度上,它能解释奥斯曼帝国的长寿"。①

从时间性帝国向空间性帝国的转变保证了奥斯曼帝国的长久存续,因此将 1566 年视为奥斯曼帝国衰落的起点,是对帝国的一种偏见。奥斯曼帝国的衰落开始于 18 世纪初,这种衰落是与西方的兴起相对的,18 世纪的欧洲绝对主义国家开始兴起,开明专制成为各国君主的治国理念,权力集中是国家建设的核心内容,这是建设强大的国家能力的前提所在,而奥斯曼帝国的发展却背道而驰。概而言之,当西欧国家集权之际,奥斯曼帝国却在分权的道路上越走越远。

首先是中央与地方之间的纽带开始松弛,各个省区的自治倾向不断增强,这主要源于中央权力衰落。中央委派的地方官员、当地的精英以及奴隶出身的军官是各个省区统治精英的主要组成部分。苏丹权力持续衰落,大维齐尔成为实际上的最高首脑,苏丹主要是政治统治的符号,1718—1730 年被称为郁金香时代,这是一个倡导奢华的时代,奢侈品消费成为宫廷生活的原则,大权旁落的苏丹试图在衣着方面夺回主导权,并颁布了服饰法令,规定衣着标准,诸如某些人群不能穿某种颜色的衣服,等等,"通过这种手段来强化苏丹统治的合法性"。② 王位继承系统混乱,这对于奥斯曼帝国的发展是重大的创伤,"皇位继承人是在一种与世隔绝的生活环境中成长起来的,他们既无军事指挥能力,又无处理政治事务的能力"③。奥斯曼帝国的政治运转主要依靠手握大权的宰相,但是宰相只有获得苏丹的信任之后才能处理政事,而且还要协调与伊斯兰教会、近卫军团之间的关系。同时,宫廷内外险象环生、阴谋不断、卖官鬻爵、贪腐滋生,因此,获得宰相一职必须花费大量时间与精力用于钩心斗角,即便如此,宰相的职位也是非常不稳定的,从 1683 年到 1702 年,先后有 12 个人担任宰相,平均不到一年就要换一个人,由此可见一斑。

其次是军事能力的衰弱。奥斯曼帝国是以军事立国的国家,苏莱曼

---

① Donald Quataert. The Ottoman Empire, 1700-1922 [M]. Cambridge: Cambridge University Press, 2000: 33.

② Donald Quataert. The Ottoman Empire, 1700-1922 [M]. Cambridge: Cambridge University Press, 2000: 44.

③ [英] J. S. 布朗伯利. 新编剑桥世界近代史(6)[M]. 中国社会科学院世界历史研究所,译. 北京:中国社会科学出版社,2008:828.

大帝之后，奥斯曼帝国从时间性帝国向空间性帝国转变，其军事战略自然而然从扩张战略向防御战略转变。军事战略的转型带来了诸多的问题，对于一个以军事扩张起家的帝国而言更是如此。首先，这一转型最大的反对者就是军队，扩张战争的结束意味着战利品与奴隶资源枯竭，因为军队是暴力的载体，当对外扩张受阻之际，军队就极有可能沦为对内干政，威胁国内政局的"地雷"。再次，军队体制没有完成相应的转型，近卫军获得了娶妻生子的权利之后，军队的经济基础却没有发生变化，难以负载家庭生活压力的军人便开始经商，而军队的子弟承续父业，军队日益家族化。商业与暴力的结合一方面严重损害了军队战斗力，军事世家获得了父辈的权力但是却没有研习战斗技能；另一方面使商业环境恶化，只有依靠军队的商人或者军人出身的商人才能获得利润。最后，军事人才的流动几乎停止，最初依靠基督徒贡献子弟建立的近卫军演变为一种潜在的"种姓制度"，1637 年之后，近卫军便鲜有新鲜血液补充进来，曾经席卷巴尔干半岛的近卫军的战斗力的衰落便可想而知。克里米亚汗提供的骑兵是奥斯曼帝国国防力量的重要组成部分，奥斯曼帝国失去了克里米亚半岛之后，这个空缺由近卫军来填充，而近卫军早已失去了战斗能力，与其说是一支国防力量，不如说是造成内乱的根源，直到 1826 年，近卫军才被取缔。

最后，奥斯曼帝国的经济没有完成相应的转型。当欧洲开始原工业化并且创建现代财税制度的时候，奥斯曼帝国的经济还停留在农业时代，既有的土地制度被破坏。17 世纪末，奥斯曼帝国在几条战线上作战，而且屡遭败绩，但是奥斯曼帝国在每年春天都会补充兵员、装备、火炮与舰船，当战争的成本不断攀升之际，军费开支巨大，帝国财政捉襟见肘，使社会经济状况持续恶化。由于没有健全的财政系统，底层人民生活走向破产，而少数人则大发横财。

国家能力的衰落构成了奥斯曼帝国的根本的衰落：一方面，构成国家能力的各种权力要素发生病变，同时各种权力要素之间的转化机制被破坏；另一方面，奥斯曼帝国面临一个时代的错位，西方现代性快速发展，是奥斯曼帝国面临的根本性的挑战，正是时代的转换，完成了东方问题内涵的根本变化，从奥斯曼帝国威胁欧洲，变成被欧洲威胁。

二、哈布斯堡帝国国家能力的演变

用简洁明了的语言勾勒哈布斯堡帝国国家能力发展的轨迹是困难的，

这个帝国在漫长的历史进程中更像一个谜团一样，没有清晰的轮廓，因为它卷入欧洲历史太深。"三百多年来，它一直没有一个统一的名称，或者称为哈布斯堡家族领地或者神圣罗马皇帝领地。"① 就像它的名字一样，哈布斯堡帝国随着欧洲历史发展的浪潮而波动不已。哈布斯堡家族是欧洲最有权势，也是最持久的家族之一，哈布斯堡帝国的历史之所以凌乱，一方面源于这个帝国发展道路与其他帝国不同，哈布斯堡帝国是通过联姻、馈赠等手段建立起来的，相比征服性帝国，帝国中心与属地之间的关系复杂多变，边界具有高渗透性；另一方面，哈布斯堡帝国的领土在地理上并不是连为一体，而是散落在欧洲大陆之上，边界变动令人眼花缭乱。哈布斯堡帝国是最先"进入"东方问题的欧洲国家，因此，了解这个帝国国家能力发展的脉络，有助于理解东方问题的演化与变迁。

　　1273 年，伦道夫六世当选为德意志国王之后，哈布斯堡家族开始成为中欧的一支政治力量。② 哈布斯堡帝国的兴起可以追溯到 15 世纪的马克西米连一世时代，"马克西米连作为德意志王其政绩一再受挫，秩序越来越混乱。可是他却被称为奥地利国家的奠基者"③。马克西米连一世在创建功能分化、统一协调的常设国家机构方面的尝试与努力为后来德意志各个邦国采用，客观上推动了德意志国家建设的进程，也使神圣罗马帝国内部的整合更加不可能。神圣罗马帝国境内一系列"现代性"因素冲击着这个封建帝国的基石，宗教改革的暗流涌动，资本主义经营模式开始确立，罗马法广为传播，小邦国的地方性联盟出现，种种迹象表明，"德意志处于混乱之中，经历着一场急剧的变革。人们渴望着秩序、和平和安全；渴望着有一位领袖能够实现这种愿望；渴望着一位皇帝出世"④。英雄出世并不能扭转历史发展的路径依赖，马克西米连一世虽然颇具文韬武略，但是在一个选帝侯、主教、城镇权力极大，邦国画地为

---

① A. J. P. Taylor. The Habsburg Monarchy（1809 – 1918）: A History of the Austrian Empire and Austria-Hungary ［M］. London: Hamish Hamilton, 1948: 9.
② Paula Sutter Frichtner. Historical Dictionary of Austria (second edition)［M］. Toronto: The Scarecrow Press, Inc., 2009: 131.
③ ［英］波特. 新编剑桥世界近代史（1）［M］. 中国社会科学院世界历史研究所, 译. 北京: 中国社会科学出版社, 1999: 300.
④ ［英］波特. 新编剑桥世界近代史（1）［M］. 中国社会科学院世界历史研究所, 译. 北京: 中国社会科学出版社, 1999: 272.

牢的时代，他难以驯服这些桀骜不驯的诸侯，完成权力的集中，从而打造一个强大的国家能力结构。法国、英国、奥斯曼帝国等具有较强国家能力的国家成为马克西米连一世追求的目标，他试图建立一个联邦制的统一帝国，但是这种努力处处受到掣肘，各个诸侯不愿意马克西米连一世垄断财政权与军队。1494年，马克西米连一世与法国查理八世达成了瓜分意大利半岛的协议，但是法国在意大利的顺利进军引起了欧洲各国的恐惧，马克西米连一世便加入了反对法国的威尼斯同盟，而且马克西米连需要得到军队与军费，但是议会却开了长达26个星期的会议，议而不决。在议会强大的压力之下，帝国的政治体制进行了改革，国王的权力大为削弱，议会得到了财政权、外交权和宣战权等，而国王似乎只是议会之下的行政官员。正如泰勒所说："与其说哈布斯堡帝国是一个强大的国家，莫不如说它是一个制定和执行外交政策的组织，外交事务在决定其命运的时刻发挥了关键性作用。"① 外交在哈布斯堡帝国国家建设过程中起着举足轻重的作用，这种模式一直持续到帝国终结。从16世纪开始，在前半个世纪，哈布斯堡帝国总是遇到外部战争的威胁，而在后半个世纪则需要强化内部政治整合。

神圣罗马帝国境内的各个等级都不愿意将财政权与战争权力交给马克西米连一世，甚至一个常设的机构也要体现各地利益均沾、权力共享的原则，但是由各个等级选举出来的执政委员会既没有掌控所需的军队，也没有至关重要的财政支持。神圣罗马帝国松散无力的政治组织结构，使之难以成为有所作为的帝国，只不过是各种等级势力吵架、博弈的论坛而已。马克西米连一世常说："宁愿当有所作为的奥地利公爵，而不愿当一名无用的德意志王。"② "马克西米连的理想虽然没有成为现实，但是他的后人却以他的理想为榜样，成为哈布斯堡帝国发展的目标。"③

哈布斯堡家族通过联姻手段获取了欧洲大量的领地，对于周边的匈牙利和波西米亚也是垂涎已久。1526年，莫哈奇之战，波西米亚与匈牙利最终倒向奥地利，哈布斯堡王朝获得了构成未来帝国的主要的领土。

---

① A. J. P. Taylor. The Habsburg Monarchy (1809 – 1918)：A History of the Austrian Empire and Austria-Hungary [M]. London：Hamish Hamilton，1948：7.
② [英]波特. 新编剑桥世界近代史（1）[M]. 中国社会科学院世界历史研究所，译. 北京：中国社会科学出版社，1999：288.
③ Larry Silver. Marketing Maximilian：A Visual Ideology of Holy Roman Emperor [M]. Princeton and Oxford：Princeton University Press，2008：216.

有学者认为,1526年之后,"哈布斯堡王朝成为中欧地区最具有权势的统治家族"①。"哈布斯堡王朝僭取了匈牙利王位,但此后却明显带来了几个方面的好处。神圣罗马帝国皇帝有着丰腴的家族领土和地位,所以哈布斯堡王朝有能力提高必要的军事力量,保护匈牙利这个国家的未来,最终可以把奥斯曼帝国的势力驱赶出匈牙利。"② 从长时段来看,莫哈奇一战对哈布斯堡的影响是多重的,一方面,苏莱曼的军队打碎了匈牙利人的顽固抵抗,匈牙利解体之后,哈布斯堡帝国的领地也得以扩展;另一方面,此战之后,哈布斯堡帝国便与奥斯曼帝国这个强大的敌人为邻,匈牙利崩溃之后,哈布斯堡帝国失去了一个战略缓冲国。此外,匈牙利对于哈布斯堡帝国而言是一个异质性的存在,匈牙利地区贵族势力强大,但是国家能力弱小,难以抵御外部军事征服的压力,但是,哈布斯堡帝国却难以将匈牙利"消化"。自16世纪20年代开始,哈布斯堡帝国经过几百年也未能将匈牙利彻底融入帝国之中,"贵族自治的政府制度表明是强大而有凝聚力的,足以克服这种挑战,足以让匈牙利的古代政权一直持续到1848年"③。从边界的角度而言,莫哈奇一战是两个帝国边界的同步延伸,也为两个帝国之间的冲突揭开了序幕。当然,"土耳其的入侵打碎了哈布斯堡家族控制德意志的计划,但是,面对土耳其,哈布斯堡家族自身难保,更不用谈去征服德意志各个邦国了,这种变化也使之避免了灾难,使其能够延续到20世纪"④。在此后的100多年中,哈布斯堡帝国有了新的使命,就是从土耳其手中解放匈牙利,它将自己塑造为反抗异教徒的前线,几次调动基督教世界的力量反抗土耳其。

1559年,《卡托—康布雷奇和约》签订,绵延65年的意大利战争结束,条约签订之后,无论法国还是西班牙的"基督帝国"梦想基本破

---

① Steven W. Sowards. Lecture 4: Hungary and the Limits of Habsburg Authority//Twenty-five Lectures on Modern Balkan History [R/OL]. [2010-07-22]. http://staff.lib.msu.edu/sowards/balkan/lecture1.html

② [美] 托马斯·埃特曼. 利维坦的诞生:中世纪及现代早期欧洲的国家与政权建设 [M]. 郭台辉,译. 上海:上海人民出版社,2010:336.

③ [美] 托马斯·埃特曼. 利维坦的诞生:中世纪及现代早期欧洲的国家与政权建设 [M]. 郭台辉,译. 上海:上海人民出版社,2010:311.

④ A. J. P. Taylor. The Habsburg Monarchy (1809-1918): A History of the Austrian Empire and Austria-Hungary [M]. London: Hamish Hamilton,1948:11.

灭，创建绝对主义国家成为各国的目标①，从国际关系来看，主权国家成为发展的趋势，欧洲权力中心从南向北转移，"标志着欧洲外交史上一个时代的断然终结和另一个时代的开始"②。对于哈布斯堡帝国而言，这一和约的签订也是帝国发展的重要转折点。一方面，西欧列强，主要是英国、法国与西班牙开始主导西欧国际体系，列强可以在谈判桌上商谈意大利半岛的命运问题；此外，西班牙虽然失去了神圣罗马帝国皇冠，但是却成为主导西欧体系的一流强国。另一方面，神圣罗马帝国的威胁逐渐消散，帝国的皇冠交给了东欧的哈布斯堡家族，于是，帝国皇帝的注意力从西欧的纷争转向帝国东部边界的安全，在此后的70多年中，"只是偶尔稍许地介入西部事务"③。1555年，《奥格斯堡和约》缔结之后，哈布斯堡家族基本承袭了神圣罗马帝国的王冠，相比奥斯曼帝国，神圣罗马帝国国家结构更加松散、低效，除了一个皇帝之外，还有议会、法院，而且皇帝需要经过选举产生，这种政治结构严重影响了帝国内部的整合。"哈布斯堡国家始终是一个家族政权——没有共同种族和地域名称的王朝遗产的汇集"④，与其说是一种帝国，莫不如说是一种国际体系，因为，"在皇帝与各个等级之间，大小诸侯之间，新教徒和天主教徒之间，甚至在法律和混乱之间，都存在着一种稳定的力量均衡"⑤。在帝国的虚名之下，帝国境内的大公国却在强化行政体制革新方面大步向前；此外，各个公国拥有自己的武装力量，从这个角度而言，未来帝国的命运将取决于这些大公国国家能力的构建与发展。哈布斯堡家族"统治着一个伟大国家的政治机构，这个国家基本还是繁荣的，不过其实际权力主要操在分裂的诸侯寡头手中"⑥，因此，应对内外威胁之际必然捉襟见

---

① 蒲利民.《卡托—康布雷奇和约——16世纪欧洲和平宪章》[J]. 首都师范大学学报（社会科学版），2010（2）：5.
② [英] R. B. 沃纳姆. 新编剑桥世界近代史（3）[M]. 中国社会科学院世界历史研究所，译. 北京：中国社会科学出版社，1999：197.
③ [英] R. B. 沃纳姆. 新编剑桥世界近代史（3）[M]. 中国社会科学院世界历史研究所，译. 北京：中国社会科学出版社，1999：197.
④ [英] 佩里·安德森. 绝对主义国家的系谱 [M]. 刘北成，龚晓庄，译. 上海：上海人民出版社，2001：318.
⑤ [英] R. B. 沃纳姆. 新编剑桥世界近代史（3）[M]. 中国社会科学院世界历史研究所，译. 北京：中国社会科学出版社，1999：443.
⑥ [英] R. B. 沃纳姆. 新编剑桥世界近代史（3）[M]. 中国社会科学院世界历史研究所，译. 北京：中国社会科学出版社，1999：461.

肘，内有宗教纷争，外有奥斯曼帝国的威胁。

哈布斯堡帝国从 1556 年起，一直不间断地当选神圣罗马帝国皇帝或者德意志之王（King of German），虽然这项王冠随着欧洲绝对主义国家的发展，其号召力和强制力不复存在，但是帝国的荣耀感与使命感，驱使着哈布斯堡帝国皇帝认为自己有权力领导德意志境内的公爵共同对抗奥斯曼帝国与法国的侵略。哈布斯堡帝国不仅处于多重边界状态之下，而且也面临着多种战略方向的选择。与西班牙帝国的联盟为哈布斯堡帝国带来了诸多好处，从美洲运来的金银大量涌入哈布斯堡帝国，同时也使帝国成为法国、奥斯曼帝国的敌人。哈布斯堡帝国虽然处于反对奥斯曼帝国的前线，但是国家利益的理性选择有时候超过了宗教的狂热，当"西班牙国王，威尼斯人和支持西班牙人的教皇，都要求马克西米连利用土耳其人衰弱的机会开始向他们进攻，即使已经迟误也无妨"。面对来自欧洲各国的压力，马克西米连依然遵守与土耳其签订的协定，他说："没有一个正派人肯于撕毁和约，纵然这个和约是跟异教徒签订的。"① 后来，威尼斯海军在勒班陀海战中摧毁了土耳其海军，对于这样的胜利，马克西米连保持克制，他禁止奥地利国内举行任何庆祝活动，以免给土耳其人把柄。由此，我们可以看出，土耳其已经是欧洲国际体系的一员，即使没有进入国际社会。南欧国际体系的形成与南欧地区的国家建设几乎是同步的，国内冲突与国际联盟杂糅一体。"在十六世纪中叶，皇帝和奥地利捷克各等级之间争夺统治权的斗争还可以说是个别的问题。到七十年之后，就不能这样看了。每个联盟都吸收了其他中欧国家，不久以后更吸收了西欧国家。"② 从某种程度上讲，认为欧洲国际体系的形成是晕圈效应的结果，原有的不同的权力中心，最终不断扩散形成欧洲规模的国际体系。

三十年战争期间，哈布斯堡帝国的国家能力结构得到考验与发展。首先，皇帝成立一个中央决策机构，由一个首席大臣、帝国法院的大法官、副首席大臣，以及两个或者三个其他大臣组成的政务委员会，这是皇帝的决策咨询机构。其次，中央政府的行政管理机构主要是大法官法

---

① ［奥］埃·普里斯特尔. 奥地利史（上卷）[M]. 陶梁，张傅，译. 北京：生活·读书·新知三联书店，1972：178.
② ［奥］埃·普里斯特尔. 奥地利史（上卷）[M]. 陶梁，张傅，译. 北京：生活·读书·新知三联书店，1972：186.

院,自 1620 年从帝国法院中独立出来,它主要处理帝国内部事务,奥地利在帝国中获得了特殊地位。再次,中央财政系统开始建立,其执行机构是法官会议室,这个机构作为一个财政机构早在 1527 年便建立起来,其职权高于各个地方性的财政委员会,力图统一管理境内的财政开支、商业、手工业、铸币业和金银开采等。最后,军事事务主要由军事委员会掌管,除了军事之外,与奥斯曼帝国的外交关系也由这个委员会处理,值得注意的是,从这个委员会涌现出一大批优秀的军事统帅。① 三十年战争期间,华伦斯坦的大军在中欧捷报频传,为哈布斯堡王朝的主人提供了一种在中欧建立帝国的前景,但是北欧雄狮瑞典的介入,使这一梦想梦碎了。"《威斯特伐利亚和约》申明了德意志不能统一于神圣罗马帝国之下,哈布斯堡家族作为皇帝受到遏制,但是却没有被一棍子打死,他们依然可以作为自己领地的伟大统治者,作为奥地利王室而不是皇帝,他们获得了欧洲的认可,依靠自己的实力而不是虚名获得了大国的地位。"② 哈布斯堡王朝向北扩张进而控制德意志的梦想破碎了,向东南方向扩张是国际战争失败之后不得不吞下的苦果。国家能力与国家的地缘位置有着密切的关系,"从单纯的地缘政治的角度来看,奥地利占据了一块面积不小的战略要地,但是却没有充分利用起来"③,这主要是由于"哈布斯堡家族的领地既没有通过民族性连为一体,在地理上也不相连"④,这种地缘上的特征决定了哈布斯堡帝国的战略具有易变性和多向性,难以形成一个持续恒久的战略,而是随着欧洲外交的潮汐而起起落落。

哈布斯堡帝国在三十年战争之前能够维持大国的地位,主要原因在于欧洲现代国家的建设也处于起步阶段,因此,对手的虚弱掩盖了哈布斯堡帝国在国家能力结构上存在的残缺。第一,这个王朝是通过联姻与外交手段建立起来的,在各种令人眼花缭乱的王朝联姻之后,各种领地几经周转,共同置于哈布斯堡帝国的王冠之下,与普鲁士、俄国这些通

---

① 参见 F. L. Carsten. The New Cambridge Modern History (5) [M]. Cambridge: Cambridge University Press, 1961: 485.
② A. J. P. Taylor. The Habsburg Monarchy (1809 – 1918): A History of the Austrian Empire and Austria-Hungary [M]. London: Hamish Hamilton, 1948: 14.
③ Paula Sutter Frichtner. Historical Dictionary of Austria (second edition) [M]. Toronto: The Scarecrow Press, Inc., 2009: Introduction, 49.
④ A. J. P. Taylor. The Habsburg Monarchy (1809 – 1918): A History of the Austrian Empire and Austria-Hungary [M]. London: Hamish Hamilton, 1948: 9.

过军事征服而建立的国家相比,哈布斯堡帝国的异质性更强;此外,联姻能够得到领地,同时也会面对家族内部分割财产的难题。第二,"缺乏一个统一的贵族阶级"①,无论在俄国还是在普鲁士,贵族都是维系国家能力增长的中坚力量,提供官僚、军官等人力资源。在哈布斯堡帝国,由于各个领地互不统属,而且各地的贵族互有特色,因此难以形成一个贵族的核心集团。第三,哈布斯堡帝国的核心地区难以统合起这个庞大的帝国,用安德森的话来说就是:"奥地利贵族的'临界质量'太稀少了,因此不能产生一个把帝国所有地主阶级凝集起来的磁场中心。"② 以上两点造成了哈布斯堡帝国国家能力结构的残缺与混杂。第四,在统一的军队建制、行政管理体制方面,踯躅不前。1648 年之后,哈布斯堡帝国在国家能力建设方面最大的进步在于意识形态方面的统一,三十年战争是由于哈布斯堡帝国内部宗教纷争而引起的,但是三十年战争之后,帝国却使天主教卷土重来,一些新教徒要么遭到驱赶,要么受到严格的限制。罗马天主教成为帝国的国教,在民族主义兴起之前,哈布斯堡帝国是东欧在意识形态上最保守的国家,也正是这种保守性弥补了其在国家能力上其他方面的不足。

哈布斯堡帝国的国家能力在时间的流逝中慢慢增长,从 17 世纪末之后,帝国的国家能力一度大有提升,也缔造了哈布斯堡帝国历史上最辉煌的时刻。1683 年,奥斯曼帝国第二次围攻维也纳,基督教世界的联合为哈布斯堡帝国解了维也纳之围,这次战争成为奥斯曼帝国与哈布斯堡帝国关系的转折点。1687 年 12 月 9 日,利奥波德一世的儿子约瑟夫加冕为匈牙利国王,在 1685 年之后的一系列战争中,奥斯曼帝国不得不撤出匈牙利。18 世纪后期,哈布斯堡帝国由一个二流国家崛起为欧洲强国之一,"在最后也是最持久与成功的十字军东征中被认为是天主教世界的救世主,海上强国争取的盟国,为法国所恐惧的有力对手"③,不仅如此,哈布斯堡帝国的边界在短短十几年中向东南方向推进了几百公里。1690 年 4 月 6 日,哈布斯堡帝国皇帝利奥波德一世发表宣言,呼吁巴尔干各

---

① [英] 佩里·安德森. 绝对主义国家的系谱 [M]. 刘北成,龚晓庄,译. 上海:上海人民出版社,2001:331.

② [英] 佩里·安德森. 绝对主义国家的系谱 [M]. 刘北成,龚晓庄,译. 上海:上海人民出版社,2001:332.

③ F. L. Carsten. The New Cambridge Modern History (5) [M]. Cambridge:Cambridge University Press,1961:474.

民族联合起来反对土耳其的专制统治,并且许诺各民族将在匈牙利国王的治理下享有自由。是年,哈布斯堡帝国的军队深入巴尔干半岛,到达布加勒斯特,这是哈布斯堡帝国在巴尔干的推进的极限。

1699年《卡尔诺维茨条约》签订之后,哈布斯堡王朝借助这次胜利之余威,准备在匈牙利强制征税与征兵,这是将匈牙利纳入帝国有效统治的必经之路。1703年,当哈布斯堡帝国卷入与路易十四的战争之后,匈牙利的贵族趁势叛乱,要求查理五世恢复匈牙利贵族的特权,1711年通过了《索特马尔和约》(Peace of Szatmar),这一和约被认为是"现代匈牙利历史和国家复活的开始"。① 和约结束了匈牙利与哈布斯堡帝国之间的对立。匈牙利贵族承认哈布斯堡帝国的宗主权,以此换来帝国对匈牙利地主、贵族自治权的承认与保证。"哈布斯堡帝国的行政管理机构止步于匈牙利边界,即便在绝对主义国家盛行的时期,匈牙利也是由地方缙绅选举的委员会来治理,丝毫不能损害他们的特权。"② 这种模式不仅影响了匈牙利的未来,即只有在不损害他们的自由的前提下才会接受一个国王,也损害了哈布斯堡帝国国家能力的提升,匈牙利虽然名义上是哈布斯堡帝国的领地,却是帝国之内的"特区",只享有权利而不履行义务。匈牙利是哈布斯堡帝国国家能力提升的致命伤,因为匈牙利的存在,帝国一直难以形成一个强大、稳固的核心地带。

西班牙王位继承战争期间,哈布斯堡帝国向意大利大举扩张,成为北意大利的主人,为了防止皮埃蒙特人的独立,哈布斯堡帝国不得不派遣重兵驻扎在伦巴第。同时,意大利小国林立,虽然在军事上占有之,但是未能够拥有之,维也纳派驻到意大利的总督们想对这些占领区进行改造,但是面对"数不清的行政区、议会和法庭",总督们也是有心无力,既有的行政管理机构是既得利益集团的工具,大大削弱了总督们的权威。意大利北部成为哈布斯堡帝国的又一个边缘地带,在此后的150年间,成为牵制哈布斯堡帝国精力的又一个因素。哈布斯堡帝国面临着手段与目标的不和谐,帝国需要在各个方向施加影响,但是战略资源有

---

① Steven W. Sowards. Lecture 4: Hungary and the Limits of Habsburg Authority//Twenty-five Lectures on Modern Balkan History [R/OL]. [2010-07-22]. http://staff.lib.msu.edu/sowards/balkan/lecture1.html.

② A. J. P. Taylor. The Habsburg Monarchy (1809-1918): A History of the Austrian Empire and Austria-Hungary [M]. London: Hamish Hamilton, 1948: 14.

限。帝国边界向南扩张之后，在边界上建立的一系列军事驻屯要塞"使奥地利君主国变成一个五光十色、七零八落、组织紊乱的国家组织，其中每个地区都有种种民族集团，而每一个少数民族内又包括另外一些少数民族。这种政策使每个地区都产生了特权集团以及处于不利条件之下的居民集团；因而为将来的大量民族冲突打下了基础；这些冲突是根本无法解决的"①。这是一个帝国与领土国家/民族国家面临的悖论，对于帝国而言，认同感建立在一种超经验的基础上，民族、地域都不会成为帝国意识形态的障碍，为了维系帝国的稳定，可以在帝国内部采取权力制衡的手段，防止任何一种势力独大。在此过程中一些外来势力就有可能成为某一地区有权势的少数，等到帝国意识形态瓦解，帝国向民族国家转变时，这种权力制衡的政策就会成为引发冲突的导火线。对意大利的占领，使哈布斯堡帝国更加具有了世界主义的品格，却离一个具有核心领土的国家目标越来越远了。它是中世纪普世帝国的残阳碎影。

佩里·安德森认为，哈布斯堡帝国的辉煌只持续了30多年，从1683年击退围攻维也纳的奥斯曼帝国军队开始，1718年《帕萨诺维茨条约》签订之后，哈布斯堡帝国便难以与任何一个国家进行角逐。此后的两个世纪中，这个昙花一现的帝国便依靠分享他人的胜利成果维系生存。②这种评论有失偏颇，在18世纪，哈布斯堡帝国的开明专制统治对于国家能力的提升还是非常有裨益的，只是帝国更深地卷入欧洲国际体系之中，国际形势对帝国发展的影响越来越大。

1720年之后，哈布斯堡帝国皇帝查理六世的注意力转移到王位继承问题上，因为他并没有嫡系的男性子嗣，而根据此前达成的各种继承协议，如果查理没有男性子嗣，那么王位将传给约瑟夫一世的女儿（也就是查理的侄女）；同时，如果没有男性子嗣，匈牙利可以自行选举国王。查理六世为了让自己的女儿继承帝国大位，开始了一系列的外交活动，与帝国内各个领地的议会达成妥协。查理六世的努力并没有白费，帝国内各个领地纷纷表示接受查理的女儿。与匈牙利的一系列谈判和妥协，

---

① [奥]埃·普里斯特尔. 奥地利史（下卷）[M]. 陶梁，张傅，译. 北京：生活·读书·新知三联书店，1972：496.

② [英]佩里·安德森. 绝对主义国家的系谱[M]. 刘北成，龚晓庄，译. 上海：上海人民出版社，2001：328.

为此后哈布斯堡帝国的政治发展奠定了基调。匈牙利接受女性国王，因为只有在哈布斯堡帝国的保护之下，匈牙利才能免除奥斯曼帝国的侵袭。但是，匈牙利贵族要确保自己在帝国中的权利与地位。通过一系列谈判与妥协，匈牙利在帝国中形成了特殊地位。首先，维也纳不能按照一般省份的方式对匈牙利进行治理，尤其是在维也纳设立的匈牙利大法官法庭"保持完全独立，不隶属于任何法庭的权威"①；其次，保证匈牙利贵族的基本权利，即免受逮捕、免税等。匈牙利贵族固执而顽强地捍卫着自己的权利，拒绝缴纳税赋，也不愿意维持一支常备军，因为他们知道帝国会保护他们。匈牙利贵族的特权严重影响着帝国内部政治权力的整合，也是帝国国家能力中的软肋，这种情况为日后帝国的衰落埋下了伏笔。查理六世的努力对于哈布斯堡帝国的发展具有重要的作用，"它愈加成为一个确定的帝国（defined empire）而不是名义上置于同一个统治者之下的各个领地的偶然联合"②。查理六世将哈布斯堡帝国变成了一个法律意义的单位，而特蕾西及其儿子约瑟夫则努力将这种理想变为现实。他们统治期间实行了一系列强化国家能力的举措。

首先，哈布斯堡帝国面临的困境是："如何把具有不同民族成分，不同历史发展，不同传统的领土，组成一个有效的统一的国家加以管理。"③ 特蕾西执政时期，哈布斯堡帝国逐渐建立了一套官僚管理制度，主要由德意志精英组成的帝国内阁（Imperial Chancellery），标志着中央一级管理机构的建立。中央机构的设立，逐渐削夺了地方贵族的一部分权力，实现了权力的集中。在不废除贵族制度的前提下，对贵族体系进行了调整，"利用授封规则的特权为贵族阶层引进了新的人才和新鲜血液"④。一些市民阶层的才俊进入宫廷，一方面为社会人才的纵向流动提供了渠道；另一方面增强了政府的管理能力，同时来自不同领地的人才汇聚于宫廷，从而为消解各种地域区隔提供了一个平台。

---

① [英] J. O. 林赛. 新编剑桥世界近代史（7）[M]. 中国社会科学院世界历史研究所，译. 北京：中国社会科学出版社，1999：497.

② A. J. P. Taylor. The Habsburg Monarchy (1809 – 1918): A History of the Austrian Empire and Austria-Hungary [M]. London: Hamish Hamilton, 1948: 15.

③ [美] 巴巴拉·杰拉维奇. 俄国外交政策的一世纪 [M]. 福建师范大学外语系编译室，译. 北京：商务印书馆，1978：2.

④ [英] J. S. 布朗伯利. 新编剑桥世界近代史（6）[M]. 中国社会科学院世界历史研究所，译. 北京：中国社会科学出版社，2008：807.

其次，在军事改革方面，尤金大公是一代军事天才，在他的指挥下，帝国军队取得了一系列的胜利，但是当军事天才于1736年4月1日去世之后，帝国军队的战斗力迅速下降，1740年刚刚登基的特蕾西遭到了普鲁士的侵略，遭遇战败耻辱的特蕾西对军队进行了改革。在全国范围内征收"军税"，依靠这笔税收国家统一征召士兵，裁汰冗员，废除贵族在军队中的特权，军官依据战功与才能加以擢升；创建陆军大学，培养青年军官。这支军队在七年战争时让普鲁士国王大吃苦头，军事能力是维持哈布斯堡帝国大国地位的支柱。

再次，1717年，中央政府设定了一个财政委员会来监督帝国的一切财政机构，这是统一财政的开始。1761年成立国务委员会，以统一行政管理与财政管理。统一财政有两点好处：第一，中央政府对财政收支有了比较明晰的掌握，"自玛丽亚·特雷西亚继位以来，这还是第一次政府对其资金和支出有了比较明确的概念"①；第二，预算体制的创建，有助于增强国民对政府信用的信心，因此，政府公债的利率下降，有利于缓解政府的财政危机。财政匮乏一直是哈布斯堡帝国的软肋，在难以降低财政支出的情况下，只能通过扩大征税范围，提高征税效率实现。封建体制之下，大量的税赋被封建主和教会截留，农民倍受盘剥，但是国家得到的税收却十分匮乏，为此，玛丽亚·特雷西进行了一系列改革，减轻剥削农民的程度，废除教士免税的特权。1780年约瑟夫二世即位之后，继续改革财政制度，增加财政收入，要保障国土安全、进行对外扩张就必须建立强大的军队，战争需要一个雄厚的财政基础作为后盾。约瑟夫对税制进行改革，以土地作为征税的基础，无论贵族、教士还是农民，都按照土地的多寡缴税。为了征召兵员，1784年约瑟夫在匈牙利进行人口普查，此举遭到匈牙利贵族的反对，在约瑟夫的强力压制之下，人口普查与土地测量同时展开，匈牙利在哈布斯堡帝国的特殊地位受到挑战，但是这也是帝国内部整合、提升国家能力的必然步骤。1789年，两项普查结束，帝国政府颁布法令，规定："无论贵族还是农民，统一的土地税为其总收入的12.22%。"② 可惜，天不假年，1790年，约瑟夫便

---

① ［英］A. 古德温. 新编剑桥世界近代史（8）[M]. 中国社会科学院世界历史研究所，译. 北京：中国社会科学出版社，1999：360.
② ［英］A. 古德温. 新编剑桥世界近代史（8）[M]. 中国社会科学院世界历史研究所，译. 北京：中国社会科学出版社，1999：373.

去世了，一系列措施随之终结。

最后，开明专制时期，哈布斯堡帝国实行当时流行的重商主义。消除国内关税壁垒，建立统一市场，设立高关税，保护国内弱势产业。最难能可贵的是，当欧洲国家普遍排犹时，哈布斯堡帝国允许犹太人在帝国定居，犹太人是一流的商人和金融家，不仅犹太人，帝国对具有一技之长的专业人才来者不拒。1752 年，设立的"宫廷商业委员会"是指导帝国经济发展的参谋部，大量优秀人才供职于此，制定了大量的经济规划。

"玛丽·特蕾西是奥地利帝国的真正的缔造者，而其改革措施止于匈牙利边境，她也是双元主义的始作俑者。"① 开明专制是哈布斯堡帝国国家能力发展的重要阶段，但是这并没有将帝国引到现代国家的建设道路上，如剑桥近代史家所言，"哈布斯堡王室在欧洲的影响，具有世袭王朝的特征，这就使它不可能建立一个在地理上紧密相连的帝国。当前的目标是积累，而不是增加有效的权力"②。哈布斯堡帝国国家能力结构中最致命的弱点在于政治权力的破碎化，尤其是匈牙利，它构成了哈布斯堡帝国的核心区域，却一直是帝国中的特权地区，匈牙利贵族享受多种特权，不仅免税，而且还具有自成一体的政治权力机构。匈牙利对于帝国而言，无异于卡在喉咙中的毒刺，匈牙利在帝国中的特殊地位造成了1848 年的麻烦。对于哈布斯堡帝国而言，18 世纪末期，匈牙利的叛乱表明帝国难以将匈牙利纳入有效统治中，"王朝统治原则与贵族阶级的特权及其开明改革三者构成了帝国的支柱，但是却难以调和，这种困境随着时间的推移只会更加严重，尤其是它遇到了一种新的更具竞争性的国家组织原则：民族主义"③。此外，哈布斯堡帝国的统治精英"不是大臣或神职人员，就是法学家或军事统帅。他们整天想的只是战争、宗教和法律问题"④。泰勒也认为："哈布斯堡家族与其说是统治者，莫不如说是地

---

① A. J. P. Taylor. The Habsburg Monarchy (1809 – 1918)：A History of the Austrian Empire and Austria-Hungary [M]. London：Hamish Hamilton, 1948：17.

② [英] J. S. 布朗伯利. 新编剑桥世界近代史（6）[M]. 中国社会科学院世界历史研究所，译. 北京：中国社会科学出版社, 2008：772.

③ Steven W. Sowards. Lecture 4：Hungary and the Limits of Habsburg Authority//Twenty-five Lectures on Modern Balkan History [R/OL]. [2010 – 07 – 22]. http：//staff. lib. msu. edu/sowards/balkan/lecture1. html.

④ [英] J. S. 布朗伯利. 新编剑桥世界近代史（6）[M]. 中国社会科学院世界历史研究所，译. 北京：中国社会科学出版社, 2008：814.

主，有时候他们仁慈，有时候贪婪，他们所有的目标不过是从自己的佃农中收取最大的回报。他们只想做自由的地主，而这是他们的致命要害。"①

开明专制之后的哈布斯堡帝国国家能力已接近巅峰，当欧洲各国国家能力突飞猛进之际，哈布斯堡帝国陷入了依靠外交手段维持大国虚名的陷阱，这种模式一直延续到帝国崩溃。七年战争对哈布斯堡帝国的影响还是很大的，1764年约瑟夫二世当选为神圣罗马帝国皇帝，要求增加军队开支，并扩大军队规模，但是军队规模的扩大必然会带来社会经济的改革，尤其是需要增强国家的资源汲取能力。1770年3月，政府开始了大规模的调查活动，包括人口、资源、畜力和其他财富，"政府希望能够对国情有更清楚的了解，为未来的战争动员准备"②。

三、俄国国家能力的演变

俄国史学家虽然将俄国的历史追溯到公元前的游牧民族，这是一种国别史的写法，好处是可以将一个国家的来龙去脉说明得比较详尽，弊端在于有可能割裂历史。从国家能力形成的角度而言，这种国别史的叙事方法可以将形成国家能力的各种要素逐一列出，一个国家是不同的历史经验的积累，而国家能力的锻造也绝非一日之功。

俄罗斯人建立的第一个国家是基辅罗斯，这个国家的起源至今依然是谜团③，基辅罗斯时期对日后俄罗斯国家能力发展最为重要的贡献是皈依基督教。基辅罗斯处于几种文明的交汇处，包括伊斯兰教、犹太教以及基督教，10世纪末基辅罗斯皈依基督教，接受了拜占庭的信仰和仪式。基辅罗斯的基督教化对于国家能力的发展具有重要的作用，稳定的意识形态不仅能够维持国家内部团结，而且能够赋予统治者合法性。对于基辅罗斯而言，基督教化还有额外的意义，皈依基督教之后，拜占庭的制度、文化开始大规模涌入基辅罗斯，通过基督教的纽带强化了与基督教世界的联系。值得注意的是，基辅罗斯皈依基督教时，东西方教会尚未分裂，但是基督教是从拜占庭而非从罗马传入基辅罗斯的。东西方

---

① A. J. P. Taylor. The Habsburg Monarchy (1809 – 1918): A History of the Austrian Empire and Austria-Hungary [M]. London: Hamish Hamilton, 1948: 10.
② [英] 布伦丹·西姆斯. 欧洲: 1453年以来的争霸之途 [M]. 孟维瞻，译. 北京：中信出版社，2016：105.
③ [美] 尼古拉·梁赞诺夫斯基. 俄罗斯史（第七版）[M]. 杨烨，卿文辉，等，译. 上海：上海人民出版社，2007：20.

教会的分裂给俄罗斯的历史带来了深远的影响：首先，通过东正教，俄罗斯接受了拜占庭的优秀文化，同时也拒绝了天主教世界的文明成果；其次，东正教的仪式更能贴近俄罗斯人的日常生活，为俄罗斯的民族发展提供了强大的动力，同时也造就了俄罗斯排外的心理；最后，东正教的俄罗斯与天主教的波兰之间的战争持续了数百年，虽然为俄国的扩张提供了借口，但也是俄国扩张的障碍。

基辅罗斯位于"从瓦兰人到希腊人"的南北贸易要道之上，商品贸易是基辅罗斯重要的经济支柱，依靠伏尔加河、第聂伯河等河流构成的运输网络，基辅罗斯连接了北欧与南欧、中东之间的贸易。基辅罗斯的统治者及其扈从的头等大事便是乘船到各个属地收取贡品，然后将这些贡品销售到国外市场，如亚麻、羊皮、啤酒花、大麻等外销商品，从国外换回香料、宝石、马匹等奢侈品和战争物资。虽然农业在基辅罗斯的经济中占有重要的地位，但是值得注意的是，"国家的财政收入主要源自诉讼费、罚金、灌水以及商业方面的其他税收"。① 农业支撑了臣民的主要的日常生活，而商业贸易则是国家的财政支柱，从国家能力的角度讲，只有财政收入才能转化为其他权力，如购买兵器、雇佣兵员、组建军队、进行战争。与这种商业发达相关的是，基辅罗斯有比较完整的商业法典、繁荣的城镇经济。随着贸易线路的转变，基辅罗斯的经济支柱受到侵蚀，尤其是1204年第四次十字军东征，意大利的商人成为连接北欧、小亚细亚、中东贸易的中介，基辅罗斯的商业地位被撼动。

基辅罗斯的政治权力结构是各种政体的混合，主要的政治机构有大公办公厅、杜马以及市政厅，这是君主制、贵族制与民主制度的结合。大公主要负责战争与外交，是司法与行政的最高首长；杜马主要由大公的高级扈从组成，他们虽然不能分割大公的权力，但是有权拒绝大公的独断专行。基辅罗斯的政治制度存在严重的缺陷，兄终弟及与父死子继两种制度并存，因此，叔侄之间的权力争夺不断，这种混乱无序而又血腥暴力的继承制度最终使基辅罗斯在内乱与外患的双重压力之下灭亡。基辅罗斯具有时间性帝国的特征，没有形成稳定的政治制度，未能将各种权力资源进行整合与调度，加上游牧部落不间断地冲击，最终导致其灭亡。

---

① [美]尼古拉·梁赞诺夫斯基. 俄罗斯史（第七版）[M]. 杨烨, 卿文辉, 等, 译. 上海：上海人民出版社, 2007：44.

基辅罗斯灭亡之后，俄罗斯的历史进入了封建割据的时代，俄罗斯内部发生了分裂与分化，政治上的分裂与割据是显而易见的，此外，由于大量的罗斯人迁徙，所以基辅罗斯分为三个部分：大俄罗斯、白俄罗斯与乌克兰，后者在地理上更接近于天主教世界，受到波兰、立陶宛等国影响极深；前者则迁往东北部。从严格意义上来讲，俄罗斯的历史主要源于大俄罗斯。在基辅的东正教主教以及对王朝正统的争夺维系了"罗斯国家"的观念。处于割据时代的罗斯国家只是在观念上存在，国家能力结构已经处于瘫痪状态，蒙古人的入侵改变了罗斯国家能力发展的轨迹：第一，蒙古人占据了东南部肥沃的土地，罗斯人大量迁往贫瘠的东北部；第二，蒙古人阻断了罗斯同拜占庭以及拉丁基督教世界的联系，东北部的居民更加封闭和排外；第三，在与蒙古人的斗争中，罗斯国家的建设势必会具有更多东方的特质，更加专制与军事化；第四，基辅罗斯灭亡之后，罗斯国家的发展发生裂变，西南与东北之间的对立逐渐形成。东北部处于比较贫瘠寒冷地带，在不断地拓殖中发展壮大，移民构成了东北部发展的主要动力，与之相关的是王公的权威不断增强，因为没有根基深厚的贵族予以制衡；而西南部则与之相反，商品经济比较发达，贵族政治盛行，城镇相对繁荣。这两种发展态势的形成与并立影响了日后俄罗斯发展的道路。

俄罗斯国家能力发展的第二个阶段是莫斯科大公国时期。首先，宗教权力的发展。1326年罗斯教会的首领在莫斯科病逝，其陵墓给了莫斯科一层神秘的色彩，1328年莫斯科王公劝说继任者留驻莫斯科，莫斯科俨然成为一个新的宗教中心，这增强了莫斯科公国在诸公国之中的号召力和权威性。其次，1453年拜占庭帝国灭亡之后，1472年莫斯科大公伊凡三世迎娶了拜占庭末代公主索菲亚，这桩政治婚姻强化了莫斯科公国的地位，伊凡三世僭取了拜占庭帝国的双头鹰的标志，并以"第三罗马"自居。与东正教的宗教纽带以及自诩为拜占庭帝国的化身，为俄罗斯的发展提供了无与伦比的精神财富和政治合法依据。再次，政治权力强化，伊凡四世在位期间建立了特辖区。所谓的特辖区，就是由莫斯科直接统治的土地，且一度达到国土面积的三分之一，在特辖区之内建立了直属于沙皇的管理机构。除此之外，沙皇还建立了一支听命于自己的近卫军，专门用来对付桀骜不驯的贵族或者任何反对沙皇的异己分子，这实际上是一支强化专制统治的警察力量。莫斯科公国在1598年陷入了继承危机，一直到 1613 年罗曼诺夫王朝建立为止。虽然王朝世系有所变化，但是国家能力建设的基础却被继承下来，在 15 年的动荡期间，俄罗斯的国家观念得以锻造，经过战火的考验，"国家的力量增强了，并获得了丰富的经验，这些经验包括全民参与政府和拯救政府的经历"①。除此之外，这场动荡使中央集权体制进一步得到强化，莫斯科在东正教世界中的地位也不断提升，"莫斯科教会成了国家教会，有自己的不受希腊人约束的首脑，有自己的圣徒，有自己的与希腊有很大不同的宗教仪式，甚至有自己的百条宗教会议上所确定的真理"②。在世俗秩序解体之际，统一的教会是维系国家存续的主要的精神纽带，随着尼康教会改革的失败，东正教进一步成为国家的组成部分，"教会高于国家"只限于理想。最后，农奴制度与服役贵族制度齐头并进。关于俄国农奴制的起源与发展，学术界存在诸多争论，地理因素、社会分工因素、专制制度等都推动了农奴制度的发展。农奴制是俄国经济的支柱，通过将土地与劳动力强制性结合，保持了生产的相对稳定，随着俄国领土的扩张，劳动力迁移到新征服土地之上，影响到了地主的利益，因此，将农民强制性捆绑在土地上符合地主的利益。15 世纪末，伊凡三世的统治末期，王位继承之乱平定之后，莫斯科的大贵族的势力受到重创，"君臣关系发生了显著的变化"③，很多贵族王公已经破产，无奈之下成为伊凡三世的"服役王公"，服役地主在某种程度上也是国家的奴隶。门阀制度源于 1475 年，以门第等级作为唯一的标准封赐官爵，一些昏聩无能之辈占据要职，服役地主是对门阀制度的挑战。服役地主制度推动了地主阶层内部的单一化、均质化，以效率、才能作为遴选官员的标准，这是政治权力的一大提升。

彼得一世对于俄国国家能力的提升作出的贡献是巨大的，他开启了一个新的时代，一个俄罗斯帝国的时代，他的贡献不仅停留在为俄国获得了在波罗的海的霸权，更重要的是他留下了一个坚固的国家能力结构，正是这种合理有效的国家能力结构，推动了俄国在此后的一个多世纪中

---

① [美]尼古拉·梁赞诺夫斯基. 俄罗斯史（第七版）[M]. 杨烨, 卿文辉, 等, 译. 上海：上海人民出版社, 2007：158.
② [苏联]尼·米·尼科利斯基. 俄国教会史[M]. 丁士超, 等, 译. 北京：商务印书馆, 2000：123.
③ [英]G. R. 埃尔顿. 新编剑桥世界近代史（2）[M]. 中国社会科学院世界历史研究所, 译. 北京：中国社会科学出版社, 2003：715.

迅速崛起为一个大陆级的大国。

关于彼得一世的改革有两种说法：一种认为，彼得的改革是战争危机之下的产物，杂乱无章，并没有一个合理的规划；另一种认为，改革是彼得一世雄韬伟略的体现，经过仔细审慎的思考之后，制订改革计划，统一协调改革运动。这两种说法只说出了一半的真理，克柳切夫斯基认为，彼得一世的改革是"他所处的时代的条件使然"[①]，改革是17世纪发展的潮流，彼得一世顺应历史发展潮流和人民的需要而进行了深入改革。马克思主义思想家普列汉诺夫也认为："彼得改革活动，一点也没有违反俄国历史生活的总潮流。但他的朝代是一个在社会发展过程中完全必然的时代，在这样的时代里，逐渐积累起来的量变转化为质变。这种转化经常经过突变来完成，而由于缺乏了解和思考，这种突变又仿佛来得突然，也就是仿佛缺乏应有的有机准备。"[②]

彼得一世亲政之后面临两大任务：一是国内政治整合，换言之，要将俄罗斯人置于一个统一的国家之下。1654年，反抗波兰—立陶宛的哥萨克首领赫梅利尼茨基向莫斯科求助，双方签订了《佩列亚斯拉夫条约》，莫斯科沙皇成为哥萨克人的保护人，"曾经远在欧洲边缘的俄罗斯摇身一变成为一个大国，并迅速成为东欧的主导力量"。[③] 但是乌克兰还处于异族统治之下。二是维持边界的安全，分别对抗瑞典和奥斯曼帝国两个强大的邻国。两项任务合二为一便是建立强大的国家能力，彼得一世掀起的国家能力建设的运动是从战争开始，几乎所有的改革也是在战争驱动下实施的。1695年，彼得开始亲政，第一个举措便是大举进攻奥斯曼帝国边境的亚速夫，一方面彰显了俄国在反奥斯曼帝国的地位与作用；另一方面，重振帝国雄风，为俄国在黑海寻求出海口。1697年3月开始，彼得组织使团到西方国家"考察学习"，这是俄罗斯历史上前所未有的盛举。这次考察收获颇多，归结起来有这样几点：第一，开阔了视野，从西方国家学习和引进了大量的实用技术；第二，更新了观念，在西欧国家的考察给彼得带来了观念上的冲击，"不采取西方化的新制

---

① [俄] 瓦·奥·克柳切夫斯基. 俄国史教程（第四卷）[M]. 张咏白，等，译. 北京：商务印书馆，2009：45.
② [俄] 戈·瓦·普列汉诺夫. 俄国社会思想史（第一卷）[M]. 孙静工，译. 北京：商务印书馆，1988：108.
③ [美] 保罗·库比塞克. 乌克兰史 [M]. 颜震，译. 北京：中国大百科全书出版社，2009：46.

度，他在西方倍加赞赏的财富和效率就无法移植到俄国来"①；第三，为彼得一世的改革提供了一个可资借鉴的范例。如果说这次考察为彼得一世的改革提供了一个宏伟的蓝图和美好的愿景，那么接踵而来的北方大战则为彼得一世的改革注入了强心针。"正是在同瑞典帝国争夺波罗的海出海口的国际斗争中，沙皇在俄国的权力受到考验和锻造。瑞典的扩张迫使奥地利国家撤出德意志，波兰国家彻底解体；相反，普鲁士和俄国的国家却顶住和击退了瑞典的扩张，并在抵抗过程中得到发展"②，战争是对国家能力最大的考验，在战争中将人力与资源优化配置，合理利用各种资源的国家能够在战火中锻造更加强大稳固的国家能力结构，而有些孱弱的国家则在战争中被淘汰。北方大战，不仅是"俄国历史，实际上也是欧洲历史的分水岭"，它摧毁了瑞典在北方国际体系中的霸权，也确立了俄国在波罗的海的主导权。

  残酷的北方大战将军事领域的改革推向了前台，战争往往引发改革或者革命，或者二者同时发生。战争之初，在强大的瑞典军队面前，俄军几乎溃不成军，瑞典在三十年战争期间已经建立起一支强大的常备军，依靠这支军队维系了瑞典在北方的霸权，与法国"共管"欧洲。而俄军则具有强烈的封建色彩，遇到战事，临时征召，即使兵员得以保障，其技战术水平也非常之差，输给瑞典军队也在情理之中。"欧洲近代早期，在兵员征召、装备革新、筑垒水平大有提升，随之而来的是陆海军规模的不断扩大，这种军事技术革命带来了一种战争的瘟疫，其影响远较一场大战为甚"③，彼得一世顺应军事革新的潮流，从兵员征召、武器装备、战术训练、军官制度等方面对俄军进行大刀阔斧的改革，几年之后俄军脱胎换骨。首先，大量征召兵员，贵族要终身在军队中服役，而农奴也被征召入伍，这种兵役制度保证了俄军有充足的兵员，这也是俄国令欧洲国家恐惧之处，毫无疑问，人口及其服役制度是国家能力的重要组成部分。其次，武器装备予以更新，新式燧发枪配备到军队，经过几年的努力，俄国自己能够生产大量的新式枪支；此外，彼得一世还创造

---

  ① [英] J. S. 布朗伯利. 新编剑桥世界近代史（6）[M]. 中国社会科学院世界历史研究所，译. 北京：中国社会科学出版社，2008：973.
  ② [英] 佩里·安德森. 绝对主义国家的系谱 [M]. 刘北成，龚晓庄，译. 上海：上海人民出版社，2001：210.
  ③ James Cracraft. The Revolution of Peter the Great [M]. Massachussets：Harvard University Press，2003：30.

性地在步枪上装上了刺刀，提高了单兵的作战能力。再次，统一的制服、严格的纪律、严整的操练，使原先的散兵游勇变成了令行禁止的正规军队。最后，打破了大贵族、大地主的特权，出身高贵的子弟也需要从低级军官做起，而寒微之士也有擢升的机会，这样，国家便可以征召到优秀的兵员与军官为国家服务。

欧洲的军事革命带来的一个严重的后果就是财政的持续扩张，因为新式军队需要花费大量的金钱，欧洲最富有的国家和具有最完备的财税金融制度的国家都为财政匮乏所困扰。1695年，英国作家达维南特写道："不管这场战争什么时候停止，这不会是由于双方的仇恨情绪已经消除，也不会是由于没有人参加战斗的缘故，而首先感到财力不支的一方，必然首先偃旗息鼓。"① 财税是国家的资源的通道，只有通过有效的财税制度才能汲取物质资源，所以经济力并不等于财力，只有经济资源变成国家的财政收入之后才能被使用，富国与强国的区别主要就在于有没有完善有效的财税制度。俄国是一个以自然经济为基础的农业国家，直接税是主要的财政收入。"彼得大帝发现自己总是缺钱。有时候，资金短缺到了令人绝望的地步"，为了增加财政收复，彼得进行了改革。首先，将间接税改为直接税，原先的征税基础是以户进行，因此很多人便组成大户来避税，现在男性农民都要缴纳人头税，每人每年缴纳74戈比，国家财政收入中一大半都来自人头税。人头税抹平了农奴与缴纳租税的农民之间的区别，强化了俄国的农奴制，为了防止农奴外逃，还建立国内通行证制度，此举能够保证国家从农民手中榨取更多的剩余价值，"主要的经济与财税负担都压在了农民和城镇居民头上"。② 这种税赋政策是俄国经济现实的反映：一方面，俄国的商业不发达，农业经济是财税的基础；另一方面，俄国的金融债券市场不够发达，难以通过债券等手段获得财政收入。1694年英格兰银行成立，欧洲国家可以通过金融市场谋取到财税，从而减轻对居民的盘剥。俄国只能通过强制性手段获得财政收入，即便是发展经济也是在政府的强力主导之下，这种模式不仅影响了俄国政治的发展，也影响了俄国经济的发展模式，市场处于不发达的状态，

---

① [英] J. S. 布朗伯利. 新编剑桥世界近代史（6）[M]. 中国社会科学院世界历史研究所，译. 北京：中国社会科学出版社，2008：385.

② Dominic Lieven. The Cambridge History of Russia（Volume 2）[M]. Cambridge：Cambridge University Press，2006：396.

阻碍了俄国对外部的经济渗透能力和汲取能力，使其难以通过市场交换的手段获取必要的资源和财富，这一缺陷也阻碍了俄国国家能力的增长。

战争也需要一个高效的行政机构予以匹配，现代国家需要一个等级化、程序化、非人格化和理性化的官僚机构作为支撑，彼得一世认识到改革行政机构迫在眉睫。"彼得创造了一个现代国家，在他之前，国家与沙皇本人没有什么区别，彼得在二者之间作出了区分，他甚至树立了这样一种观念，即沙皇是国家的第一奴仆"①，这种理念是启蒙运动时期流行的"开明专制"的思想，为了革新俄国的行政管理机构，彼得一世设立了一系列新的行政管理机构，"通过旧的统治机构的废除和新的统治机构的创立，俄罗斯国家的性质发生了明晰而显著的变化"②。首先，枢密院与大臣会议取代了贵族杜马，成为中央一级的决策中枢，枢密院本来是因为君主外出而临时代替君主处理日常事务的机构，后来被制度化。其次，在中央设置了一系列委员会，以处理各项专门事务，如外交、军事、手工（工）场生产等。再次，1714年，发布了一项法令，规定地主财产只能由一个子女继承。这项法令使地主子弟只能通过为国家服务以获取官职，换言之，官职而不是财产是衡量社会地位的标准。这项法令有力地推动了俄国官僚制度的发展。年满15岁的年轻贵族必须入伍为国服役，考试不及格的贵族强制进入海军服役。这样，俄国世袭贵族与服役贵族之间的差别被抹掉了。最后，1722年，俄国颁布了"官阶表"，官僚贵族成为上层社会追求的目标，官阶表"将文武官员分为14个品，3个平行的官职体系，共262个官职"③，任职年限、功绩而不是门第成为封官加爵的标准，俄国官僚制度的发展有利于强化国家对社会控制的能力。彼得一世的宏图伟略自然是好的，制定的蓝图也是绚烂的，但是官僚制需要有知识有技能的官员充任，而俄国缺少这样一支官僚队伍，因此，虽创立了官僚制度，贪污腐败却不断滋生，"人治和独裁统治依然是俄罗斯国家管理的基础"④。

彼得一世时期，俄国国家能力提升的一个重要的方面就是将教会置

---

① Michael Kort. A Brief History of Russia [M]. Boston：Facts on file, Inc. , 2008：46.
② [美]尼古拉·梁赞诺夫斯基. 俄罗斯史（第七版）[M]. 杨烨，卿文辉，等，译. 上海：上海人民出版社，2007：44.
③ 张宗华. 18世纪俄国选官制度的特征和影响 [J]. 史学集刊，2009（6）：78.
④ [美]尼古拉·梁赞诺夫斯基. 俄罗斯史（第七版）[M]. 杨烨，卿文辉，等，译. 上海：上海人民出版社，2007：217.

于国家控制之下。东正教在俄国是最保守、最排外势力的堡垒，是彼得一世进行改革的绊脚石。普列汉诺夫也认为："僧侣作为一个阶层，无论过去或现在都是敌视任何解放运动的。这一事实，使他们成为反动势力的一个最重要的支柱。他们总是向往东方，而谈不上任何欧化。"① 1700年，东正教主教去世，便不再委任主教。"彼得大帝继续了其家族西化的改革传统，只是采取了一种更加激进的方式而已。"② 1701年，彼得设立了寺院部，对东正教会进行改革，教会收入充当军费，僧侣参加劳动。"东正教会长期以来享有的自治权从此被摧毁，它的政治权力也受到决定性的破坏——这是一种对整个俄罗斯未来有着深远意义的革新。"③ 教会开始服从于世俗国家，管理宗教事务的宗教会议其级别等同于管理财政、军事、外交的"院"，教会服务于世俗国家。彼得接手俄国的时候，俄国有两个权力核心：沙皇与牧首。彼得去世时，俄国只要有一个权力核心，那就是沙皇。

彼得一世的改革是俄罗斯帝国国家能力的一次跃升，为现代性在俄罗斯的传播与发展打开了一扇窗户，为俄国融入欧洲发展的潮流提供了机遇。马克思主义作家普列汉诺夫认为，彼得一世改革是俄国历史发展过程中的分水岭，这一改革使俄国不可避免地走上了欧化的道路，俄国与欧洲的相似性越来越多，换言之，这次改革使俄国汇入了世界历史发展的潮流。④ "彼得之后，尽管政治中一度充斥着宫廷近卫军阴谋和反叛的混乱事件，但这丝毫无损沙皇政府的权力，也无碍整个国家的政治稳定。"⑤ 彼得一世的改革为俄国建立了一个坚固的国家能力结构，无论彼得的改革存在什么缺陷，彼得在位的几十年中为俄国走向强大夯实了基础。继续彼得一世伟业的是一位来自德意志小公国的公主——叶卡捷琳娜，与彼得一世一样，这位女性也称"大帝"，除此之外，二者还有很

---

① [俄] 戈·瓦·普列汉诺夫. 俄国社会思想史（第一卷）[M]. 孙静工，译. 北京：商务印书馆，1988：84.
② Adam Watson. Russia and the European States System [A] //Hedley Bull, Adam Watson. The Expansion of International Society [C]. Oxford：Clarendon Press, 1984：67.
③ [英] J. S. 布朗伯利. 新编剑桥世界近代史（6）[M]. 中国社会科学院世界历史研究所，译. 北京：中国社会科学出版社，2008：985.
④ [俄] 戈·瓦·普列汉诺夫. 俄国社会思想史（第一卷）[M]. 孙静工，译. 北京：商务印书馆，1988：14.
⑤ [英] 佩里·安德森. 绝对主义国家的系谱 [M]. 刘北成，龚晓庄，译. 上海：上海人民出版社，2001：241.

多共同点，比如"内政改革模仿欧洲，不断寻求对外扩张，将圣彼得堡视为一扇窗口，彼得创建了这座伟大的城市，而叶卡捷琳娜则对其关心备至"①，其实，二者最大的共同点是推动俄国国家建设持续向前发展，在强国的道路上不断迈进。

叶卡捷琳娜是在俄国经历了几十年混乱之后登上皇位的，由于彼得一世规定由在世的沙皇制定继承人，遗憾的是，彼得一世未能指定继承人便死去，因此，俄国政坛几十年中政变迭出，动荡不宁。叶卡捷琳娜也是通过政变推翻了丈夫彼得三世而上台的。与此前的一个时期不同，叶卡捷琳娜执政的近半个世纪中，俄国的国家能力得到进一步提升。叶卡捷琳娜的改革内容繁多，非本书所能涵盖，就国家能力的角度而言，可以简单概括为：对外开疆拓土，对内强化贵族统治，建立开明专制，传播欧洲思想。叶卡捷琳娜的对外关系是东方问题的重要内容，也是东方问题发展的转折时期。

叶卡捷琳娜是"篡位"上台，而且她是个德意志公国的公主，为保证统治合法性，淡化政变的色彩是其执政初期的任务所在。叶卡捷琳娜需要选择一个合适的突破口，既能够树立执政威信，又能避免引起强烈反弹。她接手的俄国是一座尚未完工的大厦，彼得一世是这座大厦的设计者和奠基者，但是彼得之后的几代沙皇，要么昏聩无能，要么目光短浅，非但没有将这座大厦完工，反而使其备受风雨摧残。

叶卡捷琳娜认为俄国法令混乱，政令不畅，需要建立一个完整、统一、清晰的法令体系，于是在1765年她便亲手撰写《圣谕》，以期以新的政治理念和法律体系革新俄国。除了改造俄国的愿望之外，叶卡捷琳娜也想迎合西方启蒙思想家的喜好，以赢得西方知识界，尤其是巴黎知识界的肯定。经过两年的努力，这位精力充沛的女皇参考启蒙思想家，尤其是孟德斯鸠、贝卡利亚等人的著作，撰写了一部《圣谕》作为俄国法律改革的指导思想。叶卡捷琳娜深受启蒙思想的影响，她阅读了大量欧洲启蒙哲学家的著作，同时，她在执政之初也对俄国进行了多次国情考察。两种不同的精神旅程，使叶卡捷琳娜将专制统治的权术与启蒙的华美辞章融为一体，这种融合在《圣谕》中体现得淋漓尽致。虽然她认为民主与自由是人类社会最重要的价值之一，但是她也认为在俄国实行

---

① Michael Kort. A Brief History of Russia [M]. Boston: Facts on file, Inc., 2008: 46.

专制统治是唯一可行的治理手段。"俄国版图之广袤要求赋予其统治者以绝对的权力。君主制度的真正目的在于匡正人民的行为,以便达到至善之境界。"① 她将君主专制与贵族政治有机结合起来,形成了一个强大统治联盟,她认为:"要倾注爱心去尊重古老的家族,令人忧虑的是,在这里看到他们之中有的处于贫困潦倒的境地,我一定要让他们振兴起来。"② 叶卡捷琳娜"一丝一毫也不放松专制政体,但同时却容许社会阶层间接甚至直接地参与管理,现在又号召人民代表在编制新法典中给予合作"③。

1767年,叶卡捷琳娜大帝网罗大批知识界精英组成一个委员会为俄国编制法典。委员会与其说是一个立法咨询机构,莫不如说是一个清谈馆,因为委员会的立法建议和请愿书并不合这位铁腕女皇的口味。在一年半的时间中,各个分委员会进行了几百次辩论,但是编制法典的任务却几乎毫无进展。这次立法会议反映了俄国社会的现实,在一个地域辽阔、政治社会形势复杂、阶级对立严重的国家中试图建立统一的法令几乎是不可能的,但是通过这次立法会议,叶卡捷琳娜更加透彻地理解了俄国,为其统治提供了最好的国情报告。

彼得一世时期的地方政府处于非常混乱的状态,此后的几十年中,这种境况并没有扭转,1773年爆发的普加乔夫起义是俄国地方政府失败的症候,这次起义被镇压之后,叶卡捷琳娜便着手改革地方政府。1775年11月7日,发布省级管理体制公告,揭开了地方政府改革的序幕,全国分为50个省,划分省份疆界的原则是根据人口,每个省有30万—40万人,省下设县,县的行政长官虽然来自贵族选举,但是警察与税务官则来自中央。叶卡捷琳娜试图建立一个理性的、高效、彼此制衡的地方行政体系,她将启蒙思想家的分权观点应用于地方政府改革中,司法权力与行政权力是分立制衡的。叶卡捷琳娜将尚未在西欧施行的思想方案移植到俄国,虽然愿望是好的,但是结果却不尽如人意。经过改革之后,地方行政体制,尤其是司法体系复杂而彼此掣肘,同时,官僚增多,行

---

① [英] A. 古德温. 新编剑桥世界近代史 (8) [M]. 中国社会科学院世界历史研究所,译. 北京: 中国社会科学出版社, 1999: 401.
② [俄] 瓦·奥·克柳切夫斯基. 俄国史教程 (第五卷) [M]. 刘祖熙, 等, 译. 北京: 商务印书馆, 2009: 66.
③ [俄] 瓦·奥·克柳切夫斯基. 俄国史教程 (第五卷) [M]. 刘祖熙, 等, 译. 北京: 商务印书馆, 2009: 73.

政成本增加，但是效率却没有相应提升。"18 世纪八十年代，完成对中央与地方行政机构调整之后，叶卡捷琳娜又雄心勃勃地准备对俄国的宪法结构进行调整，显然，这种想法受到了英国法学家布莱克斯通的《普通法释义》的影响"①，即便如此，这依然是俄国向现代国家迈进的一个阶梯，这种地方管理制度一直持续到 1864 年。

1775 年的地方行政体制改革为贵族阶层势力的崛起打开了方便之门，而叶卡捷琳娜与贵族的联盟则在 1785 年颁布的御赐贵族诏书之后更加稳固了。诏书重申了贵族的各项权利：享有对不动产和农奴的充分的所有权；如果贵族犯罪只有最高当局才有权宣判。最重要的是贵族免除了彼得一世曾经规定的各种义务，换言之，贵族从为国家服役的义务中完全解放出来，于是贵族在地方的势力进一步巩固，而农奴的生活却更加悲惨。叶卡捷琳娜将贵族带入了一个黄金时代，贵族成为最先获得"自由"的阶层，这一举措得到了一些自由主义者的支持，"被释放"的贵族开始发挥主动性，成为传播西方文化的主力。贵族得势与农奴制强化造成了俄国社会的分裂，这也为俄国国家能力的衰落深埋下了地雷。

在现代财税制度方面，1775 年进行地方行政体制改革之际，通过省税务局在地方征收税赋。人头税作为税基提升的空间有限，于是统治者开始加征商品税，尤其是酒税。由于俄国经济比较落后，同时战争开支浩大，因此财政亏空成为常态。1768 年对土作战期间，俄国开始发行纸币以应对战争需要，"这只是应急之举，但是却成为俄国对付财政危机的传统工具"②。叶卡捷琳娜统治后期，滥发纸币，造成严重的通货膨胀，这似乎是俄国的软肋，普列汉诺夫强调："某一社会所拥有的生产力越是发展，则这个社会在经济发展的梯级上越高。在经济发展的梯级上升得越高，则这个社会越能与邻国的斗争中更顺利地维护其生存。"③ 对于俄国而言，利用优越的资源发展经济是其面临的长期任务。

叶卡捷琳娜在传播西方文化方面贡献良多，创办女子学校、鼓励出版，将西方的思想引入到俄国这个封闭的帝国。到 18 世纪末，一种具有

---

① De Madariaga. Isabel. Catherine the Great: a Short History [M]. New Haven and London: Yale University Press, 1990: 139.

② Simon Dixon. The Modernisation of Russia (1676 – 1825) [M]. Cambridge: Cambridge University Press, 1999: 73.

③ [俄] 戈·瓦·普列汉诺夫. 俄国社会思想史 (第一卷) [M]. 孙静工, 译. 北京: 商务印书馆, 1988: 40.

俄国特色的思想慢慢形成,叶卡捷琳娜功不可没。"叶卡捷琳娜大帝时代是俄罗斯历史发展诸趋势的一个高潮,为俄罗斯迈进19世纪准备好了舞台"①,俄国的强大源于其国家能力,这种国家能力是多种因素塑造的。晚年的恩格斯开始正视俄罗斯帝国的强大之谜,虽然他还是坚持认为俄罗斯是欧洲革命的威胁,但是除了对这个革命的敌人加以批判之外,还需要认识这个敌人强大的秘密。第一,俄国的领土广阔,只有西部边境与欧洲相邻,因此不会腹背受敌,而且这个庞大的帝国境内交通落后,任何一个侵入俄国的强国都难免沉沙折戟的命运;第二,俄国居民"坚韧顽强,大胆无畏,忠诚不贰,吃苦耐劳,对于由密集的群众决定战局的时代的战争来说,他们是最好的兵员"。除此之外,俄国的精英阶层也是其强大的支柱,恩格斯认为:"俄国外交界形成了某种现代的耶稣会,它强大到在需要的时候甚至足以克服沙皇的任性,足以在自己内部取缔贪污腐化,而在周围更广泛地传播这种贪污腐化之风。"正是这个小团体帮助俄国走向了强盛之路,这些人多数来自天主教会,他们意志坚定、诡计多端、残忍无情,"他们的作用超过了俄国所有的军队"②,而主导俄国外交、军事的核心集团来自波罗的海沿岸的日耳曼贵族集团,他们归顺了俄国,同时拥有比俄国人更高的文明程度,"俄国中等阶级人数不多,无法提供大量的公务人员和治国人才"③,因此军政要害职位多被日耳曼贵族占据,从而强化了俄国的专制政体。

第二节　三大帝国之间的战争

　　战争是帝国形成的动力,战争与帝国的命运声息相通,各种不同类型的战争塑造了不同形态的国家。"每个国家都是通过战争才在地理上形成它的疆域,而且在一定程度上是为了进行战争才形成它的社会;战争的势头不是一下子就能消失的。"④《威斯特伐利亚和约》从地域而言,

---

　　①　[美]尼古拉·梁赞诺夫斯基. 俄罗斯史(第七版)[M]. 杨烨,卿文辉,等,译. 上海:上海人民出版社,2007:254.
　　②　马克思恩格斯全集(第10卷)[M]. 北京:人民出版社,1962:16-18.
　　③　[美]巴巴拉·杰拉维奇. 俄国外交政策的一世纪[M]. 福建师范大学外语系编译室,译. 北京:商务印书馆,1978:10.
　　④　[英]波特. 新编剑桥世界近代史(1)[M]. 中国社会科学院世界历史研究所,译. 北京:中国社会科学出版社,1999:353.

是西欧的国际体系，因为无论是海上强国英国还是影响欧洲大陆发展的奥斯曼帝国、俄国，都没有参加和会。威斯特伐利亚体系中的两大强国是瑞典和法国，这个体系之内依然斗争激烈，法国与西班牙、英国与法国的霸权战争如火如荼。17 世纪欧洲存在着几个相互影响的次区域体系，威斯特伐利亚体系只是其中的一个。18 世纪，瑞典与俄国之间的北方争霸，哈布斯堡王朝、奥斯曼帝国以及俄国之间的南欧争霸，自成一体却又联系紧密。18 世纪后半期的欧洲国际关系主要有四个问题，即英法在海上海外殖民地的角逐、普奥在德意志的争夺、波兰问题、东方问题。关系欧洲国际格局的四个重大问题其中三个在中东欧，"这意味着 1763 年以后欧洲政治的利益和活动中心已明显东移"。① 只有将东方问题置于南欧乃至整个欧洲国际体系之中审视，才能得出相对客观的结论。

一、战争与（去）边疆化

奥斯曼帝国、哈布斯堡帝国以及俄国是东方问题的最主要的参与者，三个帝国之间的战争界定了东方问题的内涵与本质，三个帝国之间数百年的战争决定了帝国的盛衰荣辱，规定了东方问题发展的方向与前景，"战争是我们认识过去的核心所在"。② 厘清与辨识三个帝国几百年的战争是认识东方问题本身发展逻辑的前提，同时三个帝国之间彼此互动构成了一个自成一体的区域国际体系。直到 18 世纪末，"任何西欧大国，法国可以部分除外，都无法对欧洲大陆东半部的事务施加直接的影响，即使法国也只是断断续续地这样做"③。

在东西方的历史分野之下，"东方"一直作为西方的他者出现，也是西方历史，尤其西欧国际关系的附属品。"今天使用的全球地理框架，在本质上是以制图的方式对欧洲权力的庆祝。"④ 在历史书写中一直存在着欧洲中心主义的宏大叙事，"历史学家中的批判者也在攻击宏大叙事，

---

① [英] A. 古德温. 新编剑桥世界近代史（8）[M]. 中国社会科学院世界历史研究所, 译. 北京: 中国社会科学出版社, 1999: 328.
② Andrew Wheatcroft. The Enemy at the Gate: Habsburgs, Ottomans and the Battle for Europe [M]. New York: Basic Books, 2008: 1.
③ [英] A. 古德温. 新编剑桥世界近代史（8）[M]. 中国社会科学院世界历史研究所, 译. 北京: 中国社会科学出版社, 1999: 328.
④ [美] 马丁·W. 刘易士, 卡伦·E. 魏根. 大陆的神话: 元地理学批判 [M]. 杨瑾, 等, 译. 上海: 上海人民出版社, 2011: 195.

因为它严重的误读了欧洲以外民族的历史经验"①。超越欧洲中心主义并不意味着要转向非西方中心主义，而是以更大的视角审视国际关系历史的演进。国际关系也是不同的人群在特定的时空中活动的产物，所谓的地缘政治的结构无非是历史在地理空间中的沉淀。如果以"主权国家"以及它们的关系作为研究对象，则难以将非欧洲甚至非西欧国家纳入其中。"帝国与民族国家是 19 世纪人类聚居的两大政治单元。1900 年前后，它们成为仅有的两种具有全球影响力的政治实体。"② 直到 20 世纪，人类才真正进入主权国家的时代。在几千年的历史中，帝国一直是人类政治组织的主要形式，如果帝国不稳定，就不可能延续如此长的历史。巴尔干半岛长期以来是各种帝国竞争的地带，帝国边疆界定了巴尔干地区的地缘政治属性，以帝国、边疆、国际体系等概念或可构建起解读巴尔干半岛地缘政治演变的理论框架，讲述一个相对连贯可信的"故事"。

第一，帝国是一种区别于主权国家的政治组织方式，帝国没有明确的边界、没有整齐划一的统治机构，而是一个松散的多元权力网络。"一个帝国可能是诸族群的一种集合体，其信奉他们的宗教，并以他们自己的方式来执行司法，所有人都服从于一位帝国的最高元首。对许多帝国来说，忠诚（而非相似）才是目标；承认差异，尤其是承认能够管控'他们的'民众的当地领袖，可以促进秩序的维持、税费或贡品的征收以及军队的征募。帝国能从不同社群所形成的技艺和联系中获益。差异会是一种事实和一个机会，而不是一种困扰。"③ 简单而言，帝国是多重权力边界交叠的人类组织形态，呈现出中心与边缘的结构分化，帝国的边疆地带各种权力叠合，因此，边疆代表了帝国权力的消长。帝国代表了在一定技术条件下，人类政治组织在空间的最大化，帝国边疆的开放性源于帝国内涵征服与扩张的冲动，帝国代表着"文明"，边疆处于文明和野蛮的过渡地带。帝国的中心和边疆之间并没有明确的边界，而是随着帝国治理能力的变化而流动不居。从帝国的视角而言，在人类几千年的历史中，绝大多数地区是在帝国中心和边疆之间转换的。

---

① Benedikt Stuchtey and Eckhardt Fuchs, Writing World Hsitory (1800 - 2000), Oxford: Oxford University Press, 2003: 47.
② ［德］于尔根·奥斯特哈默. 世界的演变: 19 世纪史 [M]. 强朝晖, 等, 译. 北京: 社会科学文献出版社, 2016: 760.
③ ［美］简·伯班克, 弗雷德里克·库珀. 世界帝国史: 权力与差异政治 [M]. 柴彬, 译. 北京: 商务印书馆, 2017: 15.

第二，帝国统治的逻辑在于中心与边疆地区的交换，也就是一种自上而下的等级性的制度安排。日本学者柄谷行人认为："'帝国的原理'到底是什么？那是透过服从与保护的'交换'，来统治多数部族与国家的体系。帝国透过征服而扩大，但是帝国并不会试图全面同化被征服的对象；只要他们服从、纳贡，就可以保持原有的状态。虽然帝国意图扩大版图，但是周边总有它无力统治的对象。"① 帝国征服和扩张或者源于财富，或者源于荣耀，但帝国征伐也不会没有止境，"领土扩张的理念和统治者追求荣耀的野心会推动军队继续扩张。但由于征服新领土会遇到各种困难，以及从这片领土可获得的财富相对较少，继续扩张便失去了原有的吸引力。"② 帝国统治追求广度甚于深度，为了广度就不得不容纳多样性和差异性，这也是帝国必须作出的妥协，为了得到边疆地区的认可和臣服，帝国中心也需要给予相当的自主权，也可以说，帝国的权威和统治消散于遥远的边疆地区。埃德蒙·柏克就说："一个永远都有待征服的民族是无法进行统治的。"③ 帝国中心与边疆之间松散的交换关系塑造了帝国的轮毂结构，即帝国中心与边疆地区之间保持着或松或紧的关系，但是边疆地区之间并没有形成稳定的联系。

第三，帝国的兴衰最直观地体现在边疆的消长变迁，我们可以将其简单地化约为"边疆化"与"去边疆化"。所谓的边疆化，也就是一个特定空间（国家、族群、部落等）成为帝国的边疆，我们可以称其为边疆化 A；与此同时，帝国的中心地区也可以逐渐成为边疆，我们可以称其为边疆化 B。而去边疆化，则是边疆化的逆向过程，从帝国边疆"逃逸"出去，或者成为独立的国家，或者成为另外一个帝国的边疆，可以称为去边疆化 A；随着帝国统治的稳固，边疆地区被纳入帝国中心地带，则是去边疆化 B。汤因比认为："一个文明只要仍处于成长时期，它就不会有牢固的边界，除非它在某个边境地段恰好与某个同类的文明发生了碰撞。这是因为具有创造能力的少数人散发出光芒，在照耀他们自身社会的同时，还会越出他们的边界，给周边的各个原始社会带来光亮。除

---

① [日] 柄谷行人. 帝国的结构 [M]. 林晖钧，译. 心灵工坊文化事业股份有限公司，2015：122.
② [英] 彼得·希瑟. 罗马帝国的陨落 [M]. 向俊，译. 北京：中信出版社，2016：66.
③ [英] 杰西·诺曼. 埃德蒙·柏克：现代保守政治教父 [M]. 田飞龙，译. 北京：北京大学出版社，2015：91.

了它自身固有的辐射能力的局限之外，没有什么东西能够对光线照射的范围加以限制，直到光线四溢出去以后逐渐减弱至零为止。"① 汤因比描述的就是一个帝国扩张并巩固的过程，包含了边疆化 A 与去边疆化 B 的过程。宪法学家格林认为，一般的帝国建立的过程是这样的："这些国家试图从核心地区—中心—向外部扩展它们的霸权，先是在相邻地区之上，然后到达更远距离的领土—边缘。为达成这一目标，更通常的做法是中心的政治体制对新区域的直接合并。通过合并，中心强化了在边缘的权威，而边缘则立即变成中心政体的参与者。"② 政治学家明克勒认为，处于帝国的边界上，"想进去的人多于想出来的人"。③ 换句话说，边疆化 A 并不是全靠暴力征服，也有"蛮族"主动成为边疆的因素。

帝国是一种世界秩序，但在帝国边陲，也就是欧亚大陆的西北角——西欧，形成了不同于帝国的新秩序。"威斯特伐利亚和约建立的架构是人类首次尝试把一个建立在普遍接受的规则和约束之上的国际秩序体制化，并且该架构以众多国家为基础，而不是以一个势压各国的单一国家为基础。"④ 国际关系史家德约认为："国际体系是所有各国的对外政策都可进入的最大能量场，它们互相之间关系的总和，会随着这些关系不息地变化、碰撞和再度调整。"⑤ 欧洲形成了一个多元主体共存的国际秩序，这种秩序被称为"均势秩序"，1713 年的《乌得勒支和约》将"均势"写入其中，均势也成为欧洲体系普遍接受的理念。虽然欧洲国际体系中多次出现试图统一欧洲的"帝国冲动"，比如查理五世、路易十四、拿破仑以及希特勒，但是最终并没有在罗马帝国崩溃之后重建帝国。"拿破仑的基本教训就是，即便一个国家的军队表现再出色，也无力

---

① ［英］阿诺德·汤因比. 历史研究［M］. 刘北成，郭小凌，译. 上海：上海人民出版社，2000：209.
② ［美］杰克·菲利普·格林. 边缘与中心：帝国宪制的延伸［M］. 刘天骄，译. 北京：中国政法大学出版社，2018：2.
③ ［德］赫尔弗里德·明克勒. 帝国统治世界的逻辑［M］. 阎振江，孟翰，译. 北京：中央编译出版社，2008：5.
④ ［美］亨利·基辛格. 世界秩序［M］. 胡利平，等，译. 北京：中信出版社，2015：10.
⑤ ［德］路德维希·德约. 脆弱的平衡：欧洲四个世纪的权势斗争［M］. 时殷弘，译. 北京：人民出版社，2016：3.

和一个更强大的联盟进行对抗。"① 罗伯特·杰维斯认为，维持均势必须有四个条件：必须存在若干独立的单元；这些单元必须想要生存；素有的单元必定愿意在利益计算的基础上与其他任何国家结盟，这意味着意识形态及仇恨一定不能过于强烈，以至于在战略算计表明它们应该合作的时候却因受阻而无法合作；战争必须是一个可行的治国工具。②

欧洲的均势秩序是对帝国秩序的超越，在当时的帝国世界中，均势秩序是特例。欧洲国际体系的形成与现代国家的构建是一个过程，是鸡与蛋的关系。"现代国家从来不是一个完全自治的政治实体。国家是作为国家体系的组成部分而发展和形成的。国家体系是国家必须在其中运行的一系列规则，是国家舍此便不能生存的一系列合法化过程。从任何国家的国家机器的角度上看，国家体系代表了对其意志的约束。"③ 欧洲国际体系也是对基督教秩序的超越，世俗国家的产生带来了国家理性以及对国家利益的算计，长达六十多年的意大利战争以及1555年《奥格斯堡和约》的签订，意味着基督教大一统的断裂。"意大利战争对欧洲历史进程的重大影响，在于它为正在兴起的欧洲近代国家提供了一个竞技场，促使它们间接形成了一个多边交往网络，此即欧洲国家体系的初步形成。"④ 除此之外，欧洲国际体系的另外一个因素是市场秩序的形成，欧洲的城市发展、远距离贸易网络的形成、大航海时代的开启，为市场秩序提供了一种新的财富交换模式，不需要"超经济强制"就可以实现财富的环流与重新分配。正如巴里·布赞指出的："中世纪末期的欧洲已经形成了某种一致的国际经济体系，此刻，城市依旧是该体系的主导经济单位。处于欧洲国际经济体系中心的是一座座城市，它们构成了一条城市走廊，该走廊从意大利的西北延伸到英格兰南部，将一个原本是农业的欧洲分割开来。"⑤

欧洲国际体系的广度和密度也在不断变化，这一体系内涵的能量不

---

① [英] 劳伦斯·弗里德曼. 战略：一部历史 [M]. 王坚，马娟娟，译. 北京：社会科学文献出版社，2016：151.
② [美] 罗伯特·杰维斯. 系统效应：政治与社会生活中的复杂性 [M]. 李少军，等，译. 上海：上海人民出版社，2008：154.
③ [美] 伊曼纽尔·华勒斯坦. 历史资本主义 [M]. 路爱国，丁浩金，译. 北京：社会科学文献出版社，1999：31.
④ 周桂银. 国际政治中的外交、战争与伦理 [M]. 南京：南京大学出版社，2018：138.
⑤ [英] 巴里·布赞，理查德·利特尔. 世界历史中的国际体系——国际关系研究的再构建 [M]. 刘德斌，等，译. 北京：高等教育出版社，2004：220.

断释放。查尔斯·蒂利认为，战争造就了欧洲国家，同时战争也塑造了欧洲国际体系。战争、外交、国际条约、贸易等成为欧洲国际体系互动的方式，也赋予了这一体系强大的能量。欧洲国际体系的广度不断得以延展，除了海外殖民体系之外，欧洲体系也不断向东扩展，哈布斯堡王朝在16世纪就成为欧洲体系的一员，俄罗斯在彼得大帝之后也加入欧洲体系之中，当然，"在地理意义上，俄罗斯诞生在欧洲，但处于其边缘地区，事实上是一块边疆区"①。体系的"密度"，也就是欧洲体系所内含的力量不断释放，尤其是欧洲体系的战争能力不断提升，逐渐形成了一个强势国际体系，将欧洲以外的地区也囊括进来，最终将世界其他地区变成了"边缘"。从欧洲国际体系的发展来说，"中世纪的混乱世界曾取代古代世界的帝国版图，现代主权国家体系取代了中世纪的体系，现在的世界在朝着全球化互联文明的方向演变"②。当然，欧洲国际体系的"重心"也在不断变化和调整，进一步说，在均势秩序中也存在着"超越同侪"的霸权国。世界体系理论将欧洲体系分为不同的霸权周期，"荷兰霸权时期，在威斯特伐利亚建立的国家间体系是一个真正的无政府主义体系，也就是说，这个体系中没有中心统治者。而在英国霸权时期，在维也纳重新建立的国家间体系，已不再是一个真正无政府主义的体系。在这个新体系中，欧洲的力量均衡已经转变为——至少是暂时转变为英国非正式的工具"③。

帝国的兴衰体现在边疆化与去边疆化的运动上，欧洲国际体系改变了帝国边疆变迁的模式。一方面，欧洲国际体系本身嵌套着帝国，这表现在海外殖民帝国的发展，同时哈布斯堡王朝、俄罗斯帝国都是帝国，这带来了欧洲国际体系的双重性。德约洞察到："西方，一个半岛，在地理上的被锁闭特征给所有统一趋向提供了天然支持。然而现在，这被锁闭的区域已被宽广地开放，朝东南开放，而土耳其人之引入政治上的纵

---

① [俄]德米特里·特列宁. 帝国之后：21世纪俄罗斯的国家发展与转型[M]. 韩凝，译. 北京：新华出版社，2015：18.
② [美]帕拉格·康纳. 超级版图：全球供应链、超级城市与新商业文明的崛起[M]. 崔传刚，周大昕，译. 北京：中信出版社，2016：25—26.
③ [意]乔万尼·阿瑞吉，贝弗里·J. 西尔弗. 现代世界体系的混沌与治理[M]. 王宇洁，译. 北京：生活·读书·新知三联书店，2003：67.

横捭阖,加强了西方的分裂趋向。"① 另一方面,在欧洲体系与三大帝国(哈布斯堡王朝、俄罗斯和奥斯曼)争夺的巴尔干地区体现了复杂的运动,对奥斯曼帝国来说,面对着(强/弱)国际体系与(强/弱)帝国的不同组合,极大地塑造了巴尔干地区复杂的边疆化与去边疆化的进程,决定了巴尔干地区的地缘政治属性。

以边疆的"空间运动"为视角,我们大体可以发现有三种边疆化与去边疆化的"纯粹"模式:

模式一(唯一帝国)

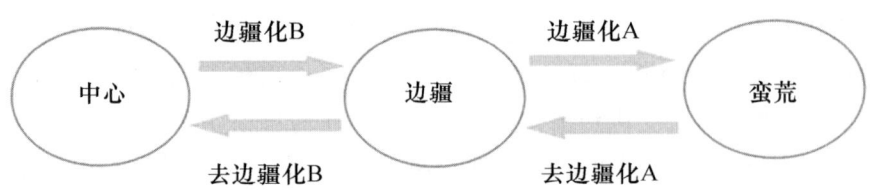

模式二(帝国之间)

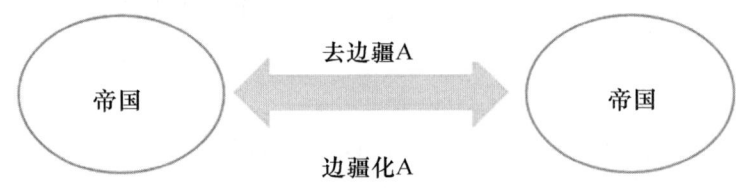

模式三(帝国与国际体系)

	强帝国	弱帝国
强体系	均势	裂解
弱体系	扩张	共存

二、文明的接触与对抗:奥斯曼 VS. 哈布斯堡

在西方的文献中,经常以"庄严的文明冲突"来概括奥斯曼帝国与

---

① [德] 路德维希·德约. 脆弱的平衡:欧洲四个世纪的权势斗争 [M]. 时殷弘,译. 北京:人民出版社,2016:28.

哈布斯堡帝国之间长期的战争，但是这种说法的前提是将土耳其人妖魔化，并且认为伊斯兰文明自中世纪取得重大成果之后便进入了螺旋向下的衰落轨道，这种观点是非历史的。有学者指出："这种观点并没有说服力，土耳其人不仅是虔诚的穆斯林信徒，而且他们从突厥祖先身上遗传了特殊的遗产，正是这种遗产使他们创建的帝国迅速扩展。"① 对奥斯曼帝国的研究多存在着先入为主的偏见，1683 年以前，将处于强盛时期的奥斯曼帝国视为洪水猛兽；而将 1683 年之后的奥斯曼帝国视为西亚病夫，这两种观点都有一种强烈的 1683 年情结，还有学者以《维也纳 1683：基督教欧洲反叛奥斯曼》为题对 1683 年进行大肆渲染。② 对重要历史事件进行深入研究本身并没有不妥，但是过于渲染则有过犹不及之嫌。奥斯曼帝国与哈布斯堡帝国之间的战争与和平，构成了东方问题的最初议题，因此，只有了解两个帝国之间的互动，才能认清东方问题本来的面目。

15 世纪，哈布斯堡帝国与奥斯曼帝国成为权力游戏的新人，他们都有强烈的权力诉求，将自己的家族谱系追溯到诺亚方舟之前，从而为构建世界帝国寻求依据。两个帝国一方面在地理上并没有接触，匈牙利将两个帝国分隔开来；另一方面，当奥斯曼帝国占领君士坦丁堡之际，"弗里德里克还是个没有什么权力的无足轻重之人"。③ 换言之，两个帝国的发展存在着时间上的错位，当奥斯曼帝国国力蒸蒸日上之际，哈布斯堡家族的国家雏形刚刚形成，两个具有帝国雄心的国家必然会成为竞争对手。"哈布斯堡帝国的崛起使之意外地成为奥斯曼帝国在西方最持久的对手。虽然波兰、匈牙利也卷入到对抗奥斯曼帝国的战争之中，显然，哈布斯堡帝国与之不同，哈布斯堡帝国与奥斯曼帝国是两个帝国之间的战争，二者都有相同的诉求。"④ 两个帝国在初期都进行了大量的帝国征服战争，相比奥斯曼帝国，哈布斯堡更多的是依靠联姻和外交结盟等和平手段获得了大量的领地，而奥斯曼帝国则是依靠兵戈征服而来，这两种

---

① Andrew Wheatcroft. The Enemy at the Gate：Habsburgs, Ottomans and the Battle for Europe [M]. New York：Basic Books，2008：Preface，5.
② Simon Millar. Vienna 1683：Christian Europe Rebels the Ottomans [M]. Oxford：Osprey Publishing，2008.
③ Andrew Wheatcroft. The Enemy at the Gate：Habsburgs, Ottomans and the Battle for Europe [M]. New York：Basic Books，2008：7.
④ Andrew Wheatcroft. The Enemy at the Gate：Habsburgs, Ottomans and the Battle for Europe [M]. New York：Basic Books，2008：Preface，6.

征服手段也影响了两个帝国国家能力结构及其发展。

两位雄主共处一个时代，使奥斯曼帝国与哈布斯堡帝国卷入激烈的争斗之中。1519年，马克西米连一世去世，已经统治西班牙的查理五世继承了祖父在德意志的领地，第二年，苏莱曼大帝登基。两位皇帝都自诩为世界帝国的统治者。两位统治者在地中海和匈牙利展开了激烈的争夺，而年轻的匈牙利国王路易当选为克罗地亚和达尔马提亚的国王，处于两大帝国之间的匈牙利并没有充足的资源抵抗来自东西两面的敌人，已经没有什么人可以阻止这个王国的毁灭了。两个帝国之间的冲突也隐含着文明冲突的意味，查理五世是基督教世界的领袖，苏莱曼大帝是伊斯兰世界的代表，拥有麦加和麦地那两座圣城。权力争夺与文明冲突使两个帝国之间难以妥协，查理五世还告诫自己的儿子腓力，"不向奥斯曼帝国让出一寸土地"。①

哈布斯堡帝国与奥斯曼帝国的第一次交手并不是直接的，而是一种"代理人"的战争，16世纪欧洲基督教世界因为宗教改革运动而出现分裂，君主国开始兴起，王朝国家的利益胜过基督教世界的利益；此外，哈布斯堡帝国的势力遍布欧洲，制衡哈布斯堡帝国的势力是法国等国的核心外交目标。欧洲的变化为奥斯曼帝国介入欧洲事务提供了机会，法国国王认为，只有奥斯曼帝国的势力能够使欧洲恢复均势，于是在1525年，法国与奥斯曼帝国结盟，这一同盟持续了近3个世纪，此后，"奥斯曼帝国成为欧洲事务一个被接受的、积极的参与者，这种角色一直持续到奥斯曼帝国解体为止"。②

奥斯曼帝国既然成为法国的盟友，便履行盟友的义务，1526年4月，苏莱曼大帝率领大军向多瑙河进发，其目标便是匈牙利，虽然匈牙利没有并入哈布斯堡帝国之中，但是匈牙利却是哈布斯堡帝国的防御屏障。奥斯曼帝国进攻匈牙利，一方面有助于减轻法国抗衡哈布斯堡帝国的压力；另一方面是为进入中欧打开通道。1526年8月29日，奥斯曼军队在莫哈奇大败匈牙利军队，匈牙利几乎全军覆没，不仅大批军官战死，国王也喋血沙场。莫哈奇一战对于匈牙利的影响不亚于科索沃战役对于

---

① Andrew Wheatcroft. The Enemy at the Gate: Habsburgs, Ottomans and the Battle for Europe [M]. New York: Basic Books, 2008: 9.
② L. S. Stavrianos. The Balkans since 1453 [M]. NY: Rinehatr & Company, Inc., 1958: 74.

塞尔维亚的影响。此战之后，匈牙利便失去了作为独立国家的资格。直到 1867 年，奥匈双元帝国成立之后，匈牙利人的政治诉求才得到部分满足，而这种双元体制给帝国带来了灾难，也改变了东方问题发展的轨道。

苏莱曼大帝当然不愿意看到哈布斯堡帝国坐收渔翁之利，从君士坦丁堡到莫哈奇需要 4 个多月，因此，奥斯曼帝国难以建立对匈牙利的直接统治，苏莱曼大帝决定在匈牙利建立一个附庸国。当这场代理人战争结束之后，两大帝国之间的争夺开始了。斯塔夫里阿诺斯说："曾经匈牙利与威尼斯承担着抵抗奥斯曼征伐的负担，威尼斯有惊无险，而匈牙利毁灭了。只有海陆兼备的哈布斯堡帝国才能取代两国在地中海和中欧抵挡奥斯曼帝国的进攻。"① 1529 年，苏莱曼大帝率军围攻维也纳，此时，日耳曼的小邦国开始团结起来对抗奥斯曼帝国，虽然苏莱曼大帝并没有攻下维也纳，但是这次围城之战却有强烈的象征意义，标志着奥斯曼帝国威胁到欧洲的核心地带。这次失败也透露出一个隐忧，即奥斯曼帝国军事辐射能力受到限制，面对厚厚的城墙，还有密集的防御，苏莱曼大帝并没有破城良策。奥斯曼帝国近卫军在面对波斯、埃及、匈牙利军队时几乎所向披靡，但是在哈布斯堡帝国精锐部队面前似乎棋逢对手。虽然这只是两大帝国第一次遭遇战，却暗含了几百年历史的逻辑，即奥斯曼帝国在西北方向的最大扩张边界止于维也纳。在现代交通没有兴起之前，奥斯曼军队从君士坦丁堡到匈牙利需要两个多月，返程也需要两个多月，因此在多瑙河沿岸作战的时间只有 8—10 个星期而已。

匈牙利被征服之后成为奥斯曼帝国和哈布斯堡帝国两大帝国角逐的舞台，虽然两个帝国之间水火不容，但是政治因素使它们逐渐适应彼此，"查理五世要应对新教徒的反叛，与法国的弗朗西斯竞争西欧的霸权；而苏莱曼大帝则要应对萨法维王朝在东部边界制造的麻烦"。② 围攻维也纳失败之后，匈牙利成为两个帝国边疆地带，在 16 世纪的下半期，哈布斯堡帝国要向奥斯曼帝国缴纳贡赋以换取和平，而作为边疆的匈牙利则成为双方进行拉锯战和袭扰战的地区，双方不但在此征收赋税，而且越界掠夺。匈牙利一度是中欧的强国，但是贵族特权盛行，国家能力孱弱，

---

① L. S. Stavrianos. The Balkans since 1453 [M]. NY: Rinehatr & Company, Inc., 1958: 76.

② Mark L. Stein. Guarding the Frontier: Ottoman Border Forts and Garrisons in Europe [M]. London: I. B. Tauris Co Ltd., 2007: 1.

加上地缘政治压力,最终使其成为帝国战争的战场、帝国角力的舞台以及两个帝国的边缘地带。

16 世纪末,奥斯曼帝国与哈布斯堡王朝之间进行了数次战争,虽然奥斯曼帝国并没有输掉战争,但是二者之间的势力平衡逐渐形成。一方面,哈布斯堡王朝集合基督教世界的盟友结成联盟;另一方面西方的军事技术革命大大增强了哈布斯堡王朝与奥斯曼帝国对抗的能力。"只要奥斯曼帝国苏丹忙于东部战线,就不得不与哈布斯堡帝国保持和平,如果在东部与萨法维王朝缔结和约,那么便会集中力量应对来自哈布斯堡帝国并不存在的威胁。"① 事实上,并不是哈布斯堡帝国威胁到奥斯曼帝国的安全,在匈牙利的边界上,奥斯曼的劫掠让哈布斯堡帝国皇帝难以忍受,于是 1593 年侵占奥斯曼帝国的要塞,两国又一次爆发战争。1594 年,奥斯曼帝国十万大军入侵克罗地亚,令人失望的是,只拿下了一座城池,这标志着"奥斯曼帝国攻城灭国的时代已经终结"。② 更让苏丹焦虑的是,在战争期间,瓦拉几亚的反叛,1598 年瓦拉几亚大公迈克尔倒向哈布斯堡帝国,并且攻占了摩尔达维亚和特兰西瓦尼亚,多瑙河的两公国是奥斯曼帝国,尤其是首都的"面包篮",而且控制了多瑙河的航运,使帝国大受损失。在迈克尔的帮助下,哈布斯堡帝国势力大增,这种态势使波兰感到恐慌,波兰倒戈,与苏丹共同镇压瓦拉几亚的反叛,特兰西瓦尼亚归到波兰国王的一个顾问管辖。"这场战争暴露了奥斯曼帝国的一些弱点,如果没有波兰及其克里米亚可汗的骑兵的帮助,苏丹就难以维持领土的完整。"③ 两国之间的拉锯战持续了 13 年之久。

1606 年奥斯曼帝国与哈布斯堡王朝缔结了和约,苏丹重申了对特兰西瓦尼亚的宗主权,作为交换,哈布斯堡帝国皇帝不需要每年缴纳 3 万达克特贡金,自 1547 年开始,哈布斯堡帝国每年缴纳贡金以换取奥斯曼帝国不侵犯匈牙利的剩余部分。奥斯曼帝国承认了其平等地位,双方调整了边界,在以后的半个世纪中,双方没有发生大规模的战争,这项条约是对 1593—1606 年 13 年战争的一次调整,"长期战争使人清楚地看到一个基本事实,这就是奥斯曼人尽管耗费了大量的人力物力,也未能粉

---

① Mehrdad Kia. The Ottoman Empire [M]. London:Greenwood Press, 2008:62.
② L. S. Stavrianos. The Balkans since 1453 [M]. NY:Rinehatr & Company, Inc., 1958:160.
③ Mehrdad Kia. The Ottoman Empire [M]. London:Greenwood Press, 2008:63.

碎哈布斯堡王朝的抵抗"。① 从边界的角度而言，奥斯曼帝国已经超过了其最大扩张边界，而且将哈布斯堡帝国逼向了最小生存边界，对于奥斯曼帝国而言，扩张的成本与困难之大，已经让帝国难以承担；对哈布斯堡帝国而言，奥斯曼人已经侵占了其生存的核心区域，无论从其意愿还是能力而言，都不能继续退让，最重要的是，帝国皇帝可以招募欧洲职业军队对抗奥斯曼帝国，获得新式武器的军队战斗力开始超过奥斯曼军队。应该说，这次是两个帝国关系的一次转折，奥斯曼帝国承认哈布斯堡帝国具有平等地位意味着从帝国向霸权的一种转变，当然这种霸权转变源于势力均衡。哈布斯堡帝国与奥斯曼帝国处于伊斯兰教与基督教对抗的前线，在这一前沿地区，"正式的战争与和平之间的区别总是模糊"②，两大帝国的边缘地带几乎处于一种无政府状态，无论奥斯曼帝国还是哈布斯堡帝国，都难以约束边疆地带的贵族、兵痞，战争、掠夺似乎是一种生活常态。整个 17 世纪，哈布斯堡帝国与奥斯曼帝国之间的边界处于稳定的状态，这条边界线从匈牙利西部沿着今天奥地利的边界线向西延伸，"在这条边界线两侧，双方修筑了大量的要塞，既为防御之用，也是越界抢劫的基地"。③ 帝国之间关系的变化直接影响了边缘地带的发展，帝国之间小国难有生存的空间，当帝国关系发生转折之后，边缘地带才会有左右逢源的机会和可能。

17 世纪前半期，两个帝国都忙于彼此的内政与外交，三十年战争让哈布斯堡帝国集中精力应对欧洲局势的挑战，无暇顾及东部战线。而奥斯曼帝国则陷入东方战争与内乱之中。奥斯曼帝国几代君主都是短命的，而且缺少治国才能。此前，"弑杀兄弟"的法则也被废弃了，遗憾的是，替代方案虽然不再那么血腥，但是奥斯曼帝国再也没有像苏莱曼大帝这样的雄主出现。"那些王子们被关在宫廷之内，除非需要他们登基为帝，否则一生都将在高墙深院中度过"④，这种苏丹的继承模式，在表面上显

---

① ［英］R. B. 沃纳姆. 新编剑桥世界近代史（3）［M］. 中国社会科学院世界历史研究所，译. 北京：中国社会科学出版社，1999：485.

② ［英］R. B. 沃纳姆. 新编剑桥世界近代史（3）［M］. 中国社会科学院世界历史研究所，译. 北京：中国社会科学出版社，1999：432.

③ Mark L. Stein. Guarding the Frontier: Ottoman Border Forts and Garrisons in Europe ［M］. London: I. B. Tauris Co Ltd. , 2007：2.

④ J. P. Cooper. The New Cambridge Modern History: the Decline of Spain and the Thirty Years War ［M］. Cambridge: Cambridge University Press, 1971：622.

得人道，但是对于帝国发展却是一种灾难，苏丹是集权政府的首脑，深宫中长大的王储无论在生理还是在精神上都是孱弱的，由于苏丹软弱无能，帝国大权旁落，后宫与权臣之间权力斗争激烈，近卫军频频干政，国家能力的衰落使保持帝国边缘藩属国的效忠都力不从心，更不用说发动对欧洲的战争了。

1661 年，奥斯曼帝国与哈布斯堡帝国之间的边境线战云密布，从国家能力角度而言，两个帝国开始恢复了活力，寻求扩张或者巩固控制松弛的帝国边缘地带。哈布斯堡帝国从三十年战争的泥潭中跋涉出来，东向扩张，夺回被奥斯曼帝国控制的特兰西瓦尼亚与匈牙利是其战略目标。17 世纪中期以后，奥斯曼帝国依靠科普卢家族几代维齐尔的努力才得以重振雄风。科普卢在 1656 年登上大维齐尔的权位之后，进行了一系列改革，重振奥斯曼帝国的雄风，到 1661 年科普卢去世的时候，奥斯曼帝国恢复了活力，"这些成就也证明奥斯曼帝国可以克服巨大的困难，如果有一个强势有力的人物领导的话"。① 科普卢的成就也使苏丹从繁重的国务活动中摆脱出来，终日游猎而已，豢养无数的猎犬与猎鹰，有些是从俄国高价买进的。科普卢的成就也奠定了这个家族在奥斯曼帝国中的地位，科普卢死后，他的儿子法齐尔·艾哈迈德（Fazil ahmed）就任大维齐尔。虽然科普卢父子有能力驾驭帝国表面上的各种风暴，但是却难以消除帝国的病灶，"他们没有消除腐败，没有整肃近卫军，换言之，他们没有将一个正在退化的军事机器转变为一个在欧洲正在兴起的可以自我控制的新式国家"。②

三十年战争之后，奥斯曼帝国与哈布斯堡帝国重启战端，鏖战几年，不分胜负，1664 年 8 月 1 日，双方签订了《瓦萨和约》（the Peace of Vasar），和约规定休战二十年，特兰西瓦尼亚独立于奥斯曼帝国与哈布斯堡帝国，但是更像是奥斯曼帝国的保护国，哈布斯堡帝国向对手赔偿 20 万弗洛林，多瑙河沿岸的要塞依然在土耳其人手中。这次和约使哈布斯堡帝国的生存危机延后了 19 年，同时和约本身也说明了哈布斯堡帝国虽然经历过三十年战争的洗礼，但依然不是奥斯曼帝国的对手，"无论奥地

---

① F. L. Carsten. The New Cambridge Modern History (5) [M]. Cambridge: Cambridge University Press, 1961: 509.

② L. S. Stavrianos. The Balkans since 1453 [M]. NY: Rinehatr & Company, Inc., 1958: 124.

利人还是德意志人都认为将土耳其人赶出匈牙利是愚蠢的,因为哈布斯堡帝国的力量相对孱弱,如果重蹈莫哈起战役的覆辙,那将是基督教世界的灾难"。① 但是,这种妥协对哈布斯堡帝国也造成了伤害,匈牙利贵族认为这是帝国对匈牙利的背叛,匈牙利的离心倾向更强。此时,利奥波德的兴趣被转移到西班牙方面,直到1681年,哈布斯堡帝国与奥斯曼帝国保持了表面的和平。

奥斯曼帝国大维齐尔认为,推翻哈布斯堡帝国的时机已经成熟,因为哈布斯堡帝国在与法国霸权的战争中消耗了大量的金钱和兵力,帝国境内农民起义不断。1682年,奥斯曼帝国的大维齐尔率兵进攻维也纳,这是自1529年苏莱曼大帝围攻维也纳以来,天主教世界遭受的第二次震荡。当奥斯曼帝国军队开始溃败之际,天主教世界再次响起了建立新的十字军驱赶异教徒的声音。"这种呼声并不是偶然的,这是潜藏在天主教世界几百年的强烈愿望"②,3个多世纪以来,天主教徒著书立说鼓吹十字军,但是每次几乎都石沉大海,而这次看起来,这种新的宗教联盟军具有可行性,天主教徒和新教徒捐弃前嫌,在教皇的鼓吹宣扬下结成"神圣联盟",共同对付奥斯曼帝国。教皇英诺森六世许诺,他将出资支持神圣联盟驱赶奥斯曼帝国,就像此前为解维也纳城之围那样慷慨。但是利奥波德一世不是宗教领袖,他是哈布斯堡帝国的皇帝,面临的敌人除了奥斯曼帝国之外,还有天主教世界的新兴君主国,尤其是法国。从此之后,哈布斯堡帝国面临着战略方向选择的困境,当时利奥波德有两种战略选择:一是放弃在东方征服的土地,而将战略资源投入包围帝国西部领地之上;二是顺应上帝的选择,继续东进。路易十四极力扩张帝国,力图将边界推向多瑙河,侵吞德意志的邦国,并且占领低地国家,就权力与财富而言,低地国家要比匈牙利重要得多,而如果在东方驱赶穆斯林将给帝国带来巨大的损失,利奥波德决定循着先人的足迹前行。腓力二世曾经在突尼斯反抗穆斯林,于是一场新的收复失地的战争开始了,但陶醉于胜利中的基督徒没有想到,这场战争居然持续了16年之久。新的联盟内部存在着严重的利益分歧,波兰、匈牙利各有打算,因

---

① F. L. Carsten. The New Cambridge Modern History (5) [M]. Cambridge: Cambridge University Press, 1961: 490.
② Andrew Wheatcroft. The Enemy at the Gate: Habsburgs, Ottomans and the Battle for Europe [M]. New York: Basic Books, 2008: 190.

此，这个联盟名不副实。即便如此，奥斯曼帝国依然不是哈布斯堡帝国的对手。1686 年哈布斯堡军队攻克了布达，1687 年哈布斯堡军队在莫哈奇取得了胜利，自 1526 年以来，奥斯曼帝国首次被从匈牙利的据点驱赶出去。这场战争基本奠定了巴尔干半岛北部的版图，克罗地亚、斯洛文尼亚、特兰西瓦尼亚等地进入哈布斯堡帝国治下。哈布斯堡帝国在这场战争中获胜的保证在于天主教国家军队的规模和战争技术，对抗奥斯曼帝国军队的是欧洲天主教国家的联盟军队：奥地利、捷克、匈牙利、斯瓦比亚、巴伐利亚、瑞典等。1687 年之后，匈牙利南部终于摆脱了奥斯曼帝国长达 150 年的统治。

1699 年的双方缔结了《卡尔诺维茨条约》，这是奥斯曼帝国签订的第一个城下之盟，虽然《卡尔诺维茨条约》割让的土地与奥斯曼帝国广阔的国土相比微不足道，但是影响确实巨大。一方面，割让地区多数为具有累积性的战略要地；另一方面，这是奥斯曼帝国首次承认战败，"严重损伤了奥斯曼帝国作为一个军事大国的威信。'土耳其人的威胁'显然已经成为历史"。① "毫无疑问，奥斯曼帝国的扩张潮水开始消退。虽然摩尔达维亚和瓦拉几亚的公国还臣服于奥斯曼帝国，但 3 个半世纪以来，持续威胁欧洲安全的强国已不复存在。东方问题的性质改变了。奥斯曼帝国的退缩在近东留下了权力真空，外交是厌恶真空的，但是如何填充这个真空呢？"② 这是哈布斯堡帝国与奥斯曼帝国数百年关系的转折点，"它标志着土耳其向欧洲扩张的结束和奥地利向东扩张的开始"。③

在 18 世纪最初的十几年间，奥斯曼帝国与哈布斯堡帝国交手几乎屡战屡败，一方面，哈布斯堡帝国有一名优秀的指挥官尤金亲王，而奥斯曼帝国的将领则缺少战场应对能力；另一方面，奥斯曼帝国在军事技术上开始落后于西方国家，无论军队编制、武器装备还是后勤保障，奥斯曼帝国失去了曾经的优势。科普卢父子虽然已经将奥斯曼帝国"陈旧过时的制度置于正常的轨道"④，并且发挥了最大的效力，但毕竟奥斯曼帝

---

① [英] J.S. 布朗伯利. 新编剑桥世界近代史（6）[M]. 中国社会科学院世界历史研究所，译. 北京：中国社会科学出版社，2008：846.

② J. A. R. Marriot. The Eastern Question: an Historical Study in European Diplomacy [M]. Oxford: Oxford University Press, 1947: 128.

③ 王绳祖. 国际关系史（第一卷）[M]. 北京：世界知识出版社，1995：122.

④ F. L. Carsten. The New Cambridge Modern History (5) [M]. Cambridge: Cambridge University Press, 1961: 518.

国的国家能力结构还停留在农业时代,而西欧各国经过科学革命、军事革命的洗礼,开始站在资本主义的起点之上。时代的反差又一次在两个帝国之间发挥了作用,这一次是奥斯曼帝国落后于时代,时代的错位造成了奥斯曼帝国被动挨打的局面。

1715年,奥斯曼帝国对威尼斯宣战,在《卡尔诺维茨条约》中,威尼斯占领了摩里亚,此战奥斯曼帝国志在收复失地。1716年4月13日,威尼斯与哈布斯堡帝国签订同盟条约,皇帝要求奥斯曼帝国归还威尼斯的"失地"。1716年夏天,双方在边界一战,奥斯曼帝国军队溃败而归,重演了1683年的惨剧。哈布斯堡帝国的国家能力主要依靠几位杰出的军事将领支撑起来,尤其是尤金亲王,1717年尤金亲王以少胜多,占领贝尔格莱德,从而为哈布斯堡帝国进军巴尔干半岛打开了方便之门,贝尔格莱德是奥斯曼帝国进军中欧的前沿基地,这一要塞在过去的几百年中牢牢地掌握在奥斯曼帝国手中。占领了贝尔格莱德的哈布斯堡帝国并没有继续南下,而是与奥斯曼帝国议和。获胜的哈布斯堡帝国并不具备继续进军的实力:第一,继续南下便与塞尔维亚的斯拉夫人相遇,塞尔维亚人并不欢迎哈布斯堡帝国军队,继续南下势必会受到塞尔维亚人的抵抗;第二,英国与荷兰害怕哈布斯堡帝国会阻碍两国在黎凡特的贸易,因此强烈要求哈布斯堡帝国与奥斯曼帝国达成和解;第三,西班牙准备进攻撒丁,威胁到哈布斯堡帝国在意大利的安全。各种掣肘,让查理六世决定与奥斯曼帝国和解,两国在1718年7月21日签订了《帕萨罗维茨条约》,哈布斯堡帝国的边界向南延伸至塞尔维亚、波斯尼亚和瓦拉几亚,这是哈布斯堡帝国在18世纪达到的巅峰。

1737年,俄国与哈布斯堡帝国签订秘密条约,两国共同对付奥斯曼帝国,但是这次结盟与以往的结盟却大异其趣。首先,此次结盟的主角已经从哈布斯堡帝国变成了俄国,在此后的作战中俄国担纲主力,俄国将领穆乃奇(Munnich)甚至提出东方计划(Oriental Project),即俄国军队跨过多瑙河,占领两公国,袭击君士坦丁堡,进而将整个东正教徒置于沙皇的统治之下,这是俄国首次提出吞并奥斯曼帝国的战略。由此可见,两个帝国在东方问题上的地位开始转换,而此前俄国不过是一个参与者或者小帮手。其次,哈布斯堡帝国的军事实力急剧衰落,随着尤金亲王的去世,帝国军队实力一落千丈,相比之下,奥斯曼帝国军队在纪律与机动性方面有所提升,因此,哈布斯堡帝国相对于奥斯曼帝国在军事上的优势不复存在，奥斯曼帝国集中兵力对付哈布斯堡帝国军队，并且取得了一连串胜利，哈布斯堡帝国无心恋战，与奥斯曼帝国单方面缔结和约，将《帕罗维诺次条约》的果实尽数吐出。最后，这次战争之后，哈布斯堡帝国与俄国之间的关系发生了转折性变化，哈布斯堡帝国在东方问题上失去了主导权，它不愿意将一个强大的俄国引入巴尔干，因此，两国一度共同对抗奥斯曼帝国的盟国关系变成了彼此之间的对抗关系。1740年之后，哈布斯堡帝国面对普鲁士在中欧的崛起，这是对哈布斯堡帝国在德意志霸权的有力挑战，奥地利王位继承战争以及七年战争改变了欧洲国际体系的格局，哈布斯堡帝国不但要应对传统对手法国的挑战，而且还要面对普鲁士与俄国的崛起，东方问题在哈布斯堡帝国战略中的地位相对下降。而哈布斯堡帝国的角色由新崛起的俄国取代，东方问题的主线由奥斯曼帝国与哈布斯堡帝国的对抗转向土俄之间的战争。

两个帝国之间的百年战争既有宗教文明的冲突，也有国家利益的角逐，时不时掺杂着帝国皇帝个人野心与贪欲的因素，因此，战争在不同的时空背景之下有着不同的内涵。两个帝国之间的战争整体是从帝国征服战争向霸权战争转变，换言之，经过战争的洗礼，两个帝国逐渐学会了共存，而这是帝国与霸权的根本区别。战争，改变着东方问题的内涵。

三、自然边界的分割与土俄战争

奥斯曼帝国与俄国之间的战争是18世纪后半期东方问题的主要议题，在几次战争中奥斯曼帝国败军失地，帝国边界向东南方向大为压缩。1654年乌克兰被置于俄国的统治之下，恢复俄罗斯传统的领土成为几代沙皇的战略目标，因此，从俄国的视角而言，18世纪后半期对土耳其的战争是"收复失地"的战争。18世纪结束之前，俄国不但占据了黑海北岸的领土，而且开始跨过"自然边界"向奥斯曼帝国内部渗透。

奥斯曼帝国与俄国之间的战争始于帝国的边陲。在西方学者看来，两国的战争源于奥斯曼帝国的过度扩张，奥斯曼帝国的影响力扩展到乌克兰，该地的哥萨克首领试图从奥斯曼帝国获得保护，而奥斯曼帝国苏丹也试图对抗波兰与俄国，以保护克里米亚的汗国。[①] 这场战争是奥斯

---

① F. L. Carsten. The New Cambridge Modern History（5）[M]. Cambridge: Cambridge University Press, 1961: 512

曼帝国与俄国之间的一场"代理战争",与奥斯曼帝国发生正面冲突的是波兰,在俄国的支持之下,波兰赢得了两场战争。但是,在奥斯曼大军的压迫之下,波兰不得不于1767年10月接受了treaty of zoravno,该条约使奥斯曼帝国进入乌克兰境内,这一条约具有多重意义:第一,这是奥斯曼帝国在东欧边界的最北缘,第聂伯河成为奥斯曼帝国在东欧新的边界;第二,这是奥斯曼帝国与俄国正面接触与冲突的开始①;第三,乌克兰成为两大帝国之间的缓冲区,奥斯曼帝国的新任大维齐尔是老科普卢的女婿卡拉·穆斯塔法(Kara Mustfa),为了换取俄国的中立,奥斯曼帝国与俄国签订了条约。这标志着东欧成为三大帝国之间争夺的边缘地带,也是联结三大帝国的战略要地,东欧未来的国际关系将围绕此议题展开。

1695年,土耳其与俄国之间的正面冲突开始,刚刚亲政的彼得一世便发动了对土耳其的战争,这次战争力图打破奥斯曼帝国对黑海的垄断,年轻气盛的沙皇在没有强大海军支持的情况下猛攻亚速夫,而这个要塞在1641年,哥萨克曾经献给沙皇,但是遭到拒绝,半个世纪之后,俄国已经成为可以挑战奥斯曼帝国的强国。围攻要塞未果,彼得一世于是大修战舰,经过一番苦战之后,1696年5月,彼得一世率领新建的海军围攻亚速夫,两个月之后,亚速夫归俄国所有。"彼得一世将亚速夫战役视为自己军事生涯的开始,在这场战争中,彼得表现出了良好的军事指挥与组织才能,以及顽强的意志与自信。"②

虽然彼得于1696年占领了亚速海,但是俄国获取"暖水"的目标依然没有实现,1697年9月11日,哈布斯堡帝国名将尤金亲王与奥斯曼帝国苏丹穆斯塔法二世在曾塔(Zenta)鏖战一场,本来决心收复匈牙利的土耳其军队惨败而归。尤金亲王深入波斯尼亚腹地,洗劫了萨拉热窝。而在北方进行激战的彼得尚未达到目标,因此,希望强化俄奥之间的同盟关系,1698年彼得一世造访维也纳,但是无功而返。哈布斯堡帝国要应对即将到来的西班牙王位继承战争,1699年的《卡尔诺维茨条约》中

---

① L. S. Stavrianos. The Balkans since 1453 [M]. NY: Rinehatr & Company, Inc., 1958: 170.

② Iaroslav Evgenievich Vodarskii. Emperor Peter I (1682 – 1725) [A] // Donald J. Raleigh. The Emperors and Empresses in Russia: Rediscovering the Romanovs [C]. London: M. E. Sharpe, Inc., 1996: 13.

并没有提及俄国，彼得一世与奥斯曼帝国草签了停战协议，以集中兵力与瑞典开战。在哈布斯堡帝国面前，俄国还是个"新来者"，但是从中可以看出，在东方问题上，俄奥两国虽然在形式上是同盟关系，但是却各有战略利益。克柳切夫斯基认为："欧洲的新局势把他像皮球似的从顿河口抛到了纳罗瓦河和涅瓦河，而在那儿，他什么都没有准备好。"①

1700 年在西欧和北欧爆发了两场战争，西班牙王位继承战争与北方大战同时进行，后者持续的时间远远比前者要长。有人总结彼得一世的功绩时指出："彼得一世成功地解决了瑞典的挑战，他设计出了一套别致却相当令人满意的解决波兰问题的方案，但是却没有很好地应对奥斯曼帝国的挑战，这个挑战留给了后人。"② 实际上，俄国面临的三个问题正是北欧国际体系与南欧国际体系的核心所在，俄国在 18 世纪的崛起将两个区域次体系逐渐融合为一体。18 世纪初期，刚刚崛起的俄国同时卷入北欧的国际体系与南欧的国际体系，已经超出了其国家能力，因此，彼得一世与奥斯曼帝国签订休战协定是明智的。与奥斯曼帝国休战也使彼得一世夺取黑海出海口、占领克里米亚半岛、解放巴尔干斯拉夫人等计划都化为泡影。不过，"莫斯科国组成盟军和土耳其、瑞典作战，使她第一次真正成为欧洲列强大家庭中的一员，与西欧国家发生了国际关系"。③ 尤其是北方大战，俄国是同盟体系的盟主，波兰、萨克森以及丹麦均成为反瑞典同盟的成员，北方大战成为俄国崛起的跳板，而瑞典不幸成为牺牲品。

1709 年彼得一世在波尔塔瓦大败查理十二世，这是俄国崛起进程中具有决定性意义的一次战争，标志着波罗的海的霸主易位。查理十二世逃到君士坦丁堡，希望奥斯曼帝国能与之结盟共同对抗彼得一世。1710 年，奥斯曼帝国对俄宣战。1711 年夏天，俄国军队败北，这次战败是 1709 年波尔塔瓦大捷之后俄军遭遇的惨败，一方面，俄国准备仓促，俄军虽然赢得了对瑞典的胜利，但是损失也不小；另一方面，彼得一世将寄希望于动员巴尔干半岛的斯拉夫人反抗土耳其，这种希望在当时看来

---

① ［俄］瓦·奥·克柳切夫斯基. 俄国史教程（第四卷）［M］. 张咏白，等，译. 北京：商务印书馆，2009：49.

② Dominic Lieven. The Cambridge History of Russia（Volume 2）［M］. Cambridge：Cambridge University Press, 2006：504.

③ ［俄］瓦·奥·克柳切夫斯基. 俄国史教程（第四卷）［M］. 张咏白，等，译. 北京：商务印书馆，2009：47-48.

是可靠的。有学者指出，早在瓦西里三世时期，"在陷于土耳其苏丹统治下的斯拉夫各国中，如下坚定看法日益增长，即认为莫斯科是完全独立于'阿加尔人'（土耳其人、伊斯兰教徒）的唯一的东正教斯拉夫强国，只有它能够帮助他们摆脱可恶的土耳其枷锁"。① 当奥斯曼帝国宣战之后，巴尔干半岛的各个团体领袖纷纷发表言论表示支持俄军，但是这种支持仅仅停留在口头上，各个团体不过是没有组织起来的乌合之众，而且并没有团结起来。不过，"从远征普鲁特河时起，在巴尔干斯拉夫人的概念中俄国当之无愧地当起兄弟大国和解放者的作用"。② 令人惊奇的是，奥斯曼帝国的宰相巴尔塔吉·穆罕默德在十分宽松的条件下与俄国签订条约。这是奥斯曼帝国翻盘的绝佳机会，如果是一个富有远见的战略家，就可以借此改变东南欧的地缘政治局势。但是毫无远见的巴尔塔吉轻易放过了彼得一世，签订的条约不过是将十年前失去的土地重新要回来而已，同时承诺俄国让瑞典国王查理离开奥斯曼帝国。此举也大大影响了瑞典与奥斯曼帝国的关系，俄国对于奥斯曼帝国和瑞典帝国都是莫大的威胁，如果奥斯曼帝国可以借此机会帮助瑞典将俄国赶出波罗的海是可行的，整个东欧国际格局会发生巨大变化，因为深陷败局中的彼得一世"准备作出一切牺牲，甚至不惜放弃他在波罗的海的胜利成果"。③ 从这一事件也可以看出，北欧国际体系与东南欧国际体系是共时的，但是却彼此分离，而俄国恰恰是连接两个体系的枢轴国家，俄国的崛起与东欧国际体系的发展是同步的，或者说东欧国际体系是围绕着俄国而逐渐合二为一的。斯塔夫里阿诺斯用一句话概括了18世纪俄国与东欧国际体系之间的内在关系，"1711年，彼得一世遭受了军事失败，此后的25年中安娜女王取得了军事上的胜利，但是在外交上却失败了。十八世纪最后的三十年中叶卡捷琳娜在军事和外交两方面都取得了胜利"④。俄国国家能力的建设并非一蹴而就，对外扩张也经历了波浪式推

---

① ［苏联］B. B. 马夫罗金. 俄罗斯统一国家的形成［M］. 余大钧，译. 北京：商务印书馆，1994：315.

② ［苏联］B. B. 马夫罗金. 彼得大帝传［M］. 余大钧，译. 北京：商务印书馆，2000：137.

③ ［美］巴巴拉·杰拉维奇. 俄国外交政策的一世纪［M］. 福建师范大学外语系编译室，译. 北京：商务印书馆，1978：8.

④ L. S. Stavrianos. The Balkans since 1453［M］. NY: Rinehatr & Company, Inc., 1958：186.

进的过程。

瑞典、波兰与奥斯曼帝国是俄国向西扩张的障碍,在北方大战中瑞典已经严重衰落,俄国获得了在波罗的海的出海口。波兰在18世纪持续衰落,贵族的特权严重损害了国家能力,1733年波兰王位继承战争为俄国介入波兰事务提供了一个绝佳的机会,政治权力的分裂与对抗使波兰成为周边列强摆布的玩物。在这次战争中,俄国与哈布斯堡帝国事实上结成了反对法国的同盟,此前,法国一直利用东欧国家之间的边界冲突来制衡哈布斯堡帝国,而俄国的崛起则挑战了法国在这一地区的影响力,同时俄国也意识到需要与哈布斯堡帝国结成统一战线,共同对抗法国的霸权。1733年的波兰王位继承战争中,法国失败,而俄国则成功地将自己的影响力扩展到中欧,感受到俄国压力的不仅是法国,还有其传统盟友土耳其,土耳其意识到:"这一权力平衡的转移与变化影响了土耳其在东南欧的利益,波兰王位继承战争使土耳其的这种感受更加强烈了"。①1736年两国爆发战争,俄国重新拿下亚速夫,克里米亚归入俄国人之手。这次战争俄国收获甚丰,不仅在黑海沿岸立足,而且要求"从高加索到多瑙河的黑海沿岸尽数归俄国所有,同时摩尔达维亚和瓦拉几亚两个多瑙河公国在俄国的保护下获得独立"。最重要还在于,俄国船只可以在黑海自由航行,并且可以经过海峡出入地中海。面对如此苛刻的要求,土耳其当然反对,1739年,土耳其与哈布斯堡帝国缔结的《贝尔格莱德条约》则使俄国的美梦落空。俄国几乎毫无所获,它重申了对亚速夫和塔甘罗格的占领,但是不能在这些地方修建军事要塞,其中最为丢脸的是,俄国船只不能进入亚速海或者黑海,俄国的对外贸易需要由土耳其商船运载。而哈布斯堡帝国则丧失了贝尔格莱德这个极具战略价值的要塞②,在和谈过程中,法国驻君士坦丁堡大使维伦纽夫(Villeneuve)起了很大的作用,他是双方的调停人,并且帮助奥斯曼帝国修改了和约条文,通过这一条约,法国也算是报了波兰王位继承战中的一箭之仇。因此,可以这样说:"贝尔格莱德条约对俄国而言是一个极大的失败;对奥地利人而言是一个耻辱,而对土耳其而言则是一个巨大的胜利。但是这

---

① Dominic Lieven. The Cambridge History of Russia (Volume 2) [M]. Cambridge:Cambridge University Press, 2006:505.

② Suraiya N. Faroqhi. The Cambridge History of Turkey (Volume 3) [M]. Cambridge:Cambridge University Press, 2006:110.

一切都归于法国外交的巨大胜利"。① 哈布斯堡帝国与俄国之间的联盟并不稳固，同时，查理六世卧病在榻，帝国面临着继承危机，因此，不能将兵力都集中于东部战线，从东部战线抽身而退对于帝国的稳定至关重要，这就为法国人施展外交手段，将两国在战场上的果实化于无形提供了机会。

1740—1768年，欧洲陷入两场大战，即奥地利王位继承战争与七年战争，在战争中俄国一跃成为欧洲强国，七年战争中，俄国军队曾数度攻占普鲁士首都柏林，其兵锋插入欧洲大陆心脏。这两场战争使奥斯曼帝国安享了几十年和平，东方问题与欧洲之间的"间接互动"的模式逐渐形成，当欧洲各国忙于彼此大战之际，奥斯曼帝国便可以"坐山观虎斗"，当欧洲各国罢兵言和之后，奥斯曼帝国便要承受俄国或者哈布斯堡帝国的军事压力。俄国与奥斯曼帝国之间的冲突可谓是结构性的，从俄国的角度而言，战争具有必要性。首先，发源于俄国境内的几条河流流向黑海，这些河流是俄国商品贸易的通道，但是黑海已经成为奥斯曼帝国的内湖，因此俄国要发展贸易就必须进入黑海，同时经由海峡进入地中海，这不仅关乎俄国经济的发展，而且关系到俄国的命运。"没有进入黑海，俄国做一个二流强国都不可能；不能控制大门外那条窄窄的海峡，俄国便难以担当世界文明领袖。"② 其次，"俄罗斯与土耳其斗争的目标是到达黑海，获得它所认为的自己的天然的南部疆界，并把那些自基辅公国时期以来被亚细亚人掳去的肥沃土地收回来"。③ 此外，最重要的是战争具有可行性，俄国经过彼得一世和叶卡捷琳娜二世的改革，国家能力得以跃升，而奥斯曼帝国则处于衰落状态，现代性的改革直到1793年之后才开始，因此，一个具有现代国家能力雏形的俄国可以战胜处于农业时代的古老帝国。战争随着欧洲和平的来临而在此爆发，孱弱无力的波兰又一次成为战争的导火线。

1764年，叶卡捷琳娜二世将自己的情人波尼托夫斯基扶上波兰王位，波兰遂沦为俄国的傀儡。波兰国内贵族之间的倾轧愈演愈烈，国家

---

① J. A. R. Marriot. The Eastern Question: an Historical Study in European Diplomacy [M]. Oxford: Oxford University Press, 1947: 140.

② J. A. R. Marriot. The Eastern Question: an Historical Study in European Diplomacy [M]. Oxford: Oxford University Press, 1947: 137.

③ [美] 尼古拉·梁赞诺夫斯基. 俄罗斯史（第七版）[M]. 杨烨，卿文辉，等，译. 上海：上海人民出版社，2007：247.

毫无强盛的转机。波兰国内出现叛乱，巴尔同盟反对傀儡国王和俄国的干预，叶卡捷琳娜下令俄军占领波兰，1768 年巴尔同盟被赶到奥斯曼帝国与波兰边境，俄军烧毁了一些奥斯曼帝国的村落。七年战争之后，法国为了遏制俄国势力的发展，希望借奥斯曼帝国围堵俄国在波兰势力的发展，法国驻君士坦丁堡的大使极力怂恿奥斯曼帝国对俄开战。但是这次开战却是奥斯曼帝国对俄国在波兰势力增长而引起的担心造成的。波兰，这个昔日的大国，在 1683 年曾经帮助哈布斯堡帝国解了维也纳之围，一百年之后，波兰却沦落为大国虎口之下的绵羊。随后，奥斯曼帝国向俄国宣战，一场具有决定性意义的战争爆发了。

这次战争已经远远超出了俄土之间的关系，三大帝国之间形成了一种新的均势局面，僵持之下，引起战争的波兰最终成为帝国和解的牺牲品，1772 年，波兰被第一次瓜分。"虽然俄土战争和由此产生的奥俄在巴尔干的对抗从根本意义上说并不是第一次瓜分波兰的原因，但毫无疑问，它们在加速瓜分上起了重大作用，也许还决定了瓜分所采取的方式。"① 1772—1773 年俄国面临着巨大的内外压力：一方面，国内的普加乔夫起义已成燎原之势，威胁到帝国的统治；另一方面，北方宿敌——瑞典呈现中兴之势，新的北方大战似乎并不遥远。在土俄谈判桌上，土耳其不愿作出任何妥协，谈判久拖不决，俄国在战场上的胜利之花似乎并不能在谈判桌上结果。面对这样的僵局和困境，女沙皇叶卡捷琳二世以超乎想象的魄力命令俄军继续进攻土耳其，直到土耳其接受俄国的要求为止。

1774 年 7 月 21 日两国签订了《库楚克-凯纳吉条约》，条约签订之后，叶卡捷琳娜二世大喜过望，她大呼："俄国从来还没有签署过这样的和约！"② 因为条约规定对俄国简直是百年梦想终于成真：第一，俄国获得了黑海的出海口，从亚速海出入黑海的刻赤海峡为俄国所有；第二，黑海自由航行的权利，"土耳其政府允许俄国船舶和商船在它们从黑海到白海以及从白海到黑海从事商业时，在土耳其的港口和一切地方自由通行，正如其他大国所享有的那样，并且驶入连接这些海洋的一切港口和

---

① [英] A. 古德温. 新编剑桥世界近代史（8）[M]. 中国社会科学院世界历史研究所，译. 北京：中国社会科学出版社，1999：339.
② [英] A. 古德温. 新编剑桥世界近代史（8）[M]. 中国社会科学院世界历史研究所，译. 北京：中国社会科学出版社，1999：342.

海岸、一切运河和通道"①；第三，克里米亚公国获得独立，土耳其政府要放弃在克里米亚半岛上的一切军事要塞、城市和居民，昔日拱卫奥斯曼帝国北部边疆的附庸国丧失了，北方的门户洞开；第四，俄国获得了在巴尔干半岛的立足点，多瑙河上的两公国在承认土耳其宗主国的前提下更加独立；第五，俄国获得了在奥斯曼帝国建立教堂的权利，同时"俄罗斯帝国的所有臣民（包括教会和世俗的）都应允许自由去朝拜耶路撒冷圣城及受到珍视的其他地方"②，在朝拜路途上免收任何贡金、捐税、通行税等。这一条约是"整个俄土关系史上最重要的条约"③，俄国不仅获得了奥斯曼帝国边缘地带，将黑海北岸、多瑙河沿岸掌握在自己手中，而且还获得了干涉奥斯曼帝国内政的权力，巴尔干半岛成为俄罗斯下一个觊觎的目标。

1774 年奥斯曼帝国与俄国签订《库楚克-凯纳吉条约》，有学者认为："这是过去两个世纪中，俄国与土耳其签订的众多条约中最基本、影响最为深远的一个。"④ 这是俄国在近东扩张的起点，也有学者认为，1774 年是东方问题开始的标志。⑤ 斯塔夫里阿诺斯认为，《库楚克-凯纳吉条约》在领土条款方面令人惊奇地中庸，但是对于未来，该条约与《卡尔诺维茨条约》一样具有重要意义。前一条约使基督教省份从奥斯曼帝国中脱离出来并且终结了奥斯曼帝国向西扩张的时代，后一个条约则第一次从奥斯曼帝国手中割让穆斯林省份，更重要的是确立了干预帝国内部事务的外交原则。⑥ 这次战争是俄国在东方大规模扩张的开始，其目标是：获得黑海出海口，在黑海自由航行的权利；多瑙河两公国在俄国的保护下获得独立；克里米亚公国独立。三个目标标志着俄国在东方的全面推进，可谓狮子大开口，从边界的角度而言，一方面俄罗斯获得黑海出海口且在黑海自由航行，实际上是将君士坦丁堡置于威慑之下，这也是俄国的一次越海战术，因为此前俄国连亚速海都没有控制，克里

---

① 国际条约集（1648—1871）[M]. 北京：世界知识出版社，1984：212.

② 国际条约集（1648—1871）[M]. 北京：世界知识出版社，1984：211.

③ [美] 巴巴拉·杰拉维奇. 俄国外交政策的一世纪 [M]. 福建师范大学外语系编译室，译. 北京：商务印书馆，1978：17.

④ J. A. R. Marriot. The Eastern Question: an Historical Study in European Diplomacy [M]. Oxford: Oxford University Press, 1947: 151.

⑤ Suraiya N. Faroqhi. The Cambridge History of Turkey (Volume 3) [M]. Cambridge: Cambridge University Press, 2006: 111.

⑥ L. S. Stavrianos. The Balkans since 1453 [M]. NY: Rinehatr & Company, Inc., 1958: 191.

米亚的鞑靼人一直是俄国南部边境的隐患,所以俄国试图通过一场战争直接威慑奥斯曼帝国的首都,由此可见其贪婪。另一方面,对多瑙河两公国的觊觎之心让哈布斯堡帝国感到恐惧与愤慨,这标志着俄国开始进入巴尔干半岛。俄国的真正目标厘清了未来主导东方问题发展的主要线索:黑海及海峡问题、巴尔干问题。

事后判断,1774 年的条约从瓜分波兰到俄土战争,西欧国家受到的影响甚微,说明当时欧洲"形成两个政治世界。一方的成员似乎不大可能对另外一方的事态发展产生什么影响"①。但是东欧的国际体系逐渐形成,北方战争及其之后奥地利王位继承战争与七年战争重塑了波罗的海沿岸的国际体系,瑞典从霸主的巅峰上跌落下来,而名不见经传的俄国与普鲁士则在短短半个世纪之后成为主导东欧格局的强国。普鲁士、哈布斯堡帝国与俄国成为东欧国际体系的核心,三个朝廷在 18 世纪的最后几十年将波兰瓜分殆尽,成为保守主义的营垒。奥斯曼帝国在 18 世纪中前期的几场影响欧洲国际体系格局变革的战争中保持了中立,因此,作为东方问题主角的奥斯曼帝国还没有融入其中,18 世纪初分离的两个区域次体系逐渐融合。

签订《库楚克-凯纳吉条约》基本上完成了俄国"收复失地"的任务,俄罗斯人已经将被奥斯曼帝国侵占的祖先领土悉数收回,但是并没有满足俄国人的贪欲,反而进一步刺激了俄国向巴尔干扩张的欲望。俄国再进一步扩张势必会受到很多阻力:一方面,俄国扩张领土的合法性不复存在,祖先的领土已经悉数收回,如果再继续南下,便是侵占奥斯曼帝国的领土,势必会遭到穆斯林的激烈的反抗;另一方面,欧洲列强不会坐视俄国的继续扩张,也会受到各方面的掣肘。叶卡捷琳娜意识到这种瓜分不可能由俄国一国独吞,需要借重哈布斯堡帝国的力量,于是在 1781 年 6 月,俄国与哈布斯堡王朝签订协定的意愿便出现在两国皇帝的私人书信中。由于一些技术性问题不好解决,所以正式的协定迟迟没有签订,但是叶卡捷琳娜大帝和约瑟夫二世都互相保证支持彼此在近东的利益。1782 年 9 月,俄国提出了重构巴尔干半岛地图的计划,其根本意图在于将奥斯曼帝国驱逐出欧洲。俄国将获得高加索、克里米亚等地,边界直至德涅斯特河,而多瑙河两公国合并为一个国家,但是只能成为

---

① [英] A. 古德温. 新编剑桥世界近代史(8)[M]. 中国社会科学院世界历史研究所,译. 北京:中国社会科学出版社,1999:343.

俄国的藩属国；哈布斯堡帝国将得到波斯尼亚、黑塞哥维那、塞尔维亚等西巴尔干地区，而奥斯曼帝国欧洲部分剩余地区将建立一个新的希腊帝国，但是应该由叶卡捷琳娜的孙子来统治。

这种瓜分的方案并没有使列强满意，尤其是哈布斯堡帝国，奥地利不仅想得到达尔马提亚，还想得到伊斯特利亚半岛（Istria）；还有塞尔维亚和小瓦拉几亚；多瑙河沿岸公国从奥斯曼帝国手中转交到俄罗斯手中并不能使约瑟夫二世感到丝毫高兴。①

1783 年，克里米亚被并入俄罗斯帝国，"对土耳其和鞑靼人的胜利，消除了帝国南疆最主要的冲突来源，实现了乌克兰南部成为定居地的可能，也标志着欧洲对5个世纪前入侵欧洲的蒙古人势力的参与取得了最终胜利"②。对奥斯曼帝国而言，"克里米亚汗手中的骑兵曾经是奥斯曼帝国军队的支柱，这一缺漏由近卫军填补，而近卫军已经是朽木不可雕"③，进而加剧了奥斯曼帝国在军事上的衰落。在克里米亚半岛上俄国修建了两个重要的军事基地——塞瓦斯托波尔与尼古拉耶夫，从这两个基地出发，只用两天多时间，黑海舰队便可到达君士坦丁堡城下，对奥斯曼帝国形成军事威慑。而乌克兰南部在此后便成为支撑俄罗斯帝国经济的核心地带，19 世纪乌克兰平原的小麦产量占世界的 20%。

俄国不仅对奥斯曼帝国的欧洲部分感兴趣，对高加索地区也垂涎三尺，高加索是进入亚洲的通道，因此，俄国在格鲁吉亚地区煽风点火。面对俄国的步步紧逼，土耳其苏丹忍无可忍，于 1787 年向俄国宣战，力图恢复土耳其在黑海沿岸的权威。1788 年 7 月，瑞典国王古斯塔夫三世突然参战，这标志着北欧体系与南欧体系正式合并为一个体系。瑞典对俄国的进攻"无疑对土耳其具有重大的价值，使它一时在欧洲政治中位居关键地位；而瑞典却从中一无所得"。④ 1789 年的法国大革命搅动了欧洲国际格局，欧洲大国都被卷入其中，1791 年俄奥同盟到期而解体，

---

① J. A. R. Marriot. The Eastern Question: an Historical Study in European Diplomacy [M]. Oxford: Oxford University Press, 1947: 156.

② [美] 保罗·库比塞克. 乌克兰史 [M]. 颜震, 译. 北京: 中国大百科全书出版社, 2009: 57.

③ Donald Quataert. The Ottoman Empire (1700 – 1922) [M]. Cambridge: Cambridge University Press, 2000: 40.

④ [英] A. 古德温. 新编剑桥世界近代史 (8) [M]. 中国社会科学院世界历史研究所, 译. 北京: 中国社会科学出版社, 1999: 356.

1792 年 1 月 9 日，哈布斯堡帝国、土耳其帝国与俄国签订了《雅西条约》（the Treaty of Jassy）。这一条约最终将俄国自 1774 年的侵略成果条约化与合法化，"俄国取代奥斯曼帝国，成为在黑海独霸一方的力量"。①

这次战争使"俄国获得了奥恰科夫要塞以及德涅斯特河以西的黑海沿岸地区，土耳其承认俄国对克里米亚的吞并，俄国终于扩张到了她的南部自然边界，土耳其问题至此可以说是基本解决了"。② 从彼得一世开始，俄国经过一百多年的努力，俄国已经成为黑海的主人，如叶卡捷琳娜大帝所说："我嫁到俄国的时候，我是个贫穷的小姑娘，俄国给了我丰厚的嫁妆；我以亚速海、克里米亚和乌克兰回报俄国。"③ 叶卡捷琳娜二世提出的瓜分蓝图虽然未能变成现实，但是这一构想却为日后俄国的扩张提出了目标，为俄军向巴尔干扩张吹响了号角。

四、若即若离的俄奥联盟

哈布斯堡帝国与俄国之间的互动在这一时期并不是东方问题的主要线索，两个帝国在抵抗奥斯曼帝国这一议题上具有共同利益，因此，组成了利益上的临时联盟。两国组成的同盟在 18 世纪中出现了角色的转换，也预示着未来东方问题发展的风向。两国在东方问题上的互动大致可以分为两个阶段：第一个阶段是哈布斯堡帝国占绝对优势地位，第二个阶段是俄国占据主导。

两国面临着共同的敌人，对于哈布斯堡帝国而言，它面临法国在东方盟国即瑞典、波兰与奥斯曼帝国的包围；对俄国而言，向西、南扩张也必须侵占这三个国家的领土，在打击波兰、奥斯曼帝国方面，两个帝国具有共同的利益。俄国的国力尚弱，在两国结成的同盟关系中处于弱势地位，1699 年，哈布斯堡帝国撇开俄国而与奥斯曼帝国缔结双边和约便是例证。这种趋势一直持续到 1768 年土俄战争期间。

土俄战争期间，哈布斯堡帝国担心俄国在近东和波兰的势力过度扩

---

① ［美］巴巴拉·杰拉维奇. 俄国外交政策的一世纪［M］. 福建师范大学外语系编译室，译. 北京：商务印书馆，1978：20.

② ［美］尼古拉·梁赞诺夫斯基. 俄罗斯史（第七版）［M］. 杨烨、卿文辉，等，译. 上海：上海人民出版社，2007：249.

③ J. A. R. Marriot. The Eastern Question: an Historical Study in European Diplomacy［M］. Oxford: Oxford University Press, 1947: 164.

张,外交大臣考尼茨试图与普鲁士和解,两国联手遏制俄国。1769 年和 1770 年,约瑟夫与腓特烈二世曾举行两次秘密会谈,但是无果而终。1771 年,当哈布斯堡帝国得知俄国的战争目标之后,便着手帮助奥斯曼帝国抵制俄国的扩张,1771 年,两国达成密约:哈布斯堡帝国保证奥斯曼帝国的领土完整,后者要前者提供一定的财政补贴,以提高军队的战斗力,同时割让瓦拉几亚西部的部分领土。① 俄军在陆地和海上的胜利使普鲁士也感到不快,因为奥斯曼帝国的失败使普鲁士一无所获,同时因为普鲁士与俄国在 1764 年缔结条约,如果奥俄两国开战,普鲁士将不可避免地卷入战争。为此,腓特烈二世建议三国共同瓜分波兰,以换取俄国与奥斯曼帝国签订一个比较温和的条约。1772 年 8 月 5 日,三国签订瓜分波兰的条约,波兰成为奥斯曼帝国的替死鬼。

1778 年前后,哈布斯堡帝国向德意志方向扩张的努力受到挫败,虽然法国是哈布斯堡帝国的盟友,但是法国不愿为其扩张背书,出身于德意志小邦国的叶卡捷琳娜也不愿意看到中欧小邦国被吞并。1779 年,哈布斯堡帝国妥协,保证德意志邦国的独立,法国与俄国成为协议的保证国。事实上,这时俄罗斯已经介入德意志问题,哈布斯堡帝国不得不仰赖俄罗斯的势力。这一转折是两国国际地位逆转的反映,俄国的国际地位大大提升,因此有人指出:"俄罗斯在德意志争执中所取得的地位堪同法国过去 130 年以来作为威斯特伐利亚和约保证国而享有的地位相提并论。"②

在德意志方向的扩张受阻之后,哈布斯堡将扩张的方向对准了东方,1780 年约瑟夫二世登基之后,便设想与俄国结盟共同瓜分奥斯曼帝国。当俄国吞并克里米亚半岛的时候,约瑟夫二世却试图向德意志与尼德兰两个方向扩张,但是他受到了极大的阻力,因为在这个方向有两个大国:法国与普鲁士不可能允许哈布斯堡帝国进一步扩张,以致影响中欧的均势格局。尤其是普鲁士在 1785 年与德意志的一些小邦国组建"诸侯联盟",以保证神圣罗马帝国的现状,各成员国保证在巴伐利亚受到侵略时各个盟国给予军事支持,哈布斯堡帝国向中欧扩展的路被封死了。向东

---

① [英] A. 古德温. 新编剑桥世界近代史(8)[M]. 中国社会科学院世界历史研究所,译. 北京:中国社会科学出版社,1999:338.

② [英] A. 古德温. 新编剑桥世界近代史(8)[M]. 中国社会科学院世界历史研究所,译. 北京:中国社会科学出版社,1999:351.

扩张已经成为不得已的选择。1788 年 8 月 13 日，英国、荷兰和普鲁士签订了共同防御条约，哈布斯堡帝国陷入西方国家的包围之中。而俄国与哈布斯堡帝国的双边关系早已发生巨大变化，即便哈布斯堡帝国与俄国建立同盟，也只能扮演追随者的角色，对于哈布斯堡帝国的扩张基本没有什么帮助，不过是引狼入室而已。1788 年土俄战争期间，约瑟夫二世按照盟约规定对土耳其开战，但是一场耗费巨大的战争之后，帝国毫无收获，反而面临巨大危机。这场战争标志着哈布斯堡帝国在向东扩张过程中将面临俄国的挑战，奥俄之间在东方问题上将从合作转向竞争。约瑟夫二世构建的奥俄同盟，为俄国在东方的扩张提供了一个安全阀和保障，自己却一无所获，完全是为俄国作嫁衣。

1790 年，约瑟夫二世在遗憾中去世，他没有成为自己期待的一代将才，继任的皇帝利奥波德二世选择了和平。这是因为：其一，在巴尔干的战争是为俄国开疆拓土，而叶卡捷琳娜对领土的贪欲没有止境，她保持一种功利的"孤立"姿态，在尽量少承担责任的前提下，最大限度地扩张俄国的利益。① 其二，哈布斯堡帝国境内出现了叛乱，普鲁士对哈布斯堡帝国虎视眈眈，如果利奥波德将军队集中于巴尔干或许会诱使普鲁士从背后袭击。种种因素之下，1791 年 8 月 4 日，在保持战前现状的基础上，哈布斯堡帝国与奥斯曼帝国签订了《西斯托瓦条约》（*Treaty of Sistova*），这一和约的签订不仅暂时解除了奥斯曼帝国的压力，而且也终止了哈布斯堡帝国与俄国"合作"对抗奥斯曼帝国的同盟，这是东方问题历史上的一个重大的转折点。

简要回顾两国之间的关系，我们会发现几条规律：第一，俄奥两国对奥斯曼帝国的反抗及其扩张几乎是同时进行的，1683 年之后哈布斯堡帝国反败为胜，而此时，俄国也是反抗奥斯曼帝国阵营中的一员，在此过程中，俄国只是充当追随者的角色，而且在 1699 年被哈布斯堡帝国出卖。哈布斯堡帝国对奥斯曼帝国的挑战可谓一闪而过，1718 年之后，哈布斯堡帝国的边界几乎没有向东南推进，而俄国的挑战则是持久而剧烈

---

① 有学者这样归纳叶卡捷琳娜大帝的外交原则："她希望对其他大国都不承担义务而保持自己的行动自由；希望利用俄国的欧洲邻国无暇他顾的情况和它们的弱点而得到好处，以便在没有外国的援助和干预下实现她自己在波兰和黑海的目标；希望一旦出现机会，俄国便以和平缔造者和国际争端仲裁者的身份出现，从而提高自己的个人威望和俄国在欧洲政治上的影响和分量。"参见 [英] A. 古德温. 新编剑桥世界近代史（8）[M]. 中国社会科学院世界历史研究所，译. 北京：中国社会科学出版社，1999：414.

的，随着时间的推移，俄国成为奥斯曼帝国的头号敌人。第二，无论哈布斯堡帝国还是俄国，都具有多个扩张方向，哈布斯堡在低地国家、意大利和德意志都有重要的利益，因此东方问题不过是哈布斯堡帝国关注的问题之一，或者说相对不重要的议题；俄国向东、西两个方向扩张，但是在彼得一世统治期间，瑞典与波兰便不足以挑战俄国的地位，俄国向东扩张几乎没有遇到什么阻力，因此，相比哈布斯堡帝国，俄国的扩张方向更为单一，资源运用更为集中。第三，两国之间的关系除了受制于欧洲国际格局的影响之外，还需要一种极为重要的东西，那就是权力的"隙地"，所谓的隙地并不是无人区，而是弱国，在 18 世纪后半期，波兰充当了权力隙地的角色，通过三次瓜分波兰，不仅避免了强国之间的战争，而且将三个北方朝廷连接到一起。第四，奥斯曼帝国还没有适应欧洲的均势政治传统，因此，在欧洲格局变动之际屡次错失良机。当北方大战与西班牙王位继承战争同时进行之际，奥斯曼帝国没有与自己的敌人的敌人联手。即便法国驻君士坦丁堡大使费里奥尔（Ferriol）力促奥斯曼帝国对哈布斯堡帝国或者俄国开战，但是奥斯曼帝国的宰相似乎不愿意落井下石。正是奥斯曼帝国的中立，使俄国在北方大战中最后胜出。当瑞典国王兵败逃往奥斯曼帝国之际，奥斯曼帝国并没有抓住机会与瑞典结盟共同抵抗俄国。在 18 世纪初的两场大战中，奥斯曼帝国如果选择主动，可能为欧洲的几个次区域国际体系架起桥梁，换言之，将西班牙王位继承战争与北方大战连为一体，成为欧洲范围的第一次大战。正是因为奥斯曼帝国的消极等待，俄国在波尔塔瓦战役中击溃瑞典，一举成为东欧第一强国。另外一个实例是 18 世纪中期的欧洲外交革命。欧洲外交革命改变了奥斯曼帝国几百年以来的外交环境，法国与传统对手哈布斯堡帝国结成盟友，新崛起的普鲁士在欧洲大陆孤立无援，普鲁士国王希望与奥斯曼帝国结成同盟，但是 1740—1768 年奥斯曼帝国一直保持和平主义的外交路线，对于弗里德里希结盟的要求并没有作出回应，直到 1761 年，七年战争正酣之际，普鲁士也没有放弃与奥斯曼帝国结盟的希望，恪守中立政策的奥斯曼帝国，避免卷入欧洲战争。18 世纪的奥斯曼帝国边界是变幻不定的，要塞林立、农田荒废、百姓流离，这是帝国边境的真实写照，而对于帝国影响最大的是一种强烈的帝国心理，即"无限扩张，无往不胜"的观念[1]，换言之，奥斯曼

---

[1] Suraiya N. Faroqhi. The Cambridge History of Turkey（Volume 3）[M]. Cambridge：Cambridge University Press, 2006：107.

帝国在 18 世纪还没有从帝国转向霸权,虽然在 1699 年订立城下之盟,承认战败,但是却没有进入霸权角色,在霸权体系中,尤其是多极霸权体系,灵活多变的结盟是维持均势的重要手段。

在亚当·沃森看来,17 世纪欧洲国际体系是由两个次区域体系构成的,一个是北方体系主要集中在波罗的海,其目标在于"为拉丁世界赢得北方十字军东征的胜利"。瑞典、波兰、立陶宛是这个体系的支轴国家,而莫斯科公国、奥斯曼帝国和神圣罗马帝国也卷入其中,虽然奥斯曼帝国和莫斯科公国卷入其中,但是他们被认为是异教徒国家,"在欧洲文明之外"。另外一个是南方体系,这个体系主要是法国与奥斯曼帝国联合反对西班牙与奥地利的哈布斯堡家族,而主战场则集中于意大利、德意志以及地中海,从 1494 年法国入侵意大利半岛一直持续到 1713 年《乌得勒支和约》签订。17 世纪欧洲外交的焦点是法国借助外部力量遏制哈布斯堡帝国,但是这种外交的实际结果是"两个欧洲体系的逐渐融合为一个单一的权力与利益互动的复合体"①。18 世纪的一系列战争逐渐将欧洲的区域次体系联合为一个整体,其中南欧体系与北欧体系的互动与融合是东方问题发展的重要内容。

第三节 帝国边缘:形成与特征

帝国的扩张势必会造成边缘地带的存在,奥斯曼帝国 100 年多年快速的扩张使巴尔干等广大地区成为帝国的边缘地带,帝国边缘是帝国形成自我认同的"他者",帝国的边缘是各种权力边界交叠之地,形成了不同于帝国中心的特有的政治地理生态。18 世纪之后,巴尔干逐渐成为三个帝国的边缘地带,特有的地缘政治环境、宗教历史、种族迁徙以及复杂的国际斗争,使巴尔干成为各种权力相互缠绕的复合体。从一个帝国的边缘向三个帝国边缘的转变是巴尔干历史的重大变化,也使东方问题从东南欧问题成为欧洲问题,乃至世界难题。

一、帝国扩张与边缘的形成

奥斯曼帝国从小亚细亚的部落成长为世界性帝国经历了复杂的帝国

---

① Adam Watson. Russia and the European States System [A] //Hedley Bull, Adam Watson. The Expansion of International Society [C]. Oxford:Clarendon Press, 1984:64.

边疆化与去边疆化的过程，几乎叠加了三种不同的"理想"模式。奥斯曼帝国跨过黑海海峡进入巴尔干半岛，是奥斯曼成长为世界性帝国的转折点，奥斯曼帝国也是各种帝国传统和遗产的集大成者，尤其是强有力的帝国治理结构释放了征服的能量，将广大的空间纳入奥斯曼帝国的疆域之中。

奥斯曼帝国起源于突厥移民，欧亚大草原也是一个移民的通道。"从8、9世纪以来，一波又一波的突厥游牧的牧民、骑兵和掠夺者从中亚袭来，他们呈扇形向安纳托利亚、黑海地区和中东铺开，大部分是为了寻找新鲜的牧场和狩猎地区，小部分是对来自他们东部和北部边界的蒙古人的压力的回应。"① 奥斯曼人只是迁徙的突厥人的一个分支，但是奥斯曼人却将游牧民传统、伊斯兰教的"圣战"意识以及定居国家构建三种因素融合起来。游牧民的坚韧、意志力以及灵活的作战策略，使之能够在欧亚大陆卷起征服的风暴，建立起庞大的游牧帝国，但是游牧帝国面临着移动与定居之间的悖论，游牧帝国的崩溃与其兴起一样迅速。游牧民国家不一定能够形成帝国。可以说帝国的可能性来自游牧民国家与定居农民国家的统合。② 奥斯曼人在建立了自己的小王国之后并没有急于扩张，在与拜占庭的接触中，学习拜占庭的治国方式，这是奥斯曼人超越其前辈之处。同时，奥斯曼人皈依了伊斯兰教，也就接受了"圣战"的精神。随着塞尔柱王国的分裂，一个以军事伊斯兰为标志的势力兴起，安纳托利亚的政治形势朝另外一个方向发展了。这就是带有狂热进攻性的被称为"加齐"的圣战团体，他们既为了传播信仰而战，也通过劫掠而自我供养。③

从1301年开始，奥斯曼开始了征服的生涯，在尼西亚周围取得的一系列的胜利让奥斯曼有了很大的名气，上千户突厥家庭归附于他。拜占庭皇帝为了控制奥斯曼，而与伊尔汗国结成了同盟，但是奥斯曼取得了成功。奥斯曼成为拜占庭帝国强有力的对手，1326年奥尔汗攻下布尔萨，成为奥斯曼帝国第一个首都，这一年也被认为是奥斯曼帝国的建立

---

① [英]罗伯特·拜德勒克斯，伊恩·杰弗里斯. 东欧史（上）[M]. 韩炯，等，译. 上海：中国出版集团·东方出版中心，2013：106.
② [日]柄谷行人. 帝国的结构[M]. 林晖钧，译. 心灵工坊文化事业股份有限公司，2015：108.
③ Stephen Turnbull. The Ottoman Empire (1322–1699) [M]. Routledge, 2003：10.

之年，以及漫长的征服历史的开端。在奥斯曼帝国征服的初期，属于两个帝国之间的"接触"，符合模式二，奥斯曼帝国将拜占庭帝国的边疆转化为自己的边疆，奥斯曼帝国的边疆化 A 与拜占庭帝国的去边疆化 A 是同一个过程。奥斯曼帝国面对的是一个日渐孱弱的帝国，事实上拜占庭帝国在第四次十字军东征之后遭受致命的打击，它丢掉了巴尔干半岛的多数领土，也就是持续的去边疆化 A 的过程。再向前追溯，1054 年东西方教会的大分裂，实际上打破了基督教的"统一之链"，天主教和东正教之间的分歧要超过它们与伊斯兰教之间的分歧。"欧洲历史上最著名的划分是将拉丁基督教界的欧洲西方和东罗马帝国和俄罗斯的东正教去相分离。"① 这一分裂造成了近乎"文明"的断层。面对这样一个孱弱的帝国，奥斯曼帝国几乎可以不断拓展自己的"自然边界"，也就是说它遇到的抵抗非常微弱，甚至可以说奥斯曼人是被邀请进入欧洲的。

1345 年，拜占庭帝国野心勃勃的将军约翰·坎塔库兹努斯（John Cantacuzenus）为了帝国的皇位而向奥斯曼帝国苏丹奥尔汉（Orkhan）乞援，将军将其妹妹狄奥多拉嫁给了苏丹，从而获得了苏丹 6000 士兵，奥斯曼军队第一次越过了达达尼尔海峡，作为盟军参加了一系列的军事行动，从阿德里安堡到黑海沿岸，甚至到了君士坦丁堡。值得关注的是，此时的巴尔干半岛处于"混战"之中，塞尔维亚的斯泰凡·杜尚自称建立了一个帝国，与拜占庭皇帝争夺主导权，为了讨好奥斯曼帝国苏丹，斯泰凡提出将自己的女儿嫁给奥尔汉的儿子。1355 年，斯泰凡准备发兵征服君士坦丁堡，只不过在出征后第二天就去世了，塞尔维亚帝国也就灰飞烟灭了。"当塞尔维亚帝国崩溃之后，巴尔干出现了权力真空，这个真空不是像以往那样由恢复元气的拜占庭帝国填充的，而是由大肆扩张的土耳其人填充的。"②

毫无疑问，拜占庭帝国中的颓势以及巴尔干半岛不同势力之间的混战，为奥斯曼帝国的政府创造了条件。1353 年，奥斯曼帝国军队占领了加里波利，并且在此构建了坚固的军事工事，驻屯大量士兵，"加里波利

---

① [美] 马丁·W. 刘易士，卡伦·E. 魏根. 大陆的神话：元地理学批判 [M]. 杨瑾，等，译. 上海：上海人民出版社，2011：35.
② L. S. Stavrianos. The Balkans since 1453 [M]. NY: Rinehatr & Company, Inc., 1958: 29.

成为向巴尔干进一步扩张的坚固基地"。① 这是奥斯曼帝国进入巴尔干的开始,也揭开了征服巴尔干半岛的历史大幕。拜占庭、保加利亚、塞尔维亚构成了一个弱国际体系,他们之间的矛盾要远超过的他们与奥斯曼帝国的矛盾。奥斯曼帝国进入欧洲之后采取了"怀柔"政策,被征服后,基督徒农民只要缴纳比较轻的赋税,就能免除繁重的义务。

1365 年,苏丹穆拉德一世(1362—1389 年)采取了一个极具象征性的举措,征服了阿德里安堡,改名为埃迪尔内并迁都于此。拜占庭帝国的皇帝只能寄希望于自己牢固的城墙,同时签署条约,变成了奥斯曼帝国的附庸,"这是一个具有重大意义的举动,将自己的首都置放于领土的边缘,而与自己的仇敌为邻,说明有充分的自信,也非常清晰地宣告了苏丹未来的意图"②。从此之后,奥斯曼帝国成为跨越海峡的帝国,海峡成为奥斯曼帝国的中心地带,这也塑造了奥斯曼帝国特有的地缘政治属性。14 世纪六七十年代,奥斯曼帝国的军事制度发生了根本性的变化,古典军队开始创建。③ "奥斯曼帝国早期的军事组织是一个奇特的混合体,既有土库曼游牧民族的因素,又有塞尔柱可汗和拜占庭的因子,但是在国家形成的早期阶段游牧习惯在这些因素中占据主导。"④ 奥斯曼帝国的近卫军来自被征服地区的基督徒,这些 8—15 岁的孩子被挑选出来,接受突厥语言和习俗的训练并改信伊斯兰教,经过一段时间训练之后,根据他们的能力被编入到军队或者政府,这些人曾被认为是"奴隶兵",其实完全是一种误解,因为军队或者政府的高阶职位完全向他们开放,对他们也是绝对的信任。⑤ 欧洲人认为这是奥斯曼帝国向欧洲人征收的"血税",但实际上,通过这种方式,奥斯曼帝国形成了一个具有活力的精英统治集团,近卫军绝对忠诚于苏丹,而苏丹也为近卫军提供了升迁的机会。"奥斯曼的追随者不是一个特定的部落或者部族,而是许多不同类型的土耳其人和土耳其化的民族的混合,他们选择追随奥斯曼和后来

---

① L. S. Stavrianos. The Balkans since 1453 [M]. NY: Rinehatr & Company, Inc., 1958: 43.

② Stephen Turnbull. The Ottoman Empire (1322 – 1699) [M]. Routledge, 2003: 16.

③ Kate Fleet. The Cambridge History of Turkey (Volume 1) [M]. Cambridge: Cambridge University Press, 2009: 198.

④ Kate Fleet. The Cambridge History of Turkey (Volume 1) [M]. Cambridge: Cambridge University Press, 2009: 192.

⑤ Stephen Turnbull. The Ottoman Empire (1322 – 1699) [M]. Routledge, 2003: 20.

的奥斯曼国家的统治者（苏丹）。"①

奥斯曼帝国跨过黑海海峡之后，以罗马帝国的继承者自居，"东西方间这场决定性的搏斗，根源在于双方都自称是已灭亡许久的罗马帝国的继承人"②。奥斯曼帝国沿着罗马帝国修建的道路开始了在巴尔干地区的征服之路。穆拉德一世在巴尔干半岛的扩张上取得了重大进展，占领了索菲亚、尼什等巴尔干半岛的关键城市，打开了保加利亚、塞尔维亚的大门。同时，奥斯曼帝国进入欧洲之后形成了两种不同的地缘政治属性，巴尔干和小亚细亚两个不同的战场，巴尔干主要是基督徒（东正教徒），而小亚细亚地区主要是土耳其的其他部落以及阿拔斯王朝的继承者。穆拉德意识到："唯有依靠他在巴尔干地区获得的人力和财力资源，以及被他招入麾下的基督徒军队，他才能有十足的把握去兼并整个小亚细亚。"③ 巴尔干地区被征服的过程经历了边疆化 A 与去边疆化 B 的双重过程，巴尔干地区被奥斯曼帝国征服并成为边疆，同时又进一步变成了奥斯曼帝国的中心。奥斯曼帝国作为征服者并没有人数的优势，同时为了有效地利用巴尔干地区自身存在的宗教、种族之间的冲突，给予了当地自治权，土地归苏丹所有，减轻了农民的赋税的负担，帝国统治比较能够容纳和利用多样性与差异性，同时又压制了新征服地区的矛盾与冲突。在巴尔干地区进行的资源汲取，尤其是兵员的征调，年轻的基督教男孩被选拔，成为奥斯曼帝国苏丹的近卫军。

巴尔干地区的"中心"地位在 1402 年奥斯曼苏丹巴耶济德和帖木儿之间的战争中得以进一步凸显，揭示了奥斯曼帝国统治的原理：是奥斯曼帝国具有二元性，或者说帝国存在着双中心。虽然来自中亚，但是奥斯曼人正在超越自己的传统，而成为定居帝国；二是奥斯曼在欧洲和在小亚细亚需要采用不同的统治方式，当帖木儿征集舰队准备渡过海峡之际，巴尔干地区被征服的族群并没有与帖木儿结盟，而是接受了奥斯曼帝国的统治。"奥斯曼人在花了两代人的时间扎根巴尔干地区之后，已经

---

① [英] 罗伯特·拜德勒克斯，伊恩·杰弗里斯. 东欧史（上）[M]. 韩炯，等，译. 上海：东方出版中心，2013：109.
② [英] 安德鲁·惠克罗夫特. 1683：维也纳之战 [M]. 黄美瑜，译. 成都：天地出版社，2018：7.
③ [英] 帕特里克·贝尔福. 奥斯曼帝国六百年 [M]. 栾立夫，译. 北京：中信出版社，2018：58.

被基督教世界心照不宣地默认为拜占庭帝国的继承者了。"① 巴耶济德之后,奥斯曼帝国陷入了混乱之中,四个儿子进行厮杀,黑海海峡两岸呈现出不同的政治风格,而最终穆罕默德一世实现了统一,但他的权力基础来自安纳托利亚的地方势力以及禁卫军,在很大程度上也确立了安纳托利亚在帝国的中心地位。重建之后的奥斯曼帝国将巴尔干视为中心,在相当长时间里,巴尔干提供的财政支持超过50%。黑海海峡两岸都是奥斯曼帝国的中心,但二者的性质又不同,伊斯兰教以及近卫军制度在帝国统治上层实现了融合,奥斯曼帝国的征服运动也在两个战场进行,这也构成了奥斯曼帝国边疆运动的"钟摆效应"。在东方战场,奥斯曼帝国遇到的是一个帝国,现在的伊拉克就是奥斯曼帝国与另外一个帝国之间的拉锯地带,摩苏尔是奥斯曼帝国"边疆化"的极限。

在巴尔干地区,奥斯曼帝国面临着弱国际体系,从穆拉德一世到苏莱曼大帝期间,奥斯曼帝国是在与一个弱国际体系的博弈中不断推进边疆化 A 的进程。巴尔干地区的王国或者国家结盟的重要的动力均来自对奥斯曼帝国的恐惧。穆拉德一世是奥斯曼帝国历史上伟大的征服者,他将帝国变成了一个傲立于世界的大帝国,尤其是在巴尔干半岛极大地扩大了帝国的边疆。1380 年马其顿落入奥斯曼人手中,保加利亚、塞尔维亚纷纷步其后尘。穆拉德一世的征服活动成为巴尔干国家共同的威胁,塞尔维亚人、波斯尼亚人、保加利亚人、瓦拉几亚人和阿尔巴尼亚人结成同盟,1389 年 6 月 15 日在科索沃平原上与奥斯曼人开始了一场决定命运的大战。这样的结盟在随后的历史中多次出现,基本属于强帝国与弱国际体系之间的博弈,但集合了巴尔干众多国家的联盟并没有赢得战争。这场战争之后,奥斯曼帝国将塞尔维亚"边疆化","塞尔维亚是南斯拉夫人中主要的抵抗力量,而科索沃战役标志着这一抵抗的失败"②;穆拉德一世也是在这场战争中战死的,继任的巴耶济德并没有直接合并塞尔维亚,而是将其作为帝国的附庸国。

奥斯曼帝国的扩张引起了基督教世界的恐慌,1394 年教皇卜尼法斯九世(Boniface Ⅸ)呼吁欧洲天主教国家组成一支新的十字军,对抗异

---

① [英] 帕特里克·贝尔福. 奥斯曼帝国六百年 [M]. 栾立夫,译. 北京:中信出版社,2018:88.

② Cox, John K. The History of Serbia [M]. Westport:Greenwood Publishing Group, 2002:29.

教徒的进攻。但是在尼科波利斯（Nikopolis），匈牙利领导的天主教国家组成的十字军惨败而归，面对奥斯曼强大的军队，这支十字军队伍陷入混乱之中，大量的俘虏被处决，在缴纳了2万金币之后，一些将领被遣返。斯塔夫里阿诺斯认为这场战争"不仅是欧洲骑士制度的一次耻辱的失败，也决定了君士坦丁堡的命运，巩固了奥斯曼帝国在巴尔干的控制，打通了此后向布达和维也纳的通道"。① 在宗教名义下组建的联盟，虽然迟滞了奥斯曼帝国在巴尔干地区的扩张，但是这个弱国际体系终归难以抵挡强帝国的边疆化进程。1444年，奥斯曼帝国与天主教世界的联军在瓦尔纳（Varna）对阵，虽然联军在人数上占据优势，但是在纪律严明的奥斯曼军队面前还是惨败而归。"这场战争是西方基督教国家最后一次以将奥斯曼赶出欧洲为目标的协同作战"②，这次战争的影响是多重的：一方面，来自神圣罗马帝国的军事许诺被证明是不可靠的，巴尔干的国家只能自谋生路，强化了对奥斯曼帝国的附庸关系，塞尔维亚并没有参加这次战争；另一方面，拜占庭帝国已经成为一座孤岛，周边地区都成为奥斯曼帝国的领土，基督教世界已经是鞭长莫及了。

奥斯曼帝国的扩张在1453年攻陷君士坦丁堡得以呈现，经过近半个多世纪的战略迂回，奥斯曼帝国将君士坦丁堡合围，巴尔干半岛的瓦拉几亚、塞尔维亚成为奥斯曼帝国的附庸国，为君士坦丁堡的围攻战提供了兵员。在奥斯曼帝国的压力之下，拜占庭帝国皇帝施展了更加灵活的外交手段，通过艰苦谈判，最终同意与天主教合作，希望借助天主教世界的力量来抵挡奥斯曼帝国。君士坦丁堡的陷落再次证明，即便东正教和天主教合作，包括匈牙利、威尼斯在内的欧洲国家的联盟也无法抵挡奥斯曼帝国的扩张，在1453年之后，奥斯曼帝国逐渐覆盖了巴尔干半岛。1459之后的几年中塞尔维亚、波斯尼亚和黑山并入奥斯曼帝国的版图之内，此后的几个世纪中，南斯拉夫人便从历史上消失了。1463年，穆罕默德的军队进入波斯尼亚，顺利地成为该地区的主人。1463年，威尼斯试图激起欧洲对奥斯曼帝国的恐惧，进而结成同盟应对奥斯曼帝国的扩张。威尼斯共和国、教皇以及勃艮第公爵、匈牙利王国结成了同盟，

---

① L. S. Stavrianos. The Balkans since 1453 [M]. NY: Rinehatr & Company, Inc., 1958: 48.

② Dennis P. Hupchi. The Balkans from Constantinople to Communism [M]. Hampshire: Palgrave Macmillan, 2002: 117.

但是面对奥斯曼帝国强大的军事压力,只有威尼斯坚持抵抗,而他的盟友早已撤出。威尼斯的抵抗虽然勇气可嘉,却没有什么结果。最终在1479年威尼斯共和国与奥斯曼帝国缔结了《君士坦丁堡条约》,条约规定:威尼斯将利诺斯岛、埃韦厄岛和斯库台等地割让给奥斯曼帝国;向奥斯曼帝国赔偿10万达克特;每年向奥斯曼帝国进贡11万达克特。而威尼斯的付出也不是没有收获的,首先,获得了在君士坦丁堡设立领事馆的权利;其次,在奥斯曼帝国境内享受自由贸易的权利。① 1500年,威尼斯与奥斯曼帝国之间的战争可以称为一次区域性战争,基督教强国西班牙、法国纷纷参战,海战与陆战同时进行,匈牙利也卷入其中。最后的结果是威尼斯海上据点纷纷失陷,而通过此战,奥斯曼帝国反而开始成为海上强国。巴耶济德二世与威尼斯与1502年缔结和约,第二年与匈牙利签订和约,欧洲边界相对稳定下来。奥斯曼帝国用了将近一百年时间成功地将巴尔干半岛变成了帝国的边疆,同时,君士坦丁堡、阿德里安堡、索菲亚等城市成为帝国统治的中心,这些地区也经历了去边疆化B的过程。

从地缘政治上来说,巴尔干半岛并不是一个独立的单元,"巴尔干半岛和高加索地区都属于欧洲的边境地区,而这两个地区内还藏着更多边境地区,仿佛层层相嵌的俄罗斯套娃。每个边境地区都比上一个更小,但令人惊异的是,总是有更小的边境地区出现"②。奥斯曼帝国在巴尔干地区的边疆化A,是对这一地区的"覆盖",只是遇到了非常微弱的挑战。帝国朝着"自然边界"的方向发展,在巴尔干地区破碎的地缘单元中,奥斯曼帝国采取了非常灵活的治理方式,建立了"米勒特"制度,可以说这是统合差异性的创举。在苏莱曼大帝当政期间,奥斯曼帝国在巴尔干地区的边疆化A又进一步推进。一方面将匈牙利变成了奥斯曼帝国的附庸,三次兵临维也纳城下,奥斯曼帝国在巴尔干地区的"自然边界"也达到了最大;另一方面,贝尔格莱德成为帝国的中心,多瑙河以南地区经历着不同程度的"去边疆化B"的过程,巴尔干作为帝国中心的地位进一步巩固。

---

① J. A. R. Marriot. The Eastern Question: an Historical Study in European Diplomacy [M]. Oxford: Oxford University Press, 1947: 83.
② [美]乔治·弗里德曼. 欧洲的新燃点 [M]. 王祖宁, 译. 海口: 南方出版社, 2016: 153.

1520年，苏莱曼大帝登基，开始了对巴尔干地区新的征服运动。1521年苏莱曼大帝从匈牙利人手中夺取了贝尔格莱德的卡莱梅格丹要塞，这一要塞处于多瑙河和萨瓦河交汇处，修建于罗马帝国时代，奥斯曼帝国从此在多瑙河岸边获得了一个继续向北推进的战略支点。1526年的莫哈奇之战，奥斯曼帝国军队打败了匈牙利国王率领的包括波西米亚、德意志的联军，匈牙利国王战死，此战被认为是"匈牙利国家之墓"，此后，匈牙利有组织的反抗也就此结束了。奥斯曼帝国与包括匈牙利为代表的弱国际体系的对抗也就结束了，奥斯曼帝国军队一路北上，将布达付之一炬。苏莱曼大帝没有将匈牙利并入奥斯曼帝国，而是将其变成了一个附庸国，匈牙利的国王需要得到奥斯曼帝国苏丹的认定。征服匈牙利之后，奥斯曼帝国在中欧的扩张几乎达到极限，可以说，奥斯曼帝国已经达到了最大的"自然边界"。1526年、1529年以及1532年，苏莱曼大帝三次围攻维也纳未果，这意味着维也纳是奥斯曼帝国扩张的极限。在当时的军事条件之下，奥斯曼帝国军队无法攻下维也纳。原因在于：其一，苏莱曼的军队本质还是夏季军队，从伊斯坦布尔到维也纳有上千公里，无法建立有效的后勤补给，遇到问题只能就地解决，在冬季，骑兵部队难以得到有效的补给。同时，暴雨、洪水会延缓土耳其军队的行军速度，也让战斗的时间大大缩短。其二，巴尔干半岛特殊的地缘构造使得奥斯曼帝国无法在短时间内建立新的后勤系统。巴尔干山脉呈S形绵延于巴尔干半岛，从喀尔巴阡山南麓一直延伸到黑海海峡，而半岛西岸的迪纳拉山脉与亚得里亚海海岸平行。半岛缺少纵横交错的河流，多瑙河虽然横跨欧洲，但在当时的技术条件下，其航运功能并未得到发挥，尤其是下游河段。对奥斯曼帝国而言，"时间和距离至少是与哈布斯堡政权一样难对付的敌人，除非能在遥远的萨瓦河北方取得一块永久性的基地。"[①] 其三，维也纳是哈布斯堡王朝的首都，也是神圣罗马帝国以及天主教文明的中心，对维也纳的围攻也引起了基督教世界的恐慌。但在土耳其军队的压力之下，天主教和新教在哈布斯堡王朝的不同分支能够达成共识，守卫维也纳的军队也是具有作战能力的精良部队。"凡在没有大洋或大沙漠可见地界定帝国极限的地方，只有作出主观的政治判断，才

---

① ［英］G. R. 埃尔顿. 新编剑桥世界近代史（2）［M］. 中国社会科学院世界历史研究所，译. 北京：中国社会科学出版社，2003：680.

能确定帝国的政治控制范围最后究竟终于何处。"① 哈布斯堡王朝的军队以及在天主教世界引发的恐惧，让奥斯曼帝国开始面对一个旗鼓相当的对手。

维也纳之战"是一个明确的并且事后被证明这是奥斯曼向中欧进犯的最后一次。维也纳的守备军为德意志和基督教提供了无与伦比的服务，维也纳也成为奥斯曼难以跨域的藩篱"②。奥斯曼帝国在匈牙利新征服的土地上应该实行一种间接统治，而不是长期占领，这是帝国统治的"密度"对"广度"的妥协。匈牙利在一定程度上扮演了两个帝国之间的缓冲地带，进一步说，是两个帝国都极力去"边疆化"的地带。

哈布斯堡王朝尤其是神圣罗马帝国具有双重的身份以及属性，它既是一个帝国，又是正在形成中的欧洲国际体系的一员。一般认为，1494年的意大利战争是欧洲国际体系的起源，德约认为："意大利之战是哈布斯堡家族与法国之间的一场战争，但它同时也是意大利各自由邦构成的国际体系的殊死拼斗。"③ 哈布斯堡王朝在欧洲体系内面对的头号对手是法国，1535年，法国与奥斯曼帝国缔结通商条约，法国可以在奥斯曼帝国境内经商，同时还在奥斯曼帝国获得了领事裁判权，并有权守卫基督教圣地。这一条约意味着奥斯曼帝国介入了欧洲国际体系之中，尤其是打破了基督教和伊斯兰教之间的分野。哈布斯堡王朝通过复杂的外交和联姻如同章鱼一样，将触角伸向欧洲各地。欧洲国际体系的形成与发展的过程，也可以说是国际体系与帝国之间的博弈，是欧洲国际体系驯服"帝国野心"的过程。意大利国际体系被认为是欧洲国际体系的雏形，这一体系的核心特征在于提供了一种迥异于帝国的政治单位，也就是主权国家（或者说君主国）。马基雅维利的《君主论》就是对这一新的政治组织形式的论证，"马基雅维利的论点简单明确：如果被征服国家的人民在文化上与征服者自己的文化相差甚远，就很难维持对被征服国的占领④。"主权国家及其国际体系对哈布斯堡家族以及奥斯曼帝国都是挑

---

① [美]爱德华·勒特韦克. 罗马帝国的大战略［M］. 时殷弘，惠黎文，译. 北京：商务印书馆，2008：64.

② J. A. R. Marriot. The Eastern Question：an Historical Study in European Diplomacy［M］. Oxford：Oxford University Press，1947：90.

③ [德]路德维希·德约. 脆弱的平衡：欧洲四个世纪的权势斗争［M］. 时殷弘，译. 人民出版社，2016：25.

④ [英]阿兰·瑞安. 论政治（上卷）［M］. 林华，译. 北京：中信出版社，2016：485.

战，当然，一直到 17 世纪中期，在巴尔干地区，哈布斯堡王朝和奥斯曼帝国才是主要的玩家，并且在边疆地区大体形成了一种平衡。

苏莱曼大帝在第七次征服匈牙利的战争中死去，这似乎宣告了一个时代的结束，苏莱曼大帝的继任者们没有他的雄才大略，同时苏莱曼大帝在巴尔干、中东和北非等地都将帝国的边疆几乎推到了极致。1568 年，奥斯曼帝国与哈布斯堡在匈牙利的战争结束，双方缔结和平条约，从而使苏丹塞勒姆二世可以实现他的目标，那就是征服塞浦路斯。和平条约三次到期，三次延长，使得奥斯曼帝国和哈布斯堡帝国的边界地区没有在发生大规模战争，但是小规模的劫掠战争一直没有停止，与此同时，哈布斯堡帝国加强了要塞的建设，"采取侵略性布设，以占据既能堵住奥斯曼人前进，又能作为往东推进边界之理想基地的地点①。"两个帝国在巴尔干地区进入了"相持"状态。从陆地转向海洋，奥斯曼帝国不仅是一个大陆帝国，也在地中海沿岸大有斩获，尤其是攻陷塞浦路斯，引起了欧洲国际体系的反应，西班牙、教皇国以及威尼斯达成了同盟，再次以十字军的名义与奥斯曼帝国开战。1571 年的勒班陀海战也意味着奥斯曼帝国在地中海的扩张到了一个极限。这场迟来的胜利极大地鼓舞了欧洲国家，打破了奥斯曼帝国不可战胜的神话，以至于后世有人认为这是奥斯曼帝国和欧洲力量对比的拐点。然而，这场海战也没有能够摧毁奥斯曼的战争能力，不到六个月，奥斯曼帝国就重建了海军。威尼斯与奥斯曼帝国缔结条约，割让了塞浦路斯。西班牙成为地中海上唯一与奥斯曼旗鼓相当的基督教国家。

1578 年，奥斯曼帝国和波斯之间爆发了长达 12 年的战争，当奥斯曼帝国与波斯战争结束之后，苏丹发现欧洲一线的情势发生了非常重大的变化，那就是欧洲人已经修建了一系列的堡垒，双方已经呈对峙的状态，1593 年奥斯曼帝国和奥地利之间的战争爆发，奥斯曼军队发现自己的对手已经有更好的装备和战斗能力，这也是长期拉锯战的开始。奥斯曼帝国和奥地利在斯洛文尼亚到布达、佩斯之间持续着得而复失与失而复得的拉锯战。1606 年，奥斯曼帝国与哈布斯堡王朝在匈牙利边境的中立地带签署了《吉托瓦托洛克和约》，意味着奥斯曼帝国开始主动调整与欧洲之间的关系，这一和约是奥斯曼帝国首次以平等身份对待哈布斯堡王

---

① ［英］安德鲁·惠克罗夫特.1683：维也纳之战［M］.黄美瑜，译.成都：天地出版社，2018：64.

朝，既是停战协定，也基本取消了哈布斯堡向奥斯曼帝国缴纳的贡税。这一条约延续了50多年，双方也曾发生零星的冲突，但是基本保持了在巴尔干地区的"边疆"态势，直到1683年的战争，打破了两个帝国的对垒（模式二）。

奥斯曼帝国在14和15世纪的扩张，改变了巴尔干发展的历史轨道，将这个广大的地区置于奥斯曼帝国的统治之下，但是这种统治是多姿多彩的，权力网络呈现出不同的覆盖状态。在此后的几百年中，巴尔干一直作为奥斯曼帝国的边缘存在，虽然巴尔干在地理学意义上是欧洲的一部分，但是在文化地理上却与欧洲大不相同。哈布斯堡帝国和俄国的崛起改变了巴尔干的权力网络的边界，增加了巴尔干问题的复杂性，从一个帝国的边缘分裂为三个帝国的边缘，从而使巴尔干成为国际政治斗争的焦点。在权力边界变化的过程中，地理因素一直起着重要的作用，奥斯曼帝国向欧洲扩张的路线与其败退的路线基本吻合，换言之，自然地理的配置决定着国家权力的投射能力，因此，只有了解巴尔干的自然地理分布才能更好地解开帝国边缘地带变动的谜团。

二、边缘的内涵与特征

巴尔干的历史是自然地理空间与各种权力相互运作的结果，地理空间是历史发展的物质条件，自然地理配置为历史的发展指明了方向。只有了解巴尔干的自然地理特征，才能进一步厘清历史发展的动力与发展脉络。

"巴尔干地区在自然地理上并没有与周边隔绝。在其东北方向，罗马尼亚暴露于乌克兰大草原面前，这是一条从史前时至今日入侵的便捷通道。在西北方向，多瑙河沿岸以及广阔的匈牙利大草原也是进入巴尔干的通道。"[①] 正因为如此，巴尔干半道上的种族繁杂，多数都是由以上两个通道涌入巴尔干半岛；此外，巴尔干半岛周围狭窄的水域并没有成为屏障，反而成为巴尔干半岛与外界交流的通道，意大利半岛与巴尔干半岛之间的亚得里亚海最窄处不过40英里，而爱琴海的小岛则成为进出地中海的跳板。巴尔干半岛在大的地理格局中处于枢纽之地，是安纳托利

---

① Steven W. Sowards. Lecture 1: Geography and Ethnic Geography of the Balkans to 1500// Twenty-five Lectures on Modern Balkan History [R/OL]. [2010-7-20]. http://staff.lib.msu.edu/sowards/balkan/lecture1.html.

亚、欧洲与亚洲大草原的纽带，同时扼守黑海、地中海的水路交通，势必会成为帝国扩张目标。斯塔夫里阿诺斯认为巴尔干半岛与其余两个地中海的半岛大不相同，比利牛斯山与阿尔卑斯山分别将伊比利亚半岛、意大利半岛与欧洲大陆分割开来，而巴尔干半岛上的多瑙河则成为沟通巴尔干与中欧之间的通道。① 正是这种地缘位置的特色，使巴尔干半岛成为古往今来各种文明、帝国的必争之地。

巴尔干半岛内部的地形分布使这块枢纽之地更加复杂，巴尔干山脉呈 S 形绵延于巴尔干半岛，从喀尔巴阡山南麓一直延伸到黑海海峡，而半岛西岸的迪纳拉山脉与亚得里亚海海岸平行。半岛缺少纵横交错的河流，多瑙河虽然横跨欧洲，但是在前现代，其航运功能并未得到发挥，尤其是下游河段。这样的山川分布对历史发展造成了多重影响：第一，蜿蜒的山脉将巴尔干半岛划分为不同的区域，这些相对封闭的区域形成了各不相同的发展特色；第二，多山的地形使巴尔干半岛交通不便，一方面在这个半岛难以形成一个统一的国家，另一方面使外来征服者不得不对半岛"循序渐进"地征服，如果遇到竞争者，巴尔干半岛便成为大国势力拉锯战的战场；第三，巴尔干半岛自然地理边界的多重性造成了族群的复杂性，同时又居于战略枢纽之地，势必会造成多个帝国多重边界在此叠合，"在巴尔干半岛难以找到一个国家可以借此'结晶'的自然中心，同时罗马、奥斯曼帝国这些外来统治者也阻止了巴尔干从内部生成国家的可能性"；第四，巴尔干山脉东西走向，西高东低，西部山脉海拔甚至低于黑海海岸，因此巴尔干山脉在东部并没有提供有效的屏障，反而为来自北方的入侵者提供了通道。②

在漫长的历史进程中，巴尔干半岛成为民族迁徙的通道，在此沉淀了多个民族与文化，大体而言，巴尔干地区主要有四个种族：斯拉夫人、阿尔巴尼亚人、罗马尼亚人以及希腊人。这四个种族是在几千年前民族迁徙与征服过程中形成的。阿尔巴尼亚人被认为是古伊利里亚人的后裔，是巴尔干半岛的土著居民。罗马尼亚人是罗马帝国的达契亚行省的蛮族居民，在罗马帝国的统治下，他们迅速罗马化，现代民族主义兴起之后，罗马尼亚人将自己视为罗马帝国的后人。公元 6 到 7 世纪，

---

① L. S. Stavrianos. The Balkans since 1453 [M]. NY: Rinehatr & Company, Inc., 1958: 1.
② L. S. Stavrianos. The Balkans since 1453 [M]. NY: Rinehatr & Company, Inc., 1958: 4, 3.

斯拉夫人的大迁徙改变了巴尔干的民族分布,并成为人数最多的种族,他们分属为四个不同的群体:斯洛文尼亚、克罗地亚、塞尔维亚以及保加利亚。这些种族的形成历程以及历史记忆为日后的矛盾与纷争深埋了地雷。当他们处于奥斯曼帝国的统治之下,换言之,作为一个帝国的边缘之际,这些矛盾并没有成为战争的由头,当这些种族以及所处的地区成为三个帝国的边缘时,历史记忆唤醒了各自的身份认同,民族的情感、大国博弈以及利益的纠葛最终使巴尔干成为频频爆炸的火药桶。

苏莱曼大帝围攻维也纳失败之后,奥斯曼帝国的边界变得相对稳定下来。面对奥斯曼帝国军队的进攻,奥地利大公斐迪南并没有与之对抗或者夺回失地,他在边界线上构建了纵深防御体系,招募欧洲的职业军人来戍边。随着防御体系的构建,奥斯曼帝国与哈布斯堡帝国之间的边界逐渐明朗起来。哈布斯堡边防要塞体系的构建对奥斯曼帝国的进攻是一个有效的遏制,即便发动战争也面临着种种困难,战争的成本与收益之间的平衡被打破。面对哈布斯堡帝国在边境构建的纵深防御体系,奥斯曼帝国快速制胜的前景暗淡,奥斯曼帝国不得不学习哈布斯堡帝国的战略,在边境地区构建堡垒防御体系。无论在东方还是在多瑙河流域,"奥斯曼土耳其人有效而合理的扩张几乎已达到最大限度"。①

有学者认为:"边缘地带是指两个、三个或者更多的国家与民族之间的过渡地带,边缘地带没有清晰界线,它是各个国家、民族与文化之间互动的区域。"② 边缘地带具有流动性且是开放的。美国著名的边疆理论的创始人特纳所说的边疆,是指北美大陆一些无人居住的地区,这种边疆是开放的,是财富与权力的宝库,特纳的理论为北美白人殖民印第安人提供了理论依据。特纳对新旧大陆的边疆做过区分,欧洲的边缘地带主要是指一个高度组织化的国家与尚未开化的民族之间的互动。当然,边缘不止这两种类型,"只有历史本身才能将边缘的类型说清楚"③,但

---

① [英] G. R. 埃尔顿. 新编剑桥世界近代史(2)[M]. 中国社会科学院世界历史研究所,译. 北京:中国社会科学出版社,2003:696.
② Mark L. Stein. Guarding the Frontier: Ottoman Border Forts and Garrisons in Europe [M]. London: I. B. Tauris Co Ltd., 2007:5.
③ Mark L. Stein. Guarding the Frontier: Ottoman Border Forts and Garrisons in Europe [M]. London: I. B. Tauris Co Ltd., 2007:15.

是无论哪种类型的边缘地带都具有流动性，各种因素混杂一起，各种边界交叠一体，随着时间而不断变化。就巴尔干而言，边缘地带具有以下几种主要特征：

第一，种族格局的变化。在奥斯曼帝国统治期间，在种族的数量上并没有发生太大的变化，唯一重要的变化就是巴尔干半岛上从中亚而来的突厥人的进入。在宗教信仰方面，大量的土耳其人向巴尔干地区移民，在阿尔巴尼亚、黑山、塞尔维亚南部出现了大量的穆斯林。帝国边界的多重性与开放性使巴尔干半岛种族的格局发生了变迁，这主要表现在主要种族分布范围的消长。希腊人大量移居国外，尤其是在奥斯曼帝国与威尼斯争霸期间，希腊人移居到威尼斯、意大利半岛、西西里岛、马耳他等地，因此原先希腊人的居住地便被阿尔巴尼亚人侵占，除此之外，阿尔巴尼亚人还在科索沃等地站稳脚跟。塞尔维亚人则在奥斯曼帝国征服匈牙利之后向北迁移，而有些塞尔维亚人跨过边界进入哈布斯堡帝国并成为其支持者。这种变迁持续了一个很长的历史时期，同时这种变迁也是自发性的，在帝国统治之下，民族或者种族的认同隐而不显，正如斯塔夫里阿诺斯所言："在奥斯曼帝国统治的多数时间里，民族性主要是以持有的政治经济权力来划分的。"① 土耳其人作为征服者主要在城镇中定居，而被征服者主要是农民，希腊人、犹太人主要是商人，当塞尔维亚人、阿尔巴尼人进入城镇时会感觉自己是个外国人。巴尔干种族格局的变迁与其帝国边缘的角色息息相关，边缘地带帝国无法实现直接有效的政治统治，只有采取宽容开放的安抚政策才能维系边缘地带稳定，同时，巴尔干处于几个帝国边缘交叠之处，迁徙的自由空间相对而言就更大一些。

第二，政治权力的破碎性。奥斯曼帝国统治期间在巴尔干地区发展起了一种特别的统治模式（ad hoc fashion），其特点在于，在不同的地区根据其传统和现实而采用不同的统治方式。在帝国的边缘地区出现了大量的自治性的权力隙地。巴尔干地区山川形成的地理布局也使奥斯曼帝国难以实行一种等齐划一的统治，例如在阿尔巴尼亚人居住的山区，奥斯曼帝国给予这些山区的武装山民完全自治和免税的权利，黑山也是如此。在西巴尔干的山区，君士坦丁堡的政治权威在此基本无效，山民除

---

① L. S. Stavrianos. The Balkans since 1453 [M]. NY: Rinehatr & Company, Inc., 1958: 98.

了缴纳一定的贡赋之外，几乎处于完全自治状态。瓦拉几亚和摩尔达维亚自被奥斯曼帝国征服之初，便处于边缘地带，无论军事权力还是宗教认同都是如此，虽然从君士坦丁堡到该地的直线距离并不是最远的，但是由于该地区地形崎岖，不适合奥斯曼帝国骑兵行军。这两个公国的国王由奥斯曼帝国皇室指定，但是他们的臣民既不需要承担军事义务，也不需要奥斯曼帝国军队保护。他们只需要向奥斯曼帝国军队提供谷物和羊群，向奥斯曼帝国皇室进贡就可以了。此外，他们可以根据自己的风俗习惯自治。①

1711年，两公国贵族背叛之后，苏丹才将部分自治权没收，等到1821年又归还了。特兰西瓦尼是第三个比较自主的地区，17世纪初，特兰西瓦尼是一个由匈牙利人统治的公国，它同时是奥斯曼帝国与哈布斯堡帝国的附庸（vassal），但是更倾向于奥斯曼帝国。② 作为奥斯曼帝国与哈布斯堡帝国之间缓冲地区，苏莱曼大帝将其征服之后便赋予了它充分的自治权利。1699年《卡尔诺维茨条约》签订之后，奥斯曼帝国将其割让给哈布斯堡帝国，但是该地区有大量的罗马尼亚人，在民族主义兴起之后，一直是哈布斯堡帝国的软肋。总体而言，巴尔干半岛体现了帝国政治边界的多重性，在多瑙河南岸，帝国力图将其整合到统治核心区域，贝尔格莱德是帝国统治的坚固堡垒，帝国实行直接的统治；在多瑙河以北、西巴尔干山区则实行松散的控制，赋予当地极大的自治权利，当君士坦丁堡实力强大、政局稳定时，这些具有自治权利的地区便愿意服从统治，一旦核心区域权威衰落，便会造成边缘地带离心反叛，尤其是当哈布斯堡帝国和俄国兴起之后，这些地区便成为三大帝国共同的边缘地带。权力边界的多重性与多个帝国的叠合最终造成了这些地区呈现一种混沌不清的态势，"边缘地带是非常难以界定清楚的，在那里，你很难说清界线从哪儿开始，又从哪里结束"。③ 克罗地亚是这种帝国边缘最真实的写照，17世纪，克罗地亚被认为是哈布斯堡帝国对抗土耳其人的前哨，也是天主教国家在巴尔干半岛最后的立足点。"克罗地亚王国的东

---

① F. L. Carsten. The New Cambridge Modern History（5）[M]. Cambridge: Cambridge University Press, 1961: 503 – 504.

② J. P. Cooper. The New Cambridge Modern History: the Decline of Spain and the Thirty Years War [M]. Cambridge: Cambridge University Press, 1971: 503.

③ Mark L. Stein. Guarding the Frontier: Ottoman Border Forts and Garrisons in Europe [M]. London: I. B. Tauris Co Ltd., 2007: 14.

半部分为土耳其人所控制是塞尔曼（Sirmium）行省的一部分，克罗地亚王国的西半部分和达尔马提亚北部构成了天主教国家通向亚得里亚海的狭长通道。"① 在四个世纪中，斯洛文尼亚与克罗地亚处于哈布斯堡帝国的统治之下，而其他的巴尔干民族则生活在苏丹治下，这种基本而长期的分离势必会在政治、宗教以及普通文化等方面留下深深的印痕。

第三，意识形态权力的整合与离散。奥斯曼帝国征服巴尔干半岛之前，有三个宗教中心：君士坦丁堡、塞尔维亚与保加利亚，它们也是三个权力中心。奥斯曼征服半岛之后强化了君士坦丁堡大主教的权威，尤其是保加利亚与塞尔维亚的宗教中心被摧毁。在奥斯曼帝国统治期间，君士坦丁堡作为宗教中心的地位得到强化。在整合与统一的背后是另一种宗教的渗透与主导，伊斯兰教徒是巴尔干半岛的统治阶级，因此，在宗教宽容的背后是意识形态权力的分裂，如斯塔夫里阿诺斯所言："基督教会享有相当程度的宗教自由，但是这并不意味着宗教平等。"② 随着奥斯曼帝国权力范围的收缩、哈布斯堡帝国的扩张，一些宗教中心开始兴起，也在两大帝国之间摇摆不定，当俄国势力在巴尔干大涨之际，东正教便成为俄国在巴尔干扩张势力的有力借口与支点。此外，民族主义觉醒之后，君士坦丁堡作为统一的东正教中心的格局被打破，巴尔干地区宗教权力边界更加破碎化。天主教、东正教与伊斯兰教交叠，形成了复杂的关系，三种宗教势力背后各是大国的利益的博弈，希腊的东正教与俄罗斯的东正教会之间的联系，天主教与东正教的大分裂影响至深，当奥斯曼帝国衰落之后，天主教的法国与东正教的俄国之间的争夺引发了克里米亚战争。

第四，松散的统治为巴尔干自主性的成长创造了空间。斯塔夫里阿诺斯认为奥斯曼帝国早期对巴尔干的征服与统治是巴尔干历史的巨大进步，并冠之以"奥斯曼治下的和平"（Pax Ottomanica）。从巴尔干历史的发展进程而言，5世纪以来民族大迁徙之后，巴尔干的种族与宗教基本趋于定型，但是在政治成长方面却严重滞后，奥斯曼帝国的征服风暴震碎了巴尔干半岛上种种政治藩篱，将半岛置于统一的帝国治下。相比威

---

① F. L. Carsten. The New Cambridge Modern History（5）[M]. Cambridge：Cambridge University Press，1961：477.

② L. S. Stavrianos. The Balkans since 1453 [M]. NY：Rinehatr & Company，Inc.，1958：105.

尼斯以及其他国家的统治，奥斯曼帝国治下的巴尔干农民是"比较满意的"。① 西方世界一直存在着一种迷思，将奥斯曼帝国等同于专制与暴政，但是这种观点难以解释实际的历史进程。首先，在当时的互动能力条件下，奥斯曼帝国难以对巴尔干地区实行直接有效统治，遑论暴政；如有些学者指出的边缘地带虽然被政治权力界线分割，但是却被"贸易、赋税或者劫掠等手段连为一体，双重赋税和对领土的要求使政治权力界线两端之间互动更加密切"②。其次，如果是一种高压的暴政，难以维持几百年，高压必然激起反抗，如此便会使帝国统治的成本迅速攀升，耗竭帝国的资源与实力，帝国势必会面临崩溃的厄运。最后，奥斯曼帝国在巴尔干地区的统治相比威尼斯在爱琴海群岛的统治更加宽松与宽容，奥斯曼帝国没有从巴尔干征收高额税负，也没有采取高压归化的统治策略，所以巴尔干地区能够在奥斯曼帝国治下保持自身的民族认同与宗教信仰。客观而言，这种统治方式一方面维系了奥斯曼帝国在此的长久统治，另一方面也为奥斯曼帝国统治的崩溃埋下了伏笔，当民族主义运动兴起之后，帝国的统治势必会被保存完整的民族撕碎。当然，"奥斯曼帝国治下的和平"在帝国中后期便不复存在了，随着帝国统治成本的不断提高，巴尔干人民承担的税负不断攀升，反抗如影随形，但是这并不能否认奥斯曼帝国统治前期在巴尔干历史发展进程中起到的推动作用。

作为帝国的边缘地带，巴尔干的历史发展进程具有依附性，也带来了严重后果。首先，政治成长滞后，对于国家能力而言，政治组织能力处于核心地位，巴尔干地区正因为没有形成完整有效的政治组织而成为帝国的附庸。当奥斯曼帝国的征服活动基本停止时，以征服为业的军事贵族便失去了获得财富的途径，巴尔干的军事贵族遭到了哈布斯堡帝国和俄罗斯帝国的驱逐，他们逐渐成为地方军阀或者霸占一方的土匪。由于远离帝国中心，这些军事贵族逐渐摆脱了中央政府的控制，将司法、财税大权集中于自己手中，帝国的边缘获得了更多的"自治"空间，但

---

① L. S. Stavrianos. The Balkans since 1453 [M]. NY: Rinehatr & Company, Inc., 1958: 113.

② Mark L. Stein. Guarding the Frontier: Ottoman Border Forts and Garrisons in Europe [M]. London: I. B. Tauris Co Ltd., 2007: 6.

是这种结果是以"军事封建体系崩溃并危害帝国生存"① 为代价的。这种政治组织具有掠夺性和依附性，所以难以构建起独立自主的政治秩序，从而形成强有力的政治组织能力。如佩里·安德森所言："东欧社会的边境特点使王朝统治者很难从军事居民和地主那里得到忠心耿耿的服从。在没有边境的环境里，武装的冒险者和微弱的无政府意愿往往得到鼓励。结果，纵向的封建纽带要比西欧虚弱得多。在各个贵族集团之间几乎没有有机的纽带能够把他们团结起来。"② 其次，从经济发展的角度来看，奥斯曼帝国远没有实现经济网络的整合，巴尔干地区的商贸活动主要面对西方国家。一方面陆路交通落后，即便有道路通行的地区也是盗匪横行，因此，边缘地带"对外"贸易要多于对内贸易。另一方面，欧洲国家的商业发展日渐将这些边缘地带卷入其中，如希腊、犹太这些少数民族，"经商的事业心主要是靠与西方的贸易往来推动的"。③

帝国边缘是各种权力交叠之地，当边界合一的现代民族国家成为国家主要形态之际，巴尔干势必要经历长久的边界撕裂的痛苦，战争成为权力边界调整的主要手段，从这个角度而言，巴尔干成为火药桶并不是巴尔干人的意愿，而是数百年历史沉积的结果，要消化这笔历史遗产，需要巴尔干付出几代人的血肉之躯。也许，这就是历史的残忍之处。

---

① Steven W. Sowards. Lecture 3: The Principles of Ottoman Rule in the Balkans//Twenty-five Lectures on Modern Balkan History [R/OL]. [2010 - 07 - 20]. http://staff.lib.msu.edu/sowards/balkan/lecture1.html.
② [英] 佩里·安德森. 绝对主义国家的系谱 [M]. 刘北成, 龚晓庄, 译. 上海: 上海人民出版社, 2001: 234.
③ [英] J. S. 布朗伯利. 新编剑桥世界近代史 (6) [M]. 中国社会科学院世界历史研究所, 译. 北京: 中国社会科学出版社, 2008: 821.

第四章　霸权体系下的东方问题

从帝国向霸权的转变既是帝国战争的结果，也是现代国际关系拓展与延伸的表现。17世纪以来，以西欧为中心的国际体系不断扩张，最终将欧洲囊括其中。法国大革命和拿破仑战争改变了国家的组织原则，民族主义成为最强劲有力的意识形态，这种思潮与组织形式冲击着传统帝国的边界。随着欧洲经济的持续发展，私人产权制度及其市场经济快速扩张，政治权力与经济权力进一步分离，市场越来越承担着剩余价值转移的功能。面对现代性的冲击，奥斯曼帝国作出了一系列的改革，但是帝国的边缘地带却频频陷落，民族主义的传入、市场经济的渗透、大国势力的介入，奥斯曼帝国本身朝着国际体系的方向滑落，围绕东方问题形成了一个多层次的国际体系，东方问题从东南欧三个帝国之间的战争与和平问题转化为欧洲国际体系的稳定与调适的问题。19世纪前半期的埃及阿里帕夏的崛起是奥斯曼帝国面临的严峻的挑战，推动东方问题向霸权方向转化，而克里米亚战争则挫败了俄国在东方问题上的优势地位，并且将奥斯曼帝国带入欧洲国际社会之中。当东方问题日益欧洲化时，欧洲国际体系对于东方问题的影响不断增强，二者之间的互动强度不断提高。

第一节　从帝国体系向霸权体系的转型

《威斯特伐利亚和约》是对帝国的否定，随着威斯特伐利亚体系的扩张，主权国家成为流行的国际体系的行为体，这种新的国家组织形式具有多方面的优势，政治权力的集中与市场经济网络的扩散同步发生，从而为霸权体系的确立奠定了坚实的基础。奥斯曼帝国面临欧洲的冲击开始进行改革，从帝国开始向现代国家转型的过程拉开序幕，主导单位的变化是国际体系转型的最本质表现。

一、欧洲现代国际体系的形成与扩张

欧洲国际体系的形成与扩张是现代国际关系研究中的核心议题，而1648年签订的《威斯特伐利亚和约》则被公认为现代国际关系产生的标志，被布赞等人认为是"威斯特伐利亚束身衣"，这种观点是西方中心主义、现代主义、国家中心主义、非历史主义等偏见的体现。历史的发展总体现为断裂性与延续性的结合体，国际关系史也是如此，欧洲现代国际体系的产生经历了一个漫长的过程，1648年只是其中一个比较具有标志性的时间点，而促成欧洲现代国际体系诞生的要素在1648年之前早已存在，在此之后也继续发展。超越"威斯特伐利亚情结"，摆脱威斯特法利亚束身衣，就要对其"前瞻后顾"才能形成比较客观的认识。欧洲现代国际体系的起源与内涵是十分复杂的课题，本节结合相关概念对其简要论述，概而言之，现代国际体系的最核心的特征在于政治权力的集中与市场网络的扩张同时发生，边界合一的主权国家与世界市场齐头并进。主导单位与互动方式的变化带来了体系性的变革。

国家形态的变化。"公元1500年左右，一种新型的占主导的单位在欧洲兴起，这是现代与古代、古典时代最根本的区别之一。"① 现代国家在诸多过国际行为体中脱颖而出，并且成为引领现代国际体系发展的最重要的行为体，从根本而言，这是由于这种国家形态具有超强的国家能力，在确定明确的边界内部将各种权力资源整合为一体，强化了国际体系中的边界意识。现代国家的产生经历了几百年的历史，并且在西欧的英国、法国率先建立起来。现代国家产生之后，主权的内涵发生了深刻的变化，功能日渐丰富，国家能力不断提升，这种变化反映在欧洲众多思想家的论著之中。

主权下移是一个持续的历史进程，从君权神授到主权在民，从臣民向公民的转化，从精英政治向大众政治的转型，诸多变化导致了国家形态的深刻变化，也最终使现代国家成为国际体系中最重要的、不可逆转的行为体。贾斯廷·罗森伯格批判将主权绝对化的倾向，在他看来，主权的发展经历了两个阶段：第一个阶段是"国家的建立过程，即专

---

① [英]巴里·布赞，理查德·里特尔. 世界历史中的国际体系——国际关系研究的再构建[M]. 刘德斌，等，译. 北京：高等教育出版社，2004：217.

制君主政治权力的集中、镇压敌对的权力中心和建构官僚统治机制",这主要是外部主权的发展,换言之,通过这种政治权力组织形式,国际体系出现了内与外的区别。第二个阶段则是公共领域与私人领域的分离,这种分离导致了市民社会的帝国的产生。① 罗森伯格的观点得到了沃勒斯坦的支持,世界经济体系是与现代国家组成的主权国家并行发展的。经济权力与政治权力在功能上的分离绝非一蹴而就,而政治权力的内涵也经历了深刻的变化,从霍布斯到洛克,从洛克到卢梭,并非一步之遥。

欧洲的宗教冲突引发了持续三十年的混战,英国虽然没有参与这场欧洲大战,但是国内战争也严重破坏了政治秩序,国际战争与国内战争带来的灾难促使当时的一些思想家进行了深入的理论思考。而霍布斯和斯宾诺莎的著作则是代表了对政治秩序的渴求,通过自然法的精神重建政治秩序的愿望。

霍布斯在1651年出版了《利维坦》一书,该书被认为是现实主义国际关系理论最重要的思想基础,其中"一切人反对一切人的战争""斗剑姿态"等词句成为现实主义理论的经典名句。霍布斯最大的贡献不在于论证国家之间的自然状态,而是结束国内的自然状态。《利维坦》出版之际,英国内战的硝烟尚未散去,克伦威尔的独裁统治已经露出端倪,霍布斯宁可要一个独裁却有序的国家,也不要混乱无序的无政府状态。霍布斯在《利维坦》中最核心的问题是构建稳定有序的国内秩序,从这本经典著作中可以到当时人们对秩序的渴求。经过几十年的战乱,人民渴望安宁,但是一种怎样的国家形态才能建立长久稳定的秩序呢?霍布斯认为,"父权,从而世袭君主政体,即便不是所有国家或多数国家的法律上的起源,也是所有国家或多数国家的历史上的起源"。② 实际上,霍布斯区分了两种国家类型:一种是自然国家,一种人为国家。前者主要是指通过政府而建立起来的君主世袭国家;而后者则意指通过契约建立的国家,如贵族政体、民主政体等。霍布斯的创造性就在于将两种不同理论和国家类型加以调和,从而建立了一种完整的国家理论。在霍布斯

---

① [英] 贾斯廷·罗森伯格. 市民社会的帝国——现实主义国际关系理论批判 [M]. 洪邮生,译. 南京:江苏人民出版社,2002:186-188.

② [美] 列奥·施特劳斯. 霍布斯的政治哲学 [M]. 申彤,译. 南京:译林出版社,2001:73.

看来，是恐惧而不是理性与希望推动了国家的发展，人们为了摆脱悲惨的生活而相互订立契约，而将最高权力交给一个人或者一个机关，这个人就是君主。如迈内克论述的："通过天才的构思技巧，即国中权威拥有者的权力必须被认为却是并非依据（像先前被教诲的那样）他本人与人民缔结了一项契约，而是根据人民在他们中间互相缔结了一项契约，霍布斯成功地将国家权威的拥有者从一切出自任何契约的义务和限制中解脱出来，成功地给执政者提供了差不多无限的权势资源，并且将利维坦抬高到'人间上帝'的地位。"① 霍布斯的国家学说是当时欧洲国家建构的写照和方案，英吉利海峡彼岸还有一位学者深受其影响，他就是荷兰的斯宾诺莎。

斯宾诺莎也是以个人的自然权利来构建国家理论，自然权利是"天然的权利与法令"，这种权利只受制于自然的限制与个人实力之间博弈，因此，"每个个体都有这样的最高的律法与权利，那就是按照其天然的条件以生存与活动"②。深受自然法影响，确切地说受霍布斯影响的斯宾诺莎也认为自然权利不是来自理智，而是欲望。每个人都为了自己的欲望而争夺利益，而每个人都希望生活在安定幸福的环境之中，二者构成了严重的矛盾，那么只有依靠建立契约，约束强烈的个人欲望，当然契约也损害了个人的天然自由，但是人总会作出两利相权取其大，两害相权取其轻的选择，在这种情况下，国家诞生了。"国家或最高掌权者的权力无非就是自然权利本身，但是，它不取决于各个公民的力量，而取决于宛若受一个头脑指挥的民众的力量。"③ 国家的出现并没有改变人的本性，但是却可以约束人的行为，生活在国家状态下，"大家所恐惧的对象相同，得到安全的原因相同，彼此的生活方式也相同"④。斯宾诺莎赋予了国家统治的合法性，但是他所设想的国家应该是接受理性指导的国家，而非实施暴政的国家，"一个其国民由于恐惧而不敢造反的国家与其说享有和平，不如说没有战争更恰当一些，因为和平不只是没有战争，而且也是建立在精神力量之上的德性"⑤，为国民带来和睦生活的国家才是真

---

① [德] 弗里德里希·迈内克. 马基雅维里主义 [M]. 时殷弘, 译. 北京：商务印书馆，2008：319.
② [荷兰] 斯宾诺莎. 神学政治论 [M]. 汤锡增, 译. 北京：商务印书馆，1963：212.
③ [荷兰] 斯宾诺莎. 政治论 [M]. 冯炳昆, 译. 北京：商务印书馆，1999：24，25.
④ [荷兰] 斯宾诺莎. 政治论 [M]. 冯炳昆, 译. 北京：商务印书馆，1999：24，25.
⑤ [荷兰] 斯宾诺莎. 政治论 [M]. 冯炳昆, 译. 北京：商务印书馆，1999：42–43.

正理想的国家。在理想国家的追求方面，斯宾诺莎越来越摆脱了霍布斯的影响。

无论是霍布斯还是斯宾诺莎，都希望解决国内秩序构建的问题，当宗教改革打破了宗教纽带之后，世俗化的国家面临重建秩序的难题。主权，尤其是国家内部权威的建立，国家利益观念的形成，都预示着一种新的国家形态脱颖而出。新兴国家的出现改变了国际关系运作的原则与方式，国家利益至上、主权神圣不可侵犯、均势原则等推动了新的国际体系的出现。17世纪将16世纪出现的一系列的现代国际政治因素——"领土国家、主权、军事制度以及海外探险"整合为一个轮廓清晰的国际体系，"这个整合的过程以及这一体系是在三十年战争（1618—1648）的铁砧上锤打出来的"。① 诸多论者认为，战争促成了欧洲国家的形成②，从欧洲国际体系的演进而言，三十年战争最大的贡献在于对帝国的否定，《威斯特伐利亚和约》"破除了罗马教皇神权下的'世界主权'，瓦解了神圣罗马帝国的势力，德意志各诸侯邦获得了主权和独立，欧洲政治开始出现一种新的格局。主权国家从此成为人类社会的一种组织形式"③。

国家内部秩序的建设与外部的无政府状态并行不悖，无论霍布斯还是斯宾诺莎，都注意到国家之间的斗争无休无止。"国家能够保卫自身不受他国的压迫，而在自然状态下的个人却不能；其原因就在于个人不得不每天睡觉，不得不经常在身心方面罹患疾病，最后变得老态龙钟；可是，个人不得不遭受的种种麻烦都是国家不会遇到的。"④ 国家处于自然状态之中，为了给国内带来自由与秩序就需要时刻保持警惕，国家"可以动员大量的人口合成的集体力量"⑤ 维系国内和平与国家在国际体系

---

① ［挪］托布约尔·克努成. 国际关系理论史导论［M］. 余万里，何宗强，译. 天津：天津人民出版社，2005：85.

② 典型的代表是查尔斯·蒂利。克努成也赞成此说，三十年战争之后，欧洲现代国家脱颖而出，只有战争这一共同的原因才能解释欧洲国家的整体崛起：如果仅仅用宗教因素，则难以解释法国的强大；如果以君主权力的膨胀作解，则难以解释荷兰的扩张。战争只是推动国家形态转变的外部因素，战争由来已久，但是只有在欧洲才推动国家的转型，仅仅以战争来解释欧洲国家的产生难免偏颇。

③ 刘德斌. 国际关系史［M］. 北京：高等教育出版社，2003：3.

④ ［荷兰］斯宾诺莎. 政治论［M］. 冯炳昆，译. 北京：商务印书馆，1999：31.

⑤ ［加］罗伯特·杰克逊，乔格·索伦森. 国际关系学理论与方法［M］. 吴勇，宋德星，译. 天津：天津人民出版社，2008：92.

中的生存。战争状态是欧洲国际体系中的常态，三十年战争之后，英法争霸持续了一百多年，持续的战争推动国家能力建设。战争的烈度螺旋上升，随之而来的是战争开支不断攀升，促使欧洲各国提升国家能力，强化国家建设，尤其是在军事权力与经济权力的良性互动方面就显得尤为重要。战争上的角逐往往取决于各国政府的财政能力，包括征税、发行国债等手段。法国大革命及拿破仑战争完成了战争形态的转换，即从"有限战争"向"绝对战争"的演变。克劳塞维茨认为，"战争的特点越接近于绝对战争，战争的轮廓包括交战国的群众越广和把他们卷入漩涡越深，那么战争的各次事件之间越有联系，就越有必要在迈出第一步以前先考虑好最后一步"。① 战争形态的转变对国家能力的发展提出了新的要求，意识形态的动员与整合能力在此凸显出来，在王朝战争期间，人民的意见是无足轻重的，但是在绝对战争期间，人民的热情、兵员补给、承受战争打击的忍耐力等都成为决定战争胜负的重要的条件。同时，绝对战争对国家能力建设提出了全面的要求，以军事—政治为轴心的国家能力结构受到冲击，经济发展的能力、持久战争的能力，以及对国家的认同等要素如果没有超过军事能力的话，那至少与之比肩而立。国家不可能依靠单一的一种权力赢得或者保持持久的国际地位，只有拥有均衡、有效的国家能力机构，各种权力要素能够实现高效有序的转换，才能在激烈的战争中赢得生存之地。

领土国家的构建及其不断爆发的战争，使国家成为国际体系中无可替代的行为体，与政治权力的集中并行的是市场经济网络的不断扩张。国家塑造了现代国际体系的政治面貌，而市场的力量则刷新了国际关系的经济面容。经济权力的崛起与发展体现在公司制度的产生及其变革、私人产权的确立与传播、重商主义的盛行、资产阶级的出现等方面，经济权力成为撬动传统等级制度的杠杆，也革新了经济互动的模式。

欧洲经济网络的发展要早于现代国家的产生，伴随着国家的发展，经济权力也出现了形态的变化，两种不同性质的权力呈现出一种复杂的博弈关系。市场是物品交换的场所，它的历史比各种政治权力组织都要悠久，小规模的区域性的市场交换存在于世界的各个角落，它是缓慢、僵化的，并不足以构成世界历史发展的动力。12 世纪，欧洲出现了商业

---

① ［德］克劳塞维茨. 战争论（下卷）［M］. 中国人民解放军军事科学院，译. 北京：解放军出版社，1964：703.

革命，欧洲大陆的南北两端即地中海和北海出现了大批繁荣的商业城市，进而构成了复杂的商业交换网络，这是现代欧洲经济力量崛起的起点。中世纪经济史专家汤普逊认为："现代经营方式及实践却都发端于 14、15 世纪，而不是 16 世纪。"①

意大利是现代经济的发源地，在这个半岛上现代经济的理念与管理手段萌发。亨利·皮朗认为，意大利半岛尤其是威尼斯等地的商业的发展为十字军东征提供了最重要的物质支持，如果没有意大利商人阶层的支持，十字军东征不会持续如此之久，而十字军战争则为意大利商人的经济活动排除了伊斯兰教徒的侵扰，战争与商业的联姻使意大利商人"垄断了从博斯普鲁斯、叙利亚到直布罗陀海峡的整个贸易，并且在那里发展了严密的资本主义的经济活动"②。商业活动的发展带动了商业手段的革新，其中最重要的是信用经济的出现。商业活动随着十字军东征而迅速发展，资金开始在不同的地区流动，圣殿骑士团成为货币流动的中转站，依靠数千骑士以及运输船队，保证了资金在欧洲的流动。随之相伴的是各种商业票据的发明与使用，"12 世纪里出现了各种各样的票据形式"③，"汇票是 13 世纪意大利人的一个影响很大的创新……汇票减少了易货贸易、当面清账，或用大量硬币、金银器皿或金银块（这些东西易被盗窃）支付的必要"④。意大利的经营理念与经营方式在欧洲大陆广为传布，尤其是西欧地区，形成了比较密集的商业网络，资本在西欧地区流动，撬动了僵化的封建制度。

从市场到市场机制的转变是现代资本主义诞生的转捩点，"同政府功能一样，市场体制是控制与协调人的行为的一种方法"⑤。市场体制的核心在于分配剩余价值，市场体制的形成是对天主教会势力的一种挑战，教会视利润为畏途，禁止高利贷，禁止利息。这种金钱观念是对市场体

---

① ［美］詹姆斯·W. 汤普逊. 中世纪晚期欧洲经济社会史［M］. 徐家玲，等，译. 北京：商务印书馆，1992：588.
② ［比利时］亨利·皮朗. 中世纪欧洲经济社会史［M］. 乐文，译. 上海：上海人民出版社，2001：30.
③ ［美］詹姆斯·W. 汤普逊. 中世纪晚期欧洲经济社会史［M］. 徐家玲，等，译. 北京：商务印书馆，1992：590.
④ ［美］查尔斯·金德尔伯格. 西欧金融史［M］. 徐子健，等，译. 北京：中国金融出版社，2010：46.
⑤ ［美］C. E. 林德布鲁姆. 市场体制的秘密［M］. 耿修林，译. 南京：江苏人民出版社，2002：6.

制的严重的限制，随着城市的发展和商人力量的壮大，尤其是海外探险的进展，各种合股公司开始出现，这既规避了教会的教条规定，又能够将金钱聚集起来进行远距离贸易。"货币化发展对人口流动、异地贸易是一种根本性的催化剂。"① 反过来也能够成立，远距离贸易推动金融手段革新和金融体系的建立，最先建立银行机构的依然是意大利半岛的城邦国家，家族银行的分支机构遍布西欧各地，从而为欧洲内部的贸易提供了便利。货币化的发展也改变了人们的货币观念，"大约15世纪时，对于金钱的全新认识越来越普及，人们开始理解到：钱本身就具有增殖力"。② 货币不仅是计价单位、交易媒介，也是经济社会变迁的核心动力，就经济发展的角度而言，"货币是私有财产之父；它自始就具有这种性质，繁殖，没有一种具有货币性质的东西而不带有私人所有权的性质"。③ 货币是私人产权发展的支柱，制度学派将欧洲现代经济的崛起归结为明晰的私人产权，只有产权明晰才能创造出高效率的制度，进而推动技术创新。韦伯则认为资本主义的发展就是一个理性化的进程，货币则是理性的化身。从政治发展的角度而言，货币推动了国家建设的进程，是现代国家建设不可或缺的要素。

经济货币化的进程对国家建设有多种效应，如曼所言，"货币经济对领土型帝国的发展有着实质性的贡献"。④ 货币经济改变了经济形态，追逐利润成为经济活动的核心所在，资本只会向高利润的地方流动。现代国家建设初期，难以对资本进行严格的控制，面对如水的资本，政治权力只能采取相对缓和的手段，否则，资本便会严重流失。货币经济的发展带来的最重要的结果是贵金属成为最重要的财富，由此带来的是对金银的渴望与崇拜，重商主义的经济思潮也是在这种环境下出现的。重商主义的要义在于减少贵金属流出国界，关税壁垒也是为了达到增加国内贵金属的目的。随着美洲贵金属大量涌入欧洲，价格革命使得欧洲传统的政治经济制度趋于解体。为了获得更多的财富，各国需要加强财政管

---

① 陈志武. 金融的逻辑 [M]. 北京：国际文化出版公司，2009：23.
② [美] 詹姆斯·W. 汤普逊. 中世纪晚期欧洲经济社会史 [M]. 徐家玲，等，译. 北京：商务印书馆，1992：600.
③ [德] 马克斯·韦伯. 经济通史 [M]. 姚曾廙，译. 上海：上海三联书店，2006：148.
④ [英] 迈克尔·曼. 社会权力的来源 [M]. 刘北成，李少军，译. 上海：上海人民出版社，2007：347.

理，但是贵族阶层向来以战争作为获取权力的途径，贵族既不屑于也不善于管理财政。伴随着价格革命而来的是军事革命，火药将中世纪骑士和城堡送进了历史博物馆。新式武器装备和雇佣军制度都需要大量的金钱，"战争是个温室，因为它对财力是一项极为沉重的负担，而这些财力要通过金融来筹集。金融革新发生在战争期间"[①]。财政危机也迫使君主不得不将一些银行家、大商人接纳入国家管理机构之中，建立国库，统一管理财政，资本在国家中获得了代言人。资本与暴力之间的博弈决定了欧洲各国的性质，资本占据主导的地区，领土型国家姗姗来迟，意大利半岛便是典型，而暴力占主导的国家则容易形成专制体制，只有二者相对均衡的英国与法国建立起来了现代国家制度。

资本与国家之间是一种相互借重、互相依赖的关系。没有资本，君主便无法维持官僚政治的运转，也不可能组建或者雇佣军队；没有国家的保护，商业贸易便难以顺利进行，只有在一个稳定有序的环境中，尤其是可以保护产权的环境下，各种交易才能可持续进下去。发源于意大利半岛的领事制度，最初是为了保护本国的海外贸易而设立的，领事不能从事商业活动，不能为驻在国服务，所得酬劳由各种商业税提供。除此之外，各种商业法律在欧洲各国得到承认，从而为商业的发展提供了法律保障。随着国家建设的推进，各种特许公司应运而生，"公司通常被理解为得到国家（有时或者是教会）许可权的、自治的、自身具有再造能力的共同实体，以使个人利益和各种各样社会目的得以综合实现"[②]。17—18世纪，特许公司强盛一时，成为欧洲各国海外殖民与扩张的急先锋，特许公司不仅是一种经济组织，更是国家权力的化身，因此随着资本的进一步发展和国家能力的提升，这种特许公司逐渐被淘汰。一方面，特许公司官僚化倾向比较严重，内部贪污腐败盛行，影响了正常盈利；另一方面，特许公司的权力过大，尤其是可以组建军队，触犯了国家的权威，无论从市场体制的逻辑还是国家权威来说，特许公司都没有存在的余地。取代特许公司的是各种股份公司，这种公司进一步摆脱了政治权力的束缚，是经济权力与政治权力分离的发展。市场网络的扩张与普

---

① [美] 查尔斯·金德尔伯格. 西欧金融史 [M]. 徐子健，等，译. 北京：中国金融出版社，2010：5.

② [英] 巴里·布赞，理查德·里特尔. 世界历史中的国际体系——国际关系研究的再构建 [M]. 刘德斌，等，译. 北京：高等教育出版社，2004：237.

及，实现了非暴力化的剩余价值的转移，在帝国时代，只有通过战争和掠夺才能获取财富；在霸权时代，则可以通过市场网络，通过合法的贸易完成剩余价值的剥削。

市场体制不仅是一种协调手段，更是一种财富流动与转移的机制，正因为如此，以剩余价值积累为目标的经济体系"总要有一个极，一个中心，其代表为一座有支配地位的城市，过去是一个城邦，今天是一个首都"，除此之外，还有一个边缘地带。中心的变化总是与经济危机相联系在一起的，一次经济危机会改变资本主义的中心，因此，资本主义世界经历了多次中心的转移。资本主义体系之所以能够维系下去，最关键的就在于剩余价值从边缘向中心的转移机制，如萨米尔·阿明所言："现代资本主义体系是一个世界体系，而且是第一个世界体系。……世界化的价值规律必然引起两极化，即贫困化伴随着世界范围内的财富积累，这是一种在以前的历史中没有出现过的新现象。"①

领土国家的构建与市场网络的扩张是推动欧洲现代国际体系产生的两大支柱，二者相互作用，通过战争、殖民、贸易等各种手段彻底改变了欧洲国际体系的面貌，并且将其扩张到世界各地。

首先，欧洲国际体系的扩张。18 世纪以来，欧洲各国进行了一系列战争，战争的规模不断扩大，由此造成的后果是以英法争霸为轴心的西欧国际体系不断扩大并且与北欧、东南欧区域国际体系日渐重合，最终在 18 世纪末期成为统一的欧洲国际体系。西班牙王位继承战争之后，西欧国家签订的《乌得勒支和约》确立了欧洲均势体系，实力均衡的原则成为处理国际关系问题的根本原则，"它防止了欧洲权力平衡的破坏，同时又恢复了机动灵活的原则。和约保证，新的问题和新的强国一旦产生，它们的要求将由各种新同盟和新联盟来加以解决，这些新同盟和新联盟将自由形成而不受任何一国过分自信的力量所阻碍"。② 均势原则及其运作最终使欧洲国际体系形成了这样的特征："即使是最大的强国也害怕单独对付联合起来的几个国家作战；而最弱的国家在一场列强间的全面冲

---

① ［埃及］萨米尔·阿明. 世界一体化的挑战 [M]. 任友谅，等，译. 北京：社会科学文献出版社，2003：61.
② ［英］J. S. 布朗伯利. 新编剑桥世界近代史（6）[M]. 中国社会科学院世界历史研究所，译. 北京：中国社会科学出版社，2008：644.

突中也能作出令人敬重的表现。"① 灵活多变的结盟外交保证了均势原则的贯彻与运转,而这背后是对国家利益的追求。腓特烈大帝在政治遗嘱中写道:"在国际政治中,你不应该对任何人有特殊的偏爱,也不能偏向另一方。你必须无条件地服从国家的利益,随时和与普鲁士利益相切合的国家结盟。"②

其次,战争形态及其军事权力的变革。克劳塞维茨认为:"战争和战争所具有的形态是从当时起主导作用的思想、感情和各种关系中产生的。"③ 雇佣军在 18 世纪逐渐失势,建立统一的常备军带来了一次军事革命。常备军制度的建立与统一财税制度齐头并进,"征税和包买逐渐取代了直接军事统治和强迫征用。官兵从百姓那里获得实物享用的老规矩,逐渐被按官方税率缴纳的现金所代替,其后这种现金缴纳又为一种新税所代替,从而把这种义务公平地分摊给更广大地区、更多家庭"。④ 法国大革命之后,民族主义运动兴起,大众政治改变了主权的内涵,"民族的构造更新了主权的概念,并给主权以新的界定"。⑤ 战争在民族主义时代有了新的形态,"在 18 世纪的西里西亚战争时期,战争还只是政府的事情,人民参加战争仅仅是被用作盲目的工具。而 19 世纪初,作战双方的人民已经是举足轻重的力量了"⑥。18 世纪的国务家们以谨慎为美德,而在 19 世纪,政治家必须依靠舆论和民意才能赢得战争的胜利。有限战争开始滑向绝对战争,民族主义推动战争按照自己的逻辑不断螺旋上升。除此之外,海权的兴起也更新了军事权力的内容,美国海权理论家马汉认为:"海权的历史,虽然不全是,但是主要记述国家与国家之间的斗

---

① [英] A. J. P. 泰勒. 争夺欧洲霸权的斗争(1848—1918)[M]. 沈苏儒,译. 北京:商务印书馆,1987:7.
② [挪] 托布约尔·克努成. 国际关系理论史导论[M]. 余万里,何宗强,译. 天津:天津人民出版社,2005:131.
③ [德] 克劳塞维茨. 战争论(下卷)[M]. 中国人民解放军军事科学院,译. 北京:解放军出版社,1964:698.
④ [英] J. S. 布朗伯利. 新编剑桥世界近代史(6)[M]. 中国社会科学院世界历史研究所,译. 北京:中国社会科学出版社,2008:1060.
⑤ [美] 迈克尔·哈特,安东尼奥·奈格里. 帝国——全球化的政治秩序[M]. 杨建国,范一亭,译. 南京:江苏人民出版社,2003:102.
⑥ [德] 克劳塞维茨. 战争论(下卷)[M]. 中国人民解放军军事科学院,译. 北京:解放军出版社,1964:702.

争，国家间的竞争和最后常常会导致战争的暴力行为。"① 1713 年的《乌得勒支和约》标志着英国海上霸权的确立，由于海权具有流动性，进而使英国可以与并不毗邻的国家建立同盟关系。"这种情况无须有意识地谋划即可将全欧洲结成一个政治体系。"② 此后，英国成为影响地中海均势的决定性力量，英国的进入应该视为霸权性因素增长的最重要的标志。与英国海军进驻地中海相伴的是英国的商业势力的渗透，以及围绕地中海的国际体系的转型。威尼斯在 18 世纪初出现了全面的衰落，在 17 世纪末与奥斯曼帝国一系列长期战争中元气大伤，与此同时威尼斯的商业与工业生产也面临着欧洲大陆国家的挑战。到 18 世纪时，威尼斯已经不能担当制衡奥斯曼帝国的重任了。维也纳体系确立之后，英国成为世界大国中"最富有和最稳定的国家。伦敦是银行业和保险业的巨大国际中心；英国的强大海军保卫着数量居世界第一位的商船，这些商船把各种各样的商品运往世界各地，其中包括第一次近代工业革命的大量产品和英帝国日益扩大的海外领地的初级产品"③。游弋于世界各大洋的英国皇家海军不仅是英国权势的体现，也是国际体系扩张和变革的体现。

最后，欧洲外交社会的形成。担任高级外交官的多数都是名门望族或者功勋之后。外交大使构建的网络，其基础是欧洲形成一个比较发达的金融网络，否则，最基本的开支都难以进行，更不要说成百上千人了。"罗马、法国和西班牙，大使的随从人员一般有 100 多名。"④ 欧洲外交精英通过秘密外交主导了欧洲外交格局，外交管理及其规则随着欧洲的扩张而被带到世界各地。

双元革命让欧洲进入一个新的发展阶段，英国工业革命开始起飞，一方面使英国经济得到快速发展，同时开始向欧洲国家传播新的生产技术和经济思想；另一方面，英国的工业发展造成了重大的国际效应，英

---

① [美] A. T. 马汉. 海权对历史的影响 [M]. 安常容，成忠勤，译. 北京：解放军出版社，1998：1.
② [英] J. S. 布朗伯利. 新编剑桥世界近代史（6）[M]. 中国社会科学院世界历史研究所，译. 北京：中国社会科学出版社，2008：217.
③ [英] C. W. 克劳利. 新编剑桥世界近代史（9）[M]. 中国社会科学院世界历史研究所，译. 北京：中国社会科学出版社，1999：8.
④ [英] J. S. 布朗伯利. 新编剑桥世界近代史（6）[M]. 中国社会科学院世界历史研究所，译. 北京：中国社会科学出版社，2008：249.

国不仅成为带动世界经济发展的引擎，同时也通过国际贸易和国际分工，"建立了一个世界性的贸易和金融关系网"。① "运输技术既是物质进步的基础，也是最终发生社会变革和政治变革的基础。"② 铁路的修建推动了资本在全世界的流通，促使世界信贷体制确立，与资本的流通相对应的是一系列现代经济制度的建立，契约的观念随着铁路的延伸被带到世界不同的角落。铁路不仅推动了经济的发展与市场的形成，也促进了国家一体化，换言之，从帝国向现代国家转变。铁路在俄国的发展中产生了多重效应：一方面，铁路兴建需要大量的资本，资本的介入是对传统自给自足经济的打击，国家不仅需要外资，而且还需要依靠外贸获取资本，进而推动了俄国与外部世界的经济联系，也促使俄国的农业更加商业化。另一方面，铁路的修建促进了国内商品与劳动力的流动，尤其是俄国的亚洲部分，如果没有有效的交通与通信手段，可能会成为帝国遥远的边陲。农奴制改革之后，大量获得自由的农奴开始向帝国的边缘扩散，加上铁路的铺设，使帝国的边陲与中心得以有效连接。互动能力的提升，不仅为欧洲的快速扩张提供了便利，而且也推动了非西方世界的转型，世界多数民族卷入资本主义世界体系之中。"一切生产超过消费的国家一致注视着这个国外市场，好像国外市场宽广无垠似的"③。为了寻求市场，非西方世界迅速沦陷，两次鸦片战争便是西方以暴力手段打开中国市场之举。如韦伯所言，"走向资本主义的决定性作用，只能出自一个来源，即广大群众的市场需求，这种需求只能通过需求的大众化，尤其是遵循生产上层阶级奢侈品代用品的路线，而出现于一小部分奢侈品工业中"④。当世界人民的日常生活需求通过市场来满足的时候，资本主义便在全世界取得了胜利，剩余价值的转移便可以依靠市场网络完成，当然，战争与暴力并没有退出历史舞台，只是逐渐退居幕后而已。

法国大革命掀起的民族主义风暴不仅撕裂了保守主义的欧洲，而且

---

① ［英］C.W. 克劳利. 新编剑桥世界近代史（9）［M］. 中国社会科学院世界历史研究所，译. 北京：中国社会科学出版社，1999：43.
② ［英］欣斯利. 新编剑桥世界近代史（11）［M］. 中国社会科学院世界历史研究所，译. 北京：中国社会科学出版社，1999：63.
③ ［瑞士］西斯蒙第. 政治经济学新原理［M］. 何钦，译. 北京：商务印书馆，1963：218.
④ ［德］马克斯·韦伯. 经济通史［M］. 姚曾廙，译. 上海：上海三联书店，2006：195.

也撬动了世界政治地壳,观念与认同成为国家建设的最重要的理由和力量。"与强制力相比,观念是更为稳定并且更为有效的统治方式。对于任何耗尽资源紧紧为了维持自身存在的国家而言,从长远来说,它们在那些高效运转的国家面前将面临劣势。这样看来,国际无政府状态对国家造成的竞争性生存压力将会'自然选择'那些拥有强有力观念的国家。"① 民族主义的冲击对东方问题的演化至关重要,"在 1800 年,巴尔干还是为两大王朝帝国所占领——一个世纪之后,建立在民族主义原则基础上的独立国家:塞尔维亚、希腊、罗马尼亚、保加利亚和黑山"②。工业革命以及民族主义等大众运动的兴起,改变了巴尔干的政治经济生态,同时也改变了列强博弈的方式,工业革命催生的技术进步,尤其是交通通信的革新使旧式外交显得不合时宜,信息在电报时代几乎实现即时通信,大众舆论对各国外交施加越来越多的压力。此外,民族主义运动的兴起以及各个民族国家的建立改变了大国之间博弈、协调的模式,新独立国家的参与使巴尔干的国际形势更加复杂与脆弱。"大国希望那些小国能够服从他们的命令,但是巴尔干新生的政府往往会予以拒绝,即使政府同意,软弱无力的国家机构也难以战胜民族主义与各种秘密活动而将各种协议予以贯彻。"③ 巴尔干由三大帝国之间博弈的舞台演变为大国主导之下的霸权体系,除了大国之间的利益冲突之外,还面临着一个致命而难以解决的问题,那就是新生的民族国家低下无效的国家能力,正是这些近乎失败的国家为大国之间的角斗提供了可乘之机。

19 世纪初,俄国在西部的帝国扩张基本结束,一方面,俄国已经扩张到其自然边界,其民族边界与传统的罗斯边界已经纳入新的俄罗斯帝国之内;另一方面,俄国在西部的扩张受到越来越多的阻力。19 世纪的俄国是霸权与帝国的结合体,在西部,俄国逐渐被卷入欧洲的霸权体系,而在东部进行了快速的帝国扩张。"俄国东部的边界很不明确,或者说没

---

① [英] 巴里·布赞. 人、国家与恐惧:后冷战时代的国际安全研究议程 [M]. 闫健,李剑,译. 北京:中央编译出版社,2009:89.

② Steven W. Sowards. Lecture 5: The Serbian Revolution and the Serbian State//Twenty-five Lectures on Modern Balkan History [R/OL]. [2010 - 07 - 23]. http://staff.lib.msu.edu/sowards/balkan/lecture1.html.

③ Steven W. Sowards. Lecture 10: The Great Powers and the "Eastern Question" //Twenty-five Lectures on Modern Balkan History [R/OL.] 2010 - 07 - 28]. http://staff.lib.msu.edu/sowards/balkan/lecture1.html.

有封锁线；因为很多地方是开放的；此外，这里的边界以外没有人口密集的重大政治实体，无法靠自身的紧密度挡住俄国领土的继续扩张。这就是俄国得以很快越过这里的天然边界深入亚洲草原的原因。"① 俄国在东南方向，其扩张政策在 18 世纪末发生了变化，东方问题也迎来了转折。如果此前俄国的对外扩张是从领土上切割敌邻以便形成本国完整的边界的话，那么 18 世纪末，俄国已经将南部边界修整完毕。这个过程是以压缩奥斯曼帝国的最大扩张边界为代价的，俄国与奥斯曼帝国成为毗邻的国家，如果再向南扩张，一方面会遇到奥斯曼帝国更坚决的抵抗，另一方面也会受到欧洲国家的干预。此外，这些地区与帝国也没有直接的地理联系，于是，进一步扩张不能依靠直接的军事征服，或者与欧洲其他国家结成同盟瓜分奥斯曼帝国，或者在奥斯曼帝国境内鼓动分裂，建立新国家。

欧洲现代国际体系的形成与扩张是东方问题从帝国转向霸权的大背景，面对欧洲霸权的推进，毗邻欧洲的奥斯曼帝国"近水楼台先得月"，最先开始了模仿欧洲的现代化改革。现代性是对传统帝国的否定，奥斯曼帝国的改革是改变东方问题性质的根本原因之一。通过改革，奥斯曼帝国愈加融入欧洲现代国际体系之中，而这个体系运转的原则就是：霸权而非帝国。

二、面向霸权：奥斯曼帝国的初次改革

当欧洲现代国家建设迅速推进之际，奥斯曼帝国依然沉醉于帝国的美梦之中，他们并不羡慕主权平等、外交承认或者国际法等诸多原则，直到 19 世纪初，"奥斯曼帝国在目的论、制度和心理上依然是一个中世纪的伊斯兰国家"。② 但是这并不能否认奥斯曼帝国在 19 世纪发生了巨大的变化，其中最根本的变化在于现代性的进入，以及帝国国家能力结构发生转型，现代国家的雏形已经显露出来，奥斯曼帝国本身的变革也大大改变了东方问题的性质，从帝国向现代国家的转型充满了变革与守旧、现代与传统、西方与东方、伊斯兰与基督教等诸多冲突与矛盾，就

---

① [俄] 瓦·奥·克柳切夫斯基. 俄国史教程（第五卷）[M]. 刘祖熙, 等, 译. 北京：商务印书馆，2009：171.
② Thomas Naff. The Ottoman Empire and the European States System [A] //Heddly Bull, Adam Watson. The Expansion of International Society [C]. Oxford：Clarendon Press, 1984：144.

是在这种矛盾重重、对抗不断的环境下，奥斯曼帝国开启了现代化改革的大幕。

现代化理论的拥护者认为，土耳其的现代化进程起源于 1789 年，经过几代苏丹的努力，在奥斯曼帝国推行了一些现代化的改革，现代性的因素在奥斯曼帝国开始产生影响。[①] 有些论者将这个时间向前推了近一百年，如伯纳德·刘易斯认为，奥斯曼帝国遭遇了两次可耻的失败之后，便开始在军事领域受到西方的影响[②]，如果简单地将现代化追溯到某一个时间点，则难免会陷入一种西方中心论的窠臼之中。奥斯曼帝国与西欧之间的互动早在西方崛起之前就已经存在。只是当奥斯曼帝国相对衰落之后，双方的关系才发生逆转，应该说从 18 世纪之初，奥斯曼帝国便出现了改革的涓涓细流，虽然这种改革并没有从根本上扭转奥斯曼帝国的颓势，但是却为塞勒姆三世的改革做好了铺垫。一场持续上百年的改革，一个古老帝国的现代化的转型并非一蹴而就，而是多种因素共同推动的结果。对于奥斯曼帝国而言，帝国的衰落使奥斯曼统治者从地区的主宰者的地位上跌落下来，与之对照的是西方的快速崛起，这种时代的反差是促使奥斯曼帝国进行改革的根本原因；对于西方而言，虽然奥斯曼帝国是一个异教徒国家，但是这个庞大的国家绝非任何一个欧洲国家可以吞并的，当然，"不能以强国之间在政治和商业上的冲突的枝节问题，来掩盖欧洲向近东冲击这个共同因素。从政治上讲，列强相互之间的敌对比对伊斯兰的敌对更甚；可是，从更为深刻、更为长远的意义来看，它们的联合行动引起一场缓慢的革命"[③]。西方给奥斯曼提供的不仅是改革的范例，尤其是传统盟友法国的发展模式，更是一个全新的国际关系组织模式，一种霸权而非帝国的组织模式与运行的逻辑。

18 世纪中期之后，奥斯曼帝国的军事实力持续衰落，近卫军的腐败使苏丹放弃了圣战的想法，而依靠外交和通商等和平方式与欧洲保持联系，欧洲的崛起尤其是俄国，给奥斯曼帝国带来巨大的冲击，为了应对俄国的挑战，奥斯曼帝国苏丹不得不借助欧洲国家来制衡俄国。"生存的

---

① P. F. 苏加. 土耳其的经济与政治现代化 [A] //谢立中, 孙立平. 二十世纪西方现代化理论文选 [C]. 上海：上海三联书店, 2002：916-924.

② [英] 伯纳德·刘易斯. 现代土耳其的兴起 [M]. 范中廉, 译. 北京：商务印书馆, 1982：44.

③ [英] C. W. 克劳利. 新编剑桥世界近代史 (9) [M]. 中国社会科学院世界历史研究所, 译. 北京：中国社会科学出版社, 1999：699.

压力改变了 18 世纪奥斯曼帝国的外交政策"①,为了保持与欧洲各国的关系,奥斯曼帝国的外交人员进入欧洲国家的首都,而欧洲的外交人士、商人出现在君士坦丁堡以及帝国其他重要地区,欧洲旅行者与商人之所以能够在奥斯曼帝国境内获得更多的行动自由,主要受惠于外交条款。1718 年之后,奥斯曼帝国与欧洲国家签订的各种条约基本都反映了欧洲国家的利益,奥斯曼帝国成为欧洲国家竞相争夺的商业目标。外交政策的松动,为西方现代性传入奥斯曼帝国提供了有效的管道,派驻各国的外交人员成为最先主张帝国进行全面改革的人员,改革的意愿在上层统治阶层中不断增长,最终形成巨大的改革能量。"到 18 世纪,奥托曼人同西方的距离比以往任何时候都大,而同时却又比任何时候更接近西方。"② 造成这种矛盾的关键在于奥斯曼帝国被迫卷入欧洲体系之中,自 15 世纪以来,奥斯曼帝国作为文明的创造中心渐渐失去了活力,而西方则经过宗教改革、启蒙运动、科学革命的洗礼,在经济、政治、文化等方面阔步前进,从文明发展的进程而言,二者渐行渐远;伴随西方崛起的是西方的殖民与扩张,奥斯曼帝国从军事、商业、外交等多方面承受着西方扩张的压力,而与西方接近。

1789 年塞勒姆三世即位之后,土俄大战正在进行,它试图获得普鲁士和瑞典的援助,但是未能如愿,1792 年与俄国签订了《雅西条约》,虽然这个条约承认了俄国对克里米亚半岛的吞并,也不得不吞下俄国将多瑙河两公国置于自己控制下的苦果,但是,"它的确为帝国赢得了生存的权利,还有进行外交、军事改革的时间"③。18 世纪奥斯曼帝国的经历表明,如果不借助外交手段,帝国则难以生存。生存的压力迫使奥斯曼帝国进行一场彻底的变革,而欧洲国家的观念、制度和体系则为奥斯曼帝国提供了改革的典范。塞勒姆三世清醒地意识到,只有进入欧洲复杂的结盟体系之中,奥斯曼帝国才能获得一线生机,因此他登基之后便向法国国王路易十六表达了结盟的意愿。瑞典国王古斯塔夫三世希望与奥斯曼帝国结成同盟,共同对付俄国,这一次奥斯曼帝国作出了迅速的回

---

① Thomas Naff. The Ottoman Empire and the European States System [A]. //Heddly Bull, Adam Watson. The Expansion of International Society [C]. Oxford: Clarendon Press, 1984: 152.

② [美] 戴维森. 从瓦解到新生: 土耳其现代化历程 [M]. 张增健, 刘同舜, 译. 上海: 学林出版社, 1996: 81.

③ Thomas Naff. The Ottoman Empire and the European States System [A] //Heddly Bull, Adam Watson. The Expansion of International Society [C]. Oxford: Clarendon Press, 1984: 155.

应，1789年7月两国签订了盟约，但是一年之后，瑞典背着奥斯曼帝国单方面与俄国签订了和约。面对盟友的背叛，塞勒姆三世也只是无奈地说："真是形势险恶啊，异教徒不可信！"塞勒姆三世不过是欧洲权力政治的"小学生"，既然奥斯曼帝国已经被卷入欧洲体系之中，只能与狼共舞。1791年1月，奥斯曼帝国与普鲁士缔结盟约，普鲁士承诺共同对付俄国和奥地利，帮助奥斯曼帝国恢复克里米亚及其他失地。通过英国和荷兰的调解，奥斯曼帝国与哈布斯堡帝国和俄国缔结了条约，结束战争，但是并没有收复克里米亚半岛。塞勒姆三世的两次结盟活动都没有取得预期的效果，塞勒姆三世怀疑欧洲国家的可信性，1792年之后，奥斯曼帝国外交转向传统的不结盟政策，在两个战争阵营之间保持中立，并在国内开始了改革运动。

从历史的长时段而言，这场改革延续了一百多年，直到凯末尔改革才修成正果。改革是奥斯曼帝国在西方现代性的冲击之下，为了生存而进行的调整。前文曾经论证过奥斯曼帝国的国家能力结构以军事与宗教为先导，随着对外扩张的结束，近卫军成为奥斯曼帝国国家中的一块不断滋长的毒瘤，它与保守的宗教势力混杂在一起，如同癌细胞一样，吞噬着新鲜血液。塞勒姆将改革的突破口选在军事方面，既然近卫军的地位难以撼动，只有在这支频频发动叛乱的旧军之外建立新军。1791年塞勒姆三世便在首都郊外训练一支新的军队，以期取代近卫军。为了避免近卫军官以及保守的伊斯兰教长的反对，这支新军的建设非常低调，不但远离首都，而且建设速度比较缓慢。新军由法国教官负责训练，统一制服和装备。塞勒姆三世对这支新军寄予厚望，逐渐增加了兵员与军费。但是这支新生的军队并未成为奥斯曼帝国军队的骨干力量，它只是西方观念与体制的产物，是奥斯曼帝国的异己分子。

塞勒姆三世的改革遭到近卫军与伊斯兰教会上层的强烈反对，1808年5月，近卫军发动叛乱，强迫塞勒姆退位。随着塞勒姆三世的离世，保守派得势，新军被解散，改革派人士喋血刑场。这次改革的失败，使帝国边缘的独立倾向更加强烈：一方面，由于帝国的国家能力持续衰落，对边缘地带的控制力衰弱，自立空间增加；另一方面，改革的失败使巴尔干民族主义者对既有的帝国政治框架更加不满，民族主义情绪得到激发。这次短暂的改革虽然没有扭转奥斯曼帝国的颓势，但是却指明了一个未来的改革与发展方向,那就是必须废除近卫军。①

1808年之后,塞勒姆三世的改革印记几乎被清洗殆尽,奥斯曼帝国的政局经过几年动荡之后又稳定下来,马哈茂德二世继任苏丹大位。马哈茂德二世即位之后并没有马上进行改革,而是准备了将近十八年,在此期间锻炼了政治才能,积聚了改革的信心,勾画了改革的图景,"这种耐心和准备在十八年之后得到了回报,他解决了诸多困扰几代苏丹的难解之题"②。塞勒姆三世的失败表明,"要想在奥斯曼帝国推定社会改革,必须首先要加强和巩固素丹至高无上的权力,废除并非来自素丹的一切权力,彻底地铲除敌视和反对帝国社会改革的各种顽固势力,否则改革就难以实行"。③

经过十八年的中断之后,奥斯曼帝国的改革再次扬帆起航,1826年祸害奥斯曼帝国上百年的近卫军被剪除了。当希腊叛乱愈演愈烈之际,近卫军却在首都闹事,要挟政府增加薪水,否则不会外出作战。穆罕默德二世采取迂回措施,宣布革新近卫军,即三分之一以上的近卫军要按照西方的模式进行重建,面对保守势力的反抗,马哈茂德毫不留情地镇压了近卫军的叛乱。经过改造的近卫军以西方军队的标准进行训练与作战,扭转了奥斯曼帝国在军事上的颓势,当然,马哈茂德难以建立一个与西欧强国匹敌的一流军队,因为军队的现代化是一个系统的工程,需要以整个国家现代性的增长为支撑。近卫军被取消,改革最大的障碍被移除了,此后的苏丹可以将大量的权力集中于一己之手,并且比前任更能建立一个集权的中央机构,这是奥斯曼帝国能够延续到20世纪的重要原因。实际上,这也是奥斯曼帝国传统的王朝统治的终结,取而代之的是欧洲式的官僚体制和行政管理制度。

消灭近卫军之后,马哈茂德将其余的散兵游勇的省区部队一并取消,重新建立一支新式军队。陆军教官主要来自普鲁士,而海军则主要依赖英美两国。军事改革成为奥斯曼现代性发展的突破口,而且需要一系列的配套方案,编译外国教材,因此,需要培养相应的外语人才;此外,

---

① [美] 戴维森. 从瓦解到新生:土耳其现代化历程 [M]. 张增健,刘同舜,译. 上海:学林出版社,1996:85.

② E. S. Creasy. History of the Ottoman Turks: From the Beginning to the Present Time (Volume 2) [M]. London: Bradbury and Evans Printers, 1856:412.

③ 黄维民. 奥斯曼帝国 [M]. 西安:三秦出版社,2000:293.

新军需要新式装备，尤其是海军需要建造新式战舰，工程技术、数学等方面的专业技术学校也应运而生。总之，军事改革往往是传统帝国走向现代性的窗口。

马哈茂德二世对政治体制进行了改革，"近卫军恐怖主义不复存在，但是奥斯曼帝国的官员一如从前，他们还是那么无效，那样腐败"。① 改革的目的在于减少贪腐，提高行政效率。一方面，按照西方的模式，对中央政府进行调整，大维齐尔成为内阁首席大臣，设置了各部大臣的席位；另一方面，为官员发放薪俸，减少贪腐，高效清廉的政府并不是朝夕之间就能够建立的，官员们虽然身穿统一的制服，但是他们离成为现代官僚还有相当的距离。翻译局和驻外机构为土耳其的改革培养具有西方视野和现代技术专长的人才，年复一年，这些人才不断增加，成为奥斯曼帝国进一步改革的推动力量。

除了腐朽没落的近卫军之外，伊斯兰教势力是改革的另一大阻力，教会势力在奥斯曼帝国根深蒂固，不可能对其采取世俗化改革，而是在伊斯兰法庭之外再另行设置一个世俗司法体系，两种法律同时存在，以世俗法律逐渐渗透与瓦解伊斯兰法典的绝对权威地位。除此之外，宗教的财政自主权被剥夺，教育垄断的权利也大受撼动，作为具有广泛的民众基础的伊斯兰教会，对现代化改革的阻力变小，宗教上层领袖或由于恐惧，或出于利益考虑而对改革采取默许的态度。

马哈茂德二世还进行了一项具有开创性的工作，1831 年开始对帝国的土地和人口进行普查，这是进行财税改革的基础和前提，建立现代化的军队需要大量的财政资源和人力资源。人口统计和土地丈量是征收税赋和兵员的依据，也是国家进行"数目字管理"的开始，掌握了国内人力、土地等资源的数据才能进行集中控制与调配。与之相配套的是废除了封建土地制度——提马尔，这种封建采邑制度与现代国家的理念是背道而驰的，不仅造成了土地的分散管理，税赋征收困难，而且容易造成权力的流失与地方割据，"正是通过这种办法，苏丹才能加紧推行他对各省的控制，把他的中央集权的政策大大向前推进一步"。②

---

① L. S. Stavrianos. The Balkans since 1453 [M]. NY: Rinehatr & Company, Inc., 1958: 304.

② [英] 伯纳德·刘易斯. 现代土耳其的兴起 [M]. 范中廉, 译. 北京: 商务印书馆, 1982: 98.

奥斯曼帝国前期的改革从塞勒姆三世准备改革到马哈茂德二世去世前后延续了近半个世纪，期间有挫折，也有反复，但是模仿西方进行改革的方向大致已经确立。在一个保守势力强大的国家中进行现代化改革殊为不易，奥斯曼帝国的初次改革与其说是确立了新的模式，不如说是打破了僵化的体制，为改革释放了一定的空间。威胁帝国稳定的近卫军被解散，从而使改革者避免了兵变的威胁；新式官僚队伍不断壮大，增强了政府手中的权力，缓解了离心势力的蔓延。相比其他地区的改革，也许奥斯曼帝国的改革是缓慢的，日本在半个世纪的时间内从一个封建弱国一跃而成为西方强国俱乐部的一员，但是对于历史，我们不能过于苛责，一方面，奥斯曼帝国在欧洲曾经强盛了几个世纪，从对西方的鄙视到对西方的推崇需要经历一个漫长的适应过程，"当伊斯兰仍然处在扩张和肯于接受外界影响的时候，基督教的西方还几乎拿不出，或是完全拿不出任何自己的东西来，恰恰由于西方文化显而易见地确实不如人家，才就更加凸显伊斯兰教的骄傲。此外，正是由于西方文化是基督教的，因此首先便被认为是不足为信的"①。另一方面，西化改革是帝国在世界立足的必要条件，但是"西化切不可来势太猛，因为它会把整个社会震垮"②。奥斯曼帝国的西化改革是一个持续上百年的过程，如果这么长久的增量积累，就不可能促成20世纪凯末尔革命的成功。

有学者认为，奥斯曼帝国社会是各种原则连锁而成，它太复杂了，难以改变，除非有外来的新力量出现。这些力量主要来自边缘地区，尤其是巴尔干地区商业的兴起，包括希腊商人、塞尔维亚的猪农、保加利亚港口的贸易商……"这些人是革命的力量，足以终结奥斯曼帝国正在衰落的体制"③。对外贸易的发展以及生产方式的转变给奥斯曼帝国带来了新鲜的因素，奥斯曼帝国政府不愿意穆斯林经商，而是将贸易权利授权于希腊人、保加利亚人、亚美尼亚人等。随着帝国贸易规模的扩大，

---

① [英]伯纳德·刘易斯. 现代土耳其的兴起 [M]. 范中廉，译. 北京：商务印书馆，1982：48.
② [美]戴维森. 从瓦解到新生：土耳其现代化历程 [M]. 张增健，刘同舜，译. 上海：学林出版社，1996：94.
③ F. L. Carsten. The New Cambridge Modern History (5) [M]. Cambridge: Cambridge University Press, 1961: 477. Steven W. Sowards. Lecture 3: The principles of Ottoman rule in the Balkans [A] //Twenty-five Lectures on Modern Balkan History [R/OL]. [2010 - 07 - 20]. http://staff. lib. msu. edu/sowards/balkan/lecture1. html.

这些非穆斯林居民获益颇丰，财富没有流向传统的权势阶层，而是进入了新的团体，随着财富的不断增加，奥斯曼帝国的结构不断发生分化。从国家能力结构的角度而言，穆斯林是奥斯曼帝国军事与政治权力的支撑，而市场交换的权利则拱手让给了非穆斯林群体，现代性的后果便是经济权力成为现代国家能力的核心要素，因此，当奥斯曼帝国精英不屑于进行商业活动的时候，国家能力结构已经出现裂痕，随着时间的推移，这种裂变的影响进一步显现：帝国边缘地区的独立性不断增强。19世纪中期之后的改革也从单纯的军事、政治领域扩展到教育、卫生、文化等多个方面，国家职能不断增加，国家能力的内涵也随之发展。与帝国改革并行的是帝国边缘的离心与自立，这是奥斯曼帝国面临的一个时代悖论。

总之，奥斯曼帝国的改革使这个古老的帝国逐渐向欧洲式的现代国家转变，国家能力相比自身有所增强，但是时代的反差与地缘政治的恶化使这个帝国在欧洲体系中依然呈现出一种"病夫"的形象。奥斯曼帝国内部的改革与外交形势的转变，使其国家能力结构发生了巨大的变化，帝国向霸权体系开始转变，奥斯曼帝国的瓦解与卷入西方国际体系并行展开，从而使东方问题从一个帝国问题变为霸权问题。

第二节　帝国战争与霸权战争：
奥斯曼帝国的内外挑战

法国大革命之后，欧洲形成了一个统一的国际体系，欧洲主要大国都被包含其中，欧洲国际体系的形成与扩张使东方问题进入一个新的阶段，奥斯曼帝国被迫卷入欧洲国际体系。19世纪前半期，奥斯曼帝国经历了痛苦的蜕变，希腊与埃及的叛乱使奥斯曼帝国面临帝国崩溃的危险，边缘地带自立倾向不断增长，奥斯曼帝国与其说是一个帝国，莫不如说是一种国际体系，直到1856年，俄国一直是主宰奥斯曼帝国的力量。半个世纪之中奥斯曼帝国进行了多次战争，既有镇压藩属国的帝国维持战争，也被卷入欧洲霸权战争之中。战争性质的转变预示着东方问题进入一个新的阶段，即从帝国体系到霸权体系的转变。进入欧洲霸权体系，对于奥斯曼帝国而言：第一，获得了在国际体系生存的空间，欧洲均势体系的特征在于大国生存的空间得到保障，攻城灭国基本被遏制，奥斯曼帝国通过《巴黎公约》成为欧洲体系的一员，自然获得了体系成员的权利；第二，奥斯曼帝国境内的民族主义运动受到各种外部势力的左右；第三，奥斯曼帝国内部的改革提升了其国家能力；第四，帝国可以依靠分而治之的方式对巴尔干半岛进行控制。

一、来自边缘地区的冲击：希腊革命及阿里

马哈茂德二世即位之后面临着方方面面的挑战，概括而言有：英法俄等列强的挑战；桀骜不驯的近卫军；宗派分裂的乌尔玛；叛乱不断的瓦哈比教派、马木留克王朝、塞尔维亚、希腊、阿尔巴尼亚、库尔德等地区；极力在帝国废墟上新建王朝的帕夏们。"这些都是新任苏丹头上的阴云。"[1] 马哈茂德二世需要控制以下六个地区：阿拉伯、埃及、阿尔及尔、塞尔维亚、希腊以及多瑙河的两公国。[2]

当欧洲陷入混战之际，巴尔干半岛成为重要的陆上贸易通道，而海陆兼备的希腊更成为欧洲与黎凡特贸易的桥头堡。奥斯曼帝国被迫卷入这场欧洲大战，希腊则发展起来一支"国家级"的海上力量，而陆军方面也大有发展，这支军队由非希腊人构成，但是其指挥官却是希腊人，大量的盗匪、流民渗透进入这支军队，他们只承认作为地方长官的帕夏的权威，而无视君士坦丁堡的权力。早在希腊发动起义之前，奥斯曼帝国已经意识到这支希腊军队将对帝国造成威胁，除此之外，希腊人集中聚居也是重要的原因。拿破仑认为，奥斯曼帝国让数量如此之多，而同质化却非常高的希腊人聚集于一地是一个巨大的错误，他说："这个错误早晚会断送奥斯曼帝国的生命。"[3] 19世纪，地中海政治发生了深刻的变化，威尼斯的商业帝国不复存在，希腊、埃及这些奥斯曼帝国的属地的政治野心不断增长，拜占庭帝国和阿拉伯帝国的历史记忆激励着两个属地不断挑战君士坦丁堡的政治权威。英国与俄国之间的博弈影响着动地中海的政治风向，不同性质的政治权力中心构成了东地中海脆弱的国际体系。

---

[1] E. S. Creasy. History of the Ottoman Turks: From the Beginning to the Present Time (Volume 2) [M]. London: Bradbury and Evans Printers, 1856: 390.

[2] [美] 戴维森. 从瓦解到新生：土耳其现代化历程 [M]. 张增健，刘同舜，译. 上海：学林出版社，1996: 87.

[3] E. S. Creasy. History of the Ottoman Turks: From the Beginning to the Present Time (Volume 2) [M]. London: Bradbury and Evans Printers, 1856: 397.

民族解放的理念对于巴尔干民族觉醒具有重要的作用，1804年的塞尔维亚起义揭开了巴尔干民族独立解放运动的序幕。民族独立与解放成为撬动巴尔干政治板块的巨大杠杆。正是巴尔干地区帝国边缘的特性，才使民族主义得以发展，恰恰是奥斯曼帝国的衰落才使民族主义得到发展的空间，帝国的边缘在霸权制衡中获得了自主性。"在民族杂居的东欧部分，建立民族国家的运动暂时只是在土耳其的欧洲部分才得到发展；在这部分领土上，保加利亚和罗马尼亚在本世纪末获得了自治。"① 波兰依然牢牢地控制在俄国手中，特兰西瓦尼亚、匈牙利在奥匈帝国的控制之下，因此，只是在三个帝国构成的边缘地带、拉锯地带才能得到发展的空间。斯塔夫里阿诺斯认为维也纳和会之后的巴尔干政治发展动力取决于三种因素：奥斯曼帝国的持续衰落、民族主义的觉醒与大国的博弈。② 换言之，东方问题已经不是简单的土耳其怎么办的问题，而是一个多层次的多极霸权体系。

如果说塞尔维亚革命是巴尔干地区获得自主性的先声，那么希腊革命则引起了整个欧洲的关注，霸权体系运作的特征得到进一步的彰显。希腊的起义引起了奥斯曼帝国的镇压，对于奥斯曼帝国而言，这是一场削平叛乱的帝国维持战争。希腊的革命最终引发了欧洲国家的干涉，尤其是俄国，土俄之间的战争又有明显的霸权战争的特征。因此，19世纪初的东方问题是霸权与帝国两种因素混杂作用的结果，在表象上显得比较凌乱。

1820年，当希腊的独立运动的领导人在奥斯曼帝国各地准备起义之际，一个千载难逢的机会出现了，苏丹与普路米亚的阿里之间的战争爆发了，帝国的优势兵力被抽调出来对付阿里的叛乱。希腊起义与阿里的叛乱同时出现是对奥斯曼帝国的极大的挑战，这些地方势力长期以来"在帝国境内成为独立的王国，阿里等人的光环已经掩盖了苏丹的皇冠"③，帝国的威严受到附庸的挑战，马哈茂德二世要维持自己的帝国和自己的威严，就必须弹压这些附庸的叛乱，而他面对的战争也绝非帝国

---

① [英] 欣斯利. 新编剑桥世界近代史 (11) [M]. 中国社会科学院世界历史研究所，译. 北京：中国社会科学出版社，1999：322.
② L. S. Stavrianos. The Balkans since 1453 [M]. NY：Rinehatr & Company, Inc., 1958：215.
③ E. S. Creasy. History of the Ottoman Turks：From the Beginning to the Present Time (Volume 2) [M]. London：Bradbury and Evans Printers, 1856：402.

维持战争那么简单，因为这些附庸背后都有大国势力的支持。这场战争包含了多种性质：一方面，苏丹力图恢复帝国的威严，保持帝国的完整，因此可以说是一场帝国维持战争；另一方面，奥斯曼帝国本身已经开始向现代国家转型，既有的帝国开始向国际体系滑落，使这些地权完全恢复到帝国边缘的地位已经不现实，需要在一定程度承认其自治与独立，因此，这场战争又有霸权护持战争的特征。

1821年6月19日，奥斯曼帝国军队将叛军全部镇压，但是在希腊本土及其沿海却进展缓慢，战争一直持续到1825年，马哈茂德二世不得不请埃及的阿里帕夏出兵相助。埃及军队的纪律和战斗力是令人震惊的，在阿里的儿子易卜拉欣（Ibrahim）的统帅之下，埃及军队所向披靡，尤其是阿里的一营卫队不仅将奥斯曼帝国丢失的要塞尽数夺回，而且还将希腊的西大门米索伦基（missolonghi）收入囊中，第二年，希腊起义便宣告失败。埃及陆军的表现有目共睹，而海军力量也不容小觑，由埃及和帝国共同组成的联合舰队使希腊海军几乎无立足之地。如果没有西方国家的介入，希腊起义基本不会取得什么成果，由于西方国家的介入，战争性质发生了转变，希腊也是绝处逢生。希腊人之所以得到欧洲的关注，大抵出于以下几点原因：

首先，希腊人在奥斯曼帝国是一个特殊的阶层，希腊人垄断了教会权力、商业利益与行政管理等多方面的权力，是有别于斯拉夫人的特权阶层。希腊人是奥斯曼帝国与欧洲交往互动的媒介，在此过程中希腊人获得了欧洲人的人认可。

其次，欧洲人的历史错觉。希腊人将自己与古典希腊捆绑在一起，从而从西方博取了前所未有的同情，制造了一种幻觉，即"古典时代与自由、普世的基督教世界是连为一体的"。[1] 依靠着这种历史幻觉，希腊人将西方拉入一场反抗土耳其人的战争之中。同时，欧洲人普遍将古代希腊人与现代希腊人等同，而古典希腊是欧洲文明的源头之一，因此，当希腊人发动革命的时候，获得了欧洲各界的声援与支持。1823年，英国政府在舆论的压力之下承认希腊是交战方，这实际上认可了希腊的独立地位，希腊从伦敦金融界取得了大量的贷款。希腊人是东正教的领袖，也是拜占庭帝国的后人，双重的身份与纽带将希腊与俄国紧紧联系在一

---

[1] E. S. Creasy. History of the Ottoman Turks: From the Beginning to the Present Time (Volume 2) [M]. London: Bradbury and Evans Printers, 1856: 399.

起，同时希腊革命也获得了俄国外交的支持。1814年复苏的希腊独立团体迅速扩大，众多俄国官员卷入其中，在这些团体中流传着一种观念，即希腊独立与俄国的国家利益一致，如果需要，他们会得到俄国足够的支持。毫无疑问，俄国是奥斯曼帝国的传统敌人，将俄国拉入自己的阵营之中，会增加起义成功的可能性。希腊人是多瑙河两公国的总督人选，被该地区的人民视为奥斯曼帝国统治的帮凶，虽然希腊与两公国在反抗奥斯曼帝国，争求独立方面具有共同的利益，但是，两公国并不想看到希腊人成为巴尔干的新主人，因此，希腊人在奥斯曼帝国中的特殊身份在一定程度上使之难以成为巴尔干地区的未来领袖。

  1826年对于马哈茂德而言，可谓先喜后忧，塞尔维亚、希腊的叛乱基本被镇压下去，埃及的阿里虽然权力快速增长，但是尚未表现出太多的不服从；扰乱政局多年的近卫军几乎被清洗殆尽；苏丹的权力大为集中，进行深入改革的条件已经具备。阿里在埃及的开明专制表明在伊斯兰世界可以进行西方式的改革，帝国的边缘成为改革的先锋，也为帝国进行改革创造了舆论基础，树立了改革典范。奥斯曼帝国的复兴引起了俄国的关注，沙皇亚历山大一世是个保守派，对民族解放运动充满了敌视，因此俄国并没有给塞尔维亚和希腊提供实质性的支援。1825年尼古拉继任皇位之后，形势逆转，新沙皇坚持俄国应该向东正教兄弟提供帮助，无论希腊还是塞尔维亚，都应该得到俄国的支持；此外，俄国国内小规模的起义不断，也急需一场对外战争转移国内矛盾的焦点。1826年8月，俄国向奥斯曼帝国提出了一系列要求：根据《布加勒斯特条约》的规定，奥斯曼帝国要尽快撤销在亚洲的军事要塞；恢复多瑙河两公国完全自治的权利；兑现承诺给塞尔维亚的各种权利，等等。这是奥斯曼帝国第一次收到如此之多引起公愤的要求，即便如此，马哈茂德二世认为应该作出让步，对于奥斯曼帝国而言，最弥足珍贵的是和平的环境。1826年10月7日，两公国签订了《阿克曼条约》，该条约基本满足了俄国的各项要求。这一条约使多瑙河两公国、塞尔维亚处于俄国的保护之下，奥斯曼帝国只拥有名义上的统治权，实际上这两地已经沦为俄国的边疆省份。

  事情并没有就此结束，由希腊革命引发的冲突才刚刚上演。1827年英国、法国和俄国联合向奥斯曼帝国施加压力，令马哈茂德二世愤怒的是，一直视为真正朋友的英法两国，此时却要对奥斯曼帝国的内政横加干涉。三国迫使帝国在希腊解放问题上作出巨大让步，名义上奥斯曼帝国享有宗主权，希腊每年要向帝国缴纳一定的贡赋，但是要希腊人自己征收。实际上"希腊是一个独立的国家"。① 在条约尚未签订之际，双方必须停战，希腊人对这种结果非常满意。如果奥斯曼帝国不能同意，那么西方国家将承认奥斯曼帝国的省份为独立国家，而这将直接使奥斯曼帝国陷于解体之中，帝国的边缘完全成为独立国家，奥斯曼帝国也将不复存在。面对如此严苛的要求，马哈茂德二世无论如何都难以接受。1827年10月20日，英法俄三国联合舰队，开进纳瓦力诺（Navarino），此处是奥斯曼帝国与埃及舰队的军港，此举的意图非常明显：以威力威吓埃及军队指挥官，结束埃及与希腊之间的敌对状态，而奥斯曼帝国海军绝非联合舰队的对手，如果以此能够迫使马哈茂德就范，便可以既使希腊获得独立，又能避免与奥斯曼帝国之间的战争。这次军事威慑是失败的，双方鏖战4个小时，奥斯曼与土耳其联合舰队全军覆没。双方议和并签订《伦敦条约》，但是俄国却在边境上积极备战。

土俄开战之后，奥斯曼帝国处于劣势，有人说，苏丹消灭了陆军，而联合舰队则消灭了海军，马哈茂德处于十分困窘的状态，他只有不到5万新军可以调用，而俄军则在10万人以上。1829年8月28日，奥斯曼帝国被迫签订了《阿德里安堡条约》，这一条约既是对《阿克曼条约》的确认，也是俄国势力进一步扩张。《阿德里安堡条约》改变了高加索与巴尔干及其黑海的地缘格局，俄国在近东的边界达到最大扩张边界，而奥斯曼帝国则被压缩到最小生存边界，等待奥斯曼帝国的是解体或者重生。条约对奥斯曼帝国的边缘地带都作了精细的安排，或者合并进俄国，或者实质上独立。首先，俄国控制了多瑙河左岸地区，"普鲁特河应该继续成为两个帝国的边界，从该河连接摩尔达维亚的领土开始到多瑙河的汇合处止。边界线从该处起沿多瑙河往下直到流入圣乔治河的地方，由该河的河汊形成的岛屿归俄国管辖"，俄国的边界在巴尔干又进一步向南延伸，最为关键的是多瑙河这条欧洲运输动脉为俄国所控制，对哈布斯堡帝国的威胁尤为严重。高加索的"格鲁吉亚、伊梅里蒂、明格雷利、古里尔和其他几个省多年来已经重新联合，并且永远归属于俄罗斯帝国"，俄罗斯的势力正式进入高加索，而高加索是一个边界破碎的地带，

---

① E. S. Creasy. History of the Ottoman Turks：From the Beginning to the Present Time（Volume 2）[M]. London：Bradbury and Evans Printers, 1856：417.

却为俄国提供了一个进入伊朗的通道。其次，帝国边缘地带只在名义上归属苏丹统治，无论多瑙河两公国还是塞尔维亚都是如此，苏丹无权干涉这些地区的行政管理、教育卫生、财政税收，塞尔维亚还允许有奥斯曼帝国的驻军，而两公国则享有"完全的信仰自由、绝对的安全、民族的和独立的行政权以及从事商业的充分自由"①。再次，俄国在黑海获得了通航自由，俄国商船无论大小，只要缴纳关税，之后便可以自由出入海峡，黑海已经从奥斯曼帝国的内湖变成了俄国的内湖。最后，条约第十条要求奥斯曼帝国遵守 1827 年与英法俄三国签订的伦敦条约，即承认希腊的独立。关于希腊独立会议的议定书于 1830 年 2 月 3 日在伦敦缔结，这场由希腊革命引发的国际冲突到此结束，对奥斯曼帝国而言，这是损筋折骨的失败。

对于奥斯曼帝国而言，阿里的挑战远甚于希腊革命。阿里 1765 年左右出生于马其顿，他发迹于奥斯曼帝国反抗拿破仑入侵埃及的战争之际，在与法国军队的对抗中，阿里学会了西方军队先进的战略与战术。1807 年阿里将英国军队赶出埃及之后，荣升为埃及的帕夏，拥有了治理与统治埃及的合法权利。随后他便以阴谋与暴力摧毁了盘踞埃及几百年的马木留克军事集团，成为埃及无可置疑的统治者。阿里巩固了在埃及的权力地位之后便开始准备向外扩张，最初扩张的对象是阿拉伯半岛，这里是瓦哈比派的基地，通过一系列战争，埃及军队俘获了瓦哈比教派的首领，并将其押解到君士坦丁堡。随后，阿里将南部的努比亚等地并入自己的势力范围。支撑阿里进行扩张的是一支现代化军队，"这是一支完全按照欧洲标准组建的军队，主要由来自法国的军事冒险家负责训练"②。1815 年欧洲大战结束之后，一些法国军事专家无事可做，而阿里则高薪延请，这些有丰富战争经验的法国军事专家便成为埃及新式军队的"教父"。

阿里是埃及的绝对统治者，野心勃勃的枭雄人物，他引进西方的生产技术和军事制度，在短短十几年中便成为奥斯曼帝国中最具有权势的人物，在希腊革命、1828—1829 年土俄战争期间曾经给予穆罕默德有力的支持，在这两场战争中，奥斯曼帝国的虚弱显露无遗，这进一步刺激

---

① 国际条约集（1648—1871）[M]. 北京：世界知识出版社，1984：365 - 368.
② E. S. Creasy. History of the Ottoman Turks: From the Beginning to the Present Time（Volume 2）[M]. London: Bradbury and Evans Printers, 1856: 393 - 394.

了阿里扩张的野心与信心。此外，法国是阿里的幕后支持者，大量的法国军事顾问、武器装备充斥埃及军队之中，法国鼓动阿里向北非扩张，阿里希望法国向其转让四艘军舰，这一交易引起英国朝野一片哗然，在英国看来，法国与埃及的联盟对奥斯曼帝国来说是一场灾难。在英国的反对之下，1830年7月4日，法国军队占领了阿尔及尔，名义上该地区的宗主权依然属于苏丹，但实际上却是由一个来自法国的总督统治。这是继克里米亚半岛之后，奥斯曼帝国丢失的又一个穆斯林领地，这是对苏丹在伊斯兰世界信誉与权威的重创。这一事件带来了一系列连锁反应，帝国边缘地带的忠诚日渐淡化，而反抗却愈演愈烈，阿尔巴尼亚和波斯尼亚的反抗虽然被苏丹强力镇压下去，但是消耗了帝国太多的资源与力量，但是阿里控制下的埃及作为一场新的风暴中心却在积聚能量，对奥斯曼帝国而言，一场新的灾难正在上演，一场夹杂着霸权战争因素和帝国战争因素的大战近在咫尺。

马哈茂德二世扶植穆罕默德·阿里以铲除瓦哈比派和埃及的马木留克军事集团，但让人出乎意料的是，阿里却成为苏丹最强有力的对手与敌人。1827年，埃及舰队在纳瓦力诺海战毁灭之后，阿里迅速重建了一支海军，由一些经验丰富的老兵在法国教官的训练之下迅速成军，而他们的指挥官，也就是阿里的儿子易卜拉欣经过战火的洗礼，已经成为一个经验丰富、谋略得当、野心勃勃的总司令。作为阿里出兵镇压希腊起义的酬劳，克里特岛划归阿里管辖，阿里是个得陇望蜀的野心政客，他对叙利亚垂涎三尺，但是这一要求遭到苏丹的拒绝，于是阿里决定以武力夺取此地。

手握雄兵的阿里野心勃勃地要重建阿拉伯帝国的辉煌，1831年起兵叛乱，进攻叙利亚地区，1832年5月27日攻占了叙利亚的战略要塞阿克里，苏丹派出的军队接二连三遭遇败绩，埃及军队快速向北推进。

1832年10月29日，埃及军队在科尼亚战役中几乎全歼奥斯曼帝国军队主力。埃及军队进军君士坦丁堡的可怕景象出现了，奥斯曼帝国解体陷于内政似乎近在眼前，东方问题又一次尖锐地呈现在各个强国面前。由于英国忙于内政，法国是埃及的支持者，同时也希望保证在阿尔及利亚统治的稳定性。"英国愚蠢的政策为俄国提供了一个千载难逢的机会"[①]，俄

[①] E. S. Creasy. History of the Ottoman Turks: From the Beginning to the Present Time (Volume 2) [M]. London: Bradbury and Evans Printers, 1856: 438.

国的海陆军齐集于塞瓦斯托波尔和敖德萨,随时准备进入奥斯曼帝国。因此,英法两国都拒绝了奥斯曼帝国苏丹的求援,绝望之中的苏丹不得不向宿敌——俄国乞援。英法两国对此举极力反对,但是马哈茂德"只有法国大使承诺保证阿里满足于占有阿克里和自身独立,奥斯曼才会请俄国撤军"。① 1832年3月20日,俄国舰队接近博斯普鲁斯海峡入口,此时易卜拉欣从法国顾问那里得知,法国政府准备派遣舰队支援苏丹,于是双方在3月初进行和谈,但是谈判迅速破裂。易卜拉欣想继续进军,但是来自敖德萨的1.6万士兵已经开进前线,埃及军队如果贸然进攻,势必会造成巨大损失。双方在1833年5月6日缔结和约,马哈茂德作出了巨大的让步,克里特岛和埃及归属阿里管辖,除此之外,他还获得了阿勒颇、大马士革、亚达那、的黎波里等地,事实上,当年塞勒姆一世征服的地区基本落入阿里之手。付出了如此惨重的代价之后,苏丹才使桀骜不驯的反叛者从小亚细亚撤军。请神容易送神难,需要什么代价才会使俄军撤出奥斯曼帝国呢? 这个代价就是1833年7月8日签订的《温基阿尔斯凯莱西条约》,条约明文规定两国签订攻守同盟,实际上将奥斯曼帝国置于俄国的保护之下,"标志着俄国势力在君士坦丁堡达到登峰造极的地步"。②

事后,帕默斯顿惨痛地回忆:"在英国历史上,内阁从来没有在外交方面作出如此错误的决定……由于我们的拒绝,给欧洲和平、均势格局以及英国的利益造成的损害超过以往任何决定。"③ 帕默斯顿之所以作出如此沉痛的忏悔,是由于英国的冷漠,使得英国在东方问题上处于严重的被动之中。孤立无援的苏丹只能接受俄国提供的援助,俄国的军舰穿过博斯普鲁斯海峡包围君士坦丁堡,俄国的外交官成为苏丹与阿里的调解人。在这场危机之中,俄国扮演了奥斯曼帝国可靠的盟友角色,1833年7月8日,双方签订条约,其中最为引人注目的是一项秘密条款,允许俄国军舰出入海峡,而在任何情况下都不允许外国军舰进入达达尼尔海峡。此外,俄国对奥斯曼帝国的事务具有指导的权利,换言之,俄国

---

① G. H. Bolsover. Lord Ponsonby and The Eastern Question (1833 – 1839) [J]. The Slavonic and East European Review, Vol. 13, No. 37 (Jul., 1934), pp. 98 – 118 (98).

② [美] 巴巴拉·杰拉维奇. 俄国外交政策的一世纪 [M]. 福建师范大学外语系编译室,译. 北京:商务印书馆,1978:72.

③ L. S. Stavrianos. The Balkans since 1453 [M]. NY:Rinehatr & Company, Inc., 1958:306.

驻君士坦丁堡大使成为苏丹政府中的首相，当然，奥斯曼帝国可以在第一时间内获得俄国的援助与支持。俄国在东方问题的地位骤然提升是对英国的沉重打击，而俄国既不想也不愿意与英国妥协，但是它不得不考虑到哈布斯堡帝国的利益，因为哈布斯堡帝国可以轻易地切断俄国与奥斯曼帝国的陆上联系。所以俄国向哈布斯堡帝国许诺，它将愿意保持奥斯曼帝国的完整，如果需要瓜分奥斯曼帝国时，俄国将与哈布斯堡帝国保持协调。①

1833年9月，也就是在《温基阿尔斯凯莱西条约》签订后的两个月，俄国与哈布斯堡帝国达成协议，签订《蒙申格莱次条约》。梅特涅想将英法两国也拉入其中，但是无论英国还是俄国都反对，对于俄国而言，之所以对哈布斯堡帝国作出妥协，完全处于军事战略考虑，而英国在军事上难以威胁到俄国；对英国而言，加入其中就是默许俄国并吞奥斯曼帝国。英法俄三国在东方问题上形成的大国体系为俄国、哈布斯堡帝国与普鲁士三国同盟所取代，这一同盟为俄国干涉奥斯曼帝国内部事务提供了外交支持。为了对抗三个北方朝廷的同盟，英法两国在东方问题上达成一致，共同抗议这一条约。为了弥合俄国与英国之间的裂痕，梅特涅试图让英国政府相信，《蒙申格莱茨条约》是俄国采取了哈布斯堡帝国关于共同支持奥斯曼帝国的建议，而非两国共同瓜分之，对于欧洲国家而言，他们面临的共同的问题是避免奥斯曼帝国的崩溃，遏制阿里建立阿拉伯帝国的野心。

无论如何，这一条约都损害了英国在东方的利益，而英国驻君士坦丁堡大使庞斯比对埃及的态度发生逆转，先前他将埃及视为英国对抗俄国的帮手，但是他越来越发现阿里绝非安于统治埃及，他的野心将对英国在东地中海的利益构成威胁。庞斯比的目光从埃及转向君士坦丁堡，1834年11月25日，庞斯比向国内发回的外交文件试图让英国政府相信，"奥斯曼帝国有恒久如一的改革愿望和对俄国的仇恨非常强烈"。② 这种观点代表了当时英国外交政策的转向，此后，英国便积极推动奥斯曼帝国内部改革，以期建立一个强大的军事国家，以抵抗俄国势力的扩张，

---

① G. H. Bolsover. Palmerston and Metternich on The Eastern Question in 1834 [J]. The English Historical Review, 1936 (292): 238.

② G. H. Bolsover. Lord Ponsonby and The Eastern Question (1833 – 1839) [J]. The Slavonic and East European Review, 1934 (37): 105.

但是英国不愿意冒险与俄国一战以改变英国的弱势地位。虽然英俄之间没有爆发战争，但是英国国内舆论风向大转，恐俄、仇俄的思想不断滋长。帕默斯顿在此后的几十年政治生涯中没有改变反对俄国、保护奥斯曼帝国的态度。"在1839年的近东危机中英国与俄国携手消除了阿里的威胁，1853年则与法国共同打垮了俄国。"①

1839年的战争起源于阿里的独立倾向再次增长，马哈茂德二世难以忍受阿里公然挑战帝国权威的举动，阿里不但想将埃及变成一个世袭制的家族政权，而且要挑战苏丹在伊斯兰世界中的权威，双方之间的谈判只是相互责骂，苏丹要求重建帝国在先知墓地的守卫要塞，埃及要定期缴纳贡赋等。这些要求遭到拒绝之后，双方于1839年开战。奥斯曼帝国的军队的装备与纪律已经大有改观，海陆军在1833年之后迅速重建，这次苏丹之所以惨败，多半是因为军队将领贪财好利，收受了埃及的重金之后投降，使得奥斯曼帝国全线溃败。1839年7月1日，马哈茂德二世在焦急地等待前线战报中去世。

这次失败意味着奥斯曼帝国作为一个军事强国的陨落，"从那时以后，当政的帕夏一般对战争没有实际经验，反而能说一口很流利的法语，并通晓外交政策。现在奥斯曼帝国不是依靠军事胜利，而是外交手段维持帝国的存在"②。

新任苏丹马吉德希望尽快结束战争，在即位之初便要面对一个灾难性的局势，也难为这位年轻的苏丹了。新任苏丹面临的国际局势相比十年前却大有改观，英国不会再对东方问题的发展袖手旁观，而奥地利与普鲁士也介入其中。1840年庞斯比建议帕默斯顿立即采取措施进行联合干预，否则，"将会出现新的对抗和第二个《温基阿尔斯凯莱西条约》"。③ 1840年7月15日，英国、俄国、哈布斯堡帝国、普鲁士以及奥斯曼帝国开会商讨解决双方冲突之道，帝国战争开始国际化，阿里对四大国与奥斯曼帝国的要塞置若罔闻，随后英国海军炮轰了埃及在叙利亚海岸的军事要塞，11月底，苏丹的军队基本控制了叙利亚全境。英国海

---

① L. S. Stavrianos. The Balkans since 1453 [M]. NY: Rinehatr & Company, Inc., 1958: 310.

② [土耳其] 悉纳·阿克辛. 土耳其的崛起 [M]. 吴奇骏，刘春燕，译. 北京：社会科学文献出版社，2017：33.

③ G. H. Bolsover. Lord Ponsonby and The Eastern Question (1833 – 1839) [J]. The Slavonic and East European Review, 1934 (37): 113.

军成为迫使阿里就范的主要因素，不但小亚细亚沿海的要塞悉数沦陷，而且亚历山大里亚受到英国海军的进攻，阿里将此前俘获的苏丹的海军尽数归还。面对强大的国际压力，阿里只能作出妥协退让。1841年2月13日，苏丹颁布了最后的敕令：规定埃及是帝国的一个省份，阿里及其后代必须是帝国的帕夏；埃及财政收入的三分之一要上缴帝国政府；埃及部分海陆军在危机期间要服从帝国政府征调。① 1841年的《伦敦海峡公约》是东方问题从俄国主导变为欧洲协调的一个标志，法国、奥地利、英国、普鲁士、俄国等五大强国与奥斯曼帝国缔结条约，该条约成为欧洲公法的组成部分。条约规定："只要奥斯曼帝国处于和平状态，达达尼尔海峡和博斯普鲁斯海峡就应对一切外国军舰永远封闭。"②

通过这一条约，奥斯曼帝国从穆罕默德·阿里的持久的威胁中摆脱出来，在列强的压制之下，阿里的扩展野心受到抑制，直到阿里去世，埃及再也没有掀起过大的风浪。此外，"西方国家正式承认达达尼尔海峡和博斯普鲁斯海峡为土耳其海峡是奥斯曼帝国最大的收获"③，但是《伦敦海峡公约》没有将奥斯曼帝国从《温基阿尔斯凯莱西条约》中解放出来，奥斯曼帝国还处于俄国的支配之下，庆幸的是直到1853年奥斯曼帝国一直处于和平状态，马哈茂德二世开创的改革事业进一步发展，奥斯曼帝国向现代国家能力结构的转型又向前迈进了一步，这也是奥斯曼帝国在1853年的克里米亚战争能够坚守阵地的重要原因。帕默斯顿则通过一系列军事与外交的运作使英国重新回到了东方问题的主导地位，法国放弃了支持埃及的立场而占到了英国的一边，通过1841年签订的《伦敦海峡公约》，英国牢牢地将俄国关在黑海之中，并且得到了欧洲强国的保证。1841年之后，埃及问题基本解决，奥斯曼帝国藩属国的挑战暂时平息，东方问题又回到了大国博弈的轨道上。

哈布斯堡帝国在19世纪前半期的东方问题上表现得较为低调，从中可以看出其国家的利益与战略。哈布斯堡帝国在维也纳和会之后有几个战略方向：德意志、意大利、匈牙利与巴尔干。面对自由主义与民族主

---

① E. S. Creasy. History of the Ottoman Turks：From the Beginning to the Present Time（Volume 2）［M］. London：Bradbury and Evans Printers，1856：444.

② 国际条约集（1648—1871）［M］. 北京：世界知识出版社，1986：388.

③ E. S. Creasy. History of the Ottoman Turks：From the Beginning to the Present Time（Volume 2）［M］. London：Bradbury and Evans Printers，1856：445.

义的思潮,哈布斯堡帝国最大的利益就在于保持现状。对于哈布斯堡帝国而言,维也纳体系使其帝国边界几乎达到其国家能力的最大边界,因此,任何边界的变动将会使其受损,在这方面,俄国与哈布斯堡帝国境遇相同,利益有重合之处,尤其是在维持中欧政治版图方面更是如此。由于哈布斯堡帝国的战略目标众多,相比之下,巴尔干是一个相对不太重要的目标。只有当哈布斯堡帝国丧失或者稳定了其他战略方向之后,巴尔干才会再次成为哈布斯堡帝国的核心利益所在。哈布斯堡在东方问题的利益可以分为两个方面:一方面,它的利益要求俄国不占领多瑙河各公国,不控制多瑙河口和黑海,因为奥地利在这方面进行着大宗的、日益增多的贸易。此外,俄国并吞土耳其全部或一部分土地,都会在奥地利帝国内的斯拉夫人中间引起骚动,因为在他们中间已经有很多人拥护泛斯拉夫主义,主张同俄国结成同盟。因此,哈布斯堡希望巴尔干的边界保持现状。另一方面,哈布斯堡帝国同情沙皇而反对法国和英国,俄国与哈布斯堡同是欧洲保守主义营垒的盟友。这些便是支配着维也纳内阁在战争期间各种行动的动机。奥地利将出卖交战的任何一方,或者一下子把双方都出卖,这完全决定于它的利益和王朝的利益的需要——如此而已,再无其他。①

"1812 年布加勒斯特条约签订之后标志着土俄之间博弈的结束,开启了一个新的时代,即国际外交与新的民族国家(起初是塞尔维亚,随后是希腊,最后是保加利亚)的混合物。"② 换言之,帝国战争与霸权战争的变奏改变了东方问题的属性。事实上,穆罕默德·阿里的冲击促使东方问题越来越具有欧洲性质,早在 1853 年的克里米亚战争之前,土耳其已经"事实"上融入欧洲体系之中。斯塔夫里阿诺斯认为,1831—1852 年二十年间是东方问题结晶化的时期,而开启这一过程的催化因素便是埃及的穆罕默德·阿里,阿里两度使奥斯曼帝国处于瓦解的边缘,正是 1831—1833 和 1839—1841 年的两次危机使涉及东方问题的每一个大国开始重新检视自己的东方政策。③ 而克里米亚战争则基本上是一场

---

① 马克思恩格斯全集(第 10 卷)[M]. 北京:人民出版社,1962:312 - 313.
② Suraiya N. Faroqhi. The Cambridge History of Turkey (Volume 3) [M]. Cambridge:Cambridge University Press, 2006:112 - 113.
③ L. S. Stavrianos. The Balkans since 1453 [M]. NY:Rinehatr & Company, Inc., 1958:300.

欧洲国家争夺东方霸权的战争，这是东方问题内在逻辑发展的必然结果。

二、克里米亚战争与维也纳体系的重组

克里米亚战争是维也纳体系建立之后欧洲列强之间进行的第一次大规模的区域战争，打破了欧洲近四十年和平的局面。对克里米亚战争的研究非常繁多，如亨利·基辛格所说："克里米亚战争，使维也纳会议费尽心血所建立的梅特涅秩序崩溃。东欧三王国团结的解体，使温和中庸的道德因素自欧洲外交消失。随后是十五年的乱世，继而再出现的稳定却十分不可靠。"① 从战争的起源来看，这是一场完全可以避免的战争，如果放在欧洲体系的宏观框架之下，克里米亚爆发的原因如同它所产生的后果一样具有体系的特征，它是维也纳体系内部不断累积的矛盾和冲突的爆发。

第一，欧洲霸权争夺的中心发生转移。18世纪存在的北欧体系基本合并于西欧为核心的国际体系之中，波罗的海沿岸已经不是争霸战争的战场，而东地中海则成为新的战场。"随着蒸汽动力的发展，英国不再依靠来自波罗的海的木材和船舶用品，俄国的大宗出口货从木材变为小麦，它的经济中心也从波罗的海沿岸各省移至乌克兰，它的生命线从桑德海峡移到黑海海峡了。"② 法国国力复原，拿破仑三世自我加冕为帝，但是他并不是一个合格的帝国管理者，为了拆散普奥俄的联盟，法国需要与英国合作。"东方的危机之后，夹在俄国和海权国家之间的哈布斯堡王朝占据核心的位置"③，问题在于奥地利的国力并不足以扮演这样的角色，维也纳体系的维系也越来越依靠俄国的善意。尤其是在梅特涅去职之后，奥地利的外交失去了章法，梅特涅通过维系与英国和俄国的紧密关系，让奥地利成为维也纳体系中的核心国家，而梅特涅本人也获得了"欧洲首相"的称号，大国会议机制在某种程度上建立了欧洲治理的雏形。"在1854年，维也纳远离了俄国，直到12月2日，它与俄国的敌人缔约，这意味着1815年体系最后的遗迹消失了，这场外交革命的影响要远

---

① [美] 亨利·基辛格. 大外交 [M]. 顾淑馨，林添贵，译. 海口：海南出版社，1998：92.

② [英] A. J. P. 泰勒. 争夺欧洲霸权的斗争（1848—1918）[M]. 沈苏儒，译. 北京：商务印书馆，1987：33.

③ W. E. Mosse. Reviewed Work (s): Austria, Great Britain and the Crimean War by Paul W. Schroeder [J]. The Historical Journal, Vol. 16, No. 4, 1973：875–876.

远比考尼茨时期要更加深远。再也没有喜欢维持现状的三强,也没有欧洲协调了。"① 奥地利和俄国关系的变化,使得"东方问题"成为维也纳体系中最为脆弱的一个环节。

第二,民族主义观念在重塑和革新欧洲国际体系的内涵,维系维也纳体系的保守主义的同盟在 1848 年遭受重创。民族主义也重新塑造了领土的观念,如迈克尔·曼所言:"凡是在两个以上毗邻领土实行集中化的,都会导致一种有制约的多国体系的发展。因此,在多数情况下,国家内部权力增长的同时,也是一种多国体系内地缘政治外交的改组能力的增长。"② 拿破仑战争之后王朝国家逐渐让位于民族国家,维也纳和会所确立的"补偿原则"在民族国家的时代难以实现,"拿破仑战争开始了国家外交政策和战争的时代;也就是说,国家众多的公民对国家权力和国家政策的认同取代了对王朝利益的认同"。③ 创建民族国家的观念及其运动是对维也纳体系的决定性冲击,从希腊起义开始,欧洲列强就被动卷入了"东方问题"的旋涡之中,欧洲人的观念中误将现代希腊当作古代希腊,而埃及帕夏对奥斯曼帝国苏丹的挑战让俄国深入介入"东方问题"之中。围绕黑海海峡的问题,欧洲国家签署了《伦敦公约》,"1840 年的条约标志着奥斯曼帝国无条件加入了欧洲国家体系"④。

第三,公共舆论的兴起,使公共意见在外交中扮演着越来越重要的角色。"除了土耳其人之外,克里米亚战争是一场没人期待的战争,那么,为什么它会爆发呢?"⑤ 除了国家利益的争夺之外,还需要关注公共舆论的兴起对外交的影响,这是国际关系史中出现的新的因素。与现代民族国家成长相伴相随的是公民身份的崛起,"大革命的核心是一种崭新

---

① G. H. Bolsover. Reviewed Work (s): Crimean War Diplomacy and Other Historical Essays by G. B. Henderson [J]. The Slavonic and East European Review, Vol. 26, No. 67, 1948: 585 – 587.
② [英]迈克尔·曼. 社会权力的来源 [M]. 刘北成,李少军,译. 上海:上海人民出版社,2007:640.
③ [美]汉斯·摩根索. 国家间政治:权力斗争与和平 [M]. 徐昕,郝望,李保平,译. 北京:北京大学出版社,2006:142.
④ [英]赫德利·布尔,亚当·沃森. 国际社会的扩展 [M]. 周桂银,储召锋,译. 北京:中国社会科学出版社,2014:161.
⑤ L. S. Stavrianos. The Balkans since 1453 [M]. NY: Rinehatr & Company, Inc., 1958: 331.

的公民身份观念：强调公民必须具有普遍、平等的地位"。① 与这种政治理念相伴的是商业报刊的兴起，而"19 世纪商业报刊兴起后，一直是新闻传播活动的思想指南、制度安排和法律规范"②，商业报刊为大众舆论的兴起搭建了一个平台。尤其是在英国，随着俄罗斯在巴尔干地区的介入，从19世纪30年代开始就出现了恐俄的情绪，最直接的例证就是《彼得大帝遗嘱》，这份文件其实是一些波兰、匈牙利和乌克兰人伪造的，但是在19世纪之后，经过媒体的发酵，它已经成为"俄罗斯威胁论"最有力的证据，直到冷战期间，这份文件还被认为是苏联扩张野心的依据。"大众传播的到来，特别是19世纪大量发行报纸的兴起以及20世纪广播的出现，对于现代社会特有的互动经验与原型的模式具有深刻的影响。"③ 媒体塑造了英国的俄国观，俄国在英国人眼中就是西方文明、民主自由的威胁，舆论本身并不一定是对真相的反映。如李普曼所说："一个人对于并未亲身经历的事件所能产生的唯一情感，就是被他内心对那个时间的想象所激发起来的情感。"④ 1853 年 11 月 30 日"锡诺普屠杀"，英国人将土俄这次海战视为俄国的屠杀行为，但是从客观角度而言，这是俄国对奥斯曼帝国在多瑙河攻击的报复。英国公众舆论的反弹，使得英国对俄国采取了强硬的姿态，议会授权英国驻君士坦丁堡大使可以调遣地中海舰队来应对俄国舰队的威胁。可以说，"这是历史上第一场迫于媒体舆论和公众观点的压力而引发的战争"⑤。

第四，文明之间的对抗，宗教情结与帝国野心相互交织，俄国将保护东正教徒视为一种天命。恩格斯将这场战争视为"神圣的战争"，他认为："对于双方来说，这是宗教狂信的战争，对于俄国人来说，这是实现传统的野心的战争，对于土耳其人来说，这是生死存亡的战争。"⑥ 面

---

① ［美］基思·福克斯. 公民身份［M］. 郭忠华，译. 长春：吉林出版集团有限责任公司，2009：26.
② 李彬. 全球新闻传播史（公元1500—2000 年）［M］. 北京：清华大学出版社，2005：210.
③ ［英］约翰·B. 汤普森. 意识形态与现代文化［M］. 高銛，等，译. 南京：译林出版社，2005：237.
④ ［美］沃尔特·李普曼. 公众舆论［M］. 阎克文，江红，译. 上海：上海人民出版社，2006：10.
⑤ ［英］奥兰多·费吉斯. 克里米亚战争：被遗忘的帝国博弈［M］. 吕品，朱珠，译. 南京：南京大学出版社，2018：179.
⑥ 马克思恩格斯全集（第9卷）［M］. 北京：人民出版社，1961：486.

对俄国的持续进攻，奥斯曼帝国境内的穆斯林对苏丹的妥协态度大为不满，宗教领袖要求苏丹要么对俄国宣战，要么退位。奥斯曼帝国从亚洲的游牧部落召集兵员，准备开战。虽然马哈茂德二世在位期间进行了一系列改革，但是一个奠基于军事权力与宗教权力的国家在短期内难以改变其国家能力结构。宗教认同是国家认同建立之前最牢固的认同纽带，作为穆斯林的精神领袖，苏丹难以违逆穆斯林的宗教情感与意愿一味地追求和平。

最初挑起宗教争端的既不是奥斯曼帝国也不是俄国，而是法国。1740 年，法国便获得了在奥斯曼帝国境内天主教在圣地朝圣的权利，此后法国经历了启蒙运动、大革命等剧烈的历史运动，因此对圣地保护问题便淡漠了。而俄国在 1774 年获得了对东正教的保护权，东正教借助俄国的势力在巴勒斯坦的势力不断强大。1849 年，路易·拿破仑当选为总统，路易并不满足于总统的职位，他想建立一个帝国，但是遭到多方面的反对，于是他便向天主教会寻求支持。1850 年，路易便派使者到君士坦丁堡，希望恢复拉丁教会在圣地的权利。在法国的重压之下，苏丹作出了妥协，1852 年，法国得到了伯利恒教堂的钥匙，而此时路易登基为帝，即拿破仑三世。圣地保护的纠纷在一定程度上是拿破仑三世个人政治野心的产物，拿破仑三世在圣地保护的纠纷中采取了强硬的姿态，这是对俄国在"东方问题"上的主导权的反制。从表面来看，克里米亚战争起源于东正教、天主教以及伊斯兰教之间的博弈，但是在宗教对抗的背后是大国之间的权力政治。反法联盟在战后依然存在，但是法国已经不是欧洲均势的破坏者，俄国取而代之，尤其是 1848 年革命期间，俄国军队深入中欧；此外，俄国在中亚地区持续扩张，对英国在印度的地位造成了潜在的威胁。在苏伊士运河未开通之前，奥斯曼帝国是英国通往印度的重要途径。

第五，俄国的扩张在近东地区获得了重大的进展，俄国这一侧翼大国在欧洲的扩张已经改变了欧洲权力的结构。维也纳体系建立之后，英国与俄国分别是大陆均势体系的两个平衡者，英俄关系对欧洲体系的稳定至关重要。从 18 世纪末，英国的小皮特意识到俄国可能是英国霸权的潜在挑战，随后拿破仑发动战争挑战欧洲的均势体系，英国和俄国成为反法联盟的核心支柱。两国之间的利益冲突暂时隐没起来。俄国在 19 世纪二三十年代在东方问题上频频得手，还试图与英国共同瓜分奥斯曼帝国，俄国占据巴尔干半岛及其海峡地区，而英国可以获得在埃及和克里特岛的主导权。两大侧翼大国分属海权国家和陆权国家，对于"东方问题"的看法是不一样的，英国更看重欧陆的平衡，而俄国则偏重领土的控制。然而，"俄国即使是非常模糊的进攻性政策，也破坏了土耳其独立的必要的假象，挑战了欧洲列强集体对近东的裁决权"①。

英国并不希望奥斯曼帝国崩溃，英国国内对于保护奥斯曼帝国的独立地位存在着激烈的争论，大致可以分为自由贸易论者和地缘政治论者两种。自由贸易主义者认为俄国是英国的贸易伙伴，不论俄国是否在黑海沿岸扩张，都不影响英国与俄国之间的贸易，因此，英国不应该为了奥斯曼帝国这个异教国家的独立而与俄国交恶。19世纪中期，英国与奥斯曼帝国的贸易量超过了俄国，当工业革命蒸蒸日上之际，欧洲大陆各国竖起了关税壁垒，各种保护性关税阻挡了英国工业产品的流入，而奥斯曼帝国根据条约实行不超过5%的关税，从商业贸易的角度而言，保护奥斯曼帝国的完整有利于英国工业产品的流入。持地缘安全观的人则强烈要求英国遏制俄国在黑海的扩张，因为如果英国放纵俄国的扩张，不仅会威胁到英国在欧洲国际体系中的威望，还会将欧洲国际体系的主导权拱手让给俄国；俄国步步蚕食奥斯曼帝国，最终将会占领君士坦丁堡，而该地成为世界霸权的支点。为了英国的海上霸权，就必须将俄国关在黑海之内。"帕默斯顿试图以理性文明的标准在俄国和其他人类之间画一条线，将俄国赶出欧洲，也就是把俄国从波兰、波罗的海诸省、黑海沿岸以及高加索赶出去。"②

克里米亚战争是维也纳体系调整的结果，也在很大程度上改变了维也纳体系内部运作的机理。体系层次的解释力主要来自结构，从维也纳体系的均衡结构来说，"东方问题"是体系链条上最脆弱的一环，体系内部的压力传导最终会在这个脆弱的环节爆发。然而，从克里米亚战争爆发之前的复杂外交运作过程来看，这场战争具有"错误知觉"的特征，这是一场各方都不愿意看到的战争，甚至说没有做好准备的战争。

偶然的事件和人物则点燃了战争的导火索。克里米亚战争缘起于俄

---

① Paul W. Schroeder. Reviewed Work（s）: Russia's Crimean War by John Shelton Curtiss [J]. The American Historical Review, Vol. 85, No. 2, 1980: 432–433.

② Paul W. Schroeder. Reviewed Work（s）: The Crimean War: A Diplomatic History. by David Wetzel [J]. Slavic Review, Vol. 45, No. 3, 1986: 556–558.

国在 1848 年革命风潮中咄咄逼人之势，镇压匈牙利革命，导致匈牙利革命军中有四个波兰籍将军逃亡到奥斯曼帝国，俄国要求引渡这四名波兰籍将军，而奥地利要求引渡 4000 个匈牙利人。奥斯曼帝国予以拒绝，并且向英法求援。1849 年 10 月，英法联盟形成，英法联盟的形成使战争一触即发，如果此时有才能出众的国务家出现，通过高超的外交运作可能会化解双方之间的敌意。但非常不幸的是，圣彼得堡派出的全权大使与其说是一名外交官，不如说是一介武夫。当奥斯曼帝国作出了一系列的让步，宣布会保障东正教会的各种宗教权利时，俄国驻君士坦丁堡的大使缅施科夫在离开奥斯曼帝国之前写了一封极具挑衅性的信，其中说道："任何宣言之类，即使保障了东正教教会的单纯宗教权利的不可侵犯性，也是会被用来剥夺自古以来就公认属于这个教会及其僧侣，并且现在仍属于他们的其他权利、特权和豁免权，因此帝国当局将认为这种宣言是对俄国及其宗教的敌对行为。"① 缅施科夫是一个急躁、傲慢的军人，对烦琐复杂的外交和谈非常不屑，他宁愿以军事手段解决复杂的国际争端。而沙皇尼古拉认为与英国就"东方问题"达成了共识，英俄两国联手处理一个衰落的奥斯曼帝国。最具有战争欲望的法国也并非真想要发动战争，研究了拿破仑三世文件的历史学家得出的结论是，到 1853 年的秋天的时候，法国驻维也纳的大使没有想到会发生战争，他认为法国力促俄国和奥斯曼帝国和解，当然，俄国作为危机的始作俑者是要付出一些代价的。②

贝纳多特·施密特系统研究了克里米亚战争之前的欧洲外交运作之后认为："沙皇从一开始就知道自己要什么，并且观察到欧洲并没有联合起来反对他，而不会放弃自己的要求，如果土耳其接受了这些要求，就会打破近东地区的平衡。拿破仑三世可能想要战争，但是却实施了一次具有和平意图的阅兵。英国一开始毫无疑问是要求和平的，但是他并没有向俄国传递出要抵制后者要求的信号，而且必要时会使用武力，事实上，这鼓励了沙皇固执己见。奥地利的态度直到最后也是暧昧不明，而土耳其则玩了一场极好的游戏。在这样的混沌的情势之下，避免战争也

---

① 马克思恩格斯全集（第 9 卷）[M]. 北京：人民出版社，1961：296.
② Ann P. Saab, John M. Knapp and Françoise de Bourqueney Knapp. A Reassessment of French Foreign Policy during the Crimean War Based on the Papers of Adolphe de Bourqueney [J]. French Historical Studies, Vol. 14, No. 4, 1986：467 – 496.

只能依靠奇迹了"。① 从过程来看，维也纳和会确立的通过国际会议来解决大国冲突矛盾的机制已经难以运转了，维也纳体系的维持很大程度上依靠不完全信息的传递，甚至彼此的威慑。俄国占领多瑙河两公国，这一行动让奥地利警醒，普鲁士也有多少担忧，他们加入了英国和法国的行列并起草了一份文件，也就是著名的维也纳照会，"意识到了俄国的所谓的合法要求并没有尊重苏丹的主权"②。俄国的行动也在很大程度上动了英法的奶酪，一国可以凭借军事实力而改变体系内的安排，而"必胜主义"的错误知觉也会让战争成为可能的战略工具。大国之间的战争无外乎利益、恐惧和荣誉，威慑能够有效果的前提是彼此的威胁具有可信性，引起对方的恐惧。然而，英法和俄国都关注荣誉，"沙皇尼古拉的失败之处在于他的荣耀感、对自身坚持事业的偏执以及对军事实力的信心，使之拒绝了妥协"③。而英法"决定不让俄国和平撤退，为了荣誉而坚持军事胜利"④。最终的结果就是，"克里米亚战争，这场大家都不愿意看到而且完全可以避免的战争，终于还是打响了⑤。"

这场战争前后持续了近三年时间，双方在黑海北岸的克里米亚半岛展开了长时间的对峙，最终英法联军攻陷了俄国的塞瓦斯托波尔要塞。"从本质上说，克里米亚战争是当时在亚洲拥有强大利益的仅有的两个世界强国之间的冲突。战争的过程和结构，暴露出俄英这两个主要对手的军事劣势。沙皇俄国的落后一目了然，但英国作为唯一世界强国的优势也是大可怀疑的。不管怎样，1854 年春，沙皇俄国和英法两国间这场战争的爆发，标志着 19 世纪世界历史的一个重大转折。"⑥ 从军事发展的角度来说，克里米亚战争是蒸汽时代战争的开始，也启动了一个军备竞

---

① Bernadotte E. Schmitt. The Diplomatic Preliminaries of Crimean War [J]. The American Historical Review, Vol. 25, No. 1, 1919: 36 – 67.

② Bernadotte E. Schmitt. The Diplomatic Preliminaries of Crimean War [J]. The American Historical Review, Vol. 25, No. 1, 1919: 36 – 67.

③ Bernadotte E. Schmitt. The Diplomatic Preliminaries of Crimean War [J]. The American Historical Review, Vol. 25, No. 1, 1919: 36 – 67.

④ Paul W. Schroeder. Reviewed Work (s): Why the Crimean War? A Cautionary Tale by Norman Rich [J]. The American Historical Review, Vol. 91, No. 3, 1986: 656.

⑤ [英] 彼得·霍普柯克. 大博弈：英俄帝国中亚争霸战 [M]. 张望, 岸青, 译. 北京：中国青年出版社, 2015: 312.

⑥ [德] 于尔根·奥斯特哈默. 世界的演变：19 世纪史 [M]. 强朝晖, 刘风, 译. 北京：社会科学文献出版社, 2016: 908.

赛的时代，欧洲的武器水准得以持续更新。① 从战争的空间来说，东欧地区成为欧洲霸权争夺的核心地带，"联军攻陷塞瓦斯托波尔，摧毁了俄国黑海舰队，事实上也就达到了他们的作战目标，也就是保住君士坦丁堡，使之不致受到来自北方的海上攻击。围攻塞瓦斯托波尔是第一次世界大战前西方战线的小型预演"②。从整个欧洲体系整合的角度来说，克里米亚战争不是欧洲百年和平的插曲，而是欧洲历史的转折点，"克里米亚战争也许可以算得是自彼得大帝以来最有决定性的一次冲突，因为它造成了一种普遍的政治状况，这种状况最后促成了中欧民族的统一和欧洲均势的根本改变。所以说，克里米亚战争的后果不是在巴黎条约的条款中，而是在此后五十年的历史中表现出来"③。1854年2月英国议会就战争问题进行辩论的时候，首相罗素认为，英国应该对俄宣战，原因在于："这不仅仅是保护土耳其，更是要保护德意志和所有欧洲国家的独立。"④ 可以看到，东方问题已经成为欧洲体系维系的重要的方面，甚至是焦点问题，克里米亚战争的实质在于英法与俄国就欧洲均势进行的博弈，俄国在中欧地区的进军，尤其是在巴尔干地区，使得"德意志自由"遇到了极大的挑战。

首先，克里米亚战争是欧洲体系发展的一个转折点，大国政治的结构在重新调整，"克里米亚战争带动了大国国际体系的变迁，就算它不是动因，至少也是催化剂"⑤。东欧三强出现裂痕，而英国和法国结盟，意味着拿破仑战争给欧洲造成的冲击基本结束。可以说，克里米亚战争虽然发生在东方，但是赌注却是在中欧，是德意志与意大利问题，泰勒认为，"克里米亚战争是为了重建欧洲体制而打的"⑥。神圣同盟随着克里

---

① [美]菲利普·霍夫曼. 欧洲何以征服世界？[M]. 赖希倩，译. 北京：中信出版集团，2017：191.
② [美]威廉·H. 麦尼尔. 竞逐富强：公元1000年以来的技术、军事与社会 [M]. 倪大昕，杨润殷，译. 上海：上海辞书出版社，2013：201.
③ [美]巴巴拉·杰拉维奇. 俄国外交政策的一世纪 [M]. 福建师范大学外语系编译室，译. 北京：商务印书馆，1978：115.
④ [英]布伦丹·西姆斯. 欧洲：1453年以来的争霸之途 [M]. 孟维瞻，译. 北京：中信出版社，2016：201.
⑤ [英]艾瑞克·霍布斯鲍姆. 资本的年代 [M]. 张晓华，等，译. 江苏人民出版社，1999：97.
⑥ [英]A. J. P. 泰勒. 争夺欧洲霸权的斗争（1848—1918）[M]. 沈苏儒，译. 北京：商务印书馆，1987：84.

米亚战争而终结，欧洲的协调机制蜕化。"克里米亚之战，非常惊人地证明了俄国的落后"①；俄国在欧洲的地位一落千丈，作为侧翼大国的地位甚至受到动摇，而沙皇尼古拉二世的去世也为俄国的衰落增添了一个注脚。俄国一直以来是一个军事立国的国家，拿破仑战争期间，俄国军队成为抗击法国侵略的中流砥柱，赢得了巨大的声誉，在此后的几十年中，俄国担任欧洲宪兵的角色便是依靠这支令人畏惧的军队。俄军在战场的表现已经使这个军事大国的信誉受到质疑，恩格斯认为："在一个不开化的国家里，为了维持堂皇的文明外貌所作的人为的进展和不断的努力，看来已经使俄国筋疲力尽，使它染上了类似肺病的病症。在近百年来的所有会战中——从奥斯特尔利茨和埃劳到锡利斯特里亚，俄军一直显示出他们是优秀的兵士。"②

俄国的衰落为拿破仑三世在欧洲外交舞台上的崛起提供了契机，克里米亚战争使法国逐渐摆脱了反法战争失败的阴影，成为欧洲大陆新的霸主。克里米亚战争使"俄国人第一次清楚地看到奥地利会在巴尔干反对他们，在圣彼得堡第一次听到这样的话：去君士坦丁堡的路要经过维也纳"③。在战争期间哈布斯堡帝国立场不坚定，最终加入英法阵营之中，成为俄国的敌人，维也纳和会之后建立的神圣同盟不复存在。1848年俄国军队帮助哈布斯堡帝国镇压了匈牙利起义，但是在克里米亚战争期间哈布斯堡帝国却以枪口回报俄国，而哈布斯堡帝国将会为这种背信弃义之举付出代价。在未来的普奥战争之中，俄国保持善意中立，最终使奥地利在德意志被边缘化，"这是近代欧洲历史上，德意志的绝大部分第一次被一个单一权力中心所支配。德意志各邦国争夺主导权的斗争暂时告一段落，即将到来的是欧洲各国争夺霸权的新时代"④。

克里米亚战争之后，黑海及其海峡成为俄国的一块心病，巴黎和会上，俄国不得不接受黑海中立化，"黑海水域及其沿岸对各国商船开放，正式地和永久地禁止沿岸国或任何其他国家的军舰通行"，无论俄国还是

---

① [美] 保罗·肯尼迪. 大国的兴衰 [M]. 陈景彪，等，译. 北京：国际文化出版公司，2006：168.

② 马克思恩格斯全集（第10卷）[M]. 北京：人民出版社，1962：601.

③ [英] A. J. P. 泰勒. 争夺欧洲霸权的斗争（1848—1918）[M]. 沈苏儒，译. 北京：商务印书馆，1987：88.

④ [英] 布伦丹·西姆斯. 欧洲：1453年以来的争霸之途 [M]. 孟维瞻，译. 北京：中信出版社，2016：213.

奥斯曼帝国，都不能在黑海沿岸"设立或者保留任何陆海军军火库"。①这一条款将俄国关闭在黑海之中，为了摆脱项上锁链，俄国不得不在多种外交场合作出妥协，普法战争之后，沙皇才获得了废除"克里米亚体系"的机会。总之，未来欧洲国际体系变动的因子在克里米亚战争之后被激活，这也是东方问题彻底欧洲化的标志。

"普鲁士在战争中不情愿地采取了中立政策，而奥地利则对俄国发出了羞辱性的最后通牒，因此俄国对奥地利更加不满。从此以后，俄国人将奥地利视为其征服巴尔干的最主要障碍。在之后的几十年间，很多俄国人喊出了'越过维也纳直达君士坦丁堡'的口号，圣彼得堡的沙皇也认同这个想法。"② 俄国和奥地利之间的梁子一直没有解开，当两个国家的地缘政治的扩张方向集中于巴尔干半岛之后，欧洲体系聚合的各种矛盾和压力就会通过奥地利和俄国传导，最终使巴尔干半岛成为欧洲乃至全球国际体系矛盾的爆发点。毫不夸张地说，克里米亚战争重新塑造了19世纪的国际秩序。③ 大国之间的均衡秩序和协调机制已经成为历史，因此，一场看上去并没有必然性的战争，其实是欧洲深层次矛盾的产物。

其次，民族主义思潮注入欧洲国际体系之中，国际体系对国家的规制发生巨变。民族主义思潮也改变了欧洲大国的内部结构，俄国开始了农奴制改革，奥地利变成了奥匈二元帝国，意大利抓住为数不多的窗口期实现了统一。毫无疑问，拿破仑三世热情拥抱民族主义，并试图扮演中东欧民族主义的保护者的角色，"由于拿破仑三世，巴黎会议对各民族集团争取自决和修改1815年维也纳解决方案也起了共鸣"④。但是民族主义本身就是对帝国的反叛，而拿破仑三世则已经攫取了皇帝的称号，显然，拿破仑三世没有办法将这两种不同的理念整合在一起，正如德约所说："在决定性的对外事务领域，拿破仑无法长期掌控1848年时冒出来的难题，那就是如何将大众运动力量编织进权势政治谋算。大厦的楔

---

① 国际条约集（1648—1871）[M]. 北京：世界知识出版社，1984：417，418.

② [英] 布伦丹·西姆斯. 欧洲：1453年以来的争霸之途 [M]. 孟维瞻，译. 北京：中信出版社，2016：203.

③ Mark Hampton. Reviewed Work（s）: The Crimean War in the British Imagination. Cambridge Studies in Nineteenth-Century Literature and Culture by Stephanie Markovits [J]. Journal of British Studies, Vol. 49, No. 4, 2010：915-916.

④ [美] 罗杰·劳·威廉斯. 欧洲简史：拿破仑以后 [M]. 吉林师大历史系翻译组，译. 长春：吉林人民出版社，1975：74.

石已经坠毁,政权随之丧失成功秘诀,法国进入它的生涯凋落期。随着它不能再集合必要的精神和物质力量,它的霸权抱负证明在每个方面都徒劳无用。"① 在意大利统一的过程中,拿破仑三世的外交政策可以说进退失据,无法控制意大利的统一进程,最终,中东欧的民族主义获得了领土空间,改变了中东欧地缘政治版图,大大惩罚了法国。

最后,欧洲国际体系重回到激荡的时期,欧陆体系与海外体系之间的互动更加激烈。维也纳和会之后,英国和俄国作为维持欧洲体系的"侧翼大国",两大强国之间的战争以及俄国战败与衰落,使俄国失去了介入和主导欧洲大陆事务的能力。恩格斯认为,克里米亚战争使俄国"第一次迫使它放弃了无论如何决不让出兼并的领土的原则。它的最有组织的部门——军事部门的一切行政制度彻底地破产和崩溃了。尼古拉二世五年来夜以继日地苦心经营的事业,被埋葬在塞瓦斯托波尔城堡的废墟中"。② 英国的胜利虽然算不上完胜,却进一步加强了英国的霸权地位,霍布斯鲍姆认为:"只有一个大国是真正的工业和资本主义国家,而且也只有一个国家拥有真正的全球政策,如一支分布于全球的海军,此即英国。"③ 克里米亚战争也是工业时代战争的先声,而工业革命的进展重新定义了欧洲与海外之间的关系,"蒸汽动力摧毁了欧洲商业最后的堡垒。"④ 1826年英国外交大臣乔治·坎宁就说:"需要一个新世界来支撑大厦将倾的旧世界。"⑤ 克里米亚战争结束了欧洲的平静时代,欧洲大陆内部的变动与海外殖民扩张同时推进,而海外扩张在很大程度上吸纳了民族主义和工业革命释放出来的巨大的能量,相比于海外殖民体系,欧陆的地位是在下降的,全球政治已经囊括了欧洲的国际政治,这也为"东方问题"提供了一个调整和喘息的短暂窗口期。

克里米亚战争因奥斯曼帝国而起,但是战争并没有解决"土耳其怎么办"这一核心议题,战争之后,奥斯曼、俄国以及奥地利三个帝国处

---

① [德] 路德维希·德约. 脆弱的平衡:欧洲四个世纪的权势斗争 [M]. 时殷弘,译. 北京:人民出版社,2016:151.
② 马克思恩格斯全集(第12卷)[M]. 北京:人民出版社,1962:696.
③ [英] 艾瑞克·霍布斯鲍姆. 资本的年代 [M]. 张晓华,等,译. 南京:江苏人民出版社,1999:101.
④ [美] 伊恩·莫里斯. 战争:从类人猿到机器人,文明的冲突和演变 [M]. 栾立夫,译. 北京:中信出版社,2015:171.
⑤ [英] 安德鲁·波特. 欧洲帝国主义(1860—1914)[M]. 叶海林,译. 北京:北京大学出版社,2014:20.

于相对平衡的状态，而巴尔干民族主义思潮涌动，"东方问题"形成了双重博弈的逻辑：奥斯曼帝国内部的改革与探索能否"守住"自己的帝国边疆；巴尔干民族主义与域外大国相互勾连以期获得独立。

克里米亚战争之后，俄国不得不暂时调整国家策略，战争失败至少表明俄国在黑海、巴尔干半岛的扩张遇到了强有力的外部反弹，也就是欧洲体系内部已经出现了阻止俄国继续扩张的力量。尼古拉二世盲目地发动战争，最终将几十年审慎经营在巴尔干地区获得的战略资产全部丧失殆尽。此外，战争暴露出俄国的全面落后状态，军事扩张需要经济发展作为基础，亚历山大二世将自己装扮成自由主义者，资产阶级慢慢发展起来，如恩格斯所说："这就为俄国的内部历史、为本民族的思想界的运动及其反映即社会舆论奠定了开端，这社会舆论尽管还很微弱，但是它越来越具有重要意义，越来越不容人忽视。"① 亚历山大一世的改革包含各种矛盾，当改革陷入失败之后，他就诉诸浪漫的民族主义，启动俄罗斯在近东新一轮的扩张。

而奥地利基本失去了对欧洲的影响力，克里米亚战争最大的损失在于，奥地利已经没有朋友了，尤其是奥地利对意大利的战争成为奥地利失去大国地位的转折点。梅特涅虽然已经被赶出权力中枢，但是作为维也纳和会为数不多的见证者，他看到了自己时代的结束以及奥地利的衰落。"在这最后的关键时刻我们仿佛见到这个老成谋国的政治家，站在那里拼命地向那个年轻的皇帝招手示意，要他从那条危险的道路上回转过来。"② 然而，奥地利的皇帝已经发兵意大利，奥地利将在一个没有朋友的条件下进行一场难以取胜的战争。

奥斯曼帝国从这场战争中获益良多，欧洲列强为奥斯曼帝国打了一场大战，这也是第一次。《巴黎条约》规定，"土耳其政府被准许分享欧洲公法和欧洲协调集团的利益"，各国将"尊重奥斯曼帝国的独立和领土完整"。③ 克里米亚战争之后，奥斯曼帝国"被明确地纳入欧洲强国的协作之中，各国政府保证尊重土耳其帝国的独立和领土完整"。④《巴黎

---

① 马克思恩格斯全集（第22卷）[M]. 北京：人民出版社，1965：44.
② [英]阿尔杰农·塞西尔. 梅特涅[M]. 复旦大学《梅特涅》翻译小组，译. 上海：上海人民出版社，1974：395.
③ 国际条约集（1648—1871）[M]. 北京：世界知识出版社，1984：416.
④ [美]巴巴拉·杰拉维奇. 俄国外交政策的一世纪[M]. 福建师范大学外语系编译室，译. 北京：商务印书馆，1978：113.

和约》第一次正式将奥斯曼帝国接纳进入欧洲国际社会之中。克里米亚战争结束之后，奥斯曼帝国在西方列强的监视之下开始了改革的进程，其目标便是建立一个西方式的具有国家能力的现代国家。西方列强希望奥斯曼帝国在军事、财政、行政等三方面进行革新，建立有序均衡的国家结构。但奥斯曼帝国的转型并不成功，造成奥斯曼帝国困境的根源在于帝国试图建立一支西方式的现代军队，但是却没有在经济方面进行配套改革。① 奥斯曼帝国面临的根本的困境是现代性的冲击，西方经过几百年积累形成的国家能力结构对于帝国而言是异质性的，面对这种冲击与挑战，帝国只有进行渐进性的改革，逐渐塑造与重建国家能力。

《巴黎条约》签订之后，奥斯曼帝国获得了继续改革的时间与空间。始于1839年的改革在战后继续推进，从改革的内容来看，我们可以将这场持续几十年的改革运动视为奥斯曼帝国国家能力转型与重建的尝试与努力。这次改革被称为"坦齐马特"，在土耳其语中，即为"改革"的意思。这次改革的深度与广度是空前的，是奥斯曼帝国面对西方现代性作出的一次反应，改革派的领袖都深受西方社会发展、政治思潮影响，其中提出改革倡议的赖希德便是典型代表。赖希德生于官宦之家，年少便进入仕途，在多个职位上供职，获得了丰富的政治经验，对奥斯曼帝国存在的弊端有切身的体会，1839年奥斯曼帝国受到埃及的威胁，而赖希德认为，埃及不过是帝国危机的表象，帝国如果不采取深彻的改革，那么即便埃及的威胁消除了，帝国也难以长久存在下去。这种深刻的认识源于赖希德丰富的海外背景，他先后任奥斯曼驻伦敦和巴黎的大使，熟知欧洲事务，也了解西欧的国家制度。在赖希德的主导之下，苏丹政府颁布了一系列的法令，其宗旨在于"改善非穆斯林的境况，以减少帝国境内非穆斯林臣民的不满与反抗"。② 改革法令的核心内容包括：第一，保证苏丹臣民的生命安全、荣誉与财产；第二，建立一个规范的征税与征兵体系；第三，中央政府采取一系列行之有效的改革措施，例如建立刑法体系，消除贪腐等。③ 这种具有现代性的改革措施自然会遭到

---

① ［英］欣斯利. 新编剑桥世界近代史（11）［M］. 中国社会科学院世界历史研究所，译. 北京：中国社会科学出版社，1999：427.

② Mark Pinson. Ottoman Bulgaria in the First Tanzimat Period: The Revolts in Nish (1841) and Vidin (1850)［J］. Middle Eastern Studies，1975（2）：103.

③ Mehrdad Kia. The Ottoman Empire［M］. London: Greenwood Press，2008：116.

保守势力的反对；此外，对外战争也使改革效果大打折扣。

1856 年克里米亚战争结束之后，奥斯曼帝国获得了较为宽松的国际环境，同时也受到英国与法国的压力而进行了第二阶段的改革，从改革的内容来看，这是奥斯曼帝国向现代国家转型过程中的一次系统的努力。几代改革家都认识到低效无能而又蛮横的行政管理，是奥斯曼帝国迈向强国之路上的最大障碍，因此，第二阶段的改革着力创建一个完整统一的行政管理制度，以统一的法令作为规范，尤其是参照 1804 年的拿破仑法典而编纂了帝国的民事法典，这是奥斯曼帝国迈向世俗国家的重要步骤。此外，国家观念在这一时期发生了变化，在统一法令、统一行政的基础上建立统一的国家认同，如穆罕默德二世所暗示的："从现在开始，我不愿意在清真寺之外再找到穆斯林，在教堂之外再找到基督徒，在犹太教堂外发现犹太人。"① 换言之，奥斯曼帝国需要构建统一的国家认同，将所有具有不同信仰的教徒都转化为"奥斯曼人"，以国家认同取代宗教认同。坦齐马特改革并没有取得预期的成就，但是这场持续长达数年的改革系统地引入现代性对古老的帝国进行改革，与其说这场改革是在创建一个新的国家，不如说是在破坏一个旧的帝国，如托克维尔所言："革命的发生并非总因为人们的处境越来越坏。最经常的情况是，一向毫无怨言仿佛若无其事地忍受着最难以忍受的法律的人民，一旦法律的压力减轻，他们就将它猛力抛弃。被革命摧毁的政权几乎总是比它前面的那个政权更好，而且经验告诉我们，对于一个坏政府来说，最危险的时候通常就是它开始改革的时刻。"② 坦齐马特的改革撬动了古老而僵化的帝国结构，反对之声压过了欢迎的掌声，这是帝国的一种自卫式地接受现代改革，接受现代性的目的在于抵御西方的蚕食与侵略。③ 神权国家向世俗国家的转变在不知不觉中借助民族主义的力量，对于帝国边缘而言，改革非但没有将边缘统合到帝国中心，反而强化了边缘地带的

---

① M. Şükrü Hanioğlu. A Brief History of the Late Ottoman Empire [M]. Princeton：Princeton University Press，2008：74.
② [法] 托克维尔. 旧制度与大革命 [M]. 冯棠，译. 北京：商务印书馆，1992：210.
③ 研究奥斯曼帝国与欧洲交往的学者，将奥斯曼帝国与现代化关系的历史演进分为两个阶段：第一个阶段是抗拒现代性以躲避帝国主义带来的灾难；第二个阶段是比较自信的情况下接受现代性。参见 Carter Vaughn Findley. The Turks in world history [M]. Oxford：Oxford University Press，Inc.．2005：133.

分离倾向，因为民族主义领袖将帝国的改革视为对民族独立事业的危害。①

坦齐马特改革激发了土耳其的觉醒，这主要源于西方现代性的介入，克里米亚战争之后英法两国的势力快速增长，苏伊士运河开通、安纳托利亚的铁路以及外资银行的出现，不是枪炮而是资本瓦解着这个帝国的结构，"奥斯曼政府变得更加依赖于外国贷款，并且迅速为外国金融机构所控制"。② 坦齐马特改革为英法资本的渗透打开了方便之门，奥斯曼帝国政府没有建立完整的财税体系，英法两国的银行财团向其提供了巨额贷款，自1854年借入第一笔贷款之后，帝国政府便对贷款产生了强烈的依赖，因为这种财源既简单又容易，到1875年，利息、年金以及偿债基金累计达1200万英镑，超过当年财政收入的一半以上。③ "欧洲一些债券持有者便成为一股关心土耳其改革的新兴力量，而他们的得到保证的权利，为他们在土耳其一旦违约时干涉其内政打开了方便之门"。④ 强大的金融体系是国家强大的后盾，金融实现了财富跨时空的转移与交换，是现代经济的核心，也是现代国家的重要组成部分的。完善的金融体系内置于国家建构与经济发展之中，简单的借贷并不构成金融，一个国家的金融体系的发展除了市场经济发达之外，还需要一个强大有效的财税体制，奥斯曼帝国通过借款替代财政无疑是饮鸩止渴。受到利益的驱动，各国银行团纷纷向奥斯曼帝国借款，有些借款甚至是强制性的，如金融史家戈登所言："资本主义最大的问题就是资本家本身——他们太贪婪，他们总是牺牲市场整体利益来服务于他们自己的利益。"⑤ 1873年，资本主义体系爆发危机，奥斯曼帝国贷款的渠道被切断，巨大的还贷压力迫使奥斯曼帝国政府不得不增加新的税赋，而此时帝国遭受亢旱，农业歉收，饿殍遍野，因此，各地反抗不断。

---

① M. Şükrü Hanioğlu. A Brief History of the Late Ottoman Empire [M]. Princeton：Princeton University Press, 2008：88.
② L. S. Stavrianos. The Balkans since 1453 [M]. NY：Rinehatr & Company, Inc., 1958：388.
③ L. S. Stavrianos. The Balkans since 1453 [M]. NY：Rinehatr & Company, Inc., 1958：390.
④ [英] J. P. T. 伯里. 新编剑桥世界近代史 (10) [M]. 中国社会科学院世界历史研究所, 译. 北京：中国社会科学出版社, 1999：662.
⑤ [美] 约翰·S. 戈登. 伟大的博弈：华尔街金融帝国的崛起 (1653—2004) [M]. 祁斌, 译. 北京：中信出版社, 2005：XXIX.

对于奥斯曼帝国的边缘地带而言,"克里米亚战争完全是列强之间的冲突;被统治的各族人民——斯拉夫人、希腊人或罗马尼亚人——与战争的发生是毫不相关"。① 即便如此,"克里米亚战争阻止了俄国向巴尔干的进一步扩张,为日后各民族的独立提供了可能"。② 法国成为欧洲大陆新的霸主,拿破仑三世采取支持民族解放运动的外交政策,奥斯曼帝国边缘的民族解放运动得到了法国的支持,俄国为了重建在这一地区的影响,也采取一种默认与支持的态度。帝国边缘的民族独立运动与奥斯曼帝国失败的改革运动迎头相撞,势必会再度引爆东方问题这颗地雷,而此时,欧洲体系已经发生了天翻地覆的变化。"东方问题"有了新的内涵,已经远远不是"土耳其怎么办"那么简单,而是形成了双重博弈的结构,被克里米亚战争所忽视的巴尔干民族主义运动是对欧洲殖民帝国和奥斯曼帝国的双重的反叛,最终,欧洲国际体系和"东方问题"都不断被"巴尔干化"的巴尔干半岛所掣肘,甚至摧毁。

第三节 欧洲霸权体系与东方问题的互动

虽然维也纳体系中并没有对东方问题作出安排,但是维也纳体系与东方问题之间的互动却是无可抵挡的。二者之间的互动主要表现为两个方面:一方面,维也纳体系对于东方问题而言是一个集体权威,任何一个国家都无力解决东方问题,东方问题本身就是一个体系,它既相对独立,又逐渐融入维也纳体系之中。欧洲大国不仅是奥斯曼帝国的指导者和管理者,也是奥斯曼帝国边缘省份政治地位的塑造者,欧洲大国处于居间调停的地位,君士坦丁堡与帝国边缘之间的任何一次纷争几乎都会引起欧洲国家的关注,这便是东方问题与维也纳体系互动的内在逻辑。另一方面,东方问题本身有自己的发展逻辑,直到 19 世纪它逐渐成为欧洲国际体系的难题之一,随着帝国边缘的自立倾向增强,东方问题成为维也纳体系不稳定的根源所在,东方问题本身的复杂性与维也纳体系的变动最终导致东方问题与维也纳体系的终结。

---

① [英] A. J. P. 泰勒. 争夺欧洲霸权的斗争 (1848—1918) [M]. 沈苏儒, 译. 北京: 商务印书馆, 1987: 263.

② L. S. Stavrianos. The Balkans since 1453 [M]. NY: Rinehatr & Company, Inc., 1958: 337.

一、东方问题的"欧洲化"

东方问题本身是奥斯曼帝国与欧洲之间的互动,但是欧洲在近代以来经历了巨大的变迁,发端于西欧的现代国际体系在地理空间上逐渐覆盖了整个欧洲。奥斯曼帝国面对的不再是单个的国家,或者基督教国家组成的松散的联盟,而是一个现代国际体系。东方问题的"欧洲化"包含着几层含义:第一,东方问题的主体位移,由奥斯曼帝国与欧洲单个国家之间的互动变为奥斯曼帝国在欧洲国际体系的变迁,换言之,奥斯曼帝国在东方问题中的主体地位逐渐被欧洲国家替代。第二,东方问题发展逻辑的欧洲化,随着欧洲国际体系的扩张,无论奥斯曼帝国还是俄国都不得不按照欧洲国际体系的规则行事,哈布斯堡帝国、俄国与奥斯曼帝国先后成为欧洲现代国际体系的成员,因此,欧洲的国际规则直接影响了东方问题的发展轨迹。第三,从历史发展的轨迹而言,东方问题与欧洲国际体系是异质性的,二者之间是相互影响的,随着西方的崛起,这种影响变得更加单向化,欧洲国际体系的变动决定了东方问题的发展路径。

在前文的论述中多少已经提及欧洲体系与东方问题之间的互动,但是并不系统与全面,在此有必要回顾与检视东方问题与欧洲体系之间的关系,从一个更加宏阔的视角审视东方问题的内在机理和发展脉络。东方问题是逐渐被"整合"进欧洲体系的,在此过程中逐渐陷入被动之中。我们大致可以将其分为三个阶段:第一个阶段是18世纪东方问题还有相对自主性,无论奥斯曼帝国还是哈布斯堡帝国,都无力两线作战。第二个阶段是反法战争及其维也纳体系建立期间,东方问题成为欧洲体系的一部分,奥斯曼帝国成为其中的参与者。第三个阶段德意统一之后,欧洲陷入了结盟的悖论之中,一方面东方问题成为欧洲体系的焦点;另一方面欧洲列强主宰了东方问题的发展。本节简要论述前两个阶段,第三个阶段留待下节论述。

直到1798年,奥斯曼帝国都保持相对独立性,虽然在18世纪的历次战争中几乎都依靠欧洲国家尤其是英国与俄国进行调停,但是奥斯曼帝国并没有参与欧洲国家之间的战争。18世纪初,欧洲存在三个区域性国际体系:以西欧为中心的国际体系、以波罗的海为中心的国际体系和围绕东方问题形成的国际体系。哈布斯堡帝国是连接三个体系的枢轴,但无力同时参与三个区域性国际体系的战争,俄国是连接南北两个国际体系的桥梁,但是也没有力量进行两线作战。18 世纪前半期爆发的三场战争将欧洲国际体系的现状与逻辑清晰地表露出来。1700 年几乎同时爆发了两场大战:一场是西班牙王位继承战争,一场是北方大战,其间还有一场奥斯曼帝国与俄国之间短暂的战争。三场战争的界限非常分明,《乌得勒支和约》标志着在西欧国际体系中确立了均势原则,可以说是国际政治对帝国野心的胜利。而通过北方大战,俄国取代瑞典成为波罗的海的新霸主。奥斯曼帝国与俄国的战争则暂时阻止了俄国的扩张,延缓了南北两个区域国际体系的合并。

北方大战结束之后,瑞典出现全面衰落的趋势,俄国将扩张的矛头对准奥斯曼帝国。如果说 18 世纪初期彼得大帝向普鲁斯河方向的扩张是一时冲动之举的话,那么到了安娜女皇当政之际,俄国向黑海的扩张便是一项长久的战略。"1736—1739 年的土俄之战可以被视为俄国向黑海推进的有系统的战争的开始。"① 而这种战争开始的前提是以瑞典、波兰的衰落为前提的,如果瑞典与波兰依然强大,那么俄国便会被封堵在亚洲的大草原上而难以进入欧洲。18 世纪的波兰急剧衰落为俄国进入中欧打开了方便之门,瓜分与蚕食波兰成为几代沙皇的重要的扩张方向,波兰在一定程度上为奥斯曼帝国提供了陆上缓冲,直到波兰被瓜分殆尽之后,奥斯曼帝国才成为俄罗斯最重要的扩张对象。

1739 年奥斯曼帝国与哈布斯堡帝国、俄国签订和约之后,进入了一段和平的时期,东方问题暂时归于平静,而这种平静是以欧洲陷入大战为前提的,欧洲霸权体系在 18 世纪中期面临着普鲁士崛起的课题,1740 年腓特烈大帝不宣而战进军西里西亚,普鲁士与哈布斯堡帝国之间开启战端,此后的奥地利王位继承战争、七年战争使欧洲陷入了几十年战火之中,而奥斯曼帝国的几代皇帝采取了"坐山观虎斗"的姿态,超然于欧洲霸权战争之外。1756 年,欧洲霸权体系发生了外交革命,而这一操控者便是哈布斯堡帝国的首相考尼茨,普鲁士在欧洲大陆孤立无援,腓特烈大帝想到了奥斯曼帝国,希望与奥斯曼帝国签订军事与商业条约,期待奥斯曼帝国从背后攻击哈布斯堡帝国,但是奥斯曼帝国皇帝拒绝了普鲁士的结盟要求。对于奥斯曼帝国而言,坐观哈布斯堡帝国与俄国卷

---

① L. S. Stavrianos. The Balkans since 1453 [M]. NY: Rinehatr & Company, Inc., 1958: 184.

入欧洲大战，消耗两国的国力是有益于奥斯曼帝国的生存与安全的。欧洲的战争给奥斯曼带来的是近三十年的和平，东方问题与欧洲国际体系还是分立的，普鲁士的结盟要求势必会将奥斯曼帝国拉入欧洲国际体系之中，短期来看，奥斯曼帝国采取"孤立"的政策是合乎其国家利益的。但是，正是这三十年中，欧洲体系发生了根本性的变化，俄国在七年战争中进入中欧的心脏地带，几度占领柏林，北欧体系与西欧体系融为一体，而奥斯曼帝国则成为孤岛。

七年战争之后，中欧的国际格局发生巨大的变化，波兰急剧衰落，失去了中欧大国的地位，而俄国与普鲁士以及哈布斯堡帝国成为主导中欧未来发展的大国，这种权力格局的变化带来了连锁反应并且使波罗的海与黑海之间的欧洲地图被重绘。波兰成为中欧大国瓜分的对象，1768年因为波兰王位继承问题，奥斯曼帝国与俄国重开战端。欧洲的战火刚刚熄灭，东方问题再次成为矛盾焦点，土俄战争不是一场双边战争，而是成为东方问题"欧洲化"的一个新阶段，欧洲诸多列强间接卷入其中，欧洲霸权争夺的焦点是英法，虽然在七年战争中英国取得了霸主地位，但是英国还是恐惧法国在地中海的势力，因此，英国允许并鼓励俄国舰队进入地中海，在土俄战争中俄国无论在海上还是在陆上都居上风。随着俄国军队在多瑙河地区的推进，普鲁士与哈布斯堡帝国对此甚为不满。对于哈布斯堡帝国而言，俄国在多瑙河地区的扩张无疑压缩了哈布斯堡帝国与俄国之间的缓冲地带，它不希望看到俄国成为巴尔干半岛的常客，与俄国为邻无疑是一场噩梦；对于普鲁士而言，由于俄国迅速扩张，版图扩大，普鲁士难以获得利益，如果哈布斯堡帝国与俄国开战，普鲁士难免卷入其中，因此，普鲁士既不希望两大帝国开战，也不愿意看到俄国在巴尔干继续扩张。只有瓜分波兰才会使三个国家达成妥协，因此普鲁士认为由波兰引起的这场战争需要波兰作出赔偿，最终，这场战争以瓜分波兰而终止，"奥斯曼帝国意在保护波兰，极其矛盾的是，最终的结果是波兰消失。"[1]

英法之间的争霸对奥斯曼帝国影响巨大，如果法国获胜，那么作为奥斯曼帝国的传统盟友，法国便可以"以外交或者增强奥斯曼帝国的实

---

[1] L. S. Stavrianos. The Balkans since 1453 [M]. NY: Rinehatr & Company, Inc., 1958: 190.

力来制衡俄国在近东的扩张"。① 欧洲体系的变迁逐渐主导着东方问题的发展，而深层次的原因则在于奥斯曼帝国国家能力的衰落。

1787 年的土俄战争是叶卡捷琳娜拉拢哈布斯堡帝国联合瓜分奥斯曼帝国的战争，俄国在战场上取得了胜利，极大地改变了东方问题的权力格局。俄国权力的快速增长引起了欧洲强国的不安，尤其是英国。英国首相小皮特是第一个认识到俄国权力增长是对英国的威胁的国务家，为了制衡叶卡捷琳娜的扩张，伦敦与柏林联合给俄国发去了最后通牒，要求俄国放弃吞并的领土。英国与普鲁士的压力，加上瓜分波兰的前景使叶卡捷琳娜在 1792 年 1 月 9 日签订了《雅西条约》。《雅西条约》是近东历史的转折点，标志着俄国作为一个近东强国的崛起，黑海已经成为俄国的出海通道，下一个目标便是地中海。"小皮特是第一个真正且准确意识到英国在近东事务利益的英国国务家。他认为，如果奥斯曼帝国垮台，俄国占领君士坦丁堡，那么这将是英国利益的巨大损失。"② 此前，老皮特支持俄国变成一个欧洲国家以此来制衡法国的势力，小皮特改变了父亲的政策，认为俄国是英国利益的威胁。《雅西条约》标志着英俄对抗的开始，从而揭开了 19 世纪英俄争霸的序幕。对于奥斯曼帝国而言，外部强国的介入缓解了被瓜分的压力。当波兰被三个国家从地图中抹掉的时候，巴尔干地区作为帝国边缘地带的状况并没有得到改变，这一方面源于巴尔干特殊的地理构造，与波兰平原不同，无论哈布斯堡帝国还是俄国，都需要越过各种地理障碍才能占领巴尔干半岛；另一方面，除了俄国之外，没有一个国家愿意瓜分奥斯曼帝国，哈布斯堡帝国不愿意与俄国比邻而居，而普鲁士与奥斯曼帝国相距遥远，英法等国在奥斯曼帝国具有重要的商业利益，因此，当俄国日渐强大之际，东方问题也随之欧洲化。

法国大革命是东方问题发生变化的重要转折点，当然这种历史影响是慢慢呈现出来的，当法国爆发革命的时候，奥斯曼帝国苏丹的国务秘书认为这是真主赐福，希望这场叛乱像梅毒一样传遍与奥斯曼帝国对抗的那些帝国之中，使这些国家陷入彼此争战的泥潭中，而这种局面毫无

---

① Thomas Naff. The Ottoman Empire and the European States System [A] //Heddly Bull, Adam Watson. The Expansion of International Society [C]. Oxford: Clarendon Press, 1984: 159.

② J. A. R. Marriot. The Eastern Question: An Historical Study in European Diplomacy [M]. Oxford: Oxford University Press, 1947: 161.

疑问将有益于奥斯曼帝国。① 法国大革命爆发之初的前几年,奥斯曼帝国安享了几年的和平,但是革命的浪潮既冲决了基督教国家的堤岸,也涌向衰落的奥斯曼帝国的边界之上。在这场汹涌的革命与反革命的浪潮中,早已衰落的奥斯曼帝国只能随着欧洲大陆的战争潮涌而来回摆动。

第一次反法同盟解体之后,东欧三国签订秘密条约,如果哈布斯堡帝国不能从法国夺取比利时,就可以获得巴伐利亚或者威尼斯以作补偿,在合适的时机出现时,三国将瓜分奥斯曼帝国的欧洲部分。此时,东方问题已经成为关系到欧洲均势的一个因素,换言之,奥斯曼帝国进入了欧洲的均势体系之中。使奥斯曼帝国结束"孤立"的是拿破仑,拿破仑及其军队彻底搅乱了欧洲既有的国际秩序,创建帝国的雄心使拿破仑和法国成为欧洲体系的敌人,在此后的十几年中数次反法联盟及其反法战争将欧洲整合为一个完整的国际体系。1798 年,由于拿破仑入侵埃及,奥斯曼帝国与法国反目,两国几百年的盟友关系出现断裂。法国在东地中海沿岸的扩张也威胁到了哈布斯堡帝国、俄国等国的利益,第二次反法同盟形成。虽然法国一直是奥斯曼帝国的盟友,但是二者之间只是在反对哈布斯堡帝国方面具有共同的利益,在漫长的历史进程中,法国都是同盟的受益者。拿破仑入侵埃及使双方的关系逆转,同时将奥斯曼帝国彻底卷入一个以西欧国家为主导的国际体系中来,此时处于衰落中的奥斯曼帝国就需要在欧洲均势体系的夹缝中生存。拿破仑的军队开往埃及,使俄国在大陆的军事压力得以缓解,俄国通过外交手段从奥斯曼帝国获得了更多的利益,其权力边界得到进一步扩展,1799 年 1 月 3 日,俄国与奥斯曼帝国签订《君士坦丁堡条约》,这一条约扭转了两个帝国三百多年来的对峙形势,同时断送了奥斯曼帝国与法国几百年的盟友关系,"条约本身就构成了 18 世纪的第二次外交革命"。② 根据该条约,俄国军舰有权利通过海峡,俄国舰队最终可以通过海峡进出地中海。1802年,俄国又从苏丹那里得到特别的让步,从此之后,没有俄国的同意,苏丹不能剥夺与罢免多瑙河公国的任何大公(hospodar),土耳其人除了商人外,几乎不能获准进入两公国。在此后的半个世纪中,俄国是多瑙

---

① L. S. Stavrianos. The Balkans since 1453 [M]. NY: Rinehatr & Company, Inc., 1958: 198.

② Thomas Naff. The Ottoman Empire and the European States System [A] //Heddly Bull, Adam Watson. The Expansion of International Society [C]. Oxford: Clarendon Press, 1984: 162.

河两个公国的实际"主人",俄国的政治控制、军事权力延伸到多瑙河,相比 1774 年又迈进了一大步。

东方问题的这一变局固然使俄国有了近水楼台的便利,但是也将英国引入东方问题之中。法国的入侵使奥斯曼帝国受到法国军队的冲击,埃及问题成为影响欧洲的重要问题,奥斯曼帝国的统一受到威胁,帝国走向解体的起点,拿破仑的征服使英国朝野大为震惊,此前英国并没有认识到埃及的战略价值,当它们发现埃及与远在千里的印度的前途息息相关之后,便将埃及作为未来征服的重点;从另一方面来讲,由于奥斯曼帝国进入欧洲国际体系,由少数国家,尤其是俄国瓜分奥斯曼帝国的计划势必会受到欧洲体系中各个强国的抵制与平衡,从某种意义上来讲,这对奥斯曼帝国是一种潜在的保护。

1800 年,第二次反法同盟失败之后,俄国试图与欧洲列强瓜分奥斯曼帝国,俄国获得保加利亚、摩尔多瓦、君士坦丁堡等地,而哈布斯堡帝国则占有波斯尼亚、塞尔维亚和瓦拉几亚,法国占有埃及,欧洲大国之间的隙地从此将不复存在。但是俄国的瓜分计划并没有实施。拿破仑认为,只有法国才能对欧洲大陆的势力范围作出调整。1802 年的《亚眠条约》无疑否认了俄国瓜分奥斯曼帝国的计划,和约中规定:"土耳其政府的领土、属地和权利应和战前一样保持完整";条约"应被宣布同样适用于大不列颠国王陛下的盟国崇高的土耳其政府;土耳其政府应尽可能不延误地被邀请加入本条约"。① 奥斯曼帝国在法律上已经成为欧洲国际体系的一部分,奥斯曼的地位不仅需要自己捍卫,也取决于欧洲国际体系的变动。

1802 年《亚眠条约》签订之后,法国从埃及与叙利亚撤军,法国与奥斯曼帝国的传统友谊得以恢复,双方在战争中相互支持也大有可能。1804 年,拿破仑要求塞勒姆三世承认其皇帝的名号,奥斯曼帝国迫于英国与俄国的压力便拒绝了这一要求。1805 年,拿破仑在乌尔姆和奥斯特里茨打垮了哈布斯堡帝国的军队,逼迫其退出战争,普鲁士也遭遇了失败,反法联盟只剩下英国与俄国,拿破仑希望将奥斯曼帝国拉入阵营之中,虽然奥斯曼帝国实力不再,但是奥斯曼帝国的地缘位置重要,尤其是俄国获得了进出黑海海峡的权利,俄国海军与英国海军在地中海威胁

---

① 国际条约集(1648—1871)[M]. 北京:世界知识出版社,1984:238,242.

到法国，如果能将奥斯曼拉拢进来，那么法国便可以切断俄国海军与英国海军之间的联系。拿破仑的扩张将欧洲的各个区域性的国际体系融为一体，因为这场战争是一场全欧洲性的战争，拿破仑不仅将各个欧陆大国打翻在地，而且还在恢复被大国瓜分的小国，波兰复国得到了拿破仑的支持。① 塞勒姆希望借助拿破仑的力量恢复在多瑙河两个公国、克里米亚半岛的控制。法国是奥斯曼帝国的传统盟友，但是19世纪的法国与16世纪的法国是两个不同的概念，奥斯曼帝国已经被卷入这场欧洲的世纪之战，便只能融入其中。1806年，奥斯曼帝国苏丹塞勒姆在拿破仑的鼓动之下向俄国宣战，这场战争既是拿破仑宣传与鼓动的结果，也是东方问题发展的逻辑使然。塞勒姆三世决定与法国建立紧密的军事同盟关系以保卫帝国的生存，这是奥斯曼帝国外交的创举，"将帝国的安危置于一个通过双边条约而结交的欧洲盟友的保护之下，当然这种双边关系要遵循欧洲国际体系和外交法则。"② 奥斯曼帝国在此后的十年之间，外交如同过山车一样，颠簸不定，因为欧洲占据变幻莫测，国势衰微的奥斯曼帝国只能随风起舞。

奥斯曼帝国的命运阴晴不定，多次有被瓜分的危险。在《提尔西特和约》签订之前，为避免拿破仑对普鲁士的羞辱，普鲁士外交大臣哈登伯格（Hardenberg）曾经提出一个瓜分奥斯曼帝国的方案。虽然这个方案并没有得到拿破仑的认可，而且普鲁士也未能免遭羞辱，但是拿破仑为了拉拢俄国，还是准备牺牲奥斯曼帝国的利益。两国缔结了瓜分欧洲大陆的《提尔西特和约》，但是两个皇帝的目标背道而驰，拿破仑希望得到俄国的支持以击败英国，而亚历山大则希望获得法国的同意来瓜分奥斯曼帝国，当亚历山大提出要占领君士坦丁堡时，拿破仑非常愤怒："君士坦丁堡，不可能！这意味着世界帝国！"③ 因此，《提尔西特和约》注定是短命的。拿破仑试图弥合两国目标的鸿沟，他提出法俄两国联合远征英属印度，拿破仑猜测当远征军到达印度的时候，"伦敦的小店主"便会跪倒在法国的面前，而俄国可以得到君士坦丁堡和博斯普鲁斯海峡。

---

① [英] 马丁·吉尔伯特. 俄国历史地图 [M]. 王玉菡, 译. 北京：中国青年出版社，2009：49.

② Thomas Naff. The Ottoman Empire and the European States System [A] //Heddly Bull, Adam Watson. The Expansion of International Society [C]. Oxford：Clarendon Press, 1984：165.

③ J. A. R. Marriot. The Eastern Question：An Historical Study in European Diplomacy [M]. Oxford：Oxford University Press, 1947：186.

但这一建议并没有得到俄国的积极响应,因为法国将达达尼尔海峡据为己有,俄国依然难以出入地中海。对于俄国而言,黑海海峡两端的海峡缺一不可,如同电流的正负极一样,缺少任何一端,都难以形成电流。除了法俄两个帝国关注黑海海峡外,英国也认为海峡问题关乎英国的核心利益,1809 年英国与奥斯曼帝国签订了《达达尼尔条约》,规定在战时海峡对战舰关闭,并认为这是奥斯曼帝国古老的传统原则,毫无疑问,这是英国在外交上的巨大胜利。作为东方问题的另一个焦点——海峡问题浮出水面,在 19 世纪欧洲列强之间围绕黑海海峡问题进行了数次博弈。

拿破仑与亚历山大之间的蜜月没有持续几年,法兰西帝国在欧洲快速扩张,欧洲大陆几乎都在法国的控制之下,不是附庸就是保护国。为了与英国争夺霸权,拿破仑构建大陆封锁体系,封闭英国在欧洲大陆的市场。然而,经济权力终归是一种弥散性的权力,绝非政治强制可以取代的,法国革命贡献的是民族主义、自由、平等、博爱等激进的政治思想,而英国的工业革命贡献出来的则是市场、贸易、技术等。拿破仑的封锁并没有能够完全切断欧洲大陆与英国之间的市场联系,作为拿破仑重要的盟友,早在 1810 年,俄国便屡次破坏大陆体系的禁令。法兰西帝国的扩张也逐渐触碰到了俄国在近东的利益,因此,1810 年之后双方都在为最后的决战做准备。1812 年俄国与奥斯曼帝国签订的《布加勒斯特条约》便是英国分化法俄联盟的外交成果。《布加勒斯特条约》的签订是英国外交的胜利,也是坎宁这位年轻的外交官杰出的处女作,俄国与奥斯曼之间握手言和,破坏了法俄之间的盟约,瓦解了拿破仑的大陆封锁体系。

《布加勒斯特条约》对奥斯曼帝国而言,可谓有得有失:一方面边缘地带进一步受到俄国的侵蚀,塞尔维亚自治,比萨拉比亚并入俄国;另一方面,奥斯曼帝国从中得到了宝贵的喘息之机,奥斯曼苏丹借助这一时机强化了手中的权力,凝聚了改革的共识,力图将奥斯曼帝国转变为欧洲样式的现代国家。条约第八条并没有对塞尔维亚的地位作出明确的规定,只是要求奥斯曼帝国对塞尔维亚人"实施仁慈和宽大的政策",奥斯曼帝国军队将重新进驻塞尔维亚地区,但是要给予塞尔维亚适当的自治,即"自己管理内政,确定贡赋总数,并由他们直接征收"。① 《布

---

① 国际条约集 (1648—1871) [M]. 北京:世界知识出版社,1984:252.

加勒斯特条约》使塞尔维亚的独立之路顿时阴云密布,当拿破仑大举进攻莫斯科之际,奥斯曼帝国军队重新占领了塞尔维亚,恢复了对边缘地带的控制。无论是奥斯曼帝国的命运还是边缘地带独立的前景,都受制于欧洲局势的发展,拿破仑战争在欧洲制造了一个巨大的漩涡,几乎欧洲所有的地区都未能独善其身,奥斯曼帝国就是在这种情势之下被裹挟而下。但是令人惊奇的是,战后缔结的一系列和约居然没有对东方问题作出安排,维也纳体系只是在欧洲大陆重建一种均势格局,东方问题被"遗忘"了,事后证明,这是当时参与维也纳和会的国务家犯下的一个致命的错误。

1814—1815年的维也纳成为欧洲国际体系的中心,拿破仑已经被流放到厄尔巴岛,欧洲经过战火蹂躏之后急需要重建秩序。维也纳和会的目的就在于大战之后建立一种长久的和平,与《威斯特伐利亚和约》《乌得勒支和约》不同的是,《维也纳和约》维持了近一百年的和平。基辛格认为维也纳体系之所以维系了百年和平,在于这个体系构建了一种普遍的均势格局,而且它满足了两个重要的条件:一是权力制度的安排;二是道德理念。"权力均衡降低诉诸武力的机会;共同的价值观则减低诉诸武力的欲望。"① 基辛格是维也纳体系的推崇者,他曾经专门研究过维也纳体系,并将维也纳体系提供的历史智慧运用在现实外交之中。如果说《威斯特伐利亚和约》构建了一种国际政治体系的话,那么维也纳体系更像一个国际社会的诞生。

维也纳和会首先需要解决的是战争问题,法国大革命不仅扰乱了欧洲的国际秩序,而且还将拿破仑这种野心家推上了权力的巅峰,使激进的革命思想成为欧洲秩序的潜在威胁。正是基于这种认识,维也纳和会坚持正统主义的原则,力图压制革命思想与行动,恢复王朝政权的时代。法国的边界恢复到1793年时的状况,将侵占的领土尽数归还,波旁王朝复辟。保守主义是维也纳体系的内在原则。哈布斯堡帝国首相梅特涅认为:"欧洲是一个有着单一的文化和宗教的整体,任何国家的国内政治进程值得所有国家关注,对于一个在地缘上不可能孤立起来的国家来说,尤其如此。它非常准确地预见到,自由和民族主义的观念与独裁的、多

---

① [美]亨利·基辛格.大外交[M].顾淑馨,林添贵,译.海口:海南出版社,1998:70.

民族的奥地利的腐朽政治制度是根本不相容的。"① 这种原则与日渐兴起的民族主义、民主政治思想是背道而驰的，参加维也纳和会的代表中只有沙皇亚历山大一世意识到，维护欧洲持久和平需要三个条件：民族自决、民主宪政和欧洲联邦。亚历山大确实看出了引发欧洲战争的根源，但是这种观念却没有成为维也纳和会的主导思想。一方面，俄国本身是一个多民族的专制国家，民族主义与民主思潮是对沙皇统治的威胁，此外，亚历山大本人是个重理论轻实践的人，重虚荣而轻实利；另一方面，现代民族国家还处于萌芽阶段，欧洲大国基本都是王朝政权，英国虽然在国内实行了宪政，但是法国大革命的浪潮引起了英国保守主义者的敌视，最典型的是埃德蒙·伯克。伯克在《法国革命论》中写道："没有任何经验曾教导过我们，除了一种世袭的王位之外，还有任何其他的渠道或方法能够使我们的自由得以经常地延续下去，并作为我们世袭的权利而保持其神圣性。"② 在英国国务家看来，法国大革命造成了政治无序，不仅给法国带来了灾难，也影响国际秩序的稳定。

法国是国际战争的发源地，因此建立围堵法国的包围圈就成为重要的任务。恢复欧洲的均势体系是遏制任何大国扩张的根本保障，自《威斯特伐利亚和约》签订以来，中欧地区分裂为三百多个政治实体，一直诱使法国向莱茵河地区扩张，荷兰是法国扩张的另一个方向。维也纳和会对欧洲的领土作出了调整，改变了中欧长期分裂的状态，三十年战争后，三百个政治实体逐渐合并为三十个，并且建立了德意志邦联，"这个邦联平衡了普鲁士超强的军事力量与奥地利无上的威望及正统地位。其目的在阻止德国走向全国的统一，保存各诸侯国与王国的王位，同时又防阻法国的侵略。它在这三方面均很成功"③。奥属尼德兰并入荷兰，建立一个可以抵挡法国扩张的新的王国，哈布斯堡帝国在意大利半岛获得补偿。新建立的波兰王国成为俄国的傀儡，普鲁士处于抵抗俄国侵入欧洲的前沿。除了权力与领土方面的安排之外，维也纳和会还在制度建设方面有所建树，最重要的是神圣同盟与四国同盟。亚历山大一世认为，

---

① [加] 卡列维·霍尔斯蒂. 和平与战争——1648—1989 年的武装冲突与国际秩序 [M]. 王浦劬，等，译. 北京：北京大学出版社，2005：104.
② [英] 柏克. 法国革命论 [M]. 何兆武，等，译. 北京：商务印书馆，1998：33.
③ [美] 亨利·基辛格. 大外交 [M]. 顾淑馨，林添贵，译. 海口：海南出版社，1998：72.

"反拿破仑战争的胜利者必须建立一个新的国际体系,并在该体系中用基于自由主义和基督教精神的原则来代替旧的惯例"。① 沙皇对国际体系进行改革的意愿受到英国、哈布斯堡帝国的抵制,最终的妥协是神圣同盟的出现,神圣同盟条约经过梅特涅删定之后几乎是一纸空文。不过,基辛格对神圣同盟赞赏有加:"神圣同盟是维也纳和会最值得一提的创举。神圣两个字常使人忽略它在实际运作上的意义,即在各强国的互动关系中加入道德的限制。为维护其国内体制以保有既得的利益,促使欧陆国家结合在一起,避免了如前一个世纪它们必然走上的冲突之路。"② 而国际体系安排上的保守主义源于国家内部制度的局限,北方三朝廷基本还是王朝国家,它们希望保守的君主之间能够达成一致,从而保持国际体系的稳定性。

如果神圣同盟为维也纳体系赋予了道德理念的约束,那么四国同盟则是大国责任论的体现,四国同盟最初的目标是限制法国的再度扩张,由四国建立联军,"有联盟的军队占领法国边境的某些军事阵地是必要的"。③ 1818年之后,法国加入四国同盟,战败的法国被接纳进入大国俱乐部之中。四国同盟规定定期召开会议以解决国际争端。"维也纳安排造就了新的政治秩序,将欧洲旧的军事逻辑因素与新的法律—制度性的新因素相组合,这意味着对权力的管理和制约。"④ 大国之间保持协调以压制民主运动和民族解放运动对国际秩序的冲击,是四国同盟的初衷,但是1822年卡斯尔雷去世之后,英国渐行渐远,大国之间愈加不协调,神圣同盟演变为北方三个保守王朝的同盟,成为压制民族解放运动的堡垒。

维也纳和会的安排几乎"忽视"了东方问题的存在,英国外交大臣卡斯尔雷曾经建议战胜国要维持近东地区的现状,但是遭到俄国的反对,俄国是欧洲大陆首屈一指的军事强国,沙皇并不认为《布加勒斯特条约》是厘定俄国与奥斯曼帝国关系的最后法律文件,因此,维持现状就是限制俄国向巴尔干地区扩张。在俄国的反对之下,东方问题被"搁

---

① [加]卡列维·霍尔斯蒂. 和平与战争——1648—1989年的武装冲突与国际秩序[M]. 王浦劬,等,译. 北京:北京大学出版社,2005:104.
② [美]亨利·基辛格. 大外交[M]. 顾淑馨,林添贵,译. 海口:海南出版社,1998:75.
③ 国际条约集(1648—1871)[M]. 北京:世界知识出版社,1984:336.
④ [美]约翰·伊肯伯里. 大战胜利之后:制度、战略约束与战后秩序重建[M]. 门洪华,译. 北京:北京大学出版社,2008:104.

置",恰恰是维也纳和会对东方问题的漠视,最终使东方问题成为困扰欧洲国家体系稳定的最主要的议题之一。斯塔夫里阿诺斯批评维也纳和会并没有提出解决东方问题相应的办法,"巴尔干的边界并没有受到维也纳和会的任何影响"①,俄国占据了比萨拉比亚,哈布斯堡帝国继承了威尼斯在亚得里亚海的遗产,爱奥尼亚群岛在1863年之前处于英国的"保护"下。虽然维也纳和会并没有讨论东方问题,但是新的欧洲秩序的确立同样对东方问题产生了多种影响。

第一,英国的进入。1798年法国攻占埃及之后,英国意识到自己在东地中海的利益所在,在战争期间占领了马耳他岛。苏伊士运河开通以前,奥斯曼帝国是英国通往印度的战略通道。英国的介入改变了东方问题既有的权力格局,在此之前哈布斯堡帝国、俄国与法国是影响奥斯曼帝国命运的外部力量,而英国进入之后,东方问题更加复杂化,当然也给奥斯曼帝国提供了对抗俄国的依靠。1841年的《海峡公约》以及克里米亚战争便是英国在东方问题上影响力不断扩大的明证。

第二,维也纳体系约束了俄国在巴尔干地区的扩张。反法战争胜利之后,俄罗斯是欧洲第一陆军强国,如果没有制度与道德价值的约束,俄国可能会进一步扩张。维也纳体系重建了欧洲均势格局,权力平衡与制度约束对俄国的扩张形成了无形的制约。神圣同盟虽然镇压了各种起义与革命,但是以保持欧洲体系的现状为出发点,对俄国对外扩张也是一种制约。维也纳体系确立了俄国在欧洲国际体系的主导地位,尤其是在欧洲大陆的控制权,此时俄国在西部的边界扩张已经达到极限,面对衰落的奥斯曼帝国,俄国意识到,"把整个帝国占为己有,即使可能,也是不利于加强俄国的实力的"。② 19世纪30年代,俄国采取了一种"参与"的姿态,即"对苏丹继续施加压力,促进俄国利益,同时保存土耳其政权的一般结构,以避免或推迟极难解决的君士坦丁堡和海峡的前途问题"。③ 1848年革命则为俄国扩张提供了机会,借助镇压欧洲革命的机会,俄国强化了对巴尔干地区的控制,促使奥斯曼帝国清除巴尔干地区

---

① L. S. Stavrianos. The Balkans since 1453 [M]. NY: Rinehatr & Company, Inc., 1958: 211.

② [美] 巴巴拉·杰拉维奇. 俄国外交政策的一世纪 [M]. 福建师范大学外语系编译室,译. 北京: 商务印书馆, 1978: 46.

③ [英] C. W. 克劳利. 新编剑桥世界近代史 (9) [M]. 中国社会科学院世界历史研究所, 译. 北京: 中国社会科学出版社, 1999: 734.

的革命分子，并且获得了干预多瑙河公国的权力，"摩尔达维亚和瓦拉几亚实际上是俄国的省份"。① 在克里米亚战争期间，哈布斯堡帝国的背叛使神圣同盟不复存在。哈布斯堡帝国获得了短期优势，但是却将自己置于与俄国对抗的前沿，正如基辛格论述的那样："一旦奥国主动摆脱共同价值观的束缚，就同样让俄国获得解放，是指完全可根据地缘政治的取舍来订定本身的政策。照这个方向发展下去，俄国势必与奥地利为巴尔干的前途而起冲突，也总有一天会想到打倒奥地利帝国"。②

第三，民族主义思潮撬动了奥斯曼帝国的边缘地带，并引发了多场战争。东方问题的有形的边界没有发生明显的变化，但是意识形态权力的板块却发生了革命性的变化，法国革命思潮通过各种渠道进入巴尔干半岛。虽然法国并没有直接占领巴尔干半岛，但是自由、解放的观念却在撬动着巴尔干民族主义的兴起："法国大革命唤醒了所有的人，近东所有的基督徒都在祈祷上帝，希望法国能够发动反对奥斯曼帝国的战争，进而将他们解放出来。当拿破仑并没有采取解放的行动的时候，巴尔干人开始自我解放。"③ 希腊解放运动在19世纪20年代一直困扰着维也纳体系，也是维也纳体系开始松动的起点。在希腊起义之初，欧洲强国采取漠然的态度：一方面，民族解放与维也纳体系的保守主义原则背道而驰；另一方面，用梅特涅的话来说，"奥斯曼帝国并不在欧洲文明之内，况且苏丹是希腊合法的统治者"④。1826年前后，欧洲强国纷纷介入希腊起义，列强之所以如此，有三个方面的原因："原因之一是爱琴海上势将演成长期动乱和海盗出没的那种僵局；原因之二是先发制人挫败俄国的愿望；而更难以确切说明的则是受过古典教育的欧洲人，甚至包括对希腊有好感的评论家的关切，因为他们觉得这个国家是他们所熟悉的，至于塞尔维亚和罗马尼亚便另当别论。"⑤ 西方国家的错觉束缚了其手脚，而俄国占得先机。1829年9月14日，土俄签订《阿德里安堡条约》。该

---

① 马克思恩格斯全集（第9卷）[M]. 北京：人民出版社，1961：304.
② [美] 亨利·基辛格. 大外交 [M]. 顾淑馨，林添贵，译. 海口：海南出版社，1998：84.
③ L. S. Stavrianos. The Balkans since 1453 [M]. NY：Rinehatr & Company, Inc., 1958：212.
④ Rene Albrecht Caprie. A Diplomatic History of Europe since the Congress of Vienna [M]. New York：Harper & Row, Pubilshers Inc., 1973：40.
⑤ [英] C. W. 克劳利. 新编剑桥世界近代史（9）[M]. 中国社会科学院世界历史研究所，译. 北京：中国社会科学出版社，1999：731.

条约使俄国在多瑙河与高加索两地获得了战略的主动权,并且将俄国的边界向南大大推进。对于俄国的扩张,英国朝野上下大为不满,格雷伯爵在议会中演说时指出:"如果这个条约被批准,那么土耳其政府的独立就会丧失,欧洲的和平就会受到威胁。"一向亲俄的帕麦斯顿勋爵也承认:"俄国在多瑙河口、南高加索以及黑海沿岸等地区扩张疆界,是同它在土耳其战争开始前对整个欧洲所作的庄重声明绝对不符合的。"① 希腊革命使维也纳体系的大国共管体制基本失去了效力,埃及的阿里在19世纪30年代掀起的危机则使欧洲大国之间的利益冲突暴露无遗。

第四,维也纳体系构建了一种静态的体系,不仅忽视了日益高涨的民族主义运动,也无视经济力量对国际关系的冲击,正在欧洲兴起的工业革命是分化瓦解维也纳体系的最核心的力量之一。19世纪发生的"双元革命"② 在维也纳体系中几乎都没有得到体现。维也纳体系对欧洲领土所作的安排基本没有考虑民族主义的因素,从边界的角度而言,维也纳体系中存在着多处边界破碎的易燃点:比利时、意大利、德意志、波兰和东方问题。当比利时问题、德意志问题、意大利问题先后解决之后,东方问题成为欧洲体系留下的唯一的易燃点,因此,从某种意义上讲,巴尔干这个"欧洲的火药桶"恰恰是欧洲制造的,不是巴尔干人将欧洲拉入战争,而是欧洲将巴尔干置于风暴眼的位置。

克里米亚战争是欧洲霸权战争在奥斯曼帝国领土上第一次演出,这次战争也使东方问题彻底欧洲化,这一问题在前文中已经充分论述,在此不作赘述。德意统一之后,欧洲格局为之一变,欧洲霸权体系与东方问题的互动进入一个新的阶段。

二、欧洲变局与近东危机

"1871年绝大多数的欧洲民众并没有清晰地意识到他们已经进入一个新的时代,1870年已经将前一个时代终结了。"③ 德国快速崛起并且成为欧洲大陆头号强国,这一变局导致了欧洲国际体系的调整,进而影响

---

① 马克思恩格斯全集(第9卷)[M]. 北京:人民出版社,1961:445.
② [英]艾瑞克·霍布斯鲍姆. 革命的年代[M]. 王章辉,等,译. 南京:江苏人民出版社,1999:导言,2.
③ Rene Albrecht Caprie. A Diplomatic History of Europe since the Congress of Vienna [M]. New York:Harper & Row, Pubilshers Inc., 1973:145.

了东方问题的发展。德国的统一只是世界历史变局的一部分，除此之外还有以下几方面的变化：

第一，工业革命迅速推进，随着一系列新技术的发明，电气化时代开启。工业的发展，尤其是重工业成为衡量国家实力的最核心的指标，钢铁产量决定着一个国家在未来战争中能够生产多少现代化武器，除此之外，人口数量代表着劳动力储备和后备兵员的数量。"工业革命则使人类有能力摆脱旧体制的局限，依靠储存的矿产资源，特别是煤和石油，创造出了全新的经济和人类生活方式。"① 工业革命的发展推动了世界市场的进一步发展，一方面，提供了更加低廉而迅捷的交通通信手段，互动能力有了质的提升，尤其是无线电的发明，使全球金融体系得以发展。古典金本位的确立使全球进入一个单一的货币体系之中，金融市场得以快速扩张，如希法亨所言，"金融资本意味着资本的统一化"②。金融市场不仅为经济发展提供了便捷的条件，而且为国际和平奠定了深厚的基础。"国际金融这个独特的组织，尤其是在 19 世纪最后 30 年和 20 世纪的前 30 年，的确为这一时期世界政治和经济组织间的主要纽带而发挥作用。它为国际和平体系提供了多种工具，这个体系借助强权们的帮助而运作，但强权本身却并不能建立或维持这个体系。"③ 值得注意的是，19 世纪中期，铁路的修建不仅提升了内陆国家的运输能力，而且也是一次经济革命，作为一种新兴产业，铁路建设需要大规模的投资。俄国的铁路从 1860 年的 1626 公里增加到 1870 年的 10731 公里，由于俄国资本匮乏，为了筹集资金而不得不向法国借债，将铁路租让给法国公司，从此，"俄国的经济和战略计划开始与巴黎的金融市场紧密联系在一起"。④ 金融体系的扩张也使私人产权得以在世界中广泛流传，非西方的边缘地区在炮舰的压力之下不得不接受西方的规范和制度，欧洲国家之间即便在战时也避免罚没敌对国家商人财产，克里米亚战争爆发之后，敌对国家

---

① [美] 罗伯特·B. 马克斯. 现代世界的起源——全球的、生态的述说 [M]. 夏继果，译. 北京：商务印书馆，2006：160.
② [德] 鲁道夫·希法亨. 金融资本——资本主义最先发展的研究 [M]. 福民，等，译. 北京：商务印书馆，1994：343.
③ [英] 卡尔·波兰尼. 大转型：我们时代的政治与经济起源 [M]. 冯钢，刘阳，译. 杭州：浙江人民出版社，2007：9.
④ [英] J. P. T. 伯里. 新编剑桥世界近代史（10）[M]. 中国社会科学院世界历史研究所，译. 北京：中国社会科学出版社，1999：516.

的商船允许离开港口而免于罚没,这种对交战国私人产权的保护成为19世纪后半期国际通行的惯例。英国与法国的金融家向奥斯曼帝国及其属国大量借款,这些金融家以及公债持有者极大地影响了国家的对外政策。在1875年至1878年的危机期间,奥斯曼帝国几乎破产,法国的公债持有者将成为奥斯曼帝国政府破产的最大输家,因此法国政府说服奥斯曼帝国实行保守的财政政策。"当奥斯曼帝国公共债务管理委员会成立之后,法国董事们占据了领导席位,委员会的目的在于保证奥斯曼帝国偿还每一分债务。"① 为了是公债安全,法国董事们强烈要求法国政府平衡各种竞争者,以保证奥斯曼帝国的存续。

第二,民族主义运动带来的复杂结局。意大利与德意志的民族主义运动终于修成正果,建立了统一的意大利和德国,民族统一运动顺应了世界经济发展的潮流,工业革命需要市场的扩张,需要稳定的统一的国内市场,而民族统一的实现则提供了一个稳定的市场。但是民族主义是一把双刃剑,它同时凝结了统一与分裂、整合与分化的因素,当德意实现统一之际,奥斯曼帝国、哈布斯堡帝国却面临着国家分裂的危险,帝国边缘的离心与反叛更加严重。权力边界合一的现代国家是对帝国多重权力边界特质的最大挑战。民族主义运动成为东方问题发展的内在动力所在。

第三,帝国主义扩张的再次膨胀。与工业革命、欧洲百年和平同时存在的是欧洲的海外殖民大潮。海外殖民与欧洲的崛起相伴相生,这并不新奇。19世纪后半期,随着技术的革新,欧洲国家殖民能力得以快速提升。机枪、奎宁使殖民者可以从容地面对非洲丛林、亚洲草原的部族社会。与科学技术同步发展的是市场、金融、社会管理技术的进步,二者同时推动了欧洲海外殖民的广度与深度,促进了殖民帝国的创建。与欧洲内部和平形成鲜明对比的是殖民战争持续不断,波斯帝国、印度、中亚草原、非洲丛林都进行过大大小小的殖民战争。殖民帝国的创建是霸权与帝国一次奇怪的联姻,波兰尼认为19世纪欧洲和平有赖于四个核心支柱:均势体系、金本位制度、自由主义国家、自由市场,这四种体制共同作用使欧洲形成了较为稳固的霸权体系,欧洲已经基本不存在权

---

① Steven W. Sowards. Lecture 10: The Great Powers and the "Eastern Question" [A] //Twenty-five Lectures on Modern Balkan History [R/OL]. [2010 – 07 – 28]. http://staff.lib.msu.edu/sowards/balkan/lecture1.html.

力的真空地带，小国被中立化，比利时、卢森堡、挪威等国都成为大国博弈的缓冲国。欧洲国家的国家能力相比非西方国家形成了一种高势能，因此，可以将殖民帝国视为欧洲国家国家能力的延伸。殖民帝国也是帝国的一种形态，因为它具有多重权力边界的特质，只是它是工业革命之后的产物。

这是19世纪最后三十年欧洲乃至世界经历的"时代转换"，霍布斯鲍姆将其命名为"帝国的年代"。① 在这一巨大的时代变革期间，东方问题也带上了鲜明的时代特征。统一后的德国并没有立即成为东方问题的参与者，俾斯麦曾经放言：德国完全没有必要在巴尔干地区的事务牺牲一个波美拉尼亚掷弹兵。俾斯麦的断言只是一种政治口号，德国的统一对东方问题影响巨大，而且在未来德国是东方问题的主要参与者。

第一，德国与意大利的统一改变了东方问题的权力格局。1870年，中欧形成了两大独立的民族国家，"标志着从维也纳会议到第一次世界大战之间的100年中欧洲国家体系发生的唯一重大变化"②，这一剧变意味着东方问题成为欧洲国际体系唯一的软肋，巴尔干成为欧洲列强角逐与博弈的最后的战场。如上文分析的，维也纳体系中存在着几个问题：德意志、意大利、比利时、波兰与东方问题，比利时已经获得独立并且成为中立国家，波兰在俄国严密的控制下难以获得独立，德国与意大利各自统一之后，东方问题成为唯一影响维也纳体系稳定的问题。意大利与德意志的统一改变了哈布斯堡帝国及其对外战略，哈布斯堡帝国曾经在德意志、意大利以及巴尔干具有重要的国家利益，也是战略扩张方向所在，但德意统一之后，哈布斯堡帝国的选择变得单一了，只剩下巴尔干半岛可供扩张。

德意志、意大利的统一不仅重绘了中欧政治地图，也是欧洲国际体系的转折点。首先，这一变动对哈布斯堡帝国造成了致命的损害，意大利统一战争将哈布斯堡帝国赶出了意大利半岛；而俾斯麦的战争则使哈布斯堡帝国在德意志地区失去了主导权，而这两个方向曾经是哈布斯堡帝国的战略重心所在。短短十年之间，哈布斯堡帝国丧失了在中欧的影

---

① ［英］艾瑞克·霍布斯鲍姆．帝国的年代［M］．贾士蘅，译．南京：江苏人民出版社，1999.

② ［英］欣斯利．新编剑桥世界近代史（11）［M］．中国社会科学院世界历史研究所，译．北京：中国社会科学出版社，1999：321.

响力。哈布斯堡帝国只能将扩张的方向重新转向巴尔干地区，哈布斯堡帝国在沉静了近一个世纪之后，又一次成为东方问题的主角或者"搅局者"，此后，哈布斯堡帝国将成为东方问题的焦点。其次，民族解放和民族国家统一的浪潮冲击着哈布斯堡帝国古老的政治结构，其不仅丧失了对意大利和德意志的控制权，而且在帝国内部也面临着马扎尔人和斯拉夫人的反叛，帝国没有选择联邦制，而是选择与势力最强大的马扎尔人妥协，奥匈二元帝国就是这种妥协的产物，从长时段而言，这是哈布斯堡帝国国家能力低下的必然产物，面对内外挑战，帝国的生存边界也难以保障，由于匈牙利一直未能完全整合，虽然占据帝国的核心地带，但却是哈布斯堡帝国的异质分子。因此，这是哈布斯堡帝国国家能力未能与时俱进的后果。

借助维也纳体系以及与俄国的保守主义同盟，哈布斯堡帝国的脆弱被掩盖起来，意大利战争以及普奥战争最终使帝国的虚弱暴露无遗。帝国面临着生存的困境：如果不与匈牙利妥协，帝国便面临着解体的危险。与匈牙利联合，便面临着斯拉夫人的反抗。"这是匈牙利民族主义的一次胜利，在帝国内获得了平等的权利，在某些方面还获得了特权"①，这是哈布斯堡帝国国家能力的失败，1867年奥匈协议签订，"不仅超国家帝国的概念消失了，而且德意志人在自己的土地上毋庸置疑的优势地位也已不复存在"。② 德意志人和马扎尔人构成了帝国的统治阶层，但是在人口方面占据优势的是斯拉夫人，马扎尔人在社会政治方面非常保守，处于封建状态，因此奥匈双元帝国的创建引起了斯拉夫人强烈的不满，统治者使用了从强硬镇压到赋予斯拉夫人同等地位等各种手段试图解决帝国面临的问题。1848年革命期间俄国是扼杀匈牙利革命的罪魁祸首，因此，匈牙利仇视俄国也在情理之中，当奥匈帝国建立之后，两国之间的合作基础不复存在。俄国与奥匈帝国之间的关系成为关系东方问题发展的核心因素。马扎尔人希望并吞波斯尼亚和黑塞哥维那，而帝国境内的斯拉夫人则要求建立三元帝国，即奥地利—匈牙利—斯拉夫帝国。奥匈帝国南面便是南斯拉夫人的国家——塞尔维亚。塞尔维亚经过几十年的

---

① Rene Albrecht Caprie. A Diplomatic History of Europe since the Congress of Vienna [M]. New York: Harper & Row, Pubilshers Inc., 1973: 167.

② [英] 欣斯利. 新编剑桥世界近代史 (11) [M]. 中国社会科学院世界历史研究所, 译. 北京: 中国社会科学出版社, 1999: 435.

斗争几乎成为一个独立的国家，但是在民族主义的激荡之下，这个小国并不满足于小国寡民的状况，它力图建立一个大斯拉夫国家，将处于奥斯曼帝国和哈布斯堡帝国统治下的斯拉夫人解放出来，"塞尔维亚的任何事务都会得到维也纳的高度关注"①。

第二，"在自己眼中或者他人眼中，德国在太阳底下处于什么样的位置比较合适，这是当时欧洲面临的最基本的问题，因为随着德国权势快速而广泛地发展，如果避免引发冲突的话，就必须在足够的时间中作出适当的调整"②。俾斯麦通过铁血政策实现德国统一之后，便立即华丽转身为国际体系的维护者，德国的统一需要和平的外部环境，"国内发展与整合在一定时期内确实消化了由统一释放出的巨大的能量，但是发展的问题却成为威廉二世面对的主要难题"。③ 1895 年，马克斯·韦伯发表教授职位的就职演说《民族国家与经济政策》，他非常深刻地指出，俾斯麦一手创建的德意志帝国经过二十多年的发展，其经济结构发生了不可逆转的变化，政治变革随之而来。俾斯麦完成了德国的外在统一，但是却没有完成内在统一，换言之，德国在俾斯麦掌权期间并没有培养出成熟的政治领导阶层，正是这一点使俾斯麦"毕生的努力功亏一篑"。④ 虽然德国在东方问题上没有直接的领土利益，但是巴尔干半岛可以成为德国商品的出口市场。"此外，巴尔干也是德国锻造联盟体系以对抗对手（先是法国，而后是英国和俄国）的场所。"⑤ 但是德国统一之后，欧洲的国际体系中心从巴黎转向柏林，德国在 1878 年之后取代英国成为遏制俄国在巴尔干扩张的主要大国。泰勒认为，1870 年德意志统一之后，维也纳和会确立的欧洲均势便开始改变，德国成为新的均势体系的主导者。⑥

---

① Rene Albrecht Caprie. A Diplomatic History of Europe since the Congress of Vienna [M]. New York: Harper & Row, Pubilshers Inc., 1973: 168.

② Rene Albrecht Caprie. A Diplomatic History of Europe since the Congress of Vienna [M]. New York: Harper & Row, Pubilshers Inc., 1973: 155.

③ Rene Albrecht Caprie. A Diplomatic History of Europe since the Congress of Vienna [M]. New York: Harper & Row, Pubilshers Inc., 1973: 154.

④ [德] 马克斯·韦伯. 韦伯政治著作选 [M]. 阎克文, 译. 北京: 东方出版社, 2009: 19.

⑤ Steven W. Sowards. Lecture 10: The Great Powers and the "Eastern Question" [A] //Twenty-five Lectures on Modern Balkan History [R/OL]. [2010-07-28]. http://staff.lib.msu.edu/sowards/balkan/lecture1.html.

⑥ [英] A. J. P. 泰勒. 争夺欧洲霸权的斗争 (1848—1918) [M]. 沈苏儒, 译. 北京: 商务印书馆, 1987: 2.

没有德国的参与，东方问题便无从解决，无论德国有没有介入东方问题的意愿，他实际上已经成为一个利益相关者。德国取代英国成为制约俄国在巴尔干行动的因素。为了对抗和围堵法国，德国必须保证奥匈帝国与之结盟，同时也不希望看到奥匈帝国过于衰落。在德国统一之后，俄普的传统同盟根基便发生了动摇。

第三，"1870 年法国的崩溃，比 1866 年奥地利的崩溃更加清楚地表明，那些未曾学会如何训练和部署以现代武器装备的庞大军队的国家，将遭到何等厄运。而且欧洲国家面临着这样的抉择：或者屈服于以这些技术武装起来的新兴德意志帝国的霸权，或者用这些技术武装自己"①。军事技术的革新与战略战术的变化使军事权力迅速膨胀，各国每隔 20 年就要将陆军装备更新换代，军事领域专业化程度迅速提高。一方面，造成了各国沉重的财政压力；另一方面，军事参谋部门成为一个封闭的专业团体，高级军事将领在政治与外交中扮演着越来越重要的角色。

东方问题在尘封了 20 多年之后又一次井喷。1875 年，奥斯曼帝国危机重重，波黑爆发起义。如上文所述，东方问题的再次出现是在一个全新的环境之中。"1876 年，一切都改变了，没有什么还是一样的。东方问题由于边疆省份的叛乱而再次出现，东方问题如同它产生的时候那样，其原因在于苏丹宫廷的滥用权力，而其背后是西方大国的支持，尤其是在 1856 年巴黎和约上签字的那些国家。"② 克里米亚战争之后，东方问题成为一个欧洲体系的问题，1875 年波黑起义很快引来了欧洲强国的关注，尤其是俄国。俄国吸取了上次战争的教训：避免在东方问题上被孤立，俄国单独行动势必会遭到欧洲国家群起攻之。1876 年 7 月 8 日，安德拉西与戈尔恰科夫达成了"赖希塔特协定"（Reichstadt Agreement），这一协定主要考虑了奥斯曼帝国和塞尔维亚的地位问题，奥斯曼帝国必须保持现状，而塞尔维亚和黑山可以作出某些调整，即把二者领土扩大，但是不允许二者毗邻，中间要被奥斯曼帝国的纳威巴扎尔省（Navibazar）隔开。奥匈帝国得到波黑的大部分领土，而俄国收回在克里米亚战争中

---

① ［英］欣斯利. 新编剑桥世界近代史（11）[M]. 中国社会科学院世界历史研究所，译. 北京：中国社会科学出版社，1999：274.

② George Douglas Campbell Argyll. The Eastern Question：From the Treaty of Paris in 1856 to the Treaty of Berlin in 1878, and to the Second Afghan War（Volume 1）[M]. London：Strahan & Company Limited, 1879：7.

丧失的比萨拉比亚地区。保加利亚、罗马尼亚和阿尔巴尼亚获得独立，希腊得到色雷斯和克里特岛的补偿，君士坦丁堡成为一个自由城市。①这一协定既是对《巴黎和约》的一次大调整，也是俄奥试图解决东方问题的尝试，但是两国都以自己的利益为出发点，重绘巴尔干半岛地图，势必会引起强烈的国际反应。

塞尔维亚与黑山联军遭到奥斯曼帝国军队的沉重打击，在俄国的压力之下，贝尔格莱德免遭攻击，此时保加利亚起义烽烟四起，起义军遭到帝国军队的镇压，英国人格莱斯顿的小说《保加利亚恐怖事件》在英国国内成为畅销书，将奥斯曼帝国军队屠杀保加利亚起义者的情节带到了英国普通公民面前，可能这是最早的、最具有时效性和政治轰动效应的战地报道。英国公众舆论强烈要求政府介入巴尔干问题，在英国的倡议之下，在君士坦丁堡召开国际会议。会议之前，1877年1月，俄国与奥匈达成秘密协定，即"布达佩斯协定"，双方达成秘密交易，俄国保证奥匈帝国在波斯尼亚—黑塞哥维那自由行事；奥匈帝国保证在未来的俄土战争中保持善意中立，双方保证保加利亚作为独立国家的地位，但是反对在巴尔干地区建立一个强大的斯拉夫民族实体。"实际上这是一纸战争协定，为了换取中立的承诺和反对联合调停的行动，而允许奥匈帝国兼并波黑。"②1877年4月24日，奥斯曼帝国拒绝了欧洲大国在伦敦起草的联合声明，俄国借机对奥斯曼帝国宣战，土俄战争再次爆发。

俄国快速南下的计划遭到普列文要塞的阻挡，奥斯曼帕夏在此阻击俄军，直到12月10日，俄军才攻陷这一要塞，这也为英国的外交运作提供了时间。随着战事的进行，英国国内舆论风向大转，从同情巴尔干、反对奥斯曼帝国变为同情奥斯曼帝国、反对俄国。普列文要塞失陷之后，通往君士坦丁堡的大门洞开，英国舰队进入海峡，与俄军形成对峙。经过近一年的战争，俄军的损失惨重，难以再次发动大规模进攻，两国休战，并于1878年3月3日缔结和约，即《圣斯特法诺条约》。俄国要求奥斯曼帝国承认黑山、塞尔维亚、罗马尼亚的独立，同时承认保加利亚的自治，虽然保加利亚向奥斯曼帝国缴纳贡赋，但是行政、司法等权力

---

① Rene Albrecht Caprie. A Diplomatic History of Europe since the Congress of Vienna [M]. New York: Harper & Row, Pubilshers Inc., 1973: 170.

② Rene Albrecht Caprie. A Diplomatic History of Europe since the Congress of Vienna [M]. New York: Harper & Row, Pubilshers Inc., 1973: 171.

却置于俄国控制之下。条约规定:"波斯普鲁斯海峡和达达尼尔海峡无论在平时和战时,对来往于俄国港口的中立国商船一律开放。"① 俄国还从中获得了黑海岸沿岸的一些领土。《圣斯特法诺条约》基本满足了俄国斯拉夫主义者的愿望,创建了一个横跨巴尔干半岛的"大保加利亚",这一举动不但让奥地利大为不满,而且让英国极为敏感,因为这威胁到英国在东地中海的利益。俄国将保加利亚而不是塞尔维亚视为巴尔干的桥头堡,这是因为塞尔维亚的外交政策在俄国与西方之间摇摆不定,力图在二者之间左右逢源,因此不讨俄国欢心;保加利亚联结黑海与爱琴海,控制了保加利亚,俄国便可以出入地中海。

《圣斯特法诺条约》是俄国与奥斯曼帝国签订的城下之盟,同时也是一个秘密条约,围绕《圣斯特法诺条约》,欧洲相关国家在外交领域展开了激烈的争夺与博弈,由此可以看出,欧洲均势体系对东方问题的制约作用,即任何一个国家难以解开这个历史之结。《圣斯特法诺条约》应该是可以算作解决东方问题方案的"俄国版",但是这个版本没有照顾到欧洲其他强国的利益,势必会导致其他国家的激烈反对。俄国为了鼓励英国,派伊格纳季夫前往维也纳,试图获得奥匈帝国的理解,希望在未来英俄冲突中奥匈帝国保持中立,但是安德拉西漫天要价。俄国的计划没有成功,奥匈帝国试图与英国达成协定,于是三国之间展开了一场外交战争,英国认为奥匈帝国的要价过高,便希望英俄之间直接协商,奥匈帝国害怕被孤立,于是同意在柏林召开国际会议以解决列强之间的争端与分歧。泰勒认为:"如果圣·斯特法诺条约得到遵守,那末奥斯曼帝国和奥匈帝国也许都能生存到今天。"② 此后的《柏林条约》造成了巴尔干半岛地缘政治的分裂,马其顿被分离出来,成为困扰欧洲外交界的难题,波黑问题成为"一战"的导火线。

德国统一之后的战略,德国在巴尔干没有利益,俾斯麦充当了掮客。1878 年 6 月 1 日,柏林会议召开。柏林会议对《圣斯特法诺条约》进行了修改,"柏林条约使 1878 年欧洲大国力量对比的真实反映,当时的这

---

① 国际条约集(1872—1916)[M]. 北京:世界知识出版社,1986:30.
② [英] A. J. P. 泰勒. 争夺欧洲霸权的斗争(1848—1918)[M]. 沈苏儒,译. 北京:商务印书馆,1987:289.

种力量对比不利于俄国和巴尔干各民族"。① 俄国提出的方案被拒绝，《柏林条约》基本没有俄国的色彩。柏林会议使巴尔干地区形成了一个均势体系，传统帝国、新兴大国、民族主义运动交叠在一起，各种不同的要素在此酝酿。

从巴尔干地区而言形成了一种新的均衡局面。巴尔干的地区性大国塞尔维亚、保加利亚、希腊以及罗马尼亚基本上成为主权国家，外部主权得到欧洲大国的承认，虽然其国家能力建设刚刚处于起步阶段。四个国家基本势均力敌，任何一个国家都难以成为巴尔干半岛的霸权国家，但是在民族主义思潮激荡之下，这四个国家对于当前的领土安排都不满意，塞尔维亚希望建立一个南斯拉夫人的大塞尔维亚，希腊则有种强烈的领土收复情结，它对大陆的兴趣远远超过克里特岛，希腊与土耳其之间的边界未定，造成了两国之间冲突的隐患；保加利亚最为不满，建立大保加利亚的希望破灭，国家被一分为三，塞尔维亚获得的部分领土便是来自保加利亚，两国之间不和谐的种子从此种下。马其顿成为三个国家扩张的目标，希腊北上、塞尔维亚南下、保加利亚西进都会以马其顿作为扩张目标。从形式而言，柏林会议之后恢复了巴尔干半岛内部的均势，但是这种均势秩序的建立仅仅是对权力的划分，其中并没有考虑到观念的影响，尤其是民族主义思潮。巴尔干半岛的均势迟早会被各个国家的不满打破。从巴尔干历史及其东方问题的发展而言，柏林会议是具有里程碑意义的一次会议，巴尔干新独立的国家作为独立的行为体参与其中，从而为巴尔干内部的区域整合提供了基础，换言之，这是巴尔干从帝国边缘走向独立的起点。

柏林会议也是对欧洲权力格局的一次调整，毫无疑问，奥匈帝国从中获益最大，不仅获得并吞波黑的权力，而且在亚得里亚海沿岸的势力大有扩展，"在门得内哥罗沿海全线的警察防御、海上监督和卫生监察将由奥匈帝国利用轻警卫艇来执行"②。奥匈帝国在巴尔干的市场逐渐占据主导地位，依靠经济的渗透，奥匈帝国在巴尔干地区取得了远远超过俄国的成就。奥匈帝国试图在巴尔干建立一个铁路网，为奥匈帝国的经济渗透提供条件。《柏林条约》是对俄国的一次外交阻击，俄国在战场上

---

① ［俄］扎多欣，尼佐夫斯基. 欧洲的火药桶：20 世纪巴尔干战争 [M]. 徐锦栋，等，译. 北京：东方出版社，2004：73.
② 国际条约集（1872—1916）[M]. 北京：世界知识出版社，1986：45.

的果实又一次被剥夺,一方面可以看出俄国外交战略的不成熟,另一方面源于俄国的贪婪。《圣斯特法诺条约》本身是俄国扩张贪欲和外交不成熟的表现,因此这个条约注定只能暂时停留在纸面上,《柏林条约》之后俄国在黑海东岸获得了一些领土,在巴尔干半岛几乎没有得到什么补偿,而它与巴尔干的斯拉夫国家关系却恶化了,无论塞尔维亚、罗马尼亚还是保加利亚,都不甘当俄国在巴尔干的前哨。俄国不但没有得到领土方面的满足,在同盟关系方面也大受挫折,德国不但没有给予俄国外交支持,反而暗中支持俄国的对手奥匈帝国,三皇同盟内部的裂痕与矛盾在柏林会议上暴露无遗。柏林会议之后在巴尔干形成了一个以德国为主轴的均势体系,俄国虽然在军事上取得了巨大的成功,但是在柏林会议上,胜利成果被剥夺殆尽,亚历山大二世意识到,"俾斯麦时代的欧洲已经远远不足以让单独一个强国成功地进行扩张,哪里还有俄国的份?"① 俄国在巴尔干的政策将越来越取决于德国的态度,而不仅仅是对奥斯曼帝国的军事优势。在柏林会议上愤愤不平的不仅有俄国,还有法国和意大利。柏林会议与22年前的巴黎和会一样对于东方问题的发展产生了深远的影响,但是两次会议最大的区别在于欧洲大陆的霸主易位,德国成为新的霸主。这次会议中法国的安全并没有得到改善,唯一的馈赠是允许法国侵入突尼斯。而新独立的意大利满怀希望参加这次国际会议,希望得到大国的地位与尊严,但几乎一无所获。

1878年《柏林条约》是以一种"复杂的、并不牢靠的妥协办法"维持各国之间的和平,"除非在不长的时间内新的边界被各方所接受,否则就会再次引起争端"。② 有学者认为,柏林会议为第一次世界大战的爆发埋下了祸根,将马其顿重新置于奥斯曼帝国的统治之下,马其顿问题导致了第一次巴尔干战争;波黑置于奥匈帝国统治之下,则点燃了第一次世界大战的导火线。③ 从东方问题与欧洲体系之间的互动而言,这种观点有些本末倒置,一方面,柏林会议是欧洲列强对东方问题的一次"处置",无论是奥斯曼帝国还是巴尔干国家几乎没有发言权,在和会上均处

---

① [英]欣斯利. 新编剑桥世界近代史(11)[M]. 中国社会科学院世界历史研究所,译. 北京:中国社会科学出版社,1999:474.

② [英]欣斯利. 新编剑桥世界近代史(11)[M]. 中国社会科学院世界历史研究所,译. 北京:中国社会科学出版社,1999:451.

③ [英]欣斯利. 新编剑桥世界近代史(11)[M]. 中国社会科学院世界历史研究所,译. 北京:中国社会科学出版社,1999:709.

于"鱼肉"的窘境；另一方面，"一战"之前欧洲列强之间危机重重，根源在于欧洲国际体系的变化，灵活的结盟体系被僵化的阵营对垒取代，帝国主义扩张运动将全球的权力隙地侵蚀殆尽，欧洲强国之间的对峙局面无可逆转，巴尔干不过成为一个导火线而已。

柏林会议并没有解决东方问题，只是暂时"搁置"了这个问题，东方问题与欧洲体系之间的互动进入一个新的阶段，随着欧洲海外殖民的扩张，东方问题具有了世界意义。前瞻与概述东方问题与欧洲体系在19世纪最后几十年的互动有助于辨识与厘清东方问题发展的逻辑。

第一，俾斯麦大陆联盟体系创建之后，东方问题成为大陆联盟体系的一部分，同时也是大陆联盟体系的致命弱点。从欧洲国际体系演变的进程而言，维也纳体系在1870年基本走向了终结：一方面，维也纳体系的大国体系发生了剧烈的变动，在欧洲五强中势力最为弱小的普鲁士成为中欧乃至欧陆第一强国，哈布斯堡帝国急剧衰落为最弱小的一强，俄国丧失了在中欧的话语权，法国在欧洲依然备受孤立；另一方面，维也纳体系中灵活多变的结盟与国际会议为秘密结盟所取代，欧洲国际体系逐渐走向僵化。除此之外，东方问题成为影响欧洲和平的最重要问题，随着德国与意大利统一，欧洲强国之间的"隙地"减少，而巴尔干这个多重边界交叠之地则吸引了欧洲诸强的注意力，三强之间回旋空间被压缩。从1881年6月18日在柏林订立《三皇同盟条约》中可以看到，东方问题成为关乎三皇同盟稳定的关键所在，条约主要解决两个核心问题：一是德国的安全问题，俾斯麦担心法俄两国联手对抗德国，因此，条约第一条就规定："如果缔约国中的一国与第四国交战，另外两个缔约国应对它保持善意中立，并尽力使冲突局部化。"换言之，如果法德之间爆发战争，那么俄国将会像1870年那样保持中立，法国凭借一己之力根本不可能复仇，因此这是对法国的震慑。二是巴尔干的局势问题，核心精神是要克制奥匈帝国与俄国在巴尔干扩张的野心，保持巴尔干的稳定，条约规定："三国宫廷希望避免它们之间的一切分歧，承担义务彼此照顾各缔约国在巴尔干半岛上的利益。它们并相互承诺，只有根据它们之间的共同协议，才能对土耳其欧洲部分的领土现状作任何改变。"① 如果奥斯曼帝国崩溃或者解体，俄国与奥匈帝国将会利益共享，奥匈帝国优先兼

---

① 国际条约集（1872—1916）[M]. 北京：世界知识出版社，1986：62.

并波斯尼亚、黑塞哥维那,保加利亚与东鲁米亚合并,这是俄国在《圣斯特法诺条约》中梦寐以求的。三皇同盟只是俾斯麦大陆联盟体系的一部分。1882年5月20日,德国、奥匈帝国与意大利签订了三国同盟条约,意大利进入俾斯麦孤立法国的阵营之中。此前,奥匈帝国与巴尔干小国塞尔维亚签订了条约,塞尔维亚成为奥匈帝国的附庸国。1883年德国、奥匈帝国与罗马尼亚分别签订了条约,这些条约是针对俄国的。因此,这些附加条约与保持巴尔干的局势稳定是背离的,得到德国保护的奥匈帝国必然希望在东南方向积极进取,与俄国的对抗不可避免。"三皇同盟只不过是适合晴朗天气的一种体系,只要巴尔干风暴兴起,它就会被刮得荡然无存。"① 大陆联盟体系通过复杂的秘密条约构成,缺乏理念的支撑,内部矛盾重重,因此严格来说,它并没有构成一个成熟的国际体系,只是俾斯麦及其德国单方面构建的外交体系,俾斯麦如同杂技演员一样控制着这个复杂而脆弱的国际体系,当1890年俾斯麦失势之后,这个体系便面临着崩溃的危险,被裹挟进入大陆联盟体系的巴尔干国家只能随波逐流。

第二,19世纪70年代以后,欧洲国家的帝国主义扩张使其目光转向亚非等地,奥斯曼帝国的非洲部分与亚洲部分也成为列强争夺的重要对象。1878年英国首相本杰明·迪斯累利在上议院发表演说,描述了巴尔干地区局势的复杂性:"没有任何语言能够充分形容巴尔干半岛这个部分,即塞尔维亚、波斯尼亚、黑塞哥维那的状况。无法用言辞来形容那里的政治阴谋、持续不断的对抗,那里根本不存在任何公众精神,不存在任何控制力量,有的只是对所有种族的仇恨和对立的宗教之间的敌意。若要在那些地区建立秩序,没有5万欧洲精锐部队是不可能的。"② 1878年英国获得了塞浦路斯,1882年占领了埃及,英国对东方问题的关注度下降,"有了这些战略前哨,英国不再需要过多地介入巴尔干事务,即使英国的确还在留心于希腊与俄国在海峡的特权"。③ 俄国扩张的方向也从

---

① [英]欣斯利. 新编剑桥世界近代史(11)[M]. 中国社会科学院世界历史研究所,译. 北京: 中国社会科学出版社, 1999: 703.
② [美]亨利·基辛格. 美国的全球战略[M]. 胡利平,等,译. 海口: 海南出版社, 2009: 247.
③ Steven W. Sowards. Lecture 10: The Great Powers and the "Eastern Question"//Twenty-five Lectures on Modern Balkan History [R/OL]. [2010-07-28]. http://staff.lib.msu.edu/sowards/balkan/lecture1.html.

巴尔干地区转向远东和中亚。争夺中亚成为英俄对抗的新战场,中亚"在使英俄对抗一直成为欧洲外交的主要课题方面所起的作用不亚于近东问题。这种对抗直到19世纪末才告结束"①。1885年的保加利亚危机期间,欧洲的均势体系经过了急剧变动,俾斯麦的大陆联盟体系的内在缺陷一览无余,只是通过其高超的外交手腕缓解了这次危机。德国成为决定东方问题发展的最重要的强国,没有德国的支持,无论俄国还是奥匈帝国,都不敢贸然发动进攻,当欧洲的均势体系走向僵化之际,巴尔干的危机便可能成为欧洲大战的导火线。值得注意的是,此时欧洲各国之间在国力方面还处于均衡状态,彼此相互制衡,过剩的能力都倾泻到亚非等地。弹性、没有霸主的多极均势体系具有很强的灵活性,此时可能避免发生战争,当这种均势体系走向同盟体系之际,便失去了灵活性,而容易引发剧烈对抗。

第三,当帝国主义在全球的殖民活动开始激烈膨胀之际,东方问题又一次成为列强关注的焦点。俄国的目光转向远东,尤其是中国之后,俄国希望在近东维持现状。1897年5月5日,奥俄两国签订协定,承诺"任何一方都不去扰乱巴尔干,也不允许其他任何人这样做"②。在1879年之后,英国的注意力从海峡问题转向对苏伊士运河的控制,同时,保守党领袖索尔兹伯里认为,奥斯曼帝国已经病入膏肓,改革无望。1882年,英国将埃及据为己有之后,与奥斯曼帝国的关系恶化。德国便承担起保障奥斯曼帝国独立地位的保护者的任务,1881年,德国军事代表团开始帮助奥斯曼帝国训练军队,1889年、1898年德国皇帝两度到访奥斯曼帝国,德国在奥斯曼帝国境内的经济势力快速膨胀,尤其是铁路网的修建,穿越中欧,纵贯巴尔干半岛,进而延伸到波斯湾的铁路正在修建之中。德国势力在奥斯曼帝国的崛起让两个帝国较为满意,一方面奥斯曼帝国得到了新的保护人,借助德国的保护可以继续苟延残喘下去;另一方面,德国获得了向亚洲扩张的一条通道。但是德国的出现,打破了东方问题既有的格局,"德国侵入其他国家长期以来为它们自己划定的势力范围,这就把新的制造纷乱的因素引入国际关系中去,尤其是,给德

---

① [英] J. P. T. 伯里. 新编剑桥世界近代史(10)[M]. 中国社会科学院世界历史研究所,译. 北京:中国社会科学出版社,1999:526.
② [英] A. J. P. 泰勒. 争夺欧洲霸权的斗争(1848—1918)[M]. 沈苏儒,译. 北京:商务印书馆,1987:415.

国同俄国、法国和英国的关系增添了新的紧张因素"。① 日俄战争与英俄和解带来的后果是，俄国将目光重新转向巴尔干半岛。"一般来说，当俄国的势力在土耳其政府中占上风时，俄国政府就主张保存这个帝国。相反，当别国占优势时，俄国就赞成全部或部分地瓜分奥斯曼的领土。"② 1903 年塞尔维亚的奥布廉诺维奇王朝被推翻，塞尔维亚与奥匈帝国之间的关系发生逆转，塞尔维亚的新政府希望从法国、俄国那里获得援助与支持。俄奥两国又一次成为东方问题的主角，当 1908 年东方问题再次拉响警笛的时候，欧洲国际环境已经发生巨变，两大军事阵营已经形成，战争笼罩欧洲上空。1908 年，奥匈帝国宣布修建一条穿越新帕扎地区的铁路，这条铁路将塞尔维亚与黑山分割开来，此举引起了俄国的不满，"结束了奥俄两国从 1897 年以来在巴尔干各国进行的合作，并开创了这样一个时期，在这个时期中，爱伦塔尔同伊斯沃尔斯基个人之间日益增长的仇恨，给欧洲各国关系带来了最严重的后果"③。1908 年，土耳其发生革命，奥匈帝国吞并波黑，西方的同盟体系遭受一次严峻的考验，奥匈帝国试图以修改海峡政策来换取俄国准许其吞并波黑，但是俄国的盟国英国与法国反对这项交易。两国关系迅速恶化。德国支持奥匈帝国的扩张，同时也被奥匈帝国绑架，在德国的战争威胁之下，俄国选择退让。

　　20 世纪初的东方问题已经成为一个世界性的问题，它受制于全球权力格局的变化，帝国边缘的历史特质使巴尔干成为权力边界破碎的动荡地带，当危机再次降临的时候，不仅巴尔干会遭遇血与火的洗礼，全世界也会陷入一次空前的战争浩劫。东方问题终归依靠巴尔干权力边界的调整与整合，形成比较稳固的秩序，而这一切需要现代民族国家的创建及其国家能力的提升。与霸权体系并行的是巴尔干创建民族国家的艰难历程，而巴尔干区域国际秩序如"初生之苗，不见其增，日有所长"，历史带来的层积需要时间之流的冲刷，方能看见一个光明的未来。

---

　　① [英] 莫瓦特. 新编剑桥世界近代史（12）[M]. 中国社会科学院世界历史研究所，译. 北京：中国社会科学出版社，1999：150.
　　② [美] 巴巴拉·杰拉维奇. 俄国外交政策的一世纪 [M]. 福建师范大学外语系编译室，译. 北京：商务印书馆，1978：49.
　　③ [英] 莫瓦特. 新编剑桥世界近代史（12）[M]. 中国社会科学院世界历史研究所，译. 北京：中国社会科学出版社，1999：171 – 172.

第五章　区域崛起与东方问题的终结

民族主义缘起于欧洲，流布于全世界，不仅重塑了现代国家的权力结构，也架设了帝国与区域之间的桥梁。民族主义在巴尔干半岛的传播，撬动了既有的地缘政治板块，重组了社会政治空间。奥斯曼帝国势力在巴尔干半岛退潮后，巴尔干民族国家勃兴，帝国边缘开始向区域国际体系转化。泛斯拉夫主义、泛希腊主义等思潮助推巴尔干联盟的建立，两次巴尔干战争预示着东方问题发生了根本性的转化。巴尔干作为一个自我说明的区域单位出现在国际政治舞台之上，整个20世纪巴尔干地区围绕秩序构建而不断分化重组，这也是延续几百年的东方问题未决的遗产。

第一节　巴尔干民族国家的构建

民族主义改变了国家的形态，民族国家则是国家演化的新阶段。在民族主义浪潮的推动之下，国家能力结构经历了深刻的变迁，工业革命的扩散、臣民向公民的转化、普遍义务兵役制的实施、民族认同的构建都推动各种国家迈向一种新的以民族为主体的各种权力边界合一的形态。民族国家是现代性最重要的表现之一，法国大革命是现代民族国家构建的温床，随着互动革命的推进，民族国家成为巴尔干半岛最新的政治组织形态，塞尔维亚、希腊、罗马尼亚、保加利亚等具有主体性的民族国家先后建立，而阿尔巴尼亚、马其顿等边缘民族则一直以建立民族国家作为奋斗目标。民族国家的创建改变了巴尔干既有的政治生态，标志着帝国时代的消逝，而巴尔干民族国家自立倾向的强化则表明外部列强难以主宰巴尔干的命运。民族主义思潮与民族国家相互激荡推动巴尔干进入一个新的历史阶段。

一、民族主义与国家能力结构的重塑

中外学者关于民族主义的研究著作已经是汗牛充栋,既是后来者研究的基础与起点,也制造了参差不同的理论学说的陷阱。民族主义并不是本课题研究的重点,但是民族主义在近现代国际关系尤其是东方问题发展过程中掀起的变革波涛,使其成为难以绕开的理论难题。纷繁复杂的理论观点将民族主义涂抹成为百变怪兽,其真面目已经掩藏在论争的枪林弹雨之中,借助国家能力的概念与理论框架,在民族主义与民族国家构建之间搭建一座沟通的桥梁,或许能够从另一侧面认知民族主义的内涵。

民族主义与民族紧密相连,认知民族是深入把握民族主义的前提。不同的学者从不同的侧面解释民族的含义:从族群纽带的角度来看,民族经历了漫长的发展历程,在历史的长河中逐渐沉淀与累积形成。安东尼·史密斯这样界定民族:"具有名称,占有领土的人类共同体,拥有共同的神话、共享的历史和普通的公共文化,所有成员生活在单一经济之中并且有着同样的权利和义务。"① 民族是一种相对封闭的共同体,拥有共同的祖先、历史、文化和语言,"这一切又是忠诚与友爱的核心"。② 从历史发展与演变的角度来看,民族区别于其他共同体的重要因素在于现代性的萌发与发展,如马克思主义历史学家认为:"民族是一种历史范畴。它是随着语言学、经济和文化的一些主要特征的发展和成熟而形成。这个过程是与封建主义崩溃时期和资本主义开始时期相适应的。"③ 斯大林对民族的定义则将族群纽带与经济关联结合起来,他认为:"民族是人们在历史上形成的一个有共同语言、共同地域、共同经济生活以及表现于共同文化上的共同心理素质的稳定的共同体。"④ 著名学者吴文藻在《民族与国家》一文中指出:"民族者,里也,国家者,表也。民族精神,实赖国家组织以保存而发扬之。民族跨越文化,作政治上之表示,

---

① [英] 安东尼·史密斯. 民族主义:理论、意识形态、历史 [M]. 叶江,译. 上海:上海人民出版社,2006:14.
② [澳] 安德鲁·文森特. 现代意识形态 [M]. 袁久红,等,译. 南京:江苏人民出版社,2005:413.
③ [罗] 米隆·康斯坦丁内斯库. 罗马尼亚通史简编(中册)[M]. 陆象淦,王敏生,译. 北京:商务印书馆,1976:500.
④ 斯大林全集(第2卷)[M]. 北京:人民出版社,1957:294.

则进为国家；国家脱离政治，失政治上之地位，则退为民族。"① 的确，民族在现代世界具有明显的政治指向和意涵，民族是构建现代国家的基石，但是不能笼统地将民族与国家表述为表里的关系，换言之，民族与国家之间并非一步之遥。

与民族的定义一样，民族主义并没有一个统一的定义，美国学者海斯认为，民族主义是一种"主义"（ism），一个各学说的集体，一种政治哲学。② 综合各种关于民族主义的论述，大体可以将其分为两类，一种是原生性的观点，另一种是现代性的观点。前者认为民族主义源自古老的族群纽带而形成的认同；后者则认为民族主义是一种现代的产物，伴随工业革命、法国大革命而出现。霍布斯鲍姆认为："民族原本就是人类历史上相当晚近的新现象，而且还是源于特定地域及时空环境下的历史产物。"③

海斯将民族主义的历史一直追溯到上古时代，与民族主义相对应的是国际主义，两种主义是以人们忠顺对象来划分的，民族主义的效忠对象是自己的集团，而国际主义则主张不同的集团要合作或者融合。在不同的历史时期，民族主义或者国际主义有不同的含义，因此，海斯需要不断调整民族主义的内涵与外延，他承认："只有在部落主义消沉之后，至18世纪的期间爱国心才和民族的意识混合起来，产生真正的民族主义。"④ 民族主义更是一种集体认同的历史性构建，原生性族群纽带经过现代性的发酵最终成为一种主导性的意识形态。"意识形态并不是与客观或真实的东西并肩存在的，更确切地说，是意识形态精巧地构建了实在。"⑤ "民族主义，是一种把国家概念和民族概念紧密联系在一起的意识形态。"⑥ 意识形态不仅是一种政治思潮，也能够推动具有变革意义的

---

① 王铭铭. 西学"中国话"的历史困境 [M]. 桂林：广西师范大学出版社，2005：94.
② [美] 海斯. 现代民族主义演进史 [M]. 帕米尔，等，译. 上海：华东师范大学出版社，2005：作者序，2.
③ [英] 埃里克·霍布斯鲍姆. 民族与民族主义 [M]. 李金梅，译. 上海：上海人民出版社，2006：5.
④ [美] 海斯. 现代民族主义演进史 [M]. 帕米尔，等，译. 上海：华东师范大学出版社，2005：5.
⑤ [澳] 安德鲁·文森特. 现代意识形态 [M]. 袁久红，等，译. 南京：江苏人民出版社，2005：29.
⑥ [西] 胡安·诺格. 民族主义与领土 [M]. 徐鹤林，朱伦，译. 北京：中央民族大学出版社，2009：95.

政治社会活动的发展。因此，从某种程度上讲，"民族主义是一种有组织的政治活动，旨在进一步加强民族所宣称的目标和利益"①。民族主义是民族与国家之间的纽带，民族主义的目标在于建立、巩固、改革或拒绝一个特定的国家政治框架。"民族主义的战略各有不同，但在本质上都是领土战略，这就是说，与其他社会现象不同，民族主义在思想上显然要靠领土滋养。"②

当代英国著名政治学家安东尼·吉登斯认为，民族与民族主义之间存在着巨大的差别，民族主义更是一种情感的抒发，而民族则是一种权力的载体。"作为'民族国家'概念必要因素的'民族'（nation）并不是指存在各种民族主义的情感（不论这种情感可能多么强烈），而是将自身权力伸展到特定精确领土疆界之内的管理机构的一体化。相反，'民族主义'则表现为各种形式的象征或者信仰，它们为特定地区、种族或者语言群体——这些全体的边界与民族国家的边界既可能一致，也可能不一致——的成员提供了一种集体的经验。"③ 民族主义作为一种独特的集体认同系统的形成与个体身份的转变是息息相关的。"民族主义是一整套意识形态表述，这些表述试图使一个共同体被认为是一个整体，它通过一整套象征、价值和传统，使一个共同体实现自我认同，并与他者有别。"④ 与民族主义兴起相伴随的是臣民向公民的转换，公民认同的形成是现代民族主义发展的认同的基础。这种观点将民族主义视为一种集体认同的发展，缺少了政治行动的含义。

19 世纪古典社会学家对社会组织形态的变革进行了深入的阐释，英国的梅因认为，从身份到契约的运动是历史进步的核心所在⑤，法国的涂尔干从社会分工的角度提出传统社会以机械性分工为主，而现代社会的分工则是有机的。德国的滕尼斯则认为传统向现代的转型就是共同体向社会的转变；马克思则从经济生产方式的角度提出资本主义的发展是

---

① ［英］休·希顿-沃森. 民族与国家——对民族起源与民族主义政治的探讨［M］. 吴洪英，黄群，译. 北京：中央民族大学出版社，2009：3.
② ［西］胡安·诺格. 民族主义与领土［M］. 徐鹤林，朱伦，译. 北京：中央民族大学出版社，2009：8.
③ ［英］安东尼·吉登斯. 历史唯物主义的当代批判：权力财产与国家［M］. 郭忠华，译. 上海：上海译文出版社，2010：导言，12.
④ ［西］胡安·诺格. 民族主义与领土［M］. 徐鹤林，朱伦，译. 北京：中央民族大学出版社，2009：2.
⑤ ［英］梅因. 古代法［M］. 沈景一，译. 北京：商务印书馆，1959.

现代性的主要体现；马克斯·韦伯从统治模式的类型与变革的角度提出，法理型取代魅力型是现代政治的变革方向，现代性最大的特征是去魅。经典理论家站在时代变革的前沿提出的种种理论解释，对我们认知民族主义的萌发与传播具有重要的启发意义。民族主义既是一种国家组织的蓝图，也是一种集体认同的变革，伴随着民族主义的发展，公民身份也随之兴起。民族主义处于传统与现代的转捩点之上，既有传统认同的痕迹，又有新的公民认同的因素。亚当·沃森认为，共同体是依靠其他纽带整合在一起的，如传统、族群后裔、宗教或者语言，它可能会吸收其他元素，或者破裂，或者被同化或者消失。我们必须以中立的立场理解共同体与国家两个概念，如果不然，我们极有可能会对国家保持一种非常教条的观念，即国家必须是独立自主的。① 人类学家格尔茨的观点与沃森类似，他指出："我们虽然有关于公民化的本质及其在工业社会中的一系列实现形式的一般思想，但是对目前这些模式如何成为现在这个样子，几乎是一无所知。人们常常否认传统国家会有真正的公民意识——依我看这是不正确的。无论如何，现代的政治社会团体的意识从传统的政治社区意识中产生出来所要经过的阶段，至多有一个印象式的回溯，因而公民性的根源和特征都还不是明朗的。"② 毫无疑问，公民认同与原生性的纽带之间的转化成为构建现代国家的核心命题所在。能否在原生性纽带与现代公民认同之间架设沟通的桥梁，是现代国家建设成败的关键所在。

在霍布斯鲍姆看来，民族是国家发展到一定阶段出现的，法国大革命时期，民族与国家相融合，"在当时，'民族'即是国民的总称，国家乃是全体国民集合而成，是一主权独立的政治实体，因此，国家乃民族政治精神的展现。由此观之，无论民族的组成是什么，公民权、大众的普遍参与或选择都是民族不可或缺的因素"③。卢梭认为："国家并非由边界或者人民所确定的；它来源于法律、习惯、风俗、政府、宪法以及

---

① Adam Watson. The Evolution of International Society : A Comparative Historical Analysis [M]. London and New York: Routledge, 1992: 16.
② [美] 克里福德·格尔茨. 文化的解释 [M]. 韩莉, 译. 南京: 译林出版社, 1999: 366.
③ [英] 埃里克·霍布斯鲍姆. 民族与民族主义 [M]. 李金梅, 译. 上海: 上海人民出版社, 2006: 1.

存在的方式。"① 虽然卢梭没有系统论述民族主义的专著，但是《社会契约论》这本小册子却在当时提供了一种改造社会与政府形式的纲领，即以大众主权取代王朝主权，以大众民主取代贵族政治，这种观点虽然不是卢梭独创，但是却在当时产生了巨大的影响。"正如卢梭的学说直接使'人民'决定政体一样，政治民主主义间接使人民得到民族自决之权。"②与民族主义同步发展的是公民权利的兴起，民族国家既是对帝国统治的否定，也是对君主统治或者贵族统治的否定，从国家能力的角度而言，民族主义是对国家权力边界的重构。政治统治的等级性色彩淡化，而且领土具有神圣色彩。换言之，"民族变成了政治和道德上的主权者和最后合法性与忠诚的基础，民族的忠诚将胜过其他的效忠，尽管这是随着民族主义类型变化而变化的"③。无论哪种类型的民主主义，都与国家构建产生了千丝万缕的关系，对于自由主义式的民族主义而言，建立宪政民主的独立民族国家是最终的目标，这种思潮在法国大革命之后广为传播，民族自决运动在 19 世纪改变了欧洲大陆的政治版图。与之相伴的是一种浪漫主义的民族主义，民族是一个有机的共同体，在共同体内部建立有序的秩序是民族主义追求的目标。"对国家的忠诚与责任通常是指向制度与规则的非人格化实体，对民族主义来说，忠诚是族群的某些形式，结果它能导致其他团体的压迫或反抗。"④ 民族国家是以民族主义作为整合的黏合剂，但却与公民权利及其宪政民主在逻辑上是紧密相连的。

　　民族国家得以建立与巩固所需要的公民认同并非是朝夕建立起来的，它不仅需要建立自己的权威，还要与既往的原生性认同竞争。格尔茨描述了这两种不同认同之间的博弈与斗争："形成'互相之间的全面关系'的全国范围的'民族集团'体系，为新兴国家中个人认同与政治整合之间的直接冲突提供了舞台。通过普及和推广部落、语言或是其他原生性团结的原则，这种体系允许保留着深刻根源的'族类意识'，而且将这

---

① ［法］让·雅克·卢梭. 通信全集//保罗·科维特，杰弗里·勒格罗. 规范、认同以及它们的限度：理论回顾［A］//彼得·卡赞斯坦. 国家安全的文化：世界政治中的规范与认同［C］. 宋伟，刘铁娃，译. 北京：北京大学出版社，2009：427.
② ［美］海斯. 现代民族主义演进史［M］. 帕米尔，等，译. 上海：华东师范大学出版社，2005：18.
③ ［澳］安德鲁·文森特. 现代意识形态［M］. 袁久红，等，译. 南京：江苏人民出版社，2005：432.
④ ［澳］安德鲁·文森特. 现代意识形态［M］. 袁久红，等，译. 南京：江苏人民出版社，2005：465.

种意识与正在发展的公民秩序联系在一起。它允许一个人继续公开要求根据其熟悉的群体独特性的象征符号承认他的存在和重要性，同时越来越多地被拖入一个政治社会中，这个社会是由这些象征符号所定义的'自然'社会团体完全不同的模型来铸造的。"①

　　民族国家的构建代表着国家能力结构的一次转型，它不仅改变了国家的内在结构，也刷新了国际关系的面容。"民族是主权国家唯一的合理基础，也是政府权威的终极来源。"② 国家能力结构的转变，权力边界的调整，直接影响到国际关系交往的内容与模式。人类学家克利福德·格尔茨认为，新兴国家受到两种不同的动机的激励，一种是渴望自己被承认为负责任的行动主体，它的愿望、行动、希望及意见都举足轻重；另一种是渴望建立起一个有效率的、有活力的现代国家。③ 这两种动机在很多情况下并不能兼容，前者寻求的是在国际舞台上的认同，是一种形式主权；而后者则是一种国家能力的建设，其目标是为了在国内建立有效的政治秩序，提升人民生活水平，是一种实质主权。横亘在两种不同主权之间的是原生性民族主义与现代国家建设之间的鸿沟，前者的认同基础是血缘、种族、语言、地缘、宗教等"天然性"的纽带，而后者则是建立于一种稳定有效的国家能力结构之上。

　　19世纪以来，民族国家逐渐成为国家的主要形态，工业革命与法国大革命改变了欧洲国家发展道路，现代国家取代绝对主义国家成为新的国家形态，相比之下，现代国家具有更加紧凑的国家能力结构，权力边界愈加重合。霍布斯鲍姆认为，现代国家统治之下的是"根据领土界定的'人民'，它以'民族'最高代理机构的身份进行统治，并将其势力伸至境内最偏远的村民身上"④。国家成为各种权力组织中的翘楚，权力不断向中央集中，中央政府成为各种权力资源集中、整合与分配的枢纽，在享受权力的同时，国家也面临着一些新的挑战，国家能力结构迅速

---

① ［美］克里福德·格尔茨. 文化的解释［M］. 韩莉，译. 南京：译林出版社，1999：364.
② ［英］詹姆斯·梅奥尔. 民族主义与国际社会［M］. 于光思，译. 北京：中央编译出版社，2009：3.
③ ［美］克里福德·格尔茨. 文化的解释［M］. 韩莉，译. 南京：译林出版社，1999：306.
④ ［英］埃里克·霍布斯鲍姆. 民族与民族主义［M］. 李金梅，译. 上海：上海人民出版社，2006：79.

变革。

　　首先，国家制度面临重新组合，国家的触角伸向各个领域，因此公务人员及其行政机构呈指数级别增长，如何协调这些机构的关系并且建立一个行之有效的政府是国家面临的首要问题。建立行之有效的政治动员机制是完成人力、资本等资源集中与流通的前提，国家力图实现权力集中的同时也不得不接受主权在民的观念，约翰·密尔在《论代议制政府》一书中集中论述了民族问题对代议制政府的影响，探讨了如何在一个多民族国家中建立自由制度，他清醒地认识到："一般说来，自由制度的一个必要条件是，政府的范围应大致和民族的范围一致。"① 密尔希望在一个多民族国家中建立一种尊重民族自治权利的联邦制国家，这样的思想为后来一些思想家所继承，成为自由主义式的民族主义。从政治地理学的视角来看，"民族主义是一种深深扎根在领土、地方和空间中的社会和政治运动。民族主义运动除了进行领土操作外，还诠释和适应空间、地方和时间；由此，民族主义运动相互交替地创造着一种地理和历史"②。民族主义是对空间的重组，首先是一种地理战略，将处于一定地理空间中的人们连为一体，形成共同的利益、情感，进而构建一种社会空间，经过民族主义重新诠释过的空间具有了特殊性、排外性与独占性。当然，民族国家构建的政治社会空间并不是随意划分的，而是有一定的门槛，德国的李斯特从政治经济学的角度指出："地大、物博和人口众多是正常国家的基本条件，也是文化发展、物质发展和政权巩固的基本条件。一个土地狭小、人口无多的国家，尤其是如果有着个别的语言时，它的文学、它的促进艺术与科学的制度，就不会是完善的。一个小国是决不能使生产的各部门在他国境内获得充分发展机会的。"③ 民族国家在一个特定的地理空间中实现各种权力边界的整合，政治权力成为国家能力结构的中枢神经，因此，民族国家的构建首先是一场政治革命。

　　其次，统治合法性问题的出现，在现代国家之前，国王、皇帝或者教会是国家合法性的来源，同时国家对各个领域的控制比较松弛，因此，

---

① [英] J. S. 密尔. 代议制政府 [M]. 汪瑄, 译. 北京：商务印书馆, 1982：225.
② [西] 胡安·诺格. 民族主义与领土 [M]. 徐鹤林, 朱伦, 译. 北京：中央民族大学出版社, 2009：16.
③ [德] 弗里德里希·李斯特. 政治经济学的国民体系 [M]. 陈万煦, 译. 北京：商务印书馆, 1961：153.

公民的忠诚对于国家而言并不是最重要的。当国家权力大大扩张之后，疆域内的居民几乎都要面对国家的直接控制，此时，国民的忠诚就成为国家合法性的最重要支柱。当既有的国家认同纽带发生危机之际，民族主义成为一股强大的政治力量：一方面，它填充了意识形态领域的空白，传统的政治情感纽带已经松弛或者被遗弃，而民族主义则成为新的纽带。国家将民族主义整合进既有的体制之中，民族主义成为国家得以延续的强心针。另一方面，民族主义日渐变成一种独立的政治力量，它在维系既有国家体制的同时也会挑战保守的秩序。因此，民族主义应该是与现代国家的产生、大众政治的崛起并行的政治现象，民族主义是一种新的"公民宗教"，在国家体制中，民族主义与公民认同实现了有力的转换与融合。"民族自决与国家主权和国家理论紧密地联系在一起，它意味着从其他国家的控制中独立出来（通过脱离或统一），因此也暗含着一个民族有能力在一个特定的领土范围内制定法律并实行司法权。民族性在法律用语中是指一个特定国家的法律上的公民资格。"①

当然，民族主义与民族国家之间是相互支持的，联结二者的是国家能力。国家形态的演变为民族主义的拓展与实现奠定了基础。国家能力结构在17世纪晚期发生了深刻的变化，其中一个重要的标志就是公民权利观念的兴起。英国的政治哲学家霍布斯是欧洲向现代转型时期的缩影，他强调安全、秩序胜于个人权利，但是同时也打破了王权与国家之间的等式，"霍布斯的个体与国家存在着一种直接的联系，在实践中，这种关系越来越要求一种更加完善的公民身份作为中介"②。霍布斯强调建立一个类似于利维坦这样的国家机器，国家是暴力的唯一合法使用者，这种观念打碎了各种封建权力壁垒，将个人从各种强制性组织解放出来。洛克继承和发展了霍布斯的思想，力图在国家与个体之间建立一种稳固有效的关联。现代国家在扩张自己势力的同时，也取代了各种血缘或者宗教组织，尤其是教会。在中世纪，教会承担着教育、赈灾、卫生等活动，后来世俗国家崛起，提供公共物品，政教分离，国家成为新的宗教。国家能力结构向现代的转型为民族主义的落实奠定了基础，国家对社会的

---

① [澳]安德鲁·文森特. 现代意识形态[M]. 袁久红, 等, 译. 南京：江苏人民出版社, 2005：413.
② [美]基思·福克斯. 公民身份[M]. 郭忠华, 译. 长春：吉林出版集团有限责任公司, 2009：19.

监控能力不断提升，抽取赋税或者兵员膨胀，从而使国家可以厘清"我者"与"他者"之间的区别。如果没有国家能力的提升，民族主义便只是停留在理念的层面。

再次，民族国家的构建改变了军事权力的形态，除了武器装备的革新之外，军事体制的变革带来了深刻的变化。普遍义务兵役制随着民族主义的高涨而来，法国大革命期间，法国的公民兵打败了反法联盟的职业军队或者雇佣军队。每一个公民都有保卫国家的义务与责任，身处战壕之中的年轻官兵将慷慨赴死作为一种光荣，正是这种内含公民权利的军事征召制度的出现，使得法国可以动员与建立几十万上百万人的军队，因此，人口成为衡量一个国家军事能力的重要指标。19 世纪末，欧洲各个列强人口出生率的变动成为衡量其国力的风向标，这与普遍义务兵役制的出现不无关系。除此之外，民族主义还带来了军事战略的转向，军事战略无非分为进攻战略和防守战略，民族主义与领土紧密相连并且将领土神圣化，作为一个能够自我维持的民族国家，在 19 世纪需要满足一个重要的原则，那就是门槛原则，并不是所有的民族都可以建立民族国家，只有在领土与人口达到一定标准之后才有可能建立民族国家。为此，收复领土、扩张领土的欲望使得扩张性军事战略更加受到重视。意大利、德国、塞尔维亚、保加利亚等国都在试图收复领土，进而以建立统一的民族国家为理由发动战争。19 世纪末，民族国家的浪潮不仅撬动了地缘政治的板块，而且使得进攻性军事战略更受青睐。

最后，民族国家在 19 世纪后半期不断涌现冲击着维也纳体系以来的自由主义经济体系，民族主义经济使得重商主义再次复兴，传统的重商主义目标在于获得更多的金银等贵金属，而民族主义经济则致力于实现市场、技术与资本的切割与垄断。随着民族国家的兴起，关税壁垒不断增高，关税战、贸易战打破了市场统一的神话。亚当·斯密是自由主义经济学的积极倡导者，反对政府对经济的干预，主张建立一个"守夜人"的政府。亚当·斯密的学说遭到了李斯特的抵制，对于没有工业基础的经济落后国家而言，国家在经济活动中扮演了至关重要的角色。19 世纪末，李斯特的经济学观念有力地挑战了亚当·斯密的权威地位，民族国家内部的市场得到开拓与整合。民族主义经济力图在国界之内建立一个自给自足的经济体，实现权力边界与市场边界的统一。

从民族的词源上来讲，民族"潜在地表达了一种高度的、有责任的归属感",但是在其发展过程中已经突破了已有的小共同体的规模,包括宗教的共同性、语言文字、历史体验等,对于民族主义的散布与传播,民族不仅仅是一种集体认同,还是一种构建国家的精神资源。"民族观念很快形成,被认为是具有共同的、由特定的统治权力的军事活动所确定的地域上的人口所构成"。"一种强烈的、发挥作用的民族感不仅超越了特殊的、地方性的关系,而且也缓和了经济现代化进程中越来越重要的市场关系所导致的跨地域的、以利益为基础的显著差异"。①

民族主义对于国家能力构建而言是一把"双刃剑",对于单一民族国家而言,民族主义是一种政治合法性与意识形态整合的有力杠杆,但是对于多民族、多种族的国家而言,民族主义则是一种莫大的挑战。相比之下,国家比民族更具有本体性的价值,一个多元宪政国家能够将各种民族与种族加以容忍和接纳,国家成为人民福利的主体。

二、巴尔干的民族主义与国家:类型与历程

19世纪,民族国家已经成为西欧国际关系的主体,民族国家的建设是搅动国际关系格局的主要动力之一。德国与意大利两个民族国家的建立是19世纪70年代欧洲国家关系最大的变局,并且影响了19世纪最后三十年国际关系的发展。值得注意的是,在19世纪后期民族创建活动中,巴尔干地区成为一个热点地区,从德国统一到"一战"期间,除巴尔干地区,欧洲只经历过一次领土变动,那就是挪威从瑞典治下独立。克里米亚战争之后,俄国利用东正教干涉与控制巴尔干岛的图谋逐渐破产,民族统一的思想成为重绘中欧政治版图的依据,建立民族国家成为解决东方问题的重要方案。② 因此,巴尔干民族国家的创建便成为欧洲国际关系的焦点所在,在三大帝国边缘,各种权力犬牙交错的地带创建民族国家势必会矛盾丛生,这种背景决定了巴尔干各民族的建国之路是艰难与漫长的。

民族主义是对帝国的双重否定,既是对内部帝国统治者的反叛,也是对外部帝国的拒绝。巴尔干的民族主义面临多重帝国的压力,除了三

---

① [美]贾恩弗朗哥·波齐.国家:本质、发展与前景[M].陈尧,译.上海:上海人民出版社,2007:27.
② [美]巴巴拉·杰拉维奇.俄国外交政策的一世纪[M].福建师范大学外语系编译室,译.北京:商务印书馆,1978:49.

大帝国之外，还要面临英国、法国等殖民帝国的威胁，这种错综复杂的情势使巴尔干民族国家建设之路困难重重。当然，民族国家这种权力边界合一的政治组织形式是对帝国统治最强有力的挑战，各个帝国对待民族主义往往陷入举棋未定的境地。奥匈帝国对于巴尔干民族主义的兴起感到十分矛盾：一方面可以将民族主义作为反对奥斯曼帝国的工具，另一面恐惧于这种民族解放运动会产生连锁反应，最终让自己的帝国寿终正寝。奥斯曼帝国难以扭转衰败的命运，力图以民族主义建立一个以土耳其人为主体的民族国家，民族主义在推动土耳其民族国家建设的同时，也在瓦解奥斯曼帝国巴尔干地区的统治。而俄罗斯在巴尔干地区则面临着抵制与支持民族主义的困境，虽然巴尔干民族国家的创建并不会对俄罗斯帝国构成威胁，但是俄国却不得不在几个巴尔干的斯拉夫国家中选择代理人。在各国争取独立的时候，俄国的支持显得尤为重要，但是一旦各国开始自立，俄国的干预就成为各国独立自主的羁绊。帝国之间的争夺时时点燃巴尔干各种矛盾的导火索。19 世纪末，"奥地利与俄国在巴尔干的利益本来就不相容，但随着时间过去，这两个强国也自觉势力日渐下滑。巴尔干民族主义的成长，以及奥斯曼帝国衰落所产生的权力真空，使奥俄两国难以巩固它们的重要利益——南部斯拉夫人对哈布斯堡的驯服，俄国对黑海的控制及往地中海的通路。奥俄两国需要巴尔干的盟友和代理人，于是被拖入当地混乱的政治局势中"。[①]

同样，巴尔干的民族主义也面临着多种困境：在反抗帝国统治的同时，不得不借助外部势力（尤其是西欧强国）的帮助；在唤醒民族记忆的同时，却又在否定其他民族的权利。因此，巴尔干的民族主义在唤醒民族认同的同时，又陷入了民族争斗；在反抗帝国统治的同时，又试图对其他民族施以帝国统治。"巴尔干人民在奥斯曼帝国统治下的几个世纪的历史无助于唤醒民族认同，所以当他们寻求自由的时候便转向各自拥有帝国强权的辉煌时刻。"[②] 从根源来讲，这来自帝国边缘多重边界混杂的特性以及巴尔干多种历史遗产的不断积聚与发酵。

巴尔干地区的民族国家属于外源型国家的构建，民族主义思潮作为

---

① ［英］马克·马佐尔. 巴尔干：被误解的"欧洲火药库"［M］. 刘会梁，译. 天津：天津人民出版社，2007：108.

② L. S. Stavrianos. The Balkans since 1453［M］. NY：Rinehatr & Company, Inc., 1958：15.

一种外部思潮慢慢流布于不同的地区与阶层，民族国家的构建呈现不同步的特点。萨拜因认为："民族是指一个文化统一体：对共同领土的忠诚感情；共同的语言和文学；认同于共同的历史和英雄；共同的宗教。最根本的或许是政治自决的强烈愿望。"① 对于巴尔干地区而言，民族主义的动员建立在民族基础之上，只有具有历史积淀的民族才能借助民族主义的东风建立独立的民族国家。共同的语言是建立现代民族国家的前提之一，本尼迪克特·安德森认为，印刷资本主义为构建一个"想象的共同体"提供了基础，"虚构静静而持续地渗透到现实之中，创造出人们对一个匿名的共同体不寻常的信心，而这是现代民族的正字商标"。② 书面语及其印刷品的广泛流布构建了一个新的社会心理空间，"语言是联结一个民族成员的最强有力的手段，它具有最大的重要性，因为它给个人打开了他的民族的特别是精神文化财富的大门，并在某种程度上使个人跻身于文化共同体之列，不具备一个民族的语言知识，要参加它的文化生活那是要受到很大限制的；这一民族的思想、文学对他就不能起什么作用，然而这也并不是说，民族就只是一个语言共同体"。③ 民族主义理论专家安东尼·史密斯也指出："典型的民族主义运动通常不是起始于抗议集会、独立宣言或武装反抗，而是源自文学社团、历史研究、音乐汇演或文化期刊的诞生。"④ 只有通过这种能够为广大民众接受的传播形式，民族主义才能够成为一种影响历史发展的社会思潮与政治运动，因为"中下阶层的民众（如劳工、仆役、农民等）通常不会对民族认同付出深刻情感，不论是什么样的民族主义，都很难打动他们的心意"⑤。民族主义动员经历了一个自上而下的过程，由精英向民众普及的过程，正是在这种转变过程中，民族主义的政治色彩变浓。

巴尔干各民族国家建立的过程中是不同步不平等的，"巴尔干的不同

---

① ［美］罗伯特·杰克曼. 不需要暴力的权力——民族国家的政治能力［M］. 欧阳景根，译. 天津：天津人民出版社，2005：131.
② ［美］本尼迪克特·安德森. 想象的共同体：民族主义的起源与散步［M］. 吴叡人，译. 上海：上海人民出版社，2003：35.
③ ［德］亨利希·库诺. 马克思的历史、社会和国家学说：马克思的社会学的基本要点［M］. 袁志英，译. 上海：上海译文出版社，2006：357.
④ ［英］安东尼·史密斯. 民族主义：理论、意识形态、历史［M］. 叶江，译. 上海：上海人民出版社，2006：8.
⑤ ［英］埃里克·霍布斯鲍姆. 民族与民族主义［M］. 李金梅，译. 上海：上海人民出版社，2006：11.

民族在不同时期走上了建立本民族国家的道路,在不同时期获得了完全独立,这显然势必导致一些巴尔干民族处在同其他民族不平等的地位"。① 这种情势无外乎有以下几种原因:各国国家能力发展不均衡,形式主权易得,实质主权难建;帝国边缘地带,权力交错,矛盾丛生;巴尔干地区区域认同薄弱,区域边界没有明确地形成,巴尔干是一个高渗透的区域,各种大国势力介入其中,成为各国势力角逐的场所;均势及其安全困境主导了新生的巴尔干国家间的关系。帕尔默指出:"19世纪的欧洲民族主义总是戴着两副面孔:一面是群众起义,力求爱国愿望能得到普遍承认;另一面则是内心以某些美德的化身自居,似乎是要把一种传统的继承者同他们不甚幸运的邻居们截然分开。"② 民族主义的排他性随着互动强度的提高而不断强化,最终造成战火不断。

巴尔干地区的民族国家构建,从1804年塞尔维亚独立运动开始一直持续到21世纪。从规模、历史道路及其国际影响等方面衡量,大体可以将巴尔干的民族国家分为两种:一种是区域核心国家,另一种是边缘国家。核心国家主要包括塞尔维亚、保加利亚、罗马尼亚与希腊等四国;边缘国家不仅包括阿尔巴尼亚等具有较长独立历史的国家,还包括斯洛文尼亚、克罗地亚、黑山等南斯拉夫冷战之后新独立的国家。核心国家基本在20世纪之前就获得了独立,在19世纪后半期这些国家成为巴尔干国际关系的主要参与者,它们的规模比较大,历史根基比较深厚,国家能力建设进展相对顺利。而边缘国家的规模比较小,国家能力结构比较单薄,其独立地位一直受到核心国家或者外部列强的阻挠。核心国家的独立与建设是"一战"之前巴尔干国际关系"故事"的主要骨架,而边缘国家的命运则是20世纪后半期直至21世纪国际关系的焦点问题之一。边缘国家的涌现是巴尔干作为多个帝国边缘重合之地的命运所在,各种复杂的权力交错一体,民族主义犹如溶解剂一样瓦解了既有的权力格局,不同的民族国家在涌动,巴尔干地区面临不断碎片化的命运。值得注意的是,巴尔干核心国家的构建也是东方问题走向终结的助推器,而边缘国家的沉浮则是东方问题遗留下来的难解的遗产。了解巴尔干几

---

① [俄]扎多欣,尼佐夫斯基. 欧洲的火药桶:20世纪巴尔干战争[M]. 徐锦栋,等,译. 北京:东方出版社,2004:46.

② [英]艾伦·帕尔默. 夹缝中的六国:维也纳会议以来的中东欧历史[M]. 于亚伦,等,译. 北京:商务印书馆,1997:115.

个核心国家构建的历程有助于把握东方问题的走向,下文将对四个主要的巴尔干国家的独立历程给予概貌性介绍。

(一) 塞尔维亚

塞尔维亚是南斯拉夫民族的组成部分,7世纪以来,巴尔干半岛的民族构成经历了一次剧烈的变迁,南斯拉夫民族是巴尔干半岛最大的种族部落,"继西方斯拉夫人(波兰人和捷克人)和东方斯拉夫人(俄罗斯人)之后,它构成了在12世纪中定居在欧洲东部的人数众多的斯拉夫民族系统中的第三个分支"。遗憾的是,南斯拉夫人一直处于帝国的边缘地带,尤其是三大帝国犬牙交错之地,在语言、宗教信仰方面已经被撕裂,"使南方斯拉夫人居住的所有地区不能汇入一个民族的轨道"①。奥斯曼帝国自14世纪以来统治了巴尔干的南斯拉夫人,经过5个世纪之后,南斯拉夫人的独立运动试图建立一个统一的斯拉夫国家,塞尔维亚成为南斯拉夫民族独立运动的核心。

迈克尔·曼指出,"民族、种族和部族是通过社会产生的。它们最初是不存在的。他们是被禁闭于边界之内的人们在长时间内彼此有限权力互动的产物"②。任何民族的形成都经历了一个漫长的互动过程,除了共同的情感基础之外,还需要一套政治经济制度安排。因此,"一个部落(tribe)或民族是否能够变成一个'国家',或维持'国家'的地位,主要是看它本身具备的权力条件,以及当时政治环境的状况"③。塞尔维亚的独立运动虽然始于19世纪初,但是其根基却可以追溯到遥远的过去。

第一,奥斯曼帝国几百年的统治并没有摧毁塞尔维亚的社会结构,相反,作为帝国的边缘,塞尔维亚得到了诸多自治权利,尤其是17世纪之后更是如此。奥斯曼帝国并没有强迫塞尔维亚人改信伊斯兰教,东正教会依然完整保存下来,这成为维系塞尔维亚人这一共同体的最重要的纽带,奥斯曼帝国并没有打破塞尔维亚人的经济组织模式,农村生活完整如初,同一村落要集体向帝国缴纳税赋,村民有权利选举自己的首领。一切都使塞尔维亚可以在帝国统治下保持自己的生活模式、宗教信仰。

---

① 马克思恩格斯全集(第9卷)[M]. 北京:人民出版社,1961:11.
② [英]迈克尔·曼. 社会权力的来源[M]. 刘北成,李少军,译. 上海:上海译文出版社,2007:117.
③ [美]哈罗德·伊罗生. 群氓之族:群体认同与政治变迁[M]. 邓伯宸,译. 桂林:广西师范大学出版社,2008:224.

第二，作为奥斯曼帝国与哈布斯堡帝国之间的边缘地带，塞尔维亚能够接受到欧洲文化的熏染。哈布斯堡帝国得到匈牙利之后，塞尔维亚便与哈布斯堡帝国拥有共同的边界，此后，塞尔维亚还有一部分土地被哈布斯堡帝国占有。哈布斯堡帝国成为塞尔维亚接受欧洲现代性的窗口，首先，塞尔维亚人可以过境进行贸易，尤其是生猪贸易；其次，哈布斯堡帝国境内的一些塞尔维亚人进入政府或者军队，掌握了一些行政管理技巧与军事技能；最后，"塞尔维亚人开始到欧洲旅行以寻求贸易机会或者教育，欧洲的观念包括世俗社会、政治学、法律和哲学等等，包括理性主义与浪漫主义都呈现在他们面前。在匈牙利南部有比较活跃的团体，从这里，欧洲的观念进入多瑙河下游两岸"①。来自欧洲的现代性风化已侵蚀了传统社会的风貌，"来自法国大革命的新理念的种子掉在肥沃的巴尔干土壤之中，在1804年的起义中结出了累累硕果"②。

第三，少数塞尔维亚的学术精英成为传播民族主义思想的先锋，尤其是历史学家与语言学家更是如此，语言、历史、神话这是构成民族主义大厦的砖石。"语言学家和历史学家、诗人和记者在重新燃起希腊人和塞尔维亚人的民族精神方面起了作用。"③ 德国的浪漫主义学者赫尔德的语言民族主义传播甚广，这种学说认为，语言是民族的本质所在，语言不仅是人类思维的载体，也是人类精神的体现，具有同样语言的人群是天然的民族，一些语言学家通过研究语言来重构民族，依据语言划定不同的民族。塞尔维亚的语言学家认为塞尔维亚是南斯拉夫民族的核心所在，而历史学家则重新挖掘塞尔维亚王国曾经短暂的辉煌历史，并且将1389年的科索沃战役作为塞尔维亚抗击奥斯曼帝国的例证而大书特书。共同的语言以及历史记忆为整合塞尔维亚民族的砖石，而语言的形成则经历了几百年的历史，塞尔维亚王国的辉煌也是几百年前的故事了。

从长时段而言，塞尔维亚具有成为巴尔干核心国家的结构性条件，无论是历史渊源还是族群结构都是如此，但是塞尔维亚要建立一个具有

---

① Steven W. Sowards. Lecture 5: The Serbian Revolution and the Serbian State//Twenty-five Lectures on Modern Balkan History [R/OL]. [2010-07-23]. http://staff.lib.msu.edu/sowards/balkan/lecture1.html.

② J. A. R. Marriot. The Eastern Question: An Historical Study in European Diplomacy [M]. Oxford: Oxford University Press, 1947: 180.

③ [英] J. P. T. 伯里. 新编剑桥世界近代史 (10) [M]. 中国社会科学院世界历史研究所，译. 北京：中国社会科学出版社，1999：288.

自我治理能力的现代民族国家绝非易事。1804年塞尔维亚人的起义是巴尔干民族解放的先声，也是塞尔维亚构建现代国家的开始。

然而，1804年开始的塞尔维亚起义并没有完成民族国家的创建：一方面，这次起义是在拿破仑战争及欧洲国际格局风云变化的背景之下，随着奥斯曼帝国、俄国及法国关系的变化，塞尔维亚革命形势不明朗，当土俄两国对立之际，塞尔维亚就能获得俄国的支持，当土俄和解之际，塞尔维亚便会陷入孤立无援的窘境之中。1806年，塞尔维亚通过战争取得了独立，虽然没有直接的外部援助，但却受惠于国际形势的变迁：首先，奥斯曼帝国处于内忧外患之中，国内的近卫军叛乱与俄国的紧逼使苏丹没有余力平叛；其次，这年年底，奥斯曼帝国被迫与俄国开战，塞尔维亚借机与俄国结盟；最后，奥斯曼帝国陷入王位继承危机，从而为塞尔维亚的独立提供了空间。由于外部形势变迁而带来的发展机会并不能持久，拿破仑战争结束之后，奥斯曼帝国又重新征服了这个国家。

另一方面，民族主义的理念与民族国家的创建之间存在时间差，民族国家是民族主义理念的制度化表现，这需要一个漫长的过程，尤其是精英阶层的团结，在塞尔维亚革命之初，军事领袖卡拉乔治与议会关系不和，1805年一个由12人组成的委员会成立，卡拉乔治与这个委员会在宪法草案的诸多问题上存在争议：卡拉乔治要求最高权力可以世袭，但是委员会则坚持任何领袖都需要经过"议员"的任命。这种政治斗争耗费了塞尔维亚大量的精力与能量，正是因为塞尔维亚在革命之初并没有一个统一的政治领导核心，最终导致革命败北，从中可以看出建立一个现代民族国家需要的不仅仅是一种民族主义的理念，更需要一套稳定有效的制度，这种制度是未来国家能力的基础所在。有效的中央权威是外源型民族国家构建的前提，第一代领袖的权威往往依靠个人的声望、功勋建立起来，这种权威属于个人魅力型权威，很难建立制度化的法理型权威。此后的一个世纪之中，塞尔维亚的中央权威一直摇摆在卡拉乔治家族与奥布廉诺维奇家族之间，家族政治斗争直接影响到中央政府的稳定。

民族国家的创建要打破地区自治的藩篱，建立统一的政府权威，塞尔维亚起义者面临的一个难题是：如何处理内部事务和建立国家机构。首要的问题是如何划分内与外。"对于什么是'塞尔维亚'还不明确，而且历史和传统所形成的通常的概念，是把塞尔维亚理解成远远大于巴夏辖区的那种东西"①。换言之，关于塞尔维亚的观念远远超过单一的行政区划，如何将处于奥斯曼帝国、哈布斯堡帝国的塞尔维亚整合为一体，建立一个统一的国家是民族起义的核心问题，只有厘定了边界才能形成民族国家的蓝图。第二个问题是如何建立国家权威。创建中央政府的努力与地方割据首领的利益迎面相撞，民主法治的理念与个人专权水火不容，1807 年由 3 名俄国人和 5 名塞尔维亚人组成的宪法起草委员会提出了宪法草案，核心精神在于限制卡拉乔治的权力，采取联邦体制。这套体制在塞尔维亚难以运转，在一个农民占据主导的社会中，崇拜权威的思想与分权制衡是格格不入的，广大民众希望拥有一个无所不能的领袖来兴利除弊，创造一个一个平等、富裕的乌托邦。因此，"国家和政权内部问题，一直到革命结束仍然是悬而未决的问题"②。

借助拿破仑战争带来的地缘政治真空，塞尔维亚的独立之路进展顺利，悲哀的是，塞尔维亚独立之后便陷入内乱之中，国家能力建设尚未进入轨道，难以抵抗内外压力，其国家命运更加仰赖外部形势的变化，塞尔维亚一度倒向俄国，面对奥斯曼帝国巨大的军事压力，塞尔维亚试图邀请俄军进驻，维持边防，塞俄两国一度结成同盟。1807 年，法俄两国签订了《提尔西特和约》，俄国倒向拿破仑阵营，塞尔维亚对此大失所望，一些人开始主张加强与哈布斯堡帝国之间的联系，因此，塞尔维亚出现了两个不同的政治派别。不同政治派别的歧见加上拿破仑战争胜负转换，塞尔维亚的命运阴晴不定，奠定现代国家能力结构的努力更是难上加难。卡拉乔治作了一些开创性的工作，为塞尔维亚的国家建设作了铺垫。首先，创立中央权力机构，卡拉乔治将最高领袖世袭化，塞尔维亚建立王国体制；其次，打破地方割据势力；最后，建立现代军事机器，军队分为正规军和民防军两种类型。更为重要的是，一种关于塞尔维亚的国家意识的复活，中世纪的塞尔维亚帝国重新进入人们的视野之内，对于民众而言，曾经的国家传统既是塞尔维亚的荣光，也是追求独立的理由与精神寄托。这种意识一旦形成便会形成巨大的政治效应：不屈不挠地追求独立是塞尔维亚人的使命。

---

① [南斯拉夫] 伊万·博日奇，等. 南斯拉夫史（上册）[M]. 赵乃斌，译. 北京：商务印书馆，1984：297-298.

② [南斯拉夫] 伊万·博日奇，等. 南斯拉夫史（上册）[M]. 赵乃斌，译. 北京：商务印书馆，1984：2.

1813 年土耳其重返塞尔维亚，卡拉乔治等人不得不出走，新的领袖奥布廉诺维奇成为塞尔维亚帕夏手下的地方长官。1814 年，法国战败，俄国成为战胜国并有可能再度干预巴尔干事务；此外，有传言卡拉乔治将回到塞尔维亚。以上两方面的因素使奥布廉诺维奇发动起义。奥斯曼帝国担心俄国会借机再次发动战争，于是便同意塞尔维亚高度自治，双方签订了条约，塞尔维亚在税收、军事、行政管理等方面自主，同时塞尔维亚商人可以在奥斯曼帝国境内自由经商。经过近十年的斗争，塞尔维亚虽然没有获得行使主权，但是却为实质主权的行使与建设提供了一个新的平台。

塞尔维亚国家能力的建设经过了几个重要的发展阶段，1830 年前，塞尔维亚处于自治状态之下，"塞尔维亚为争取自己的自治得到承认以及为消灭国家内部生活中土耳其的因素而斗争"①。奥布廉诺维奇则不断地向奥斯曼帝国施加压力以获取更多的自治权利，设立关卡征收关税，当然，在此过程中获益最大的是奥布廉诺维奇本人及其家族，但他并没有给塞尔维亚带来民主与自由，反而带来更多的个人独裁，"在很多方面，奥布廉诺维奇不过是奥斯曼帝国的基督教帕夏"。② 1830 年，奥布廉诺维奇在塞尔维亚建立了世袭王朝，开始将教会和学校置于国家的管制之下。塞尔维亚的独立是循序渐进的，通过自治慢慢获得了建立民族国家的各种权利，但是如何建立一个均衡的政治结构是塞尔维亚面临的问题，奥布廉诺维奇与议会之间的争吵从没有停止过，各种宪政主义者成为王朝权利的最大的挑战，各地的起义与暴动越来越具有自觉性，追求民主与法治成为未来起义暴动的重要内容。

1832 年，塞尔维亚教会脱离了君士坦丁堡大主教辖区。1835 年，塞尔维亚建立了听命于国王的内阁。但是 3 年之后，重新修订宪法之后，内阁受制于议会。这标志着塞尔维亚国家能力构建进入一个新的阶段，围绕宪政进行的斗争是塞尔维亚从个人专制体制向寡头制度过渡。1842 年，议会将卡拉乔治的儿子亚历山大·卡拉乔治接回国担任国王。从这

---

① [南斯拉夫] 伊万·博日奇，等. 南斯拉夫史（上册）[M]. 赵乃斌，译. 北京：商务印书馆，1984：313.

② Steven W. Sowards. Lecture 5：The Serbian Revolution and The Serbian State//Twenty-five Lectures on Modern Balkan History [R/OL]. [2010 – 07 – 23]. http：//staff. lib. msu. edu/sowards/balkan/lecture1. html.

一转换中我们可以看到,"国家认同与国家政治利益并没有与某位统治者或者某个家族捆绑在一起,这也是国家进步的重要表现"。①

1848 年革命的洗礼深深地震动了塞尔维亚的政治制度,1858 年废止了严刑拷打,国内政治控制有所放松。但是塞尔维亚离一个现代民主国家还有较大的差距,独裁统治崩溃之后并不意味着民主制度的到来。"由于缺少强大的上等阶级和稳固的君主专制制度,在塞尔维亚缓慢地和艰难地发展着一种独特的议会制,它同资产阶级的兴起,同农民在政治上的衰退是相适应的,并且不时对国家的官吏作出让步,因为国家的官吏像是一种机构,已经发展成为统治人民的工具。国家的领导中心日益转移到城市和塞尔维亚民族资产阶级身上。"② 塞尔维亚在一定程度上变成了官僚专制国家,不同的官僚派别激烈地争夺权力与财富。当然,围绕国内宪政,各种政治派别展开了竞争,不同的政治思想得以传播,其中马尔科维奇贡献较大。他在 1872 年出版的《东方的塞尔维亚》一书中提出,塞尔维亚的未来取决于巴尔干的局势,只有当巴尔干的各民族获得解放之时,塞尔维亚才能获得真正的自由。未来巴尔干应该组建一个以塞尔维亚为中心的联邦,为此,塞尔维亚要首先打破国内的中央集权体制,建立地方自治联盟体制。塞尔维亚不仅要建立一种新型的国家能力结构,而且还要整合南斯拉夫人,建立一个南斯拉夫人的国家。

马克思指出,塞尔维亚能够在南斯拉夫人中最先获得独立,在于"这个地区有着明显的天然边界,这条边界 600 年前曾在这些国家的历史中起过突出的作用"。这种边界是经过了漫长的历史积淀而形成的,塞尔维亚注定要成为巴尔干南斯拉夫人独立运动的核心,同时塞尔维亚处于三大帝国边缘交错地带,其核心帝国必然受到各种挑战,因此,塞尔维亚需要在不同的内外势力之间摇摆。塞尔维亚是在俄国的保护下获得独立的,但是"政治存在产生了新的需要,促使塞尔维亚扩大自己和西欧的联系"③,最终,在塞尔维亚滋生了反俄的思想。恩格斯认为:"历史和现代的事实同样指明,必须在欧洲伊斯兰教帝国的废墟上建立一个自

---

① Steven W. Sowards. Lecture 5: The Serbian Revolution and the Serbian State//Twenty-five Lectures on Modern Balkan History [R/OL]. [2010-07-23]. http://staff.lib.msu.edu/sowards/balkan/lecture1.html.

② [南斯拉夫] 伊万·博日奇,等. 南斯拉夫史 (上册) [M]. 赵乃斌,译. 北京:商务印书馆,1984:433.

③ 马克思恩格斯全集 (第9卷) [M]. 北京:人民出版社,1961:12.

由的、独立的基督教国家。"①

(二) 希腊

希腊独立运动晚于塞尔维亚，但是其影响力却远远超过塞尔维亚，希腊起义不仅冲击了奥斯曼帝国在东地中海的统治，也动摇了维也纳体系。希腊与其他巴尔干国家的不同之处在于：自独立之初便有强烈的泛希腊情结，恢复拜占庭帝国昔日的版图与荣光成为希腊人难以摆脱的夙愿。在某种程度上讲，希腊的民族主义一开始便与帝国主义缠绕一体。希腊民族主义的目标不仅仅是一个独立的希腊民族国家的创建，而是要建立一个地域广大的帝国，在巴尔干地区取代奥斯曼帝国。这个理想的国家不仅仅包括希腊本土，还囊括了瓦拉几亚、摩尔达维亚、塞尔维亚、阿尔巴尼亚、保加利亚、色雷斯以及马其顿；此外，君士坦丁堡与小亚细亚地区也被视为希腊领土。

奥斯曼帝国境内的希腊人多数都是斯拉夫族，因为他们接受了希腊的宗教和语言而被认为是希腊人，即便在希腊本土，纯粹的希腊人也很少了。所以，马克思和恩格斯认为："无论从人数、人口密度来看，或是从民族意识来看，他们在任何地方都不起作为一个民族所起的政治作用。"② 对于希腊民族而言，是民族主义在重塑民族，但是希腊民族主义的特性深藏于漫长的历史进程之中，与其他巴尔干民族不同，希腊在奥斯曼帝国统治之下获得了一定的特权。首先，希腊人是奥斯曼帝国与欧洲交往的媒介。18 世纪初，奥斯曼帝国与欧洲列强互动增加之际，比较西方化的希腊人在帝国中的地位不断提高，奥斯曼帝国在 17 世纪之后开始走向封闭，遍寻奥斯曼帝国，只有希腊人精通欧洲语言，因此，希腊人不仅是奥斯曼帝国的翻译，也是奥斯曼帝国的外交官。希腊人作为媒介，一方面，在奥斯曼帝国内部获得了特权；另一方面，近水楼台先得月，最先接受欧洲的技术与观念。其次，希腊人成为奥斯曼帝国统治阶级的构成部分，从 1716 年开始，希腊人（主要居住在君士坦丁堡的法尔纳区的富贵之家，因此也被称为法尔纳人）取得了管理多瑙河各个公国的权力。直到 1821 年希腊革命之前，苏丹一直是从法纳尔家族成员中遴选，奥斯曼帝国的欧洲部分大有变成"希土政权"的趋势，在奥斯曼帝

---

① 马克思恩格斯全集（第9卷）[M]. 北京：人民出版社，1961：40.
② 马克思恩格斯全集（第9卷）[M]. 北京：人民出版社，1961：10.

国成为既得利益者的希腊人反对俄国的"第三罗马帝国",因为俄国的野心是对希腊人重建拜占庭帝国辉煌最大的障碍。最后,希腊人是奥斯曼帝国海军和海上贸易的支柱,希腊人能够"使用他们的航海技能和资源,以至终于不但能够使俄国,而且能够使最大的海上强国英国和法国对解决他们与土耳其的争端一事感兴趣"。①

希腊的革命运动带来了一系列的连锁反应,如前文所述,希腊革命给埃及的阿里提供了一个崛起并挑战奥斯曼帝国苏丹的机会。除此之外还有更深远的影响:第一,民族主义介入到东方问题中,奥斯曼帝国治下的异族与异教徒成为未来搅动东方问题发展的重要因素;第二,公共舆论开始影响欧洲外交行为,尤其是英国;第三,希腊起义开启了一个民族独立的时代,奥斯曼帝国的皇帝面对多重压力,与俄国近乎灾难性的冲突、民族反叛的挑战,使之不得不求助于外部力量的援助。

希腊的独立运动得到了欧洲国家的同情与帮助,但是大希腊的梦想却难以实现。1825年,梅特涅提出:"宁愿要一个小的独立的希腊,而不要一个虽在名义上属于土耳其而实际上仰俄国鼻息的大希腊。"② 1828年的土俄战争之后签订的《阿德里安堡条约》,使希腊获得了自治权利,希腊独立之后一直处于列强夹缝之中,没有哪个大国希望希腊扩大势力,希腊民族主义的帝国情结促使希腊国王奥顿积极寻求扩大领土的机会。英国认为保持奥斯曼帝国的完整对于维系英国与东方的贸易通道安全极为重要,因此,英国不希望看到希腊有损奥斯曼帝国的举措;俄国认为一个持有自由主义倾向和扩张倾向的希腊并不符合俄国在巴尔干利益。一个版图大为缩小,在政治经济上仰赖大国的小希腊为欧洲列强所接受,1830年在英、法、俄三国的保护下,希腊作为一个小独立王国出现在国际舞台上,但是希腊并没有走上民主之路,国内政治动荡不宁,给其国家构建之路蒙上了一层阴影。

独立之后,希腊民族国家建设的重心发生了几次比较大的转折。独立之初,希腊人以宗教作为民族认同的核心,希腊的独立被认为是基督徒对奥斯曼帝国的反抗,希腊的革命是带领基督教兄弟重新回归西方大

---

① [英] C. W. 克劳利. 新编剑桥世界近代史 (9) [M]. 中国社会科学院世界历史研究所, 译. 北京:中国社会科学出版社,1999:725.

② [英] C. W. 克劳利. 新编剑桥世界近代史 (9) [M]. 中国社会科学院世界历史研究所, 译. 北京:中国社会科学出版社,1999:35.

家庭之举。此时,界定希腊身份的"他者"只是奥斯曼帝国政府,因此,宗教是非常合适的武器。以宗教作为认同的基础带来了一种让希腊人自我陶醉却让他人难以接受的"使命观",希腊半岛只是未来希腊国家的一小部分,信奉正教的人民都应该生活在新政权之下。此外,希腊重拾古希腊城邦时代的辉煌,自诩为古希腊文化的传承者与后裔,让希腊蒙上了一层古典意识。以历史或者虚构的历史作为身份认同的基础实现了希腊民族在时间与空间的延续与统一,拉近了新生的希腊国家与西方国家的距离;同时,"希腊"这一称谓也割裂了与东正教教会的紧密联系,也销蚀了希腊在巴尔干斯拉夫人世界的号召力。

1844年希腊议会辩论时提出"伟大理想"的观念,其核心是界定希腊的国家边界,也就是领土收复的目标。"凭借着财富和教育,对辉煌的古代、普世教会这一强大精神武器的所有权,希腊人拥有一切必要证据来证明自己在东方的使命。"① "伟大理想"的观念让西方国家大为不满,西方列强不希望在东地中海再出现一个强国,希腊的独立不应该成为奥斯曼帝国的翻版;巴尔干半岛其他东正教民族意识兴起之后,希腊的理想代表着一种侵略的野心,为后来希腊与保加利亚的不和埋下了伏笔。

1853年纪念君士坦丁堡陷落400周年之际,希腊媒体打出了"希腊帝国"的口号,从而为希腊的扩张提供了思想意识基础。在保加利亚民族形成之前,希腊人相信:希腊是巴尔干东正教兄弟的领导者,"奥斯曼土耳其人统治下的土地是希腊人的传统领地,他们应该全部继承下来"②。希腊的北部边界是一个变数,地处巴尔干半岛南端的希腊向北扩张是比较合乎情理的选择,而马其顿便成为一个焦点。希腊独立之初以语言边界作为划定国家边界的基础,这样,操斯拉夫语言的马其顿便不在希腊"收复"的计划之内。此后,情感或者意识取代语言成为衡量民族的标准,希腊便将马其顿作为希腊的一部分,围绕马其顿的地位问题,希腊与塞尔维亚、保加利亚、阿尔巴尼亚之间展开了近一个世纪的博弈。从地缘政治来讲,"希腊人根本上是地中海地区的成员,他们在近代介入中欧事务主要是胸怀宏图:想建立一个泛爱琴海联邦,横跨欧亚之间的

---

① [希] 约翰·科里奥普罗斯. 希腊的现代进程——1821年至今[M]. 郭云艳,译. 上海:上海人民出版社,2008:359.

② [希] 约翰·科里奥普罗斯. 希腊的现代进程——1821年至今[M]. 郭云艳,译. 上海:上海人民出版社,2008:251.

海域。……希腊的政治家和统治者的野心便不免时常驱使其同胞卷入巴尔干内地的政治纠纷"。① 希腊的野心不但缺少强大国力的支持,而且也遇到了巨大的外部阻碍。"建立一个强大的希腊,或者复活拜占庭帝国,对任何一个大国政府都没有好处。以后的几年当中,奥顿国王曾企图用向外扩张的政策来争取国内人民的拥护,却受到了地中海几个强国的一致反对。"② 希腊的领土收复主义一直困扰着希腊的外交政策,直到"一战"结束之后,希腊的领土边界才逐渐稳定下来。

(三) 罗马尼亚与保加利亚

"罗马尼亚"一词最先出现在迪米特里·菲利皮德在1816年以希腊文写作出版的《罗马尼亚历史》和《罗马尼亚地理》两部著作中,这标志着作为统一国家的"罗马尼亚"成为一种观念。事实上,罗马尼亚是由三部分组成的,即多瑙河的两公国——摩尔达维亚与瓦拉几亚以及哈布斯堡帝国治下的特兰西瓦尼亚。而追求两公国的合并与独立一直是罗马尼亚走向统一的基础。相比其他巴尔干国家的独立之路,罗马尼亚的独立进程显得比较平静,处于列强空隙之间的罗马尼亚可以借助外部形势的发展而获得独立的空间。

首先,如前文所述,多瑙河的两公国在被奥斯曼帝国征服之初便获得了高度自治,除了进贡之外,两公国基本是自治的公国。作为帝国的边缘地带,奥斯曼帝国无法对两公国实行有效统治,直到俄罗斯帝国兴起并且在18世纪之后进入巴尔干地区之后,多瑙河的两公国便开始寻求脱离奥斯曼帝国。两公国一度成为俄国在巴尔干地区的前哨基地,但是俄国毕竟是一个比较封闭的军事扩张帝国,不愿看到两公国真正实现独立。马克思与恩格斯认为,虽然俄国极力防止革命精神渗透到瓦拉几亚与摩尔达维亚公国,但是俄国对两公国的敲诈勒索与政治压迫,使革命精神更为增长。"尽管他们同俄国的共同宗教和他们对沙皇的宗教迷信使他们直到现在还把戴皇冠的正教教主当作天然的保护者"③,最终,瓦拉几亚人将会更加独立与革命。相比其他巴尔干国家,罗马尼亚处于三个

---

① [英] 艾伦·帕尔默. 夹缝中的六国:维也纳会议以来的中东欧历史 [M]. 于亚伦,等,译. 北京:商务印书馆,1997:23.
② [美] 巴巴拉·杰拉维奇. 俄国外交政策的一世纪 [M]. 福建师范大学外语系编译室,译. 北京:商务印书馆,1978:67.
③ 马克思恩格斯全集(第9卷)[M]. 北京:人民出版社,1961:10.

帝国的边缘，自主空间相对比较大。

其次，罗马尼亚的民族意识被近代以来的作家追溯到遥远的罗马帝国，尤其是"特兰西瓦尼亚学派"的作家，"向世界展示了有关罗马尼亚人民的拉丁血缘、统一性和连续性"。① 对历史的挖掘与解读成为罗马尼亚伟大的依据，也是罗马尼亚民族认同的来源之一。

最后，罗马尼亚统一的关键在于将分布在奥斯曼帝国与哈布斯堡帝国的领土整合为一个国家，罗马尼亚要获得独立，就需要借助不同的外部势力，因此，独立之路就是一个循序渐进的过程。从19世纪30年代直至19世纪70年代，罗马尼亚的独立经历了近半个世纪的考验。

《阿德里安堡条约》是罗马尼亚走向独立的起点，以多瑙河主航道与奥斯曼帝国划界，两公国以《组织法规》重建政府与行政管理机构，"这个《法规》是一部名副其实的宪法，也是罗马尼亚第一部成文宪法"②。两公国虽然并没有合并，但是组织机构设置、法律条文却是相同的，这为日后公国合并、建立一个统一的罗马尼亚国家奠定了基础。罗马尼亚人分布在瓦拉几亚、摩尔达维亚与特兰西瓦尼亚三个公国，三个公国处于三大帝国的控制下，多瑙河的两公国名义上属于奥斯曼帝国，实际却处于俄国的"保护"之下，特兰西瓦尼亚是哈布斯堡帝国的一部分。瓦拉几亚成为罗马尼亚国家建立的核心，瓦拉几亚从1840年前后便反对俄国的干预，要求两公国合并，建立统一的国家。1848年欧洲革命的风潮中，瓦拉几亚建立了革命政府，并且颁布了新的法令，其核心内容就是建立现代民主国家，废除等级制度、奴隶制度，保障公民权利，民族主义诉求于公民权利融为一体。革命政府面临的最大的压力是所谓的保护国——俄国，沙皇向奥斯曼帝国皇帝施加了强大的压力，沙皇要求扑灭罗马尼亚的革命，而奥斯曼帝国则以"督政府"取代了革命政府，革命政府的主要的法律法规都得以保留。俄国对奥斯曼帝国的做法大为不满，在继续施加压力的同时，直接向多瑙河派兵镇压革命。而特兰西瓦尼亚的革命则呈现出另一种景象，匈牙利革命者宣布独立的同时决定将特兰西瓦尼亚并入匈牙利，此举激起了特兰西瓦尼亚的罗马尼亚

---

① ［罗］康·康·朱雷斯库. 统一的罗马尼亚民族国家的形成［M］. 陆象淦，译. 北京：人民出版社，1978：80.

② ［罗］康·康·朱雷斯库. 统一的罗马尼亚民族国家的形成［M］. 陆象淦，译. 北京：人民出版社，1978：88.

人的愤怒，他们要求按照民族自决的原则与瓦拉几亚合并，建立统一的罗马尼亚国家。匈牙利革命者与特兰西瓦尼亚革命者拔刀相向，民族主义成为主导当时革命形势的重要力量，革命者难以跨越民族国家的界限而构建一个超国家的共同体。

希腊革命启发和帮助罗马尼亚走向独立。第一，由于希腊的叛乱，奥斯曼帝国的苏丹剥夺了希腊人担任多瑙河两公国总督的权利，罗马尼亚权贵重新获得了选举大公的权利，与100年前不同，此时的罗马尼亚深受民族主义思想的影响。第二，土俄战争，尤其是《阿德里安堡条约》的签订，使两公国的自治权进一步增强，两公国"承认土耳其政府的宗主权，并由俄国保证它们的繁荣"，两公国"应享有完全的信仰自由、军事的安全、民族的和独立的行政权以及从事商业的充分自由"。① 第三，两公国虽然没有得以合并，但是在经济社会结构具有相似性，权贵阶层获得了土地的产权，这是奥斯曼帝国遗产的一次断裂，按照奥斯曼帝国的统治原则，权贵阶层只有土地的用益权而没有所有权。同时，两公国具有相似的政府架构，此后又建立了关税同盟，为日后合并为一国奠定了基础。第四，两公国的宗主权从奥斯曼帝国实质上落入俄国手中，这为两公国与俄国之间的反目埋下了祸根，作为帝国边疆地区，两公国虽能够获得自治权，但是难以获得完全的独立，因为两公国扼守多瑙河口，无论对于奥斯曼帝国还是俄国，都具有重要的战略价值。1848年两公国爆发了革命，革命者从两大帝国都没有获得援助，相反，两个帝国合力镇压了革命，恢复了旧的体制，罗马尼亚贵族阶层的权力大受剥夺，现在两公国的大公"由苏丹任命，然后要经过俄国的批准，罗马尼亚议会毫无地位可言"。②

罗马尼亚自治的前景受制于大国博弈，1848年罗马尼亚人的失败使其认识到：只有借助大国之间的矛盾才能进一步获得解放与独立，只有通过循序渐进的方式才能在列强的夹缝中求得生存与发展。罗马尼亚是三个帝国边缘交叠之处，凝结各种不同的矛盾在此汇集，围绕罗马尼亚问题已然形成了一个小型的国际体系。拿破仑三世的法国以支持民族独

---

① 国际条约集（1648—1871）[M]．北京：世界知识出版社，1984：366．
② Steven W. Sowards. Lecture 8：National revival in Romania, 1848 – 1866//Twenty – five Lectures on Modern Balkan History [R/OL] 2010 – 7 – 25　http：//staff. lib. msu. edu/sowards/balkan/lecture1. html．

立作为外交政策的旗号，这是对哈布斯堡帝国、俄国的挑战，拿破仑三世支持多瑙河的两公国合并为一个独立的民族国家；英国对俄国在中亚的扩张深感忧虑，同时英国需要制衡俄国在黑海沿岸以及巴尔干的扩张；对于奥斯曼帝国而言，虽然不希望看到一个统一强大的罗马尼亚出现，但是更不希望俄国频频进逼君士坦丁堡。就国际形势而言，罗马尼亚反对俄国是有利的，罗马尼亚是阻止俄国在巴尔干扩张的屏障，这不仅符合奥斯曼帝国的利益，也是哈布斯堡帝国乐见的。

克里米亚战争之后，俄国的势力大受削弱，俄国在两公国的保护权转移到欧洲列强手中，而奥斯曼帝国勉强保留了名义上的宗主权。《巴黎条约》规定："瓦拉几亚和摩尔达维亚两公国应在土耳其政府的宗主权以及在缔约各国的保证下，继续享受原来属于他们的特权和豁免权。任何保证国均不得对他们行使排他的保护权。对他们的内政，也没有任何特殊的干涉权。"①《巴黎条约》并没有允诺两公国合并，和会之后两公国几乎提出相似的要求，在不要求独立的前提下完成两公国的合并，从欧洲王室中选举一位世袭君主。罗马尼亚人希望借助欧洲的力量来抗衡周边的三个帝国，俄国的势力受到削弱，而哈布斯堡帝国反对合并，如果两公国实现合并，便会对特兰西瓦尼亚的罗马尼亚人形成一种引力，影响到帝国的安稳；奥斯曼帝国则不愿意放弃对两公国的宗主权，合并之后的罗马尼亚势必会进一步走向独立，奥斯曼帝国在该地区几百年的宗主权将化为泡影。

两公国的合并取决于西方国家的态度。拿破仑三世通过政变上台之后，以民族解放者自居，在法国流亡的罗马尼亚人具有较大影响力，1858年8月，拿破仑三世与维多利亚女王签订了《巴黎协定》，协定规定：两公国合并为联合公国，设立一个共同的中央委员会，制定法律，但是又各自拥有君主。这是英法妥协的结果，但是两公国的合并已经是大势所趋，合并是通过一种戏剧性方式完成的。1859年1月24日，库扎上校兼任两公国大公，《巴黎协定》虽然规定两公国都要有君主，但是并没有规定两国君主不能是同一个人，这一法律漏洞为两公国的合并提供了良机。

当然，仅仅依靠法律的漏洞并不能摆脱周围列强的干涉，1859年哈

---

① 国际条约集（1648—1871）[M]．北京：世界知识出版社，1984：420．

布斯堡帝国在意大利惨遭败绩，无力干涉公国合并。1861年，多瑙河两公国的总督将议会与行政机构合并，罗马尼亚成立。"罗马尼亚的诞生既是由于法国的援助，也是由于中欧多事，使反对统一的大国无力干预。"① 即便如此，罗马尼亚一诞生，便具有自己的利益需求和自主性。民族独立与解放是对帝国统治的双重否定，罗马尼亚既想摆脱奥斯曼帝国的宗主权，也想反抗任何外来势力的控制。民族主义"是促成现代化的力量之一，既是发展也是冲突的根源"。②

公国合并，统一的罗马尼亚国家机构成立并不意味着一个具有自我管理能力的国家已经诞生，这只是国家建设的开始。罗马尼亚国家建设的一个首要问题是土地分配，通过赎买的政策，国家将教会土地收归国有，如何分配这些土地却引起了国内的矛盾。政府试图公平分配这些土地，但是遭到了地主贵族的反对。罗马尼亚政府总理在议会发表演说："我坦率地宣布，我赞成改善农民的命运，我们这个看作是罗马尼亚民族生存的基础……两千个贵族构成不了一个民族，这是不能否认的真理。"③ 政府通过强力手段颁布《土改法》实现了土地的公平分配，这是建设现代国家的基本前提所在，美国著名政治学家塞缪尔·亨廷顿认为，土地制度对新兴国家的政治稳定具有重要的作用。④

与此同时，罗马尼亚现代国家的各项制度建设不断完备，1860年雅西大学创办，1864年布加勒斯特大学建立，一套涵盖中小学、大学的国家教育体系建立起来。现代教育体系的创建不仅能够为国家提供大量掌握现代科学与技术的人才，也是建立统一意识形态的有效途径。1880年罗马尼亚国民银行建立，现代金融机构开始创设，到"一战"前夕，罗马尼亚建立了约170家银行。罗马尼亚成立之后经过半个世纪的努力，其国家能力不断提升，虽然身处斯拉夫民族的包围之中，但是罗马尼亚依然是巴尔干地区的核心国家。

---

① ［美］巴巴拉·杰拉维奇. 俄国外交政策的一世纪［M］. 福建师范大学外语系编译室，译. 北京：商务印书馆，1978：120.

② ［英］理查德·克罗卡特. 反美主义与全球秩序［M］. 陈平，译. 北京：新华出版社，2004：82.

③ ［罗］康·康·朱雷斯库. 统一的罗马尼亚民族国家的形成［M］. 陆象淦，译. 北京：人民出版社，1978：111.

④ ［美］塞缪尔·P·亨廷顿. 变化社会中的政治秩序［M］. 王冠华，等，译. 北京：生活·读书·新知三联书店，1989：53.

1877 年 5 月 9 日，罗马尼亚宣布独立，通过对奥斯曼帝国宣战，罗马尼亚获得了主权国家的身份。在土俄战争中，罗马尼亚提供了 5 万多人的军队，参加了著名的普列文要塞攻坚战，罗马尼亚的独立在战场上得到了确认，罗马尼亚实现了从自治国家向独立国家的转变。

相比罗马尼亚，保加利亚的独立运动要晚得多，但是保加利亚的独立引起的地缘政治震动却不逊于任何一个巴尔干国家。18 世纪，保加利亚出现了一些关于民族解放的出版物，民族主义情绪开始萌发，尤其是关于本民族历史的书籍成为构成民族认同的主要精神支柱。如保加利亚历史学家所指出的："18 世纪后半期，一个新的历史进程最初的明显征兆在保加利亚出现了，这就是民族意识的复苏和保加利亚民族的再生。"[1]

1877 年土俄战争是保加利亚创建民族国家机器的起点，俄国人弗拉基米尔·切尔卡斯基为了调度保加利亚的资源服务于战争而在保加利亚创建了 8 个省，搭建起保加利亚基本的政府框架。《柏林条约》签订之后，保加利亚公国定都索菲亚，建立了包括司法、财政等部门在内的中央政府。一支仿照俄国军制的军队建立起来，这只是现代民族国家的雏形，大保加利亚的梦想化为泡影，保加利亚跌跌撞撞进入 20 世纪，建立一个多大和多强的保加利亚一直困扰着巴尔干诸国及其欧洲列强。

《柏林条约》签订之后，大量的土耳其人地主与农民离开保加利亚，虽然这些土耳其人的财产得到法律的保障，但是地主们还是低价变卖财产，因此，土俄战争不仅促使种族边界明晰化，而且也完成了财富的转移。这一巨大的变化给保加利亚的国家建设带来巨大的影响：其一，农民通过购买而不是革命的手段重新分配了全国约四分之一的耕地，土地日益集中，大量无地农民成为工业劳动力的后备军。其二，保加利亚长期处于奥斯曼帝国统治之下，并没有受到工业革命的洗礼，资本、技术匮乏，要建立现代工业绝非易事，保加利亚要发展资本主义就不得不向西看，换言之，要倒向西方国家。而保加利亚的政治独立却是在俄国的支持之下获得的，因此，保加利亚的国家发展势必会被两种观点、政策所撕扯，1886 年俄保关系破裂。其三，保加利亚的政治权力架构徒有其名，虽然宪法规定建立民主国家，但保守党与自由党的党争不断，两个

---

[1] ［保］科谢夫，赫里斯托夫，安格洛夫. 保加利亚简史（上册）［M］. 黑龙江大学英语系翻译组，译. 哈尔滨：黑龙江人民出版社，1974：161.

党派不仅代表不同的政治集团的利益,而且还有界限分明的外部势力支持。为了换取俄国的支持,保加利亚大公请俄国沙皇亚历山大三世派两名将军担任保加利亚大臣。保加利亚政权在内部党派斗争、外部大国博弈的夹击之下,犹如过山车一样跌跌撞撞前行。1879 年 2 月 10 日,保加利亚制宪会议召开,保守派与自由派意见出现分歧,最终自由派占据上风。4 月 14 日,有关东鲁米尼亚的《构成法》会议召开,该地区在名义上是奥斯曼帝国的藩属地区,但是却没有驻军的权利,奥斯曼帝国、俄国、保加利亚以及西方国家在这个地区展开了复杂的博弈,成为不同形态权力斗争的缩影。苏丹可以任命总督,但是需要得到列强的首肯,行政权力归属一个五人执政团,立法权归地方议会,但是其决议需要得到苏丹的批准才能生效。其四,《柏林条约》将保加利亚理想的国家一分为三,但是保加利亚一直在寻找民族的"天然边界",1884 年末要求合并东鲁米利亚和建立马其顿的秘密团体,如果将马其顿与东鲁米利亚全部合并势必会遭到列强的激烈反对,于是秘密团体将目标暂时定为保加利亚南北两部分合并。1885 年 9 月,保加利亚宣布合并东鲁米利亚,但是这一合并却激起了一系列国际震荡,不仅引起了保加利亚与塞尔维亚之间的地区冲突,而且也使欧洲国际体系受到巨大的考验。换言之,巴尔干国家的独立运动是双重进程,不仅取决于本国的国家能力建设、制度构建,更是国家体系的重要组成部分,可谓牵一发而动全身。

保加利亚合并东鲁米利亚之后并不意味着一个真正具有自我治理能力的国家出现了,在此后的数十年间,党派争斗,独裁统治盛行,加上错综复杂的国际斗争,保加利亚的国家建设艰难前行。跨入 20 世纪门槛的保加利亚在制度建设方面并没有取得预期的成果,政客们以获取一己私利而党同伐异,国家债台高筑,国库空空如也。1903 年,代表工业资产阶级的政党上台执政,采取了一些重商主义的措施,借着西方国家输出资本的东风,保加利亚的工业有了较快发展,本土的银行与股份公司开始建立起来,金融网络的建立是通向现代经济的前提。经济的发展与政治的高压意味着保加利亚的国家能力还非常脆弱,专断性权力恶性膨胀,而基础权力则缺少社会根基。

1908 年,保加利亚与奥匈帝国达成谅解,两国共同违反《柏林条约》的规定,前者宣布独立,而后者拒绝从波黑撤军,并且直接将两地并入帝国之内。获得独立之后的保加利亚在俄国的调停之下获得了奥斯曼帝国的承认，经过三十年的努力，保加利亚终于确立了主权国家的地位。

民族主义的传播流布改变了东方问题的形态，也使东方问题的主体发生了根本性转变，巴尔干民族国家的构建使之从帝国边缘地带演变为具有自主性的区域国际体系。《剑桥世界近代史》的作者认为民族主义在巴尔干的发展引起了多重效应："它激发巴尔干基督教徒摆脱穆斯林的枷锁，争取自由的新愿望；它领导他们反抗在宗教和世俗中进行的希腊化，这是法纳尔希腊人控制行政部门和宗教生活的结果；此外，像一切地方的从属民族一样，它带来文化生活的心声，过去历史的再发现，并使那些鲜为人知的巴尔干各民族彼此逐渐分化。"① 民族主义是巴尔干觉醒的起点，是从帝国边缘走向区域自觉的基础，同样民族主义带来了巨大的冲击与灾难，本已沉寂的历史遗产因为民族主义的兴起而泛起，各种历史记忆被发掘出来，构成了一个关于民族的"神话"。民族主义更像一个历史记忆的博物馆，将已经逝去的恩怨情仇陈列在一起，在唤醒各个人群的认同的同时，也将仇恨与杀戮带了回来。

对于巴尔干地区而言，建立和平稳定的区域秩序成为最重要的议题。有独立行动能力和大国野心的新兴民族国家保加利亚、塞尔维亚与希腊都渴望成为巴尔干半岛的核心国家，希腊的独立性与自主性引起了俄国的警觉，建立包括希腊在内的新罗马帝国是俄国沙皇的宏愿。同时，三国之间存在着主导权的竞争，使得巴尔干局势非常复杂多变。如马克思指出的："希腊人总共不过175万人；斯拉夫人和保加利亚人多年来千方百计加紧抛掉同他们的任何联系，不许希腊僧侣到自己那里去担任神甫和主教；塞尔维亚人建立了自己的总教堂，来代替君士坦丁堡的总主教教堂；如果让希腊人盘踞在君士坦丁堡，就是把整个土耳其出卖给俄国。"② 巴尔干区域秩序构建之所以困难重重，除了因为现实主义权力政治导致的陷阱，更主要是因为帝国边缘多重权力边界属性带来的矛盾与纷争，国家利益、民族认同、宗教争端等种种矛盾交叠在一起。"民族主义情感与神秘的起源相联系，为政治共同体的统一提供了心理上的聚焦点。但是，任何涉及具体过去的起源解释所可能激起的紧张都不会亚于

---

① ［英］J. P. T. 伯里. 新编剑桥世界近代史（10）［M］. 中国社会科学院世界历史研究所，译. 北京：中国社会科学出版社，1999：328.
② 马克思恩格斯全集（第9卷）［M］. 北京：人民出版社，1961：304.

和谐，因为其中包含了多种多样特色各异的文化。"① 民族主义并不是拯救帝国边缘的良药，而是双刃剑，历史积累的矛盾与冲突需要时间的流水慢慢冲刷。

第二节 巴尔干区域的构建

民族国家的构建是巴尔干地区从帝国边缘迈向区域整合的桥梁，民族国家否定了帝国统治的合法性，成为新的政治经济组织形态，同时，民族国家的互动也构成了新的国际体系。从帝国边缘向区域的转变是巴尔干面临的又一次革命性的变革，帝国边缘的权力边界多重交叠，区域的形成则是权力边界的重新调整，各种权力被圈定在特定的民族国家的"囚笼"之内。巴尔干区域的形成大体经历了两个阶段：第一个阶段可以被认为是初步尝试阶段，主要是各种观念的涌动和国家间联合的尝试；第二个阶段则是区域性战争，即两次巴尔干战争将巴尔干区域首次正式搬上国际政治的舞台，也使巴尔干逐渐成为一个自我界定、自我说明的独立单位。从历史发展的进程来看，巴尔干区域的构建与民族国家的形成是同步进行的，民族国家着力建立一个稳定的政治经济组织，而区域则是对由民族国家形成的国际秩序的一种界定，但区域并不意味着和平与繁荣，战争与结盟可能成为区域形成的催化剂。

一、巴尔干区域的初步构建与尝试

民族国家的构建是巴尔干走向区域化的基础与前提，各个国家之间在不同层次与部门的互动，使得巴尔干成为一个自我界定与说明的区域。如布赞与维夫所言："不仅地理位置是每个国家的具体环境，而且由于地理位置对安全化（去安全化）进程的影响，它还把世界分割为不同的条块，以至于一个给定的地区内的各个行为体分享其所在地区的地区属性，使之成为他们共同的结构性背景。"② 换言之，区域不仅是由自然地理结构所决定，也是对社会权力空间的切割与重新配置。巴尔干的区域化既

---

① ［英］安东尼·吉登斯. 民族—国家与暴力［M］. 胡宗泽，赵力涛，译. 北京：生活·读书·新知三联书店，1998：322.
② ［英］巴里·布赞，奥利·维夫. 地区安全复合体与国际安全结构［M］. 潘忠岐，等，译. 上海：上海人民出版社，2010：465.

是对帝国边缘地位的否定，也是对民族国家合法性的肯定，但是如何构建起一个取代帝国边缘的区域国际秩序，却一直困扰着这一个地区。

冷战结束之后，区域化理论层出不穷，多数理论主要用于解释当前国家政治发展趋势，而罕见用于历史研究之中，换言之，区域化理论在某种程度上缺少时间的纵向维度。这是因为，"与国别史和世界史比较而言，区域史研究和建构更加不易"。① 前文曾经对区域与帝国的关系进行简单的理论阐释，下文将对巴尔干区域发展的历史进程进行描述，在此过程中展示巴尔干作为一个区域的特征。一个独立的区域形成需要不同的要素，比如语言、宗教、经济活动、历史背景等，与此同时，还受制于外部环境的影响，外部强国之间的博弈对于一个缺少强国的区域而言具有重要的影响。巴尔干走向区域的历史进程不仅彰显了该地区的权力结构、要素组成，而且也生动地揭示了外部列强与区域构建之间的关系。

首先，从自然地理空间来看，在巴尔干半岛上建立一个强有力的中央集权式的国家是不太可能的，"无论是马其顿帝国还是土耳其帝国，都没有愚蠢到要做这种尝试。奥斯曼帝国虽然在某种意义上是专制主义的，到那时却难以在此建立专制统治"。② 地理配置上的破碎与隔绝和人种上的多样化，使巴尔干似乎只能建立一种多个小国家构成的国际体系，即便是联邦制度，也难以将这个半岛整合为一体。

巴尔干的地理分布对政治具有重要的影响，巴尔干半岛的山脉呈南北走向，河流流向也是自北向南，因此，交通通信等互动手段也要随着地貌分布而有所变化。自然地理结构是巴尔干作为一个区域的基础，山脉走向，河流流向在某种程度上划定了一个区域的自然地理界线。

巴尔干地区作为奥斯曼帝国的边缘经历了将近500年的变迁，形成了比较稳定的文化空间。经过19世纪语言学家的努力，巴尔干的斯拉夫语可以分为三大部分，即斯洛文尼亚语、塞尔维亚—克罗地亚语和保加利亚语。虽然各有分别，但是它们都属于斯拉夫语系。克罗地亚—斯洛文尼亚—达尔马提亚"三位一体的王国"、塞尔维亚王国、波斯尼亚王国以及保加利亚王国短暂的辉煌凝聚成长久的历史回忆。口耳相传的史诗保持了南斯拉夫人的自我认同感，因此，南斯拉夫成为巴尔干重新整

---

① 刘德斌. 东北亚史研究的学术价值和现实意义 [J]. 史学集刊, 2010 (6): 24.

② J. A. R. Marriot. The Eastern Question: An Historical Study in European Diplomacy [M]. Oxford: Oxford University Press, 1947: 33.

合的选择。1809—1814年斯洛文尼亚与克罗地亚被合并到拿破仑帝国之中,古代"伊利里亚省"的称谓引起了人们的兴趣,很多语言学家认为存在一个统一的伊利里亚地区和人群,即从阿尔卑斯山脉到瓦尔纳这一广大地区。虽然统一的伊利里亚国家并没有变成实践,但也使其免于被哈布斯堡帝国同化。克罗地亚在反对匈牙利并吞的斗争中试图借助斯拉夫人的力量,并在斯拉夫人与匈牙利贵族之间扮演着平衡者的角色。为了达到这种目的,克罗地亚的扬科·德拉什科维奇公爵提出了"大伊利里亚"的概念,它不仅包括南部斯拉夫各国,而且还包括阿尔巴尼亚和保加利亚的部分地区,形成一个"拥有八百万人口的政治实体"。[①] 无独有偶,1844年塞尔维亚内政大臣起草了一份纲领,其核心内容在于建立一个以塞尔维亚为核心的国家,包括波斯尼亚、黑塞哥维那、阿尔巴尼亚北部。虽然这一纲领并没有实施,但是却有效宣传了建立统一的斯拉夫国家的思想。两种思潮在建立统一的南部斯拉夫国家上是相通的,但是针对未来国家的核心却有分歧。1848年革命,克罗地亚人与塞尔维亚人发现匈牙利革命者拒绝了民族团结的要求,从而为巴尔干区域合作画出了一条界线。大克罗地亚主义与斯拉夫主义同时存在,安特·斯塔塞维奇主张建立一个西起阿尔卑斯山东到黑海的"大克罗地亚";而伊万·胡拉伊·斯特罗斯马赫则坚持认为塞尔维亚与克罗地亚是兄弟民族,新的国家必须是南斯拉夫人自由的王国,以摆脱奥斯曼帝国统治,解放南斯拉夫人作为目标。作为一个独立的区域,巴尔干的边界尤其是认同的边界是在与外部"他者"互动过程中形成的。

19世纪60年代是巴尔干区域主义的孕育阶段,种种因素推动了巴尔干区域主义观念的出现。首先,比较宽松的外部条件,如前文所述,克里米亚战争之后俄国的扩张势头受到遏制,法国成为欧洲大陆的领袖大国,拿破仑三世以支持民族独立与解放为外交的口号,巴尔干的民族独立运动受到法国的支持;1859年、1864年、1866年,哈布斯堡帝国三次卷入战争之中,其中两次惨败,巴尔干国家得以暂时摆脱哈布斯堡帝国的监控。其次,巴尔干地区出现了比较积极的区域领导国家,塞尔维亚和希腊是巴尔干半岛上最先取得民族独立的国家,具有较强的区域影响力,尤其是塞尔维亚,在米兰·奥布廉诺维奇的领导之下成为南斯拉

[①] [南斯拉夫]伊万·博日奇,等. 南斯拉夫史(上册)[M]. 赵乃斌,译. 北京:商务印书馆,1984:336.

夫人的中心，米兰努力将塞尔维亚称为巴尔干的皮特蒙德，塞尔维亚与周边的国家缔结了各种同盟条约。① 最为引人注目的是1867年8月，塞尔维亚与希腊缔结和约，规定希腊得到色雷斯和伊庇鲁斯，而波斯尼亚和黑塞哥维那并入塞尔维亚。最后，区域认同资源的集聚，意大利统一对南斯拉人起到了示范效应，泛斯拉夫、泛塞尔维亚思潮兴起，这种思想成为整合斯拉夫人的纽带。

此外，巴尔干各国面临共同的敌人，那就是奥斯曼帝国，反抗奥斯曼帝国符合各国共同的利益，这种区域的认同是由共同的威胁促成。"区域发展的趋势往往受到'奥斯曼主义'的抵消"②，但是，区域的发展势必会终结帝国的统治，巴尔干民族与国家为反对帝国统治而进行了各种结盟活动，从而使巴尔干区域合作进入了一个小高潮。

1861年塞尔维亚与希腊就阿尔巴尼亚的地位进行了谈判，两国政府同意将土耳其赶出去之后，瓜分阿尔巴尼亚。1866年在罗马尼亚的保加利亚侨民与罗马尼亚政府达成了罗保反土耳其神圣联盟，协议的目的在于：如果奥斯曼帝国政府对罗马尼亚发动战争，保加利亚需要发动起义予以支援。1867年在俄国外交官的建议下，保加利亚人与塞尔维亚政府进行谈判，准备建立反对土耳其的联盟，并且建立一个联邦性质的塞尔维亚—保加利亚国家。这一计划由于保加利亚内部政治派别的矛盾与冲突而搁浅。1867年奥匈协议的签订使南斯拉夫人丧失了通过合法手段获得权利的可能性，在奥匈帝国境内，斯拉夫人的民族权利得不到承认，作为公民的各种权益得不到保障。从另一个角度来看，1867年协议将斯洛文尼亚人和克罗地亚人推向了巴尔干斯拉夫阵营之中，克罗地亚人放弃了在奥匈帝国谋取与马扎尔人平等地位的努力。这一条约的签订使巴尔干作为一个区域有了比较明确的北部边界。在建立巴尔干联盟的尝试中，黑山这个小国扮演了重要的角色，1867年与希腊结盟，1868年与罗马尼亚结盟。此外，黑山与保加利亚流亡人士达成了协议，黑山虽然成为各国结盟的纽带，但是却难以成为巴尔干区域整合的"脊梁"。除此之外，塞尔维亚与保加利亚的革命委员会达成协议，建立一个以塞尔维

---

① 塞尔维亚1865年5月与罗马尼亚缔约，1866年与黑山、1867年与保加利亚的革命团体缔约。

② Suraiya N. Faroqhi. The Cambridge History of Turkey（Volume 3）[M]. Cambridge：Cambridge University Press，2006：113.

亚大公米哈伊洛为首的"南斯拉夫帝国"。而克罗地亚也愿意建立一个统一的斯拉夫国家，认为宗教的分离不能成为南斯拉夫统一国家建立的障碍。①

19世纪60年代的区域整合只是昙花一现，而且仅仅停留在纸面上，这主要由于以下几个原因：外部空间突然收紧，普奥战争仅仅持续了七个月便结束了，哈布斯堡帝国在意大利半岛和德意志失败之后，将精力集中于巴尔干地区；巴尔干区域整合的鼓手——米兰·奥布廉诺维奇被刺杀；希腊与塞尔维亚之间的同盟具有脆弱性，希腊人与斯拉夫人之间存在着利益争夺。俄国的外交政策开始转向，俄国准备与西方国家就巴尔干问题达成妥协。巴尔干地区要建立稳定自主的国际秩序并非易事。一方面，缺少区域整合的领导国家，无论塞尔维亚还是希腊与欧洲列强相比都是"小国寡民"，因此，巴尔干区域内部缺少具有领导能力和权威的国家，区域的构建受制于外部强国，尤其是哈布斯堡帝国与俄国的对外战略，换言之，巴尔干的区域是一个高渗透地区，外部力量通过多个孔道进入该地区，成为区域构建的外部力量。另一方面，从帝国边缘中涌现出的民族国家陷入了现实主义政治的逻辑之中，虽然新生的巴尔干国家并没有建立起强大的国家能力，但是各国却为争夺地区主导权而明争暗斗。因此，巴尔干区域构建在19世纪60年代仅仅停留在理念的层面，等到近东危机期间，区域合作才进入实质操作阶段，塞尔维亚与黑山联合共同抵抗奥斯曼帝国对波斯尼亚起义的镇压。

1875年近东危机的发展及其解决过程代表了东方问题发展的新阶段，它是在欧洲国际关系格局发生剧烈变动的背景下发生的，德国统一、法国战败、俄国复苏，这些变化使得东方问题具有了更重要的意义，引起了欧洲列强的关注。巴尔干国家在民族解放思想的鼓舞之下，自主性精神进一步发展，巴尔干局势的发展有了自己的逻辑，虽然外部强国的干预力量依然强大。波黑起义使塞尔维亚与黑山跃跃欲试：一方面，两个国家都想扩张自己的领土；另一方面，奥斯曼帝国对波黑的镇压激发

---

① 加拉沙宁说："克罗地亚和塞尔维亚是一个民族，即南斯拉夫（斯拉夫）民族；宗教不应对民族事务横加干预；民族是国家的唯一基础。宗教把我们一分为三，使我们彼此分离，因此宗教决不能成为我们联合成一个国家的原则；只有民族才能起这一作用，因此我们是一个民族。"参见［南斯拉夫］伊万·博日奇，等. 南斯拉夫史（上册）[M]. 赵乃斌，译. 北京：商务印书馆，1984：3.

了斯拉夫人的战争热情，斯拉夫人认为这是一场种族与宗教之战。建立在民族主义基础上的政府，其外交决策也受制于民族主义的狂热与激情，塞尔维亚国王并不想介入战争，因为以塞尔维亚贫乏的资源和孱弱的国家能力难以与奥斯曼帝国抗衡。国内各个派别围绕着是否参战进行了激烈的辩论和斗争。国王试图坚持中立的立场，但是受到民众的攻击，反对派威胁国王，如果坚持中立，不介入战争，那么他就会面临一场国内革命。在外部战争的激荡之下，塞尔维亚政府于1876年6月30日对奥斯曼帝国宣战，随后黑山跟进。

塞尔维亚与土耳其之间的战争是危机持续发展的中介，如果没有塞尔维亚的介入，欧洲大国或许可以通过调停予以解决。塞尔维亚自视为巴尔干的核心领袖国家，在地区事务中，尤其是关乎斯拉夫人的冲突中表现积极。从东方问题的发展而言，巴尔干大国（相对而言）的建立增加了诸多不稳定性与不确定性。塞尔维亚参战之后，试图建立一个反奥斯曼帝国的巴尔干联盟，但是无论罗马尼亚还是希腊都坚持中立的立场，因为两国在波黑地区并没有直接利益。罗马尼亚驻贝尔格莱德的代表认为，将所有斯拉夫兄弟都从土耳其人的统治下解放出来，这种观念看似吸引人，实际上是塞尔维亚独霸巴尔干半岛的图谋。[①] 随着巴尔干独立国家增多，巴尔干半岛内部出现了一种国际秩序，经历着从帝国的边缘向具有独立性的区域国际体系的转变。这种转变既是历史的断裂也是一种延续，从断裂的角度而言，帝国边缘是多种权力边界的叠合，换言之，各种边界处于混沌状态，帝国依靠间接的方式维系边缘地区的统治，因为边缘地区的边界具有流动性、开放性和包容性，因此边缘地区的各个种族、教派能够共存。随着民族国家的创建，一个民族一个国家的理念使帝国边缘的边界清晰起来，由民族国家组成的区域边界具有固定性、排他性，所以由划定边界而引发战争就顺理成章了，更可怕的是巴尔干处于三大帝国边缘地带的重合之地，各种边界混杂交错，以民族国家的边界理念加以厘定不仅需要鲜血，也需要时间。从延续的角度而言，大国尤其是欧洲大国依然是东方问题发展的重要参与者，奥斯曼帝国的持续衰落导致的权力真空引发了多次危机，1875年的危机不过是诸多危机中的一个而已。

---

① L. S. Stavrianos. The Balkans since 1453 [M]. NY: Rinehatr & Company, Inc., 1958: 403.

塞尔维亚与土耳其的战争引起了连锁反应,除了英国之外,各个大国都希望恢复现状,而英国新一届政府放弃了原先的"光荣孤立"政策,在首相迪斯累利看来,正是由于此前英国的孤立政策导致欧洲大陆的国际格局大变,虽然英国能够暂时置身事外,但是却是欧洲均势失衡最大的受害者。① 真正促使英国介入这次危机的动因在于英国在奥斯曼帝国具有重要的利益,克里米亚战争之后,英国成为奥斯曼帝国主要的借款人、贸易伙伴和保护者,英国的资本与商品充斥着奥斯曼帝国。英国的退役海军将领是重建奥斯曼帝国海军的总指挥,大量的英国武器装备出现在奥斯曼帝国军队中,但是奥斯曼帝国依然缺乏建立现代国家的能力,如前文所述,坦齐马特改革并没有增强帝国的生存能力。对于英国而言,奥斯曼帝国"作为商品市场,它是十分重要的;作为资本安全的投资市场或者可以自卫的国家,还是远远不够的"。② 1875年迪斯累利政府耗费400万英镑从罗斯柴尔德家族中购买苏伊士运河股份,并成为最大的股东。穿梭于苏伊士运河的商船一半以上是英国船只;此外,苏伊士运河具有重要的战略价值,通过苏伊士运河能够减少英国到印度和远东的时间。苏伊士运河的开通在一定程度上降低了黑海海峡的重要性,此外,英俄的对峙不仅停留在地中海一线,随着19世纪中期以来俄国在中亚的扩张,英俄在中亚的对峙愈演愈烈,大有取代君士坦丁堡之势,即便如此,君士坦丁堡与黑海海峡依然是英国阻遏俄国的屏障之一。

塞土战争爆发之后,在泛斯拉夫主义的激荡下,俄国支持塞尔维亚的声音高涨,但是军事介入可能会引起奥匈帝国的反对。1876年秋天,俄国通过不同的渠道探听,如果俄国与奥匈帝国开战,德国是否保持中立。俾斯曼刚刚重建北方三皇同盟,当然不希望看到两个盟友刀兵相见,俾斯麦的回复是:"我们的当务之急是保持两大君主国之间的友谊,两大君主国因革命遭受的损失大于相互之间从战争中赢得好处。如果令我们痛心,俄国和奥地利之间不能维持和平,那么尽管我们可以容忍我们的朋友在相互敌对的战争中有胜有负,但是我们不能容忍两者之一受到如此严重的损伤和祸害,致使其独立的、在欧洲具有同样发言权的大国地

---

① G. D. Clayton. Britain and The Eastern Question: Missolonghi to Gallipoli [M]. London: University of London Press Ltd., 1971: 123.

② L. S. Stavrianos. The Balkans since 1453 [M]. NY: Rinehatr & Company, Inc., 1958: 404.

位受到威胁。"① 德国为了保持三皇同盟的稳定,希望瓜分巴尔干半岛,而瓜分计划并没有得到列强的响应。

俄国力图恢复在巴尔干的声誉,但是必须得到奥匈帝国的理解,俄国恐惧于克里米亚同盟的再现。1876 年和 1877 年,两国两度达成协议,1876 年 7 月两国皇帝在赖希施塔特会晤并达成协议,如果土俄爆发战争,奥匈帝国保持中立,奥匈帝国可以占领波黑。1877 年 1 月 15 日的《布达佩斯协定》重申了这种精神,俄国将会在土俄战争中重新获得比萨拉比亚,而且不会在巴尔干半岛建立一个大国。两大帝国还是以一种统治者的心态面对巴尔干的危机,以一种 18 世纪的思维来审视 19 世纪面对的国际关系困境,势必会落得南辕北辙的结局。

与此同时,奥斯曼帝国经过几十年的改革,内部的民族主义意识不断增强,新颁布的宪法规定,领土神圣不可侵犯。青年土耳其党在这一阶段组建,并且成为奥斯曼帝国内部最重要的民族主义力量。与奥匈帝国达成妥协后,俄国向土耳其宣战,土俄战争爆发。一场奥斯曼帝国内部的起义演变为一场国际战争。奥斯曼帝国军队当然不是俄国的对手,俄国军队迅速向君士坦丁堡方向开进,欧洲大国之中只有英国坚决反对俄国,但是英国缺少有效的遏制手段,只是调遣海军分舰队开进黑海海峡,俄国的陆军达到圣斯特法诺,直逼君士坦丁堡,而英国的舰队则在黑海海峡巡弋,双方形成了一种具有讽刺性的战争景观。土俄之间爆发战争并不鲜见,真正引发欧洲列强震荡与不满的是 1878 年的《圣斯特法诺条约》,这一条约"宣告了奥斯曼帝国的彻底战败"。② 根据这一条约,俄国重绘了巴尔干半岛的地图,斯拉夫集团的利益得以保障,塞尔维亚与黑山扩张得到的领土得以保障;罗马尼亚获得了多布罗加作为失去比萨拉比亚的补偿;波黑进行相应的改革,而最关键的是创建了一个毗邻黑海、爱琴海的大保加利亚。

《圣斯特法诺条约》引起了欧洲强国的强烈不满,尤其是奥匈帝国和英国。对于奥匈帝国而言,新的条约完全是以斯拉夫人的意图划定的,奥匈帝国不但不能并吞波黑,而且在巴尔干的利益大受损害,一个连接

---

① [德] 奥托·冯·俾斯麦. 思考与回忆——俾斯麦回忆录(第二卷)[M]. 杨德友,等,译. 北京:生活·读书·新知三联书店,2006:184 – 185.
② [美] 尼古拉·梁赞诺夫斯基. 俄罗斯史 [M]. 杨烨,卿文辉,主译. 上海:上海人民出版社,2007:356.

黑海和爱琴海的大保加利亚是奥匈帝国强有力的竞争对手。对英国而言，毗邻爱琴海的保加利亚为俄国提供了地中海沿岸的海军基地；"威胁到巴尔干半岛的非斯拉夫人的安全"①；奥斯曼帝国的欧洲部分几乎陷于解体，奥斯曼将屈从于俄国的摆布；英国失去了东地中海的战略缓冲。《圣斯特法诺条约》是俄国帝国冲动的表现，俄国总是试图在战场获取最多的战利品，但是战场上的战利品往往被外交桌上的谈判所剥夺，1878 年的柏林会议就是针对《圣斯特法诺条约》而召集的。从巴尔干区域发展的角度而言，这一条约提供了一种理念与蓝图，即一个以斯拉夫人为主导的区域国际秩序。巴尔干国家，尤其是保加利亚是这一条约的最大受益者，大保加利亚的幻觉刺激了保加利亚的扩张野心，这种幻景一直成为保加利亚难以摆脱的领土收复情结。《圣斯特法诺条约》提供的区域构建蓝图只是斯拉夫人尤其是俄国人一厢情愿之举，巴尔干地区的发展依然受制于外部力量，因此，这一蓝图只是停留在纸面，随着国际形势的发展而急转直下，《柏林条约》终结了以大保加利亚为核心的区域发展梦想。

  俾斯麦是柏林会议的主席，他力图扮演大国之间的忠实掮客，拒绝采取偏袒任何一方的立场。在俾斯麦看来，"任何一个大国都不可能完全为另一个大国效劳。它经常要考虑的是不仅是与其他大国目前的关系，而且还有将来的关系，还必须尽可能避免与其他任何一国处于长期的根本性的敌对状态。这对于德国尤其适用，因为它地处中心位置，三面受敌"。② 柏林会议完全是欧洲大国的博弈，即便是奥斯曼帝国都没有发言权，何况塞尔维亚、黑山等小国。经过讨价还价，《柏林条约》于 1878 年 7 月 13 日签订，它完成了对《圣斯特法诺条约》的修订，保加利亚一分为三，大为缩小的保加利亚获得了有限的自治；塞尔维亚、黑山与罗马尼亚获得了完全的独立；波黑虽然名义上是奥斯曼帝国的领土，但是奥匈帝国有驻军与行政管理的权利；英国获得了塞浦路斯，作为东地中海的战略据点。

  土俄战争最后以《柏林条约》的签订收场，虽然这个条约并没有满

---

  ① G. D. Clayton. Britain and The Eastern Question：Missolonghi to Gallipoli [M]. London：University of London Press Ltd.，1971：144.
  ② [德] 奥托·冯·俾斯麦. 思考与回忆——俾斯麦回忆录（第二卷）[M]. 杨德友，等，译. 北京：生活·读书·新知三联书店，2006：188.

足各方的需要，但是"柏林条约的解决办法使巴尔干诸国免于重大战祸达三十余年"。① 这是因为"柏林会议后，英、俄、奥三国的势力在近东形成了一种新的平衡和均势"。② 从巴尔干自身的发展逻辑而言，这场危机肇始于巴尔干，当危机结束时，巴尔干却一无所获，从巴尔干区域发展的逻辑而言，《柏林条约》为日后的战争埋设了地雷。第一，马其顿问题出现。大保加利亚被肢解之后，马其顿成为奥斯曼帝国直接统治的省份，但是奥斯曼帝国无力在此地区建立有效统治，马其顿便成为巴尔干大国争夺的对象。第二，巴尔干产生了几个中等强国，塞尔维亚、保加利亚和希腊都想争夺巴尔干的主导权，而此前，塞尔维亚还有可能独占鳌头，如南斯拉夫历史学家所言："六十年代，由于奥地利和土耳其的衰落，塞尔维亚有可能使自己的未来以及整个南部斯拉夫人的未来，朝向另一个方向发展。可是，塞尔维亚在那时以及在1878年都丢掉了这种机会，因此，直到1912年再也没有这种可能性了。"③ 第三，波黑虽然名义上隶属于奥斯曼帝国，但是实质为奥匈帝国控制，波黑如同奥匈帝国嘴边的肥肉，波黑未定的地位也是引发纷争的祸根。第四，从东方问题发展的逻辑而言，《柏林条约》终结了一个时代，这个时代是欧洲大国决定巴尔干的前途，对巴尔干地区随意切割以平衡各国利益。《柏林条约》也开启了一个不确定的未来，巴尔干出现了一系列新的民族国家，这些国家既是民族主义发展的结果，也是西方大国博弈的结果，而引发纷争的根源在于这些新独立国家尚不具备治理的能力，而且对领土边界存在着强烈的不满和野心。巴尔干区域内部各个国家之间的互动逐渐具有了自身的特色，从而开启了巴尔干的区域发展时代。

《柏林条约》在巴尔干国家之间制造了诸多矛盾与纷争，其原因在于："在划定边界的时候并没有按照现代民族国家的原则进行"④。《柏林条约》带来的和平是一种强制的和平，是欧洲大国最后一次集体决定东方问题的发展，巴尔干各国陷入俄国与奥匈的野心交叉火力之中，每个

---

① [英] 艾伦·帕尔默. 夹缝中的六国：维也纳会议以来的中东欧历史 [M]. 于亚伦，等，译. 北京：商务印书馆，1997：111.
② 刘德斌. 国际关系史 [M]. 北京：高等教育出版社，2003：151.
③ [南斯拉夫] 伊万·博日奇，等. 南斯拉夫史（上册）[M]. 赵乃斌，译. 北京：商务印书馆，1984：389.
④ Valery Kolev. Christina Koulouri, The Balkan Wars [M]. Thessaloniki: Center for Democracy and Reconciliation in Southeast Europe, 2009: 11.

国家都怀有领土收复的野心，梦想恢复古代或者中世纪的伟大荣光，但是每个国家的野心与邻国的梦想不同。"柏林会议是南部斯拉夫人的重大失败①，也是巴尔干区域发展的一次挫折与倒退。列强对巴尔干半岛的大瓜分结束了过去二十五年来为巴尔干半岛建立南斯拉夫国家开展的秘密的和公开的运动，以及关于巴尔干合作和联邦的协议；开创了各种民族利己主义的时代，因为这些民族利己主义是在把巴尔干半岛划分为势力范围这种后果的基础上产生的。"②"《柏林条约》为巴尔干民族主义的发展设立了隔离带，在此后，巴尔干国家为了实现各自的民族愿望而努力。"③ 各国为了争夺各种"隔离带"而展开了激烈的争夺。

《柏林条约》之后，巴尔干的区域联合暂时告一段落，工业革命的浪潮通过多种孔道改变着巴尔干的政治经济面貌。奥匈帝国是工业革命传导的媒介，奥匈帝国治下的巴尔干地区，如斯洛文尼亚、克罗地亚等地工业化、城市化已经起步，但是本地资本匮乏，现代工业或者运输业都为外来资本所控制。波斯尼亚同时流通奥匈帝国与奥斯曼帝国的货币，前者的影响力大增，经济的渗透、货币涌入，使奥斯曼帝国在波斯尼亚的控制力不断削弱，其政治、经济边界不断东撤。奥匈帝国在波斯尼亚修建窄轨铁路，既不与塞尔维亚相连，也不与克罗地亚相通，却意在与萨洛尼卡、君士坦丁堡相连，服务于奥匈帝国在巴尔干半岛的扩张与渗透。

在和平的表面之下暗流涌动，巴尔干半岛开始了裂变，奥匈帝国与俄国分别寻找到各自的代理人，两国之间的角逐延迟了巴尔干各国建立稳定的区域国际秩序。1885年，保加利亚危机既是两大帝国在巴尔干争夺的标志，也是巴尔干迈向区域整合的转折点。《柏林条约》打破了巴尔干统一的计划，1882年塞尔维亚建立独立王国和独立教会，放弃了充任"南斯拉夫人的皮特蒙德"的抱负，巴尔干的边界进一步清晰化与破碎化，既有的统一的市场被打破，波斯尼亚、黑塞哥维那进入奥匈帝国的势力范围，塞尔维亚倒向奥匈帝国。因此，柏林会议是奥匈帝国的一

---

① [美] 罗杰·劳·威廉斯. 欧洲简史：拿破仑以后 [M]. 吉林师大历史系翻译组，译. 长春：吉林人民出版社，1975：92.

② [南斯拉夫] 伊万·博日奇，等. 南斯拉夫史（上册）[M]. 赵乃斌，译. 北京：商务印书馆，1984：456.

③ Richard C. Hall. The Balkan Wars (1912 – 1913): Prelude to the First World War [M]. London and New York: Routledge, 2000: 3.

个胜利，塞尔维亚与保加利亚之间的竞争与对峙是奥俄两大帝国在巴尔干竞争的表现。奥匈帝国占领波斯尼亚之后，在行政体系、教会组织上予以控制，而且还大量引进移民，与此同时，大量的穆斯林农民外流，这样的结果便是天主教徒的比例不断上升，穆斯林的比重下降，最终形成了天主教、东正教与伊斯兰教三足鼎立之势。

保加利亚在俄国的保护之下的有限独立，保加利亚的军官团几乎由俄国人充任，外交政策也受制于俄国。获得独立之后的保加利亚开始争取完全独立，但是欧洲的国际局势以及巴尔干地区的霸权体系使保加利亚基本处于孤立无援的状态，民族主义的发展再一次撬动了大国主宰之下的地缘政治版图。1885年9月18日，东鲁米亚总督被民族主义者推翻，并且宣告与保加利亚合并。这一合并并没有得到俄国沙皇亚历山大三世的赞同，虽然1881年的三皇同盟条约中并不反对这一合并，但是前提是保加利亚接受俄国的庇护，然而现在情势逆转，保加利亚要求完全独立。亚历山大三世不但下令将全部俄国军官尽数从保加利亚撤出，而且宣布，只要自己在位一天便不承认这一合并。

保加利亚危机之所以意义重大，除了它使东方问题再次浮现出来以外，还具有以下几个特点：第一，保加利亚危机是欧洲体系完成一次巨大转换之后发生的，这表明俾斯麦的大陆联盟体系并没有给东方问题这个难题提供合理有效的解决之道。第二，民族主义与民族国家的理想已经成为难以遏制的思潮与潮流，无论德国还是意大利的统一，都是国内民族主义运动与国际体系互动的结果，换言之，只有在国际体系的外部压力出现松动之际，民族解放与民族独立才有成功的可能，而保加利亚危机则是保加利亚人逆势而为之举。第三，这次危机中主角发生了变化，性质也悄然改变，面对保加利亚与东鲁米亚的合并，最先感到不安的是塞尔维亚。塞尔维亚为了扩张自己的势力，同时打压保加利亚，争取巴尔干的领袖地位。

1885年11月13日，塞尔维亚向保加利亚发动了进攻，这既是巴尔干各国内部战争的开始，也是东方问题进入一个新的历史阶段的开始。塞尔维亚与奥匈帝国交好，维也纳的银行向塞尔维亚提供了2500万第纳尔的战争贷款，塞尔维亚以保加利亚的和平破坏了巴尔干的均势为由向保加利亚发动进攻。

塞保之间的冲突是在巴尔干地区发生的第一场具有影响力的内部战

争,是巴尔干地区走向独立的标志。当然,这场战争使得巴尔干地区国家联盟延迟了二十多年,直到 1912 年巴尔干联盟建立及其随后的两场战争才最终确立巴尔干作为独立区域的地位。

二、战争与巴尔干区域的确立

诸多论者探讨巴尔干战争意在寻找第一次世界大战的起源,"这场将许多国家卷入其中的战争根源于巴尔干的局势"①。第一次世界大战可以被视为巴尔干战争的延续与扩大,为此,巴尔干也被冠之以"火药桶"的称号,当然,将第一次世界大战爆发的根源强加于巴尔干并不合理。巴尔干战争对于巴尔干地区发展意义重大,决定了巴尔干区域结构及其未来发展。区域安全理论家认为:"对于地区安全复合体理论而言,20 世纪的第一个十年特别具有吸引力,因为在这段时间里,巴尔干看起来最像一个独立的地区安全复合体,充满了内在的'巴尔干'战争。这些新生国家形成了一个相互依赖的均势体系,就像战争期间变换不定的结盟所见证的。"② 从国际政治理论的角度来看,20 世纪初的巴尔干提供了一个检验区域安全复合体的例证;从东方问题的历史演进来看,巴尔干战争标志着东方问题已经成为一个区域秩序构建的问题,东方问题的内涵与外延都发生了巨大的变化,巴尔干地区历经几百年的风雨已经具有了主体性。

有学者指出,"巴尔干战争是巴尔干地区政治格局的必然结果,也是落后国家政治的'原罪'"。③ 巴尔干战争的原因复杂,除了巴尔干各国民族主义思潮与领土扩张的外交战略之外,还应该从全球与区域两个层次加以剖析。

从全球角度来看,20 世纪初最大的变数就是欧洲均势体系被同盟体系取代,灵活多变的联盟被两大军事阵营取代,以欧洲为主导的国际体系逐渐陷入僵化的状态;除此之外,美国与日本两个非欧洲国家强势崛起是影响全球性国际体系的另一个变数。殖民扩张已经将各种权力"隙

---

① Jacob Gould Schurman. The Balkan Wars (1912 – 1913) [M]. The Floating Press, 1917: 4.
② [英] 巴里·布赞,奥利·维夫. 地区安全复合体与国际安全结构 [M]. 潘忠岐,等,译. 上海: 上海人民出版社, 2010: 365.
③ Jacob Gould Schurman. The Balkan Wars (1912 – 1913) [M]. The Floating Press, 1917: 26.

地"占领殆尽，如英国著名地理学家麦金德指出的："从现在开始，即在哥伦布以后的时代，我们不得不再一次与封闭的政治制度打交道，而且这将仍然是一个世界范围内的问题。每一种社会力量的爆发，不会在周围的某个不为人知的空间和野蛮的混乱中消失，而是在地球遥远的一边引起强烈的反响。"①1904年日俄战争引起了全球国际体系的震荡，"1904—1905年日俄战争的重要性在于：它既暴露了俄罗斯的虚弱从而为革命铺平了道路，同时又确立了俄罗斯的东部边界以及在某种程度上它与东亚的关系。由于这场战争的耻辱性失败，俄罗斯不再将亚洲作为其关注的首要地区，所以从地区安全复合体理论来看，不可能将俄罗斯置于东亚地区。"②日俄战争不仅划定了俄国与日本在东亚的边界，而且在巴尔干引起了巨大的回响。俄国与奥匈帝国在巴尔干的默契开始被打破。1885年保加利亚危机之后，欧洲列强尤其是奥匈帝国与俄国在东方问题上达成了一致，两个大国都同意保持巴尔干现状和海峡封闭，两国暂时将巴尔干问题"冻结"。随着列强的扩张，东方问题已经不仅仅是欧洲的问题，也是一个世界问题，因为东方问题是世界体系中的最重要的议题之一，列强只有将这个问题平息或者暂时搁置才能有余力在其他地区进行扩张与侵略。19世纪末的俄国"只有通过同它的对手达成谅解而巩固自己的西南方，才能腾出手来，把它的注意力转移到远东方面"。③这一谅解使俄国的战略方向从西转向东，而受害最大的便是中国。"俄国经历了对日战争的败北和1905年革命之后，重新转向它在东南欧的利益。帝国主义和民族主义动机夹杂在一起，君士坦丁堡和海峡使人垂涎三尺。"④俄国在东亚地区的扩张被日本挡回去之后，便在巴尔干寻求"补偿"，因此，日俄战争虽然在中国东北地区进行，但是其回响却波及巴尔干地区。

从区域角度来看，20世纪初，巴尔干权力结构开始调整，保加利亚

---

① [英]哈·麦金德. 历史的地理枢纽 [M]. 林尔蔚，陈江，译. 北京：商务印书馆，1985：50.

② [英]巴里·布赞，奥利·维夫. 地区安全复合体与国际安全结构 [M]. 潘忠岐，等，译. 上海：上海人民出版社，2010：384.

③ [美]巴巴拉·杰拉维奇. 俄国外交政策的一世纪 [M]. 福建师范大学外语系编译室，译. 北京：商务印书馆，1978：204.

④ [联邦德国]卡尔·迪特利希·埃尔德曼. 德意志史（第四卷上册）[M]. 高年生，等，译. 北京：商务印书馆，1986：23.

危机之后一度"冻结"的东方问题又开始活跃起来。奥匈帝国在巴尔干地区的势力不但受到俄国的挑战，而且也受到巴尔干各国的侵蚀。《柏林条约》之后，俄国承认塞尔维亚是奥匈帝国的势力范围，1903年军事政变之后，佩塔尔·卡拉乔尔杰维奇成为国王，主张依靠俄国的政治派别掌握政权。塞尔维亚与奥匈帝国的紧密关系开始冷淡。1903年之后大塞尔维亚的思想占据主导，这对奥匈帝国是一个极大的挑战，奥匈帝国有大量的南斯拉夫人，如果南斯拉夫人脱离帝国，那么奥匈帝国便会面临瓦解的危险。面对这种新的挑战，奥匈帝国内部也存在着争论：马扎尔人坚决不愿意对南斯拉夫人作出任何让步；帝国皇储弗兰茨·斐迪南则希望由帝国境内的克罗地亚人领导下实现南斯拉夫人的部分自治，如果这一计划能够实施，"那么南斯拉夫解放的核心就会是萨格勒布，而不是贝尔格莱德"。① 皇储的想法与帝国内的匈牙利派是截然对立的，弗兰茨试图消弭帝国二元体制带来的种种弊端，按照民族自治与领土自治的原则重新划定帝国的区域，从二元帝国体制变成一个联邦体制的国家。从理论上讲，这是奥匈帝国国家能力跃升的契机，但是这势必会削弱匈牙利人在帝国中的政治地位。斐迪南大公认为，"粉碎匈牙利对内部改革的反抗是巩固这个多民族国家的必不可少的前提，帝国应该放弃任何扩张与吞并政策，不靠战争解决奥地利的苦难"。② 塞尔维亚离心力与自立性挑动了奥匈帝国多重边界，威胁到帝国的生存。而保加利亚于1902年与俄国缔结了军事条约，强化了保加利亚在巴尔干半岛的地位，这表明俄国并不想与奥匈帝国发生冲突。1903年10月，沙皇尼古拉二世与约瑟夫皇帝会晤时表示要在巴尔干利益划分问题上达成一致，1904年日俄战争爆发，同时也刺激了保加利亚的野心。1903年马其顿暴动失败之后，保加利亚首相认为，对于保加利亚的外交政策来说，马其顿问题是重中之重。③

1904年，日俄在中国东北开战，奥匈帝国趁势强化其在巴尔干的势力，巴尔干国家为了避免奥匈帝国独霸而彼此接近，黑山与塞尔维亚就

---

① ［联邦德国］卡尔·迪特利希·埃尔德曼. 德意志史（第四卷上册）[M]. 高年生，等，译. 北京：商务印书馆，1986：21.
② ［联邦德国］卡尔·迪特利希·埃尔德曼. 德意志史（第四卷上册）[M]. 高年生，等，译. 北京：商务印书馆，1986：22.
③ Richard C. Hall. The Balkan Wars（1912－1913）：Prelude to the First World War [M]. London and New York：Routledge，2000：6.

结成联盟进行谈判，而塞尔维亚与保加利亚则缔结盟约，并且建立关税同盟，双方约定将在马其顿和科索沃问题上协调立场。① 俄国在远东战败后，巴尔干的斯拉夫国家，尤其是保加利亚意识到国家安全需要依靠自己的军队保卫，由此强化了本国军队的建设。奥匈帝国对巴尔干国家的自立与联合大为不满，强迫塞尔维亚解除与保加利亚的同盟。奥匈帝国对塞尔维亚发动了关税战，对塞尔维亚进行经济封锁，这场关税大战持续了五年之久，两国关系急剧恶化。奥匈帝国几乎垄断了塞尔维亚的对外贸易，93%以上的出口要经过维也纳或者布达佩斯，因此，关税大战逼迫塞尔维亚寻找新的贸易通道，塞尔维亚的货物经过萨洛尼卡、布拉伊拉等地出口到国外，同时对外贸易的商品结构也有所变化，一些出口加工工业发展起来，如肉类加工等。关税大战带来的另一个影响是，英法两国资本进入塞尔维亚，1903年至1912年，法国三次向塞尔维亚提供国家借款；此外，法国的资本通过股票市场、私人资本等多个孔道渗透到塞尔维亚，1910年建立法兰西—塞尔维亚银行，总部设在巴黎，分行设在贝尔格莱德，法国在塞尔维亚的金融活动基本由这家银行运作。法国成为塞尔维亚的第一大债权人，同时塞尔维亚在金融方面也要仰赖法国，因此法国工业品趁势在塞尔维亚扩大市场，尤其是各国竞争激烈的军火市场。1911年，塞尔维亚打算向德国克虏伯公司购置一批山炮，结果遭到法国的严厉抵制，最后只能转向法国的军火商。法德之间在巴尔干的争夺是欧洲列强走向对峙的表现，作为欧洲国际体系的组成部分，巴尔干处于欧洲列强的阴影之下。

1908年奥匈帝国并吞波黑地区改变了巴尔干地区既有的均势格局，按照《柏林条约》的规定，奥匈帝国应该将波黑交还给奥斯曼帝国，但是奥匈帝国却借机将其吞并。奥匈帝国的举动搅动了巴尔干地区的局势。第一，欧洲两大阵营对峙的格局进一步明朗，奥匈帝国在没有通告德国的情况下并吞了波黑，而德国政府坚定地站在奥匈帝国一边，俄国政府则支持塞尔维亚。德国政府向俄国递交了一份类似于最后通牒的照会，俄国作出妥协，塞尔维亚政府不得不发表声明称，奥匈帝国吞并波黑并没有威胁塞尔维亚的利益。塞尔维亚与奥匈帝国的关系从此发生了微妙的变化，波斯尼亚与黑塞哥维那的主要居民是塞尔维亚人，民族主义的

---

① Richard C. Hall. The Balkan Wars（1912 – 1913）: Prelude to the First World War［M］. London and New York: Routledge, 2000: 6.

激情遭到重创,更关键的是,"塞尔维亚获取出海口的梦想破灭了"①。第二,英国政府改变了对巴尔干各国的态度,长期以来,英国支持奥斯曼帝国镇压巴尔干半岛上的民族解放运动。1908年的危机让英国看到了德国已经严重地威胁到英国在东地中海的利益。第三,奥匈帝国的压力逼迫巴尔干国家加速军事现代化进程,巴尔干各国认识到只有依靠自己的军事实力才能保护自己的安全。曾经为巴尔干斯拉夫国家保护国的俄国刚刚遭遇对外战争与国内革命的冲击,无意与奥匈帝国在巴尔干开战。

全球国际体系走向两大阵营对峙与巴尔干区域格局的变动为巴尔干战争提供了宏大背景,马其顿则为巴尔干战争提供了焦点。19世纪最后几十年,夹在大国之间的马其顿成为无政府、抢劫、谋杀的代名词,各国黑帮横行,希腊、塞尔维亚和保加利亚的黑帮与奥斯曼帝国正规军经常发生火并与争斗。马其顿从19世纪90年代开始,独立解放运动不断高涨。1897年,英国《泰晤士报》有言:为什么马其顿人不能有一个马其顿国家,像保加利亚人有保加利亚,塞尔维亚人有塞尔维亚一样?这种疑虑反映了"一个世纪以来,欧洲统治精英见证了奥斯曼帝国的解体,以及对欧洲土耳其领土上未来政治控制问题的担忧"。② 然而,马其顿问题之所以产生的原因在于:马其顿本身就是巴尔干的一个缩影,各种权力边界在此交叠,各种利益交错于此。首先,马其顿虽是弹丸之地却具有重要的地缘战略价值。马其顿地处希腊、塞尔维亚与保加利亚之间,各国都力图扩张自己的领土。因此,将土耳其人赶出马其顿是重绘地图的前提,马其顿成为巴尔干各国扩张领土的关键。其次,马其顿内部种族混杂,1885年保加利亚主教区合并了东鲁米利亚地区,该地区的希腊人反对保加利亚的并吞。保加利亚教会在此传经布道,发展教众,此举引起了希腊的关注。双方对峙的结果是成立了两个不同的组织,在保加利亚支持下建立了"马其顿内部革命组织",1894年在希腊支持下成立了"民族社会",以避免马其顿民众加入保加利亚教区。最后,马其顿处于巴尔干大国的夹缝之中,希腊民族主义认为:"希腊的北部边境应一

---

① Jacob Gould Schurman. The Balkan Wars (1912 – 1913) [M]. The Floating Press, 1917:17.

② Jane K. Cowan and K. S. Brown. Introduction: Macedonian Inflection [A] //Jane K. Cowan. Macedonia: The Politics of Identity and Difference [C]. London: Pluto Press, 2000: 1.

直延伸到斯卡达尔、斯科普里以及保加利亚境内的巴尔干山脉。"① 1904年，一个公开的组织"马其顿人委员会"在雅典成立。保加利亚一直视马其顿为失去的土地，历届政府的外交方针有所不同，但是在合并马其顿这一问题上却有高度的一致性。保加利亚面对的首要问题是：要合并马其顿必须打败奥斯曼帝国，但是以保加利亚的军事实力难以完成这一任务，因此寻求何时合并便成为外交政策的核心议题。除此之外，保加利亚还要避免马其顿落入他人之手，保加利亚既要借助巴尔干国家的力量将奥斯曼帝国赶出马其顿，又想独吞马其顿，两个自相矛盾的目标势必会带来政策的困境。

1903年8月2日，马其顿爆发起义寻求建立一个自治的马其顿与色雷斯，但这次起义并没有得到巴尔干国家的支持。在奥斯曼帝国的镇压之下，马其顿的起义无果而终，由此可见，单纯依靠马其顿境内人民的力量难以解决独立的问题。对马其顿觊觎已久的巴尔干国家派出了武装小分队，而这些小分队并没有帮助马其顿实现独立；相反，"这些武装支队阻碍了革命运动力量组织起来，并恶化了巴尔干国家之间的关系"②。因此，有学者指出，两次巴尔干战争的直接原因可以用一个词来概括，那就是马其顿。③

自从19世纪民族主义兴起以来，建立一个巴尔干联盟一直是巴尔干人民的理想，到了20世纪最初十年，这个联盟已经从理念变成了政治行动。巴尔干核心国家的联合是巴尔干联盟的基础与前提，首先是塞尔维亚与保加利亚的联合。1909年，保加利亚与塞尔维亚进一步接近，塞尔维亚外交部长米兰·米洛瓦诺维奇指出："如果不与保加利亚结盟，塞尔维亚在克罗地亚、斯洛文尼亚的影响力将大打折扣，如果结成一个强大的同盟，那么无论天主教徒还是东正教徒都会聚集到塞尔维亚周围。"④塞尔维亚人以南斯拉夫作为武器对抗奥匈帝国，而俄国则试图在巴尔干

---

① ［南斯拉夫］伊万·博日奇，等. 南斯拉夫史（上册）［M］. 赵乃斌，译. 北京：商务印书馆，1984：326.

② ［保］科谢夫，赫里斯托夫，安格洛夫. 保加利亚简史（下册）［M］. 黑龙江大学英语系翻译组，译. 哈尔滨：黑龙江人民出版社，1974：372.

③ Jacob Gould Schurman. The Balkan Wars（1912–1913）［M］. The Floating Press, 1917: 49.

④ Richard C. Hall. The Balkan Wars 1912–1913, Prelude to the First World War［M］. London and New York: Routledge, 2000: 10.

扮演更加积极的角色，圣彼得堡更加积极地推进巴尔干国家的联盟。俄国推动巴尔干国家结盟的原因在于：第一，意土战争期间海峡封闭两个星期对俄国贸易影响严重，海峡问题再次引起俄国的重视；第二，俄国促成保加利亚与塞尔维亚的和解使之能够自卫，阻挡德国和奥匈帝国在巴尔干的经济渗透。但是巴尔干联盟绝非一个防御性的同盟，而是毁灭"欧洲土耳其"，俄国虽然不愿意看见巴尔干各国与奥斯曼帝国刀兵相见，但是却不愿意介入其中。萨佐诺夫对尼古拉二世说："我们已经给了它们独立，我们的任务已经完成了。"①

在俄国外交周旋之下，保加利亚与塞尔维亚于1912年2月29日签订同盟条约，条约规定，一旦战争爆发，两国要相互帮助，同时在秘密附加议定书中就领土瓜分问题达成了协议。马其顿的地位成为两国未决的议题，两国将马其顿分成两部分：一部分是无争议地区，另一部分是有争议地区；前者归保加利亚，而后者的地位取决于未来两国在战场上的表现。同年5月16日，保加利亚与希腊达成协议，共同对抗奥斯曼帝国，随后保加利亚与黑山也签订了类似的条约。一个反对奥斯曼帝国的巴尔干联盟成立了，从15世纪以来，巴尔干又一次结成反对奥斯曼帝国的联盟。俄国推动巴尔干国家建立联盟的目的在于抵制奥匈帝国向南扩张，但是这个联盟却以反对奥斯曼帝国为目标。

塞保联盟是巴尔干联盟的基础，而希腊的加入则使巴尔干联盟超越了斯拉夫人的范畴。希腊之所以加入巴尔干联盟在于实现其外交战略目标，即解放奥斯曼统治下的希腊土地；防止保加利亚人占领马其顿。②以希腊的力量难以发动一场反对奥斯曼帝国的战争，选择合适的同盟显得尤为重要，与此同时，如果希腊不参与巴尔干联盟将损失重大，无论奥斯曼帝国获胜或者巴尔干联盟获胜，希腊都将一无所获。如果巴尔干联盟获胜，马其顿将归塞尔维亚或者保加利亚所有，希腊的北部将出现一个强大的斯拉夫国家；如果奥斯曼帝国获胜，希腊向东扩张的梦想将破灭。正基于以上考虑，希腊总理万尼则勒斯（Venizelos）认为，希腊

---

① [英] A. J. P. 泰勒. 争夺欧洲霸权的斗争（1848—1918）[M]. 沈苏儒，译. 北京：商务印书馆，1987：543.

② [希] 约翰·科里奥普罗斯. 希腊的现代进程——1821年至今 [M]. 郭云艳，译. 上海：上海人民出版社，2008：300.

将无可避免地参与这场战争，中立将使希腊的东方扩张完全破产。① 就军事实力而言，保加利亚的陆军与希腊的海军是比较合适的搭档，保加利亚陆军的战斗力在欧洲军事界普遍被承认，其训练有素、作战能力强，以欧洲最先进的军事理论、武器装备与训练方法武装起来，和平年代有6万常备军，一旦遇到战事，军队会迅速增加至35万；而希腊的海军则是东地中海除了英国海军外最具有实力的军队。

从19世纪最后二十年到20世纪第一个十年，巴尔干各国的人口都有较大程度的增长，但是人口的城市化水平却停滞不前，大量的人口在农村，在当时的生产力水平之下产生了大量的剩余人口。解决过剩人口的方法一般有两种：一种是向海外移民，另一种则是寻找新的土地。领土收复主义不仅能够满足民族主义的诉求，还能为国家发展提供物质基础。奥斯曼帝国的持续衰落便使得巴尔干出现了新的权力隙地，1911年意大利对土耳其宣战，意土战争暴露了奥斯曼帝国的颓势，从而激发了巴尔干国家将奥斯曼帝国赶出巴尔干半岛的野心。"对土耳其领土的觊觎，激励着巴尔干国家为进行巴尔干战争作准备。"② 反土耳其从一种理念成为一种政治行动，一场反奥斯曼帝国的战争就顺理成章地爆发了。

1912年10月8日，黑山向奥斯帝国宣战，随后巴尔干联盟的各个盟国迅速参战。战事进展顺利，面对巴尔干联军三路夹击，奥斯曼帝国军队节节败退。当希腊军队进入马其顿南部的时候，塞尔维亚军队则占据了马其顿的中部与北部，它们在库曼诺沃（Kumanovo）取得大胜，洗刷了五百年前它们祖先在科索沃战败的耻辱。希腊人与塞尔维亚人在马其顿划界而治，瓦达河（Vardar）以西的土耳其领土被瓜分殆尽，已经没有保加利亚的地盘。保加利亚虽然独立时间比较短，但是在这场战争中却表现突出，在6万塞尔维亚军队的支援之下，奥斯曼帝国首都的屏障阿德里安堡落入保加利亚军队手中。在此情形之下，奥斯曼帝国不得不割地求和。

巴尔干战争的进程大大超出奥匈帝国的预期，战争的结果让这个帝国大为震惊与不满。奥匈帝国在巴尔干既定的外交战略是建立在这样的

---

① Jacob Gould Schurman. The Balkan Wars (1912–1913) [M]. The Floating Press, 1917: 56.

② [保] 科谢夫，赫里斯托夫，安格洛夫. 保加利亚简史（上册）[M]. 黑龙江大学英语系翻译组，译. 哈尔滨：黑龙江人民出版社，1974：379.

假定基础之上的，即巴尔干的小国联盟必然为奥斯曼帝国打败，野心勃勃的塞尔维亚既小且弱，奥匈帝国通过强化对达尔马提亚地区的控制，逐步向南推进，进而占据萨洛尼卡，获得爱琴海的出海口。第一次巴尔干战争使奥匈帝国的外交政策根基大受动摇。奥斯曼帝国基本被赶出巴尔干地区，巴尔干的地图重绘，使黑山与塞尔维亚成为横亘在奥匈帝国与爱琴海之间的中等强国。第一次巴尔干战争使得巴尔干最终成为一个比较独立的区域，战争结束之后，巴尔干同盟国家之间就如何瓜分战利品进行了激烈的争夺。这的确是一个非常困难的问题，虽然战前盟国已经达成协议，但是战后局势已经发生根本性变化，占据马其顿的塞尔维亚拒绝撤军，而保加利亚则一无所获。保加利亚谴责塞尔维亚背信弃义，塞尔维亚反唇相讥，指责保加利亚贪得无厌，两个斯拉夫兄弟国家反目成仇。保加利亚与希腊之间因为马其顿东部而矛盾不断，在希腊的街头巷尾流传着一句话："下一场战争将与保加利亚进行。"① 从根本来讲，奥斯曼帝国的边界南撤，留下了一片权力真空，如何在这片自然地理空间构建稳定有效的社会权力秩序，是持续近一个世纪的难题。

　　1912 年巴尔干战争的战火中催生了一个新的国家——阿尔巴尼亚。阿尔巴尼亚从 19 世纪后半期开始争取自治权利。在 1878 年柏林会议期间，俾斯麦首相宣布不存在阿尔巴尼亚这个民族，阿尔巴尼亚自治的要求一直得不到满足。只有在巴尔干的地缘政治板块再次被撬动的时候才有独立的机会。1912 年，塞尔维亚、黑山与希腊联军将驻扎在阿尔巴尼亚的土耳其军队赶走之际，阿尔巴尼亚趁势宣布独立。宣布独立的阿尔巴尼亚并没有获得主权，形式主权既是国家自我认同的一部分，也需要国际社会赋予，争取国际社会对阿尔巴尼亚的承认迫在眉睫。有学者认为，这是巴尔干战争最大的后果之一，自 15 世纪以来，阿尔巴尼亚第一次作为一个独立的国家出现在巴尔干的舞台上。② 1912 年 6 月 17 日，伦敦大使会议将阿尔巴尼亚独立作为会议的议题，会议的结果并不如阿尔巴尼亚代表所愿，大使会议决定：阿尔巴尼亚在六大国的保证和监督下，在苏丹的主权之下获得自治。阿尔巴尼亚与邻国划定疆界，1913 年的阿

---

① Jacob Gould Schurman. The Balkan Wars (1912 – 1913) [M]. The Floating Press, 1917: 74.

② Richard C. Hall. The Balkan Wars (1912 – 1913), Prelude to the First World War [M]. London and New York: Routledge, 2000: 130.

尔巴尼亚丢掉了一半以上的土地和人口,尤其是科索沃被划到塞尔维亚治下,这为阿尔巴尼亚的不满埋下了历史根源。"一战"期间的美国学者认为,除非西方大国能够找到一条安抚新生的阿尔巴尼亚国家的道路,否则巴尔干的和平之路遥遥无期。①

对阿尔巴尼亚来说,更紧迫的则是实质主权的构建,不仅需要建立有效均衡的国家权力结构,还需要解决各种社会经济问题。阿尔巴尼亚几乎是一个农业国,农民使用最原始的生产工具耕作,而土地高度集中在少数几个大家族手中,全国90%以上的人口是文盲。② 当巴尔干国家争夺领土的时候,阿尔巴尼亚却陷入了内外纷争之中,外部列强觊觎领土,内部纷争迭起,南北对抗,部落斗争。有人指出:"阿尔巴尼亚并不是为了阿尔巴尼亚人建立的,而是为了奥匈帝国与意大利建立的,它们希望能够塑造这个国家的未来。"③ 阿尔巴尼亚的建立是意大利和奥匈帝国在巴尔干联盟打入的一个楔子,也是两国在巴尔干半岛南部建立的一个据点。同样,阿尔巴尼亚的建立是巴尔干区域地位强化的标志,也进一步厘清了巴尔干区域的边界。无论奥匈帝国还是意大利,都不能直接主宰巴尔干的发展,而是通过扶植与建立新的国家以实现自己的战略目的。阿尔巴尼亚既是巴尔干走向区域自主性的体现,也是列强试图影响巴尔干区域发展的载体,这种双重的身份造成了阿尔巴尼亚尴尬的境遇,"巴尔干各王国都准备在土耳其帝国一旦战败时靠牺牲阿尔巴尼亚来满足自己的领土野心"④。

在西方列强的介入下,1913年5月30日巴尔干联盟与奥斯曼帝国签订《伦敦和约》。条约缔结后,除了君士坦丁堡及其周边地带,穆斯林被赶出了巴尔干半岛的欧洲部分,这是自14世纪以来巴尔干面临的又一个重大变局。奥斯曼帝国在巴尔干半岛的军事政治权力基本终结,五百多年之后基督徒重新掌握了建立国家政权的主动权,如何在巴尔干地区

---

① Jacob Gould Schurman. The Balkan Wars (1912 – 1913) [M]. The Floating Press,1917:121.
② [阿尔巴尼亚] 克·弗拉舍里. 阿尔巴尼亚史纲 [M]. 樊集,译. 北京:生活·读书·新知三联书店,1972:247.
③ Jacob Gould Schurman. The Balkan Wars (1912 – 1913) [M]. The Floating Press,1917:114.
④ [阿尔巴尼亚] 克·弗拉舍里. 阿尔巴尼亚史纲 [M]. 樊集,译. 北京:生活·读书·新知三联书店,1972:234.

建立有效的军事政治体制成为未来的难题。奥斯曼帝国势力从巴尔干地区退潮并没有留下一片平坦光滑的海滩，而是让巴尔干地区更加复杂，各种权力边界错综复杂地交织在一起，如何按照现代国际关系的模式在这个昔日的帝国边缘重建国际秩序，成为巴尔干各国难以绕开的世纪难题。

第一次巴尔干战争之后，作为区域的巴尔干日渐具有独立性与自主性，一个最典型的例子就是俄罗斯在巴尔干地区影响力的消长。俄罗斯是推动巴尔干同盟建立的主要幕后支持力量，巴尔干同盟的建立为俄罗斯介入东方问题提供了一个有力的战略前哨，同时使俄罗斯成为协约国在东方的支柱性力量，但是俄罗斯却没有控制这个同盟。1913年6月，沙皇召集塞尔维亚与保加利亚的国王举行会谈，试图弥合两个巴尔干大国之间的分歧。俄罗斯此举也明确地向世界传达一个信号："俄国将巴尔干的斯拉夫国家视为特别关照与保护的地区。"① 但是沙皇并没有能够避免两个斯拉夫国家之间的战争，虽然同为斯拉夫国家，并且被俄国视为自己的保护国，但是主权国家利益的争端已经超越了反斯拉夫主义的纽带。

巴尔干的下一次战争将是一场真正的内部战争，也是巴尔干走向区域整合的标志。有学者指出："巴尔干战争最大的悲剧在于塞尔维亚与保加利亚结成巴尔干同盟的最后的机会丧失了。"② 战争，往往也是区域整合的一种手段。围绕马其顿、阿尔巴尼亚的领土，塞保两国之间发生了严重的分歧与斗争。塞尔维亚争夺亚得里亚海出海口的努力遭到奥匈帝国与意大利的围堵，新生的阿尔巴尼亚是大国打入塞尔维亚、黑山与希腊之间的楔子，塞尔维亚走向亚得里亚海的道路被阿尔巴尼亚堵死了，塞尔维亚退而求其次，从亚得里亚海转向爱琴海，马其顿便成为塞尔维亚扩张的首要对象，如此，塞保之间的冲突难以避免。此外，希腊已经占有马其顿南部，与塞尔维亚拥有共同的利益。围绕马其顿地位问题形成的各种民族解放组织最终使"巴尔干国家团结的希望从此破灭了。这三个国家不是把力量集中在共同反对奥斯曼政府的方针上，而是在这个

---

① Jacob Gould Schurman. The Balkan Wars (1912 – 1913) [M]. The Floating Press, 1917: 6.

② Richard C. Hall. The Balkan Wars (1912 – 1913), Prelude to the First World War [M]. London and New York: Routledge, 2000: 139.

地区进行激烈的争夺"。①

　　围绕着马其顿问题，巴尔干联盟迅速分化重组，保加利亚与奥斯曼帝国结成同盟，新生的阿尔巴尼亚加入其中，而一度保持中立的罗马尼亚则加入塞尔维亚与希腊的阵营之中。1913年6月16日，保加利亚向塞尔维亚宣战，第二次巴尔干战争爆发，对于保加利亚而言，这次战争同样是短暂的，却更具有灾难性。保加利亚腹背受敌，不得不罢战乞和。8月10日，保加利亚与塞尔维亚等国签订了《布加勒斯特条约》，不但丢失了第一次战争所获得的领土，而且还丢失了部分既有的领土。巴尔干战争使塞尔维亚斩获颇丰，不仅将科索沃收入囊中，还占有了马其顿大部分领土。《布加勒斯特条约》承认了新的领土分配，领土大增的塞尔维亚却面临着扩张过度带来的麻烦，科索沃、马其顿对塞尔维亚的反抗一直没有停止过，在新占领的地区建立行之有效的管理是一个一直存在的难题。《布加勒斯特和约》确认了罗马尼亚在巴尔干事务的主导权，和会在罗马尼亚首都召开本身便说明了这一点，在和会上罗马尼亚斩获颇丰，觊觎已久的"保加利亚之角"落入囊中（保加利亚之角是指从多瑙河岸边的Turtukai到黑海岸边的Baltchik）。罗马尼亚在人口与领土方面排名巴尔干国家第一位，如果保加利亚并吞奥斯曼帝国的欧洲部分，那么保加利亚将当仁不让成为巴尔干第一大国。在此后的几十年中，包括"一战""二战"与冷战，《布加勒斯特条约》在不同程度上受到挑战，巴尔干战争的遗产一直没有得到很好的处理。英国历史学家泰勒认为，"虽然布加勒斯特和约常常被轻蔑地说成只不过是一个停战协定，什么问题也没有解决，但这一和约所规定的边界直到今天没有改变，除了保加利亚在1919年失去了它在爱琴海的出海口"。②

　　第二次巴尔干战争标志着巴尔干的格局发生了根本性的变化，大国主导巴尔干的能力已经被大大削弱，巴尔干的自主性不断提升，已经从帝国边缘提升为具有自身发展逻辑的区域。两次巴尔干战争最终导致巴尔干地区形成了一个区域性的国际体系，并且对巴尔干地区接下来的发展产生了深远的影响。

---

　　① ［美］巴巴拉·杰拉维奇. 俄国外交政策的一世纪［M］. 福建师范大学外语系编译室, 译. 北京：商务印书馆, 1978：200.
　　② ［英］A. J. P. 泰勒. 争夺欧洲霸权的斗争（1848—1918）［M］. 沈苏儒, 译. 北京：商务印书馆, 1987：552, 554.

第一，区域自主性增强，边界厘定。1912 年巴尔干联盟是协约国尤其是俄国推动的，建立联盟的目的在于服务于协约国的战争目标。但是巴尔干联盟建立之后却并没有反对奥匈帝国，而是将矛头对准奥斯曼帝国。由此可见，巴尔干联盟在某种程度上具有了自主性。此外，在两次巴尔干战争中奥匈帝国与俄国都没有参与其中，尤其是第二次巴尔干战争是巴尔干内部爆发的第一场区域性战争，标志着巴尔干的北部边界已经确定。

第二，巴尔干地区形成了以塞尔维亚、希腊等核心国家主体的区域结构，这种区域结构以无政府状态为特色，各国都陷入自助的困境之中。除了几个核心国家之外，民族主义思潮使得马其顿、阿尔巴尼亚等民族也在争取独立，这昭示着未来巴尔干将面临如何给予中小民族合适地位的难题。巴尔干战争表明，任何一个国家如果仅仅强调自己的利益、伸张自己的主张，便会遭到邻国的抵制，最终会引发战争。奥斯曼帝国崩溃之后，施加在巴尔干地区的稳定装置被拆除了，"从而使巴尔干各民族的一致性出现了持续性危机，其表现之一是力图在他们自己中间建立新的等级关系"。①

第三，巴尔干从帝国边缘转变为欧洲国际体系的组成部分，外部强国对巴尔干区域的发展依然具有影响力，换言之，巴尔干是一个高渗透性的区域，区域外的强国通过各种渠道影响区域的发展，当然直接强制的手段已经过时。阿尔巴尼亚的建立就是一个例证。奥匈帝国与塞尔维亚争夺出海口的斗争，使阿尔巴尼亚作为一个战略缓冲国而存在。奥匈帝国向南扩张以获取爱琴海的出海口与塞尔维亚西进到达亚得里亚海都需要经过西巴尔干地区，奥匈帝国为了阻止塞尔维亚的扩张而在伦敦和会上推动独立的阿尔巴尼亚建国，此举得到了意大利的支持。如果塞尔维亚获得出海口，它有可能与俄国建立战略联盟或者建立一个巴尔干的斯拉夫同盟，那么奥匈帝国与意大利在亚得里亚海的主导地位将会受到严重的挑战。围绕出海口展开的地缘争夺与民族主义独立相互交错。

到 1914 年，东方问题的内涵发生了巨大的变化，奥斯曼帝国基本已经被赶出欧洲，威胁欧洲安全的奥斯曼帝国，牵扯欧洲均势格局的奥斯

---

① ［俄］扎多欣，尼佐夫斯基. 欧洲的火药桶：20 世纪巴尔干战争 [M]. 徐锦栋，等，译. 北京：东方出版社，2004：284 - 285.

曼帝国已经不再是欧洲列强关心的问题。此时，东方问题已经不是奥斯曼帝国怎么办的问题，而是奥斯曼帝国遗产怎么办的问题，在三大帝国的边缘上如何建立一个稳定的地区秩序，塞尔维亚、保加利亚等奥斯曼帝国废墟上成长起来的国家成为东方问题的新的主角。

经过两次巴尔干战争，塞尔维亚的实力大为增强，奥匈帝国军界要求对塞尔维亚发动预防性战争的呼声越来越强烈。奥匈二元帝国的虚弱与塞尔维亚的野心之间的矛盾构成了巴尔干不稳定的最大因素。康拉德元帅在"一战"之前曾经先后24次要求对塞尔维亚宣战。1914年斐迪南将塞尔维亚列入他即将就任的帝国的一个组成部分，换言之，奥匈帝国对塞尔维亚宣战已经成为定局。与之相对应的是，军队在塞尔维亚国内政治生活中的地位不断提升，阿皮斯上校领导着一个庞大的秘密组织，该组织的核心目标是以塞尔维亚为中心建立一个南斯拉夫王国。秘密组织的发展已经超过了阿皮斯的掌控，萨拉热窝刺杀事件据说与阿皮斯有关联，但是并没有确切的证据表明阿皮斯主导或者指使了这次刺杀活动。萨拉热窝的枪声只是巴尔干犬牙交错局势的回响，巴尔干已经成为欧洲国际体系的关键组成部分，因此，萨拉热窝的枪声揭开了欧洲内战的序幕。已然成为独立区域的巴尔干不会再为奥匈帝国所摆布，下一次战争势必将欧洲列强都裹挟其中。

第三节　东方问题的终结

第一次世界大战爆发于巴尔干地区，这本身说明巴尔干已经成为一个相对自主的区域，奥匈帝国试图削弱塞尔维亚的举动引起了欧洲范围内的混战，换言之，塞尔维亚已经不再是任由大国摆布的棋子，巴尔干也不再是大国调和矛盾的筹码。第一次世界大战是欧洲乃至世界权力格局的一次调整，"德法矛盾涉及欧洲政治体系内的力量对比，德英矛盾则涉及世界政治体系内的力量对比"[1]。经过四年半的战争，国际格局发生了巨大的变化，同样，这场战争给巴尔干造成了深远的影响，最直接的表现就是权力边界的变迁。以塞尔维亚为核心的南斯拉夫王国成立，罗马尼亚的领土与人口大增，希腊与土耳其之间爆发战争，这是巴尔干区

---

[1]　[联邦德国] 卡尔·迪特利希·埃尔德曼. 德意志史（第四卷上册）[M]. 高年生, 等, 译. 北京: 商务印书馆, 1986: 18-19.

域发展的延续。第一次世界大战将帝国的皇冠打落在地,巴尔干周围的三个帝国纷纷崩溃瓦解,巴尔干区域发展获得了更大空间。

一、南斯拉夫:次区域秩序的构建

第一次世界大战爆发于一次政治暗杀,塞尔维亚的青年学生普林西普在萨拉热窝刺杀了弗兰茨·斐迪南大公夫妇。凶手的武器来自塞尔维亚陆军仓库,而海关人员则为刺客提供了过境通道。普林西普是一个"黑手党"组织的成员,该组织的纲领是"强大的国家权力、民族主义、军国主义以及塞尔维亚民族的种族复兴。塞尔维亚在南部斯拉夫的民族统一应起到皮蒙特在意大利所起的那种作用"①。换言之,这次政治暗杀并非偶然为之,而是泛斯拉夫主义思潮膨胀,少数南部斯拉夫精英决意争取统一的政治行动。统一的南斯拉夫国家的梦想势必会挑战当时巴尔干的格局,南斯拉夫人除了分布在黑山和塞尔维亚两个独立的国家之外,还居住在奥匈帝国境内。"一战"之前关于"南斯拉夫"(Yugoslav)的观念只是停留在少数知识精英团体之中,而且这也是一种宣传性的口号,要真正实现南斯拉夫的团结并非易事。塞尔维亚国内的少壮派军官及其青年团体对国内的文人政府大为不满,经过两次巴尔干战争洗礼后的军官,要求建立一个更加庞大的斯拉夫人的国家,而在奥匈帝国治下的波黑地区也有类似的要求。塞尔维亚的文职政府与军队之间的矛盾越来越深,政府很难完全控制民族主义情绪,正因为如此,20 岁的普林西普才能轻易地实施暗杀。具有讽刺意味的是,萨拉热窝的枪声引爆了悬置于欧洲人头顶上的炸弹,经过四年半的大战,曾经决意与塞尔维亚一战的奥匈帝国崩溃了,而以塞尔维亚为核心的南斯拉夫却建立了,巴尔干的区域格局为之大变。当然,南斯拉夫建国并不仅仅拜第一次世界大战所赐,而是有深厚的历史根基。

首先,泛斯拉夫主义认同是南斯拉夫建国的精神基础,自民族主义广泛流布以来,在俄国的倡导之下,泛斯拉夫主义思潮便成为影响巴尔干局势的力量。恩格斯认为,泛斯拉夫主义"不仅仅是一种争取民族独立的运动;这是一种力图把一千年来历史所创造的一切东西化为乌有的运动;这是一种只有把土耳其、匈牙利和半个德国从欧洲地图上抹掉才

---

① [联邦德国] 卡尔·迪特利希·埃尔德曼. 德意志史(第四卷上册)[M]. 高年生,等,译. 北京:商务印书馆,1986:41.

能达到自己的目的，而在达到这个目的之后，又只有通过征服欧洲的办法才能保证自己的未来的运动"①。在恩格斯看来，泛斯拉夫主义是欧洲和平的威胁，因为俄国将成为泛斯拉夫主义思潮的核心，所以泛斯拉夫主义不仅仅是一种思潮，俄国手下有百万雄兵，进而可能挑战欧洲国际体系，对欧洲革命的发展是莫大的威胁。恩格斯的论断得到1848年革命的证实，但是却不能为后来的历史所证实。1867年塞尔维亚学者日沃英·茹约维奇在《圣彼得堡公报》撰文道出了泛斯拉夫主义与巴尔干区域认同之间的困境：他认为泛斯拉夫主义可以视为一种文化心理的认同，是一种宗教或者种族联结而形成的共同体，但是斯拉夫主义却不能构成区域认同的全部，因为泛斯拉夫主义在政治上的整合会面临着多重阻力，斯拉夫阵营中的中小民族都不愿意被置于俄罗斯的统治之下。

20世纪初，俄国遭受革命与战争的冲击，泛斯拉夫主义反而成为南部斯拉夫人寻求统一的精神依据。泛斯拉夫主义最先产生于知识精英阶层，一些语言学家、文学家和历史学家试图唤醒民族的记忆与认同，哈布斯堡帝国统治者尤其是梅特涅意识到这种思潮的威胁，对其进行了严厉的镇压，存在知识精英阶层的泛斯拉夫主义缺乏力量。当泛斯拉夫主义与俄国的专制力量结合之后将会成为一种威胁欧洲的力量。泛斯拉夫主义作为一种思潮对于整合巴尔干南斯拉夫的认同具有重要的作用，但是，泛斯拉夫主义内部却是分裂的，"希腊人的动荡不安，塞尔维亚人和罗马尼亚人取得的得寸进尺，似乎都证明那些认为土耳其欧洲部分的继承者不会是奥地利和俄国，而是巴尔干各民族自己的人的想法是有道理的"。② 巴尔干地区于19世纪后期迈上区域构建的道路以后，帝国野心便在该地区屡屡碰壁，即使俄国这个巴尔干斯拉夫国家的保护国也不例外。"随着被庇护国的能力提高，它就更有资格来抵制庇护国的诱惑或随后的压力。"③ 南斯拉夫建国不仅是巴尔干走向区域构建的标志，也是东方问题历史演进的逻辑使然。

1914年第一次世界大战爆发之后，塞尔维亚政府在尼什召开会议，

---

① 马克思恩格斯全集（第11卷）[M]. 北京：人民出版社，1962：219.
② [英] J. P. T. 伯里. 新编剑桥世界近代史（10）[M]. 中国社会科学院世界历史研究所，译. 北京：中国社会科学出版社，1999：331.
③ [美] 斯蒂芬·沃尔特. 联盟的起源 [M]. 周丕启，译. 北京：北京大学出版社，2007：42.

宣布塞尔维亚进行这场战争的目标在于实现所有塞尔维亚人、克罗地亚人和斯洛文尼亚人的解放与统一。"尼什宣言以一个更加宽泛与模糊的塞尔维亚—克罗地亚—斯洛文尼亚的南斯拉夫国家取代了塞尔维亚民族国家的概念。"① 此后，塞尔维亚政府便开始宣传南斯拉夫的观念，并且将这一问题国际化，来自克罗地亚、达尔马提亚的南斯拉夫人也支持这样一个新国家。当 1915 年意大利参战的时候，南斯拉夫委员会在伦敦成立，这一委员会以建立一个新的斯拉夫国家为目标。

南斯拉夫，从理念变成行动的契机在于，第一次世界大战打破了巴尔干半岛的权力格局，尤其是塞尔维亚与奥匈帝国开战，奥匈帝国境内的斯拉夫人也卷入其中，塞尔维亚政府难以维持现状了，构建南斯拉夫国家的窗口打开。当然，世界大战的战火为南斯拉夫建国提供了一定的空间，同样也设置了诸多障碍。

第一，意大利在巴尔干的领土野心与南斯拉夫建国迎面相撞。意大利建国之后一直寻求恢复罗马帝国的辉煌，1907 年意大利出版的《新世界：五、六年级男女学生基础读本》一书中列举了意大利需要收复的领土名单：科西嘉、尼扎、特伦托、提契诺地区、戈里齐亚、的里雅斯特、阜姆和马耳他。② 威尼斯共和国曾经长期占据达尔马提亚半岛，因此，意大利志在将亚得里亚海变成意大利的内湖。第一次世界大战爆发之后意大利左右观望。协约国为了拉拢意大利，与 1915 年 4 月与意大利签订密约。条约第四条规定："意大利应得到特兰提诺、锡萨尔平-蒂罗尔及其地理和自然边境、的利亚斯塔、戈里齐亚和格拉迪什县、全部伊斯特利亚直至夸内罗。"③ 此外，阿尔巴尼亚成为意大利的从属国。密约最大程度上满足了意大利的领土需求，南斯拉夫建国势必要收回被协约国"割让"的土地。

第二，保加利亚的抵制。泛斯拉夫主义要求建立一个囊括所有南部斯拉夫人的大国，当然也包括保加利亚在内。塞尔维亚当政者一度将保加利亚纳入新的南斯拉夫国家之内。1870 年土耳其在保加利亚教会设立

---

① Stevan K. Pavlowitch. A History of the Balkans (1804 – 1945) [M]. London and New York: Addison Wesley Longman Limited, 1999: 210.
② [西] 胡安·诺格. 民族主义与领土 [M]. 徐鹤林，朱伦，译. 北京：中央民族大学出版社，2009: 86.
③ 国际条约集 (1872—1916) [M]. 北京：世界知识出版社，1986: 535.

一个独立大主教将希腊人与保加利亚人分开,从而造成了巴尔干地区的分裂,此前巴尔干的斯拉夫人都被认为是一家人,只是方言与省界不同而已。此后保加利亚从巴尔干斯拉夫人中分离出来,并且与塞尔维亚争夺巴尔干的主导权。保加利亚则梦想建立一个大保加利亚国家,但经过两次巴尔干战争,保加利亚一无所获。世界大战为保加利亚提供了一个机会,保加利亚国王及其政府尽量拖延参战,在双方厮杀之后发挥"四两拨千斤"的作用,但是保加利亚的地缘位置非常重要,保持中立也非长久之计。1915年夏天保加利亚加入同盟国集团,10月中旬对塞尔维亚发动攻击。保加利亚加入同盟国集团也符合巴尔干区域发展的逻辑,1882年塞尔维亚曾经进攻保加利亚,两个斯拉夫大国为了争夺巴尔干的主导权矛盾不断,欧洲两大军事集团的厮杀不过为巴尔干区域内部的矛盾提供了一个放大镜而已。保加利亚加入同盟国集团,既可以与德奥携手进攻塞尔维亚,一雪巴尔干战争的前耻,又可以扩张自己的势力,占领垂涎已久的马其顿。1915年底,保加利亚占领马其顿,政府重新制定了战争目标,即建立一个符合其历史与族群边界的新保加利亚。而此时,塞尔维亚军队和政府一路败退。

南斯拉夫委员会与塞尔维亚政府之间的分歧不断增加。前者的主要成员来自达尔马提亚,在奥匈帝国境内的斯拉夫人之中缺少代表机构,他们也没有获得合法的地位。更严重的是,南斯拉夫委员会认为新国家创设是南斯拉夫人民族自决权的体现,南斯拉夫委员会不仅仅是一个公共意见的传声筒,还是塞尔维亚政府的合作伙伴。1917年塞尔维亚政府权威处于解体状态,黑手党和极端势力成为政府权威的有力竞争者,黑手党在军事法庭举行了一次非法的审判,判处亚历山大国王死刑。此外,南斯拉夫委员会在动员奥匈帝国境内的斯拉夫人时也遇到了困难,1916年底,奥匈帝国皇帝约瑟夫病逝,克罗地亚议会号召奥匈帝国境内的克罗地亚人、斯洛文尼亚人和塞尔维亚人建立一个隶属于哈布斯堡帝国的国家,这个国家尊重民族性和克罗地亚的国家自治权利。斯洛文尼亚和克罗地亚是信仰天主教的斯拉夫人,长期处于哈布斯堡帝国统治之下,并没有建立国家的传统,建立一个包括斯拉夫人在内的三元帝国是克罗地亚和斯洛文尼亚贵族的追求。约瑟夫国王的去世似乎提供了一个这样的机会,因此,南斯拉夫委员会要争取克罗地亚和斯洛文尼亚人的支持并非易事。战争的局势瞬息万变,无论塞尔维亚政府还是克罗地亚议会，都无法预知战争结局，因此他们都作了两手准备：一方面，与南斯拉夫委员保持联系，通过宣传南斯拉夫人的共同利益来抵抗同盟国的进攻；另一方面，坚持大塞尔维亚或者大克罗地亚的主张。

战局的发展让塞尔维亚政府与南斯拉夫委员会步入合作之路，通过改革奥匈帝国政府来改善斯拉夫人政治地位的观念越来越占据上风，这对南斯拉夫建国是一个巨大的挑战。在海外流亡的塞尔维亚政府与南斯拉夫委员会深感有必要携手合作，共同制订比较详细的建国纲领与计划。1917年塞尔维亚政府与南斯拉夫委员会在科孚开会，在会议上出现了民族政府主义与联邦主义两种观念。塞尔维亚首相尼古拉·帕西奇主张以塞尔维亚为核心建立一个统一的国家，而安特·特鲁姆比奇博士则主张建立一个联邦制的斯拉夫国家。会后，双方联合发表了《科孚宣言》，号召建立一个塞尔维亚人、克罗地亚人和斯洛文尼亚人的单一、统一和独立的国家，国家在卡拉乔治维奇王朝治下实行民主宪政，宗教宽容，尊重文化多样性。① 对于建国的细节，宣言中并没有言明，因为双方还存在诸多分歧，这个宣言的意义在于确定了以塞尔维亚作为新生的南斯拉夫国家的核心地位，这与克罗地亚议会主张在奥匈帝国治下以克罗地亚为核心的建国方案是背道而驰的。

1918年初，盟国还倾向于保留奥匈帝国存在，《十四点计划》中则希望恢复塞尔维亚王国，它将获得一个出海口，奥匈帝国中的各民族将获得自治权。奥匈帝国并不愿意面对现实，反对作出妥协，奥匈帝国境内的斯拉夫人在萨格勒布召开会议，目的在于重新召集奥匈帝国境内的斯拉夫人，建立一个政治同盟，争取获得自治权利。这次会议并没有取得实质性的成果，各方在统一问题上各执己见，同时战争仍然继续，战后前景尚不明朗。直到1918年10月，战局已定，南斯拉夫统一才成为迫在眉睫的课题，由卡拉希奇（Korosec）担任主席国民委员会再次召开会议，提出建立一个囊括所有斯拉夫人土地的独立国家的目标。

1918年10月，奥匈帝国开始解体，查尔斯皇帝宣布奥匈帝国为半独立国家的联盟，而斯洛文尼亚人、克罗地亚人和塞尔维亚人国民委员在

---

① Stevan K. Pavlowitch. A History of the Balkans (1804 - 1945) [M]. London and New York: Addison Wesley Longman Limited, 1999: 217.

维也纳探寻权力分配方案时，得到的答复是"任其所为"。随后国民委员与克罗地亚议会于28日宣布自己是奥匈帝国境内的南部斯拉夫人新的最高国家行政机构，从而切断了与奥匈帝国的联系。多数南斯拉夫人赞成统一，但是南斯拉夫的概念却没有深入人心，国民委员会虽然建立了新的政府，但是却深陷重围，没有确切的边界，没有明确的国家认同。对于新政权来说，与塞尔维亚、黑山合并或许是可行的，于是新政权与南斯拉夫委员会及其塞尔维亚政府建立了联系。

1918年11月三个政治组织的首脑——塞尔维亚首相帕西奇、南斯拉夫委员会首脑安特·特鲁姆比奇以及国民委员会领袖卡拉希奇在日内瓦聚首，帕西奇主张承认三个流亡政治组织的独立性，保留塞尔维亚国民议会和克罗地亚议会直至新的权力机构产生为止。会议决定在巴黎成立一个机构来保障权力转型的实现。《日内瓦协定》是各方妥协的产物，三方之间并没有建立牢固的互信基础，各方的分歧与争论不断，统一的南斯拉夫国家还停留在纸面上。泛斯拉夫主义是一种区域认同的基础，但是却不能为统一的国家提供一种凝聚有力的意识形态基础。

正当南斯拉夫建国处于进退维谷之际，外部冲力打消了各方的犹豫，结束了彼此的争吵。意大利在停战之后要求兑现1915年与协约国签订密约的承诺，意大利军队进入巴尔干地区，国民委员会没有能力抵御意军的进攻，不得不向塞尔维亚政府求助。1918年12月1日，塞尔维亚摄政王亚历山大接见委员会代表，国民委员会宣读致辞时希望国王能够按照民族自决的原则建立一个新的国家，抵制意大利的入侵，确立新的国家边界。在意大利军事威胁之下，"塞尔维亚人克罗地亚人和斯洛文尼亚人王国"在贝尔格莱德成立。在1914年还只是一个比较理想化的描述，到1918年年末一个独立的南斯拉夫王国便成立了。

南斯拉夫王国在巴黎和会上面临的阻力来自意大利1915年签订的密约。1918年意大利最高统帅部副参谋长佩特罗·巴多利奥向政府提交了瓦解南斯拉夫战略的备忘录。瓦解南斯拉夫的战略核心在于挑动各个地区的反感，在南斯拉夫制造内乱，新生的南斯拉夫王国与其说是一个统一的国家，倒不如说是一个松散的联邦，并没有形成统一的国家的认同，无论塞尔维亚还是克罗地亚，都有强力的本位主义思想。

1918年，南斯拉夫王国宣告成立，这是巴尔干区域化进程的又一次进步，"是大国决策的产物，也是泛意识形态和民族主义复杂复合的结果"。① 从区域发展的角度来看，南斯拉夫的建立是巴尔干区域发展的结果，第一次世界大战爆发之后，塞尔维亚以统一作为战争目标，但是塞尔维亚在欧洲强国面前民寡国弱，其命运仰赖巴黎、伦敦甚至是圣彼得堡的决策，1915年协约国同意大利签订密约之际，塞尔维亚并没有参与，由此可见，塞尔维亚在协约国阵营之中的影响微乎其微。密约之中只是将波黑和达尔马提亚的一部分划归塞尔维亚，该地区是天主教的聚集区，而塞尔维亚是东正教国家。具有讽刺意义的是，恰恰是1915年的密约及意大利军队入侵巴尔干半岛促成了南斯拉夫的建立。由此可见，南斯拉夫的建立是巴尔干区域整合的一部分，这一整合过程特点如下：

首先，第一次世界大战打破了既有的权力格局，绑缚于巴尔干地区的权力锁链松动下来，环绕在巴尔干周围的三个帝国纷纷崩溃，俄国于1917年退出战争，而另外两个帝国陷入自我崩溃之中。"两大帝国的毁灭为塞尔维亚—克罗地亚—斯洛文尼亚王国在1918年的建立创造了机会，这个新生的国家横跨于奥斯曼帝国与哈布斯堡帝国的属地之上。"②

其次，南斯拉夫具有双重性质，一方面，南斯拉夫作为南部斯拉夫人的国家经过近百年的酝酿最终建立，这既是现代民族主义思潮酝酿的结果，也是各种南斯拉夫政治组织合作的成果。南斯拉夫国家的建立改变了巴尔干区域的权力格局，新建立的南斯拉夫拥有24万平方公里领土和1200万人口，成为巴尔干地区第一强国，只有罗马尼亚可以与之比肩，而保加利亚则进一步被削弱，在南斯拉夫人领导权问题上，保加利亚已经无力竞争。另一方面，南斯拉夫是巴尔干区域整合的一个组成部分，巴尔干地区长期以来处于帝国边缘的地位，各种权力边界错综交叠。南斯拉夫国家的建立则在一定程度上避免了民族主义分裂和巴尔干权力进一步破碎化的危险，在西巴尔干广大地区建立了比较稳定的秩序。同时，南斯拉夫虽然已经建国，但是只是获得了形式主权，实质主权的构建才刚刚起步。南斯拉夫历史学家指出："1918年，南斯拉夫王国只是在国际法的表面的意义上实现了独立。在经济方面，南斯拉夫仍然是一

---

① ［英］巴里·布赞，奥利·维夫. 地区安全复合体与国际安全结构［M］. 潘忠岐，等，译. 上海：上海人民出版社，2010：365.

② Leslie Benson. Yugoslavia: A Concise History ［M］. Hampshire: Palgrave, 2001: 1.

个受外国统治的半殖民地。"① 不仅如此，南斯拉夫的建立是巴尔干权力边界的一次大调整，如何划定这个新生国家的边界是巴尔干地缘政治格局的一次调整。南斯拉夫周边有意大利、奥地利、匈牙利、罗马尼亚几个大国，经过五六年的时间南斯拉夫的边界才确定下来。与意大利的边界通过三个条约被确定下来，意大利作为"一战"的战胜国要求最大限度上满足自己的领土需求，削弱南斯拉夫在巴尔干的势力。经过艰苦的谈判，意大利在亚得里亚海北部的利益得到扩展，而南斯拉夫在达尔马提亚与克罗地亚沿海的利益得到保障，在这一妥协中受损最大的是斯洛文尼亚。从表面来看，边界勘定是南斯拉夫与意大利之间的博弈，但是实质上是南斯拉夫国内三个部分之间的较量，塞尔维亚与克罗地亚都有比较成熟的政治组织和干练的政治领导人，而斯洛文尼亚长期以来并没有形成稳定统一的政治组织，在南斯拉夫三个主要组成部分中处于弱势，难以保障自己的利益。虽然统一的南斯拉夫国家已经建立，但是各个部分的整合却远远没有完成，与其说是一个国家，倒不如说是半独立的政治体的联合，各个政治体的本位主义严重损害了国家实质主权的构建。在与奥地利划界时，一些斯洛文尼亚聚居区通过公民投票而留在奥地利境内，可见斯洛文尼亚人对新生的南斯拉夫国家的认同度并不是无条件的，如果南斯拉夫国家不能保障斯洛文尼亚人的利益，那么他们便会放弃统一。

南斯拉夫建国是巴尔干区域发展的重要时刻，是南部斯拉夫人走向统一的重大成就。南斯拉夫的建立不仅改变了巴尔干的权力格局，而且也使南斯拉夫人进入世界历史发展的舞台。《凡尔赛和约》签订之后，南斯拉夫成为东南欧国际体系的维护者，在法国的推动下，南斯拉夫、罗马尼亚与捷克斯洛伐克成为小协约国的成员。小协约国是法国维持在欧洲大陆主导权的侧翼，一方面防止战败国匈牙利、保加利亚修改《凡尔赛和约》，另一方面也是阻止俄国革命浪潮的防波堤。南斯拉夫、罗马尼亚等巴尔干大国成为国际体系的重要参与者，这表明经过第一次世界大战的战火洗礼，欧洲乃至世界权力格局分化重组，巴尔干彻底摆脱了帝国边缘的地位，成为国际体系重要的组成部分。

放大历史的视野来看，南斯拉夫建国是顺应历史发展内在逻辑的一

---

① [南斯拉夫] 伊万·博日奇，等. 南斯拉夫史（下册）[M]. 赵乃斌，译. 北京：商务印书馆，1984：588.

种秩序构建方式，巴尔干地区自 7 世纪斯拉夫人迁徙进入以来，便形成了多种宗教、种族、文化，尤其是奥斯曼帝国统治时期，各种权力边界交叠于一体，帝国统治之下各种权力边界并没有必要也没有可能清晰地划定，换言之，像巴尔干这样组织要素及其结构如此复杂的地区，需要一个更加庞大的组织予以吸纳，唯有如此才能建立比较和平的秩序。南斯拉夫建国在某种程度上便是这样一种组织，南斯拉夫建国之后在西巴尔干地区保持了和平。当然，南斯拉夫建国之后面临着提升国家能力的难题，国家整合与民族主义诉求是左右南斯拉夫前景的两种矛盾性力量。总之，南斯拉夫建国应该视为帝国统治崩解之后，巴尔干地区构建区域秩序的组成部分。南斯拉夫与罗马尼亚的边界的勘定可以视为巴尔干区域北部边界的明晰化，而南部边界的确定则在希腊与土耳其战争之后。

二、希土战争

第一次世界大战给三个大帝国敲响了丧钟，也为东方问题画上了休止符，统治巴尔干地区近五百年的奥斯曼帝国崩溃了。1920 年《色弗尔条约》的签署便是战胜国瓜分这个古老帝国的入场券，按照条约的规划，奥斯曼帝国蜕化为龟缩于黑海海边的小国，周围强邻众多。凯末尔领导的反抗瓜分的战争将希腊人赶出亚洲大陆，夺回了黑海海峡的控制权。《洛桑条约》签订之后，土耳其与希腊之间边界基本确定下来，巴尔干区域的南部边界基本固定下来。东方问题便以巴尔干区域整合和土耳其成为欧亚大陆的"孤独者"而终结。

"一战"之后，东地中海沿岸出现权力真空，如何构建国际秩序成为首要课题。巴尔干地区分裂为两个阵营：一个是战胜国，一个是战败国。南斯拉夫与罗马尼亚获得了大量的土地与人口，而保加利亚遭受了自 1912 年巴尔干战争以来最严重的削弱。希腊是协约国成员，也获得了相应的领土补偿，但是希腊却自感是失败者，它并没有将所有希腊人的聚居地都收回来。"一战"结束之后，希腊的目标便是收复"遗留"在奥斯曼帝国的土地，马尔马拉海、爱琴海沿岸、黑海沿岸等地都成为希腊"收复"的范围。战败国奥斯曼帝国成为各个战胜国竞相瓜分的对象，1920 年签订的《色弗尔条约》为各国提供了竞逐领土的饕餮大餐。

《色弗尔条约》签订以后，希腊国内政局发生变故，首相维尼泽罗斯的支持者在国内宣扬一个地跨"两洲五海"的希腊将横空出世，所谓两洲即亚洲和欧洲,而五海则指爱奥尼亚海、爱琴海、地中海、马尔马拉海和黑海。两个月之后希腊国王亚历山大被宠物猴咬伤后因感染而去世,年底的大选在首相与流亡国王之间展开,保皇派胜出,维尼则罗斯辞职。上台的保皇党人对领土一样渴求,《色弗尔条约》不仅在领土上拆解了奥斯曼帝国,而且也摧毁了未来土耳其的军事防卫能力,征兵制被废除,不准土耳其建立海空军。20世纪初期奥斯曼帝国的边缘地带已经丧失殆尽,"对于奥斯曼帝国而言,创痛虽深,但尚未及于心腹,而今在奥斯曼帝国早期年代即被征服的臣属民族希腊人深入安纳托利亚,令土耳其人惊觉祖国即将覆亡"。[1] 苛刻的条约和外敌入侵激发了土耳其国内的民族主义情绪,自19世纪改革以来,突厥主义就成为奥斯曼帝国重要一种思潮潮流和政治行动,建立一个强大的土耳其国家成为众多青年军官、学生的追求。以年轻军事将领凯末尔领导的大国民议会反对《色弗尔条约》对土耳其的瓜分。1921年初在伦敦举行的磋商会议上,希腊与土耳其没有达成协议,希腊军队便进一步扩大在小亚细亚地区的控制范围。希腊与土耳其爆发战争,这是关于东方问题的最后一场战争,这场战争之后,困扰欧洲国际关系几百年的奥斯曼帝国不复存在,而作为三大帝国边缘的巴尔干地区也踏上了区域构建的征程。

希土战争既是一场希腊与土耳其之间的争夺战,也是厘定巴尔干地区南部边界的战争。对于希腊而言是一场领土收复之战,而对土耳其而言则是一场反侵略的生死之战。当然这场战争是在一个更加宏大的国际背景之下进行的,不仅仅是一场希腊与土耳其的双边战争,而且具有多重效应。

首先,《色弗尔条约》是协约国与土耳其签订的和约,是恢复和平的协定,凯末尔领导的反抗不仅针对希腊,还包括协约国的其他国家。庞大的奥斯曼帝国就像一条僵而不死的大虫一样,虽然躯干已经被肢解,但是这些国家却没有拿到法律的授权。北非、阿拉伯半岛、美索不达米亚为英国、法国、意大利等国占领,土耳其新政府的抗争势必会影响到这些列强在奥斯曼帝国属地的利益。希土战争与其说是一场双边的战争,不如说是一场国际战争。虽然希腊是战争的主角,但是大国势力同样介入其中,英国支持希腊扩张势力,但是法国深恐英国在该地区的势力过

---

[1] 彭树智. 中东史 [M]. 北京:人民出版社, 2010: 273.

于庞大，尤其是 1921 年 3 月 16 日土耳其与苏联签订条约，这一条约不仅承认彼此的主权国家地位，还确定了土耳其北部边界，俄国与奥斯曼帝国签署的各种不符合双方利益的条约均被取消和废除。① 法国为了阻止苏维埃革命在欧洲的传播与蔓延，便需要缓和与土耳其的关系，1921 年 7 月，法国获得叙利亚与黎巴嫩的委任统治书。10 月，法国与凯末尔政府签订了《法国和土耳其关于实现和平的协定》，这一协定不仅在土耳其与法国之间结束了战争状态，而且确定了土耳其与南部阿拉伯人聚居地的边界。② 法国与土耳其的和解对战局影响颇大，土耳其从法国军队接收了大量的武器装备，这对身处困境之中的土耳其无疑是一剂强心剂。此外，土耳其与意大利经过谈判，意大利从小亚细亚撤军，希腊独力对抗土耳其人。希土战争过程中伴随着不同的双边外交，土耳其在战争的稳定与胜利与其高超的外交手段是分不开的。当然，国际格局的裂变为土耳其的外交提供了空间，俄国发生社会主义革命并且退出协约国集团，奥匈帝国瓦解，"一战"前对奥斯曼帝国形成重压的两个帝国一个发生了革命，一个崩溃。巴尔干国家内部分裂，各国忙于重新确定边界，巴尔干联盟已经不可能形成，围绕东方问题形成的权力结构开始重组。国际格局的变动减轻了土耳其自近代以来面临的国际压力与束缚。

其次，"一战"之后德法矛盾依然未能消除，虽然法德矛盾是欧洲国际体系的主轴，但是在欧洲侧翼出现了三个风暴中心，即多瑙河国家、意大利和苏维埃国家。多瑙河地区之所以成为风暴中心，就在于大战之后奥匈帝国崩溃，各种领土边界并没有确定，新的国际秩序尚未建立起来。同样，希腊与土耳其之间边界也没有厘清，尤其是希腊人在奥斯曼帝国统治时期曾经是一个特权阶层，因此其居民分布比较广泛，而且还是在奥斯曼帝国政治核心地区。希腊人是海上民族，一直是东地中海上的重要力量，奥斯曼帝国虽然一度将黑海和东地中海囊括为内湖，但是却没有能力耕海致富。奥斯曼帝国漫长的统治历史使希腊人与土耳其人相互缠绕，各种利益叠合一体，要彻底确定两国边界，势必会经过一场激烈的争夺。从这个角度而言，希腊与土耳其之间的战争不仅是现实利益的争夺，也是对历史恩怨的一次清算。

最后，希腊与土耳其的战争也是巴尔干地区区域边界确定的一场战

---

① 国际条约集（1917—1923）[M]. 北京：世界知识出版社，1961：632-626.
② 国际条约集（1917—1923）[M]. 北京：世界知识出版社，1961：702.

争,相对而言,北部边界的确定是循序渐进的,而南部边界的调整则是剧烈和暴力的。北部边界的划定从1848年革命便开始厘定,匈牙利革命者国家利益本位的举动让斯拉夫人有了疏离感,1867年奥匈二元帝国的建立更是将帝国境内的斯拉夫人"赶到"巴尔干一侧,虽然奥匈帝国境内的斯拉夫人还心存建立一个三元帝国的幻想,但是泛斯拉夫主义思潮却为南斯拉夫建国奠定了认同基础,在意识形态领域确定了巴尔干的北部边界。"一战"结束之后,南斯拉夫、罗马尼亚与奥匈帝国解体之后的奥地利、匈牙利通过签订条约的方式划定了边界,因此北部边界的确定经历了比较漫长的历史过程。而希腊与土耳其之间则是通过战争的方式确定了边界,《色弗尔条约》极大地扩大了希腊的领土和势力范围,不仅获得了色雷斯,而且控制了小亚细亚沿岸。但是这种人为的领土与人口的扩张并没有与之相配的国家能力建设,因此希腊势必会回缩。战争结束之后,不仅领土边界,还有人口分布、财产分配的边界都要划定,没有了时间的缓冲,边界的划定势必会引起阵痛,并且会留下后遗症。

战争,不但没有满足希腊扩张领土的野心,反而被赶出亚洲大陆,1922年11月洛桑会议召开,经过漫长的谈判,于1923年7月签订了《洛桑条约》,这是对《色弗尔条约》的否定。《洛桑条约》重新确定了希腊与土耳其之间的边界,条约规定,两国边界从土耳其、希腊、保加利亚边界汇合点直到阿尔达河与马里萨河的汇合处。[①] 关于黑海海峡的公约则保障了土耳其对海峡的主权,虽然条约对海峡通行作了非常具体的规定,但无损土耳其作为拥有黑海海峡这一具有重要地缘战略价值水道的主权。《洛桑条约》是土耳其与协约国重新签订的和约,不仅划定了希腊与土耳其之间的边界,而且也结束了协约国与土耳其的战争状态,恢复了和平。条约规定,土耳其保证承认其他缔约国和在土耳其旁边并肩作战的国家所缔结的和约和附加公约的充分价值,同意关于旧德意志帝国、奥地利、匈牙利和保加利亚的领土业已或将要作出的规定,并且承认这样规定的边界下的新国家。[②]

奥斯曼帝国已经不复存在,但是奥斯曼帝国欠下的债务并没有被战火焚毁,条约将奥斯曼帝国的债务也分配给不同的国家,唯一没有受损

---

① 国际条约集(1917—1923)[M]. 北京:世界知识出版社,1961:848.
② 国际条约集(1917—1923)[M]. 北京:世界知识出版社,1961:854.

的是西方的债权人。① 同时关于土耳其与周边国家的财富分割也作了具体规定，比如"希腊、罗马尼亚、塞尔维亚—克罗地亚—斯洛文尼亚为一方和土耳其为另一方保证对于土耳其领土上或希腊、罗马尼亚和塞尔维亚—克罗地亚—斯洛文尼亚国各领土上由军队和行政当局夺去、扣留或查封的并且目前仍在该领土上的一切种类动产，在各领土上进行调查和返还时，应通过适当的行政措施以及提供一切有关文件，相互给予便利"②。帝国时代，财富的转移依靠战争与暴力，而霸权时代，财产权利在战后是核心议题之一。

希土战争带来的最大的后果之一莫过于规模巨大的"人口交换"，"说土耳其语的天主教徒必须离开小亚细亚，阿尔巴尼亚的穆斯林必须离开马其顿、伊庇鲁斯；说希腊语的穆斯林必须离开克里特岛"③。经过一场"人口交换"运动，希腊与土耳其境内的少数民族大大减少，人口近500万的希腊接收了近100万人口，选民人数大为增加，这是导致希腊政局变动的重要原因。人口交换给数百万人民带来了灾难，对土耳其和希腊也是一种巨大的冲击，但是从长远来看却是一种厘清双方边界的激进方式。"1919—1922年的希土战争以及后来的小亚细亚大溃败和人口交换，导致希腊的土耳其邻居不再只是外人，更是令人恐惧的敌人。"④ 但是《洛桑条约》划定的边界在此后的历史中并没有太大的调整，1930年维尼则罗斯与凯末尔签订了《希腊—土耳其谅解备忘录》，就两国存在的冲突达成了谅解，为两国间的和平奠定了基础。"在1923年的《洛桑和约》中，列强们承认了作为地中海东岸最强大政治力量的土耳其民族国家的地位。"⑤

《洛桑条约》为持续几百年的东方问题画上了一个句号，奥斯曼帝

---

① 条约第五十条第一款规定：1912年10月17日以前借款和其每年摊付金应由1912—1913年巴尔干战争后尚存在所归顺国家以及本条约第十二条和第十五条列举各岛所归属的国家之间予以分摊；结束此战争的条约和后来的条约生效起所发生的领土变更应予考虑在内。
② 国际条约集（1917—1923）[M]. 北京：世界知识出版社，1961：870.
③ Stevan K. Pavlowitch. A History of the Balkans (1804–1945) [M]. London and New York: Addison Wesley Longman Limited, 1999: 238.
④ [希] 约翰·科里奥普罗斯. 希腊的现代进程——1821年至今 [M]. 郭云艳，译. 上海：上海人民出版社，2008：281.
⑤ [德] 于尔根·奥斯特哈默. 世界的演变：19世纪史 [M]. 强朝晖，刘风，译. 北京：社会科学文献出版社，2016：910.

国已经被新生的土耳其共和国取代，列强竞逐的巴尔干地区裂变为不同的国家，并且开始了区域构建的进程。然而，东方问题之后的区域构建是脆弱的，经过第一次世界大战的洗礼，巴尔干地区并没有形成稳定的秩序，战后巴尔干分裂为两大阵营，以南斯拉夫、罗马尼亚和希腊为代表的战胜国主张维持凡尔赛体系；而保加利亚则要求修改《凡尔赛和约》。巴尔干在"一战"之后很难说形成了比较稳定的区域安全结构，除了内部的分裂与对峙之外，巴尔干区域还有非常明显的依附性。一方面，巴尔干各国的建国过程中大国干涉无时不在，各国在国家能力建设方面存在很多缺欠，为大国干预提供了机会；另一方面，"一战"之后，小协约国的组建意味着巴尔干的安全需要得到法国的保障。此外，巴尔干地区内部存在着诸多不稳定因素，尤其是在西巴尔干地区，不同的宗教、民族、语言群体在"南斯拉夫"的名称之下，但是马其顿问题、克罗地亚的本位主义都将成为未来战争的引爆点。由此可见，东方问题的终结并不意味着和平与秩序，而是迈上了一条充满荆棘与坎坷的区域秩序建设之路。时至 21 世纪，东方问题留下的遗产依旧存在于巴尔干半岛。

第六章　后帝国空间与巴尔干化的逻辑

　　从帝国向后帝国空间的转型是人类政治组织的一场革命，两次世界大战之后，主权国家"覆盖"了人类社会的组织形态。从人类社会组织的演化来说，主权国家的历史非常短暂，也是一种偶发的政治组织，主权国家打破了几千年来帝国兴衰的循环，将人类带入了后帝国时代，然而，在后帝国空间的废墟上无法想当然地建立起来稳定的国家秩序、区域秩序以及全球秩序。帝国通过包容多样性、整合差异性而建立的多重边界交叠的秩序，帝国秩序尊重不同社会组织自治权利，在集权与分权、整合与自治、平等与等级等方面保持了一定的均衡。帝国是一种复杂社会组织形态，但是它保留了简单社会组织，比如部落、氏族、教派等，基于血缘与传统为基础的简单社会组织保持了强大的生命力，构成了后帝国时代秩序重建的底色。主权国家是社会组织的建构性重建，首先实现了个体从社会中的"脱嵌"，是一个裂变的过程，社会秩序的时间与空间进行重组，从帝国向后帝国的转型也是秩序的退化，被强加的民族主义与主权国家并不稳定，同时主权国家体系中形成的"均势"与霸权，进一步撕裂了后帝国空间，从而形成了巴尔干化的状态。巴尔干化的本质是多重破碎秩序的叠加，帝国崩解之后形成的后帝国空间被民族国家及其激烈的霸权博弈的"世界时间"压迫，既有的部落、氏族等小型共同体被裹挟进入民族主义建国的浪潮之中，大国与小国形成了双重的结盟体系，后帝国空间的巴尔干化最终成为大国博弈的引爆点，第一次世界大战之后，殖民帝国体系崩解，人类社会进入真正意义上的后帝国时代，巴尔干化是后帝国空间秩序重建的根本威胁所在。

第一节　人类组织演化的动力与逻辑

　　第一次世界大战已经成为历史，但是对"一战"的研究方兴未艾，当今世界正经历百年未有之变局，冷战时代结束，大国博弈更加凸显，多元权力中心时代来临。尤其是"修昔底德陷阱"这一概念进一步突出了对"一战"进行研究的价值。从国际关系史的长时段而言，第一次世界大战是国际体系主导单位的重大变迁，欧洲体系的内战不仅将欧洲变成了废墟，也让王冠滚落一地，奥斯曼帝国、奥匈帝国、德意志帝国和沙俄帝国崩溃，民族主义勃兴，昔日的帝国朝着主权国家迈进，帝国的核心区比较顺利地实现了"瘦身"，如同剥洋葱一样变成了主权国家，而帝国的边疆则进入了持续的裂变之中。"一战"是后帝国时代的开端，而"一战"的爆发也是后帝国的"综合征"，奥斯曼帝国衰落之后，巴尔干地区裂解为不同的小国家，虽然奥斯曼帝国在"一战"之后才最后崩溃，但是它在巴尔干地区的统治在19世纪后期已经瓦解，巴尔干地区进入了后帝国时代。巴尔干被理解为一种分裂的状态，"一战"爆发与萨拉热窝事件密切相关，但从巴尔干的历史结构来说，巴尔干化是人类社会组织形态演化过程中出现的"不适应症"。从国际关系的历史视角来说，世界秩序是人类历史遗产的叠加，考古学家和人类学家的研究表明："在数百种人类社会可能类型中，只有效用突出的五六种在世界不同地区反复出现。其次，在可用于为不平等辩护的数百种逻辑预设中效用良好者寡，仅有数十种可以在不相干的社会都找到了它们。"① 可以说，几万年的演化过程中，环境、族群是多样的，但是政治组织方式却是趋同的，尤其是帝国以及后来的主权国家。

　　人类在99.8%的时间中，并不是生活在国家之中，国家只是最近6000年来新近出现的现象。人类社会演化的动力，尤其是政治组织的演变的动力的根源也深植于人类演化过程中。为什么人类能够成为地球上的主宰？人类高居于食物链的顶端，也在改变着地球的自然环境与生态系统。

　　探索人类起源之谜是一个多学科的命题，考古学家、人类学家、地

---

① [美] 肯特·弗兰纳里，乔伊斯·马库斯. 人类不平等的起源：通往奴隶制、君主制和帝国之路 [M]. 张政伟，译. 上海：上海译文出版社，2016：3.

质学家等都提出了诸多的理论，被普遍接受的是一种演化论的观点。"人类取得成功的秘密不在于个人智慧，而在于所在群体的集体智慧。集体智慧是综合了我们的文化与社会性质后共同形成的，在文化上表现为我们从别人那里学来的东西；在社会性质上则表现为我们在正确的规范下，生活在互相交往的大群体之中。"① 不是人类个体聪明，而是人类形成了一种特有的认知系统，或者说是一种累积文化机制，在非人类的生物中也有模仿，但主要是个体行为，并没有形成种群的演化，"只有人类展现了许多累积文化演化的证据。我们所说的累积文化演化指的是经过许多代人的传递和改进变得更为复杂的行为或人工制品"②。人类累积文化的能力有赖于对信息的处理、存储和传递，"智人的'独一无二性'表现在他们所拥有的以符号化方式处理信息的能力"③。声带的变化，语言的出现使人类获得了适应环境的法宝。

文化是一种适应性，在人类演化的更新世气候急剧变化，人类需要适应复杂的气候条件，基因的变异要远远落后于环境的变化，因此，人类的文化适应性使之能够分布在地球上绝大部分地区。人类将信息符号化并进行传播的能力不是来自脑容量的扩大，而是"我们大脑的内部组织和'连线'发生了变化"。而大脑中使我们倾向于符号思维的"神经成分"只不过是发生于距今大约20万年以前，"是解剖学意义上可以辨识的智人物种得以出现的发展重组过程的一个被动结果。"④ 可以说，大脑的进化是基因与文化相互作用的结果，在人体能量消耗中，大脑占据了20%—30%的份额，累积文化形成的信息也与人类的"大脑袋"相适应，婴儿的大脑大大增加了母亲分娩时的痛苦。另外，与很多哺乳动物不同，人类会通过一个非常漫长的童年来学习生存的技巧和知识。

模仿是人类最重要的学习机制，保持生活状态的稳定性，模仿也可以说从众的状态，就是模仿周围人的行为方式，比如父母以及其他亲属，

---

① [美] 约瑟夫·亨里奇. 人类成功统治地球的秘密 [M]. 赵润雨，译. 北京：中信出版集团，2018：8.
② [美] 彼得·里克森，罗伯特·博伊德. 基因之外：文化如何改变人类演化 [M]. 陈姝，吴楠，译. 杭州：浙江大学出版社，2017：127.
③ [美] 伊恩·塔特索尔. 地球的主人——探寻人类的起源 [M]. 贾拥民，译. 杭州：浙江大学出版社，2015：234.
④ [美] 伊恩·塔特索尔. 地球的主人——探寻人类的起源 [M]. 贾拥民，译. 杭州：浙江大学出版社，2015：236.

在人类早期社会发生过程中最重要的制度就是亲属制度。另外，人类还会迷信权威，向有声望的人或者成功者学习，强势文化对弱势文化的征服并不一定是通过种族灭绝实现的，而是弱势文化的仰慕与自我转变。人类的文化学习能力累积了对环境的适应能力，"人类能够比其他灵长类动物在更广泛的环境中生存，这是因为与基因的继承性相比，文化容许人们更快速地积累起来更好的策略来开拓当地的环境。在最一般的意义上考虑'学习'，每个适应性系统都通过一种或另一种机制来'学习'它所在的环境，学习包含了在准确性和普适性之间进行权衡，学习机制产生了一种对环境的'观测'而行事的条件性行为"①。进入全新世之后，气候环境稳定下来，人类在地球的发展可以说是爆炸性的，遍布于地球陆地表面的大部分地区，人类社会组织也在经历着比较显著的变化，从简单的觅食秩序朝着复杂化的方向发展。

在相当长的时间里，人类生活在只有几十人最多上百人的小型共同体之中，也就是说，人类分布于地球陆地表面的大部分地区，具有了广度但并没有密度。"原本就稀疏地散步于各地的非洲祖先，由于变化莫测的气候条件往往会变得更加'支离破碎'，因此他们的群体规模都非常小。"② 采集—狩猎为主的觅食方式，无法承载过高的人口密度，因此，采猎群具有裂变性，"在热带雨林里，当一个村庄的人口达到500到600人时，群体内部的压力和紧张状态就可能达到相当的程度，公开的派系斗争马上出现，导致持不同意见者愤然出走，另觅他处居住"③。在采猎群为主导的社会形态中，共同体的边界是比较稳定的，"数十万年来，群体竞争传播了各种各样的社会规范，刺激群体捍卫自己的共同体，还建立起了应对旱灾、洪灾和饥荒这些自然灾害的风险共享网络，并促进了对食物、水源和其他资源的共享"④。

在共同体内部遵循平等主义的思想，平等主义意味着共同体是一种

---

① [美] 彼得·里克森，罗伯特·博伊德. 基因之外：文化如何改变人类演化 [M]. 陈姝，吴楠，译. 杭州：浙江大学出版社，2017：153-154.
② [美] 伊恩·塔特索尔. 地球的主人——探寻人类的起源 [M]. 贾拥民，译. 杭州：浙江大学出版社，2015：234.
③ [美] 马歇尔·萨林斯. 石器时代的经济学 [M]. 张经纬，等，译. 北京：生活·读书·新知三联书店，2009：114.
④ [美] 约瑟夫·亨里奇. 人类成功统治地球的秘密 [M]. 赵润雨，译. 北京：中信出版集团，2018：248.

扁平化的组织，没有形成等级性的分化。"由于文化—遗传的共同演进，人类（至少）拥有了两种截然不同的地位——权威地位以及声望地位。"① 两种地位的区别在于：在权威关系中，下级是出于恐惧而受到权威的影响，他们会选择服从或者尽量不惹上级生气；而在声望关系中，声望是靠专长、能力和说服力等确定的。采猎群中最重要的纽带是亲属关系，亲属之间通过互惠性的礼物关系而连接起来，"从类人猿社群持续不断的争斗中解放出来，人类觅食者创造了合作性拟亲属拓展网络。他们用包含歌唱、舞蹈与艺术等的仪式活动来向下一代传播自己的宇宙观与神圣命题"②。

共同体内的平等主义意味着首领需要依靠声望而不是权威，在共同体内没有办法形成等级性的强制力，首领要依靠慷慨的赠送或者夸富宴等方式确立权威，而这种权威并不会在代际传递，权威依靠的是功绩而不是血缘。"自从农业出现以后，以功绩为基础的社会变得很常见。为说明这一点，我们将注意力聚焦于以基于成就社会中最普遍的一种公共机构：男人屋或氏族房。……在看到公元前8000年前的人们和公元1900年的人们在做同样的事情时，人们可能会识别出重复出现在世界历史中的某一类行为。"③ 共同体是非政治性组织，并没有形成分层结构，扁平化的组织中难以形成强制性权力。在漫长的历史演化中，小型共同体扮演了至关重要的角色，也构成了人类社会的底色。

共同体内追求的是声望，而非财富，经济学家凡勃伦在《有闲阶级论》中提出的"代理性消费"，其实就是人类古风的遗存。④ 人类社会组织形态的演化受制于两种不同的逻辑和动力："人类天生有两种倾向，一种是与灵长类祖先共同拥有的原始本能。这种原始本能产生与我们所熟悉的亲缘选择和亲缘互惠的演化过程，它使得人类能够拥有复杂的家庭生活，并常常在个体之间孕育出深厚的感情纽带。另一种是部落本能，它使得我们能够与更大范围内的，以身份作为标识的人们——即'部

---

① [美] 约瑟夫·亨里奇. 人类成功统治地球的秘密 [M]. 赵润雨, 译. 北京：中信出版集团, 2018：147.
② [美] 肯特·弗兰纳里, 乔伊斯·马库斯. 人类不平等的起源：通往奴隶制、君主制和帝国之路 [M]. 张政伟, 译. 上海：上海译文出版社, 2016：69.
③ [美] 肯特·弗兰纳里, 乔伊斯·马库斯. 人类不平等的起源：通往奴隶制、君主制和帝国之路 [M]. 张政伟, 译. 上海：上海译文出版社, 2016：115.
④ [美] 凡勃伦. 有闲阶级论 [M]. 蔡受百, 译. 北京：商务印书馆, 1964.

落'——进行合作。部落社会产生于我们之前提及的部落层面的基因—文化共同演化过程。正因如此，人类能够与一群没有近亲关系而只有共同文化的人联合起来，这是其他灵长类所做不到的。"① 人类的原始本能是小型共同体的内聚力所在，在共同体内是互惠式交换，采集—狩猎无法储存财富，共享食物是一种美德，因此，生产并不是为了财富的积累，人与自然形成了基本的均衡，劳动只是为了满足最基本的生存需要。

扁平化、自治性、基于互惠原则的组织方式持续了上万年的历史，时至今日，这样的组织原则依然存在，并构成了人类对于平等主义的大同社会的想象。然而，小型共同体只是在人口密度和劳动生产率均比较低的情况下才能维持下去。在全新世，随着人口密度的增加，共同体之间的互动增加，形成了共同体之间的体系，也形成了我者与他者之间的区分。共同体内的首领在对外互动中扮演了垄断性的角色，一是与外界的交换；二是战争，首领的权威地位在上升，在考古发掘中，男人屋或者氏族屋开始向议事厅转变。另外，原始宗教出现，僧侣阶层拥有了与神灵对话的权力，庙宇则是僧侣权力在空间中的体现。战争或者庙宇都是建立在财富剩余的前提之下，随着人口密度的增加而出现了社会分层及其复杂化。

从扁平化、均质化、自治互惠的简单组织向等级性、多样性、异质性的复杂社会转型。"复杂化一般是指一个社会的规模、其组成部分的数量和特点、其整合的特殊社会功能的多样性、其拥有的独特社会人格的数量及其多样性以及社会功能整体凝聚机制的多样性。"② 简单社会中的劳动分工主要在男性和女性之间，而复杂社会中的分工则是阶层的分化，并且形成了等级性的治理结构。"在等级社会中，战争成了首领自我膨胀的一种工具。当自我膨胀简单意味着头衔的获取时，并不需要改变基本社会规则。当自我膨胀意味着领土获得时，就会造成等级社会管理原则

---

① ［美］彼得·里克森，罗伯特·博伊德. 基因之外：文化如何改变人类演化［M］. 陈姝，吴楠，译. 杭州：浙江大学出版社，2017：237. 在这里的"部落"是一个广义的概念，部落是一种社会组织的单位，它是许多没有什么亲缘关系的人聚集起来形成的常见的社会体系，并且不依赖于正式的权威。部落的维系依赖于广义的亲缘关系、情感和非正式制度，而不是由强制力所保障的法律和领导层。

② ［美］约瑟夫·泰恩特. 复杂社会的崩溃［M］. 邵旭东，译. 海口：海南出版社，2010：38.

来说领土过于庞大的问题。这就为王国特征的政治治理结构设定了舞台。"① 对外战争或者征服打破简单社会的自治格局及其裂变性，赋予了善于作战的首领更多的权威，不仅通过打败外部敌人提供安全保护，而且对本共同体内的成员也构成了威慑。"复杂社会的成长经历了一个嬗变过程——从内部单一、几乎无阶层差别的小型群体（以资源优势平等、领导短期执政和动荡政局为特点），到异质性强、内部差别甚多、阶级结构和阶层控制的大型社会（以生存资源完全不可能平等分配为特点）。这后一种社会是我们今天最为熟知的也是历史上最为怪异的一种社会形态，一个一经出现便需要不断进行合法化建设和强化建设的社会形态。"② 无论王国还是帝国，都是不断自我强化的复杂社会体系，通过征服或者吸引，帝国成为容纳多样性与异质性的共同体网络。"'帝国'所指的无非就是在各自的时代状况下，超越了作为基础单位的各个共同体、部落、社会、地域、权力、政权、国家作为基础单位而居于其上的统合性权利，以及以本身为核心而形成的关系、势力圈及秩序。"③ 帝国所代表的组织与人类的本能是相悖逆的，帝国是等级性的组织，也是分层的秩序，小型共同体的逻辑并没有消失，只是有时候会被覆盖。"人类建构了一个社会世界，这个世界看起来似乎就像我们演化出社会本能的世界一样。与此同时，除非人类的行为能够与他们在小规模部落社会中完全不同，否则，大规模社会很难发挥出其优势。在大规模社会中，劳动分工是必要的，服从命令也是重要的，且领袖必须要有令人服从的正式权力。大规模社会还需要陌生人之间定期的和平交互。这些要求与原始社会本能和部落社会本能相矛盾，因此会导致情感上的冲突、社会混乱和低效。"④ 帝国这样的复杂性社会一旦成型就成为普遍模仿的组织，复杂社会的财富与暴力资源要远远超过简单社会，就像萨林斯所发现的："生

---

① ［美］肯特·弗兰纳里，乔伊斯·马库斯. 人类不平等的起源：通往奴隶制、君主制和帝国之路 [M]. 张政伟，译. 上海：上海译文出版社，2016：598.
② ［美］约瑟夫·泰恩特. 复杂社会的崩溃 [M]. 邵旭东，译. 海口：海南出版社，2010：57.
③ ［日］杉木正明. 蒙古颠覆世界史 [M]. 周俊宇，译. 北京：生活·读书·新知三联书店，2016：221.
④ ［美］彼得·里克森，罗伯特·博伊德. 基因之外：文化如何改变人类演化 [M]. 陈姝，吴楠，译. 杭州：浙江大学出版社，2017：277.

产的动力是由政治权力传送出来的。"①

从距今五六千年前，小型共同体进入了复杂化的过程，国家尤其是帝国成为主要的政治组织形态，也可以说是帝国秩序对小型共同体的覆盖。帝国是一种为了广度而牺牲密度的政治组织，帝国疆土广阔，有边疆而无边界，帝国统治的决定性因素并不是对边疆地区的直接与强势控制，而是灵活多变的控制方式，"因地制宜"代表了帝国对差异性的包容以及有效的利用，帝国统治形成了轮毂结构，帝国对边疆进行整合与控制，但是边疆并没有建立有机的联系。帝国之外是"蛮族之地"，"通过蛮族论建立起一道虚拟界线，保持帝国使命的可信度并保障统治区域内的和平，那么它们就因此赢得了稳定性和持久性"②。帝国提供了交换与互动的必要手段，比如通用语、货币、万民法以及大型宗教（文明）。"一个复杂社会就算其扩张成功，发展到最后也会达到一个拐点，也就是继续扩张需要过高的边际成本。需要防卫的边界线、管辖地区的规模、行政机构的规模、国内安定所需的成本、首都到边疆的旅行距离、竞争者的出现等，都会联手给经济进一步增长施加压力。"③虽然不同的帝国兴衰更迭，但是作为一种政治组织形式呈现了相当的韧性，不同的帝国占据了几千年的时间轴，甚至是人类大多数的政治史，因此，帝国代表着一种具有普世性、全球性的政治组织形态。帝国在时间维度上的遗产主要体现在经久的帝国情结以及历史记忆。

第二节　迈向后帝国时代的动力

帝国是一种等级性的组织形态，但是并没有形成严格的边界，而是形成了中心与边缘的分野，帝国等级性结构兼顾了复杂社会组织集权的诉求和共同体自治的传统。可以说，帝国的结构是复合性的，帝国内不同等级之间如同金字塔一样拼接到一起，没有形成内部的整合与动员。

---

① ［美］马歇尔·萨林斯. 石器时代的经济学［M］. 张经纬，等，译. 北京：生活·读书·新知三联书店，2009：147.
② ［德］赫尔弗里德·明克勒. 帝国统治世界的逻辑［M］. 阎振江，孟翰，译. 北京：中央编译出版社，2008：103.
③ ［美］约瑟夫·泰恩特. 复杂社会的崩溃［M］. 邵旭东，译. 海口：海南出版社，2010：174.

"自上而下的控制一般都是通过分隔的等级制度来实现的,在相同等级内部保持几乎平等的关系。正如我们之前所说的,更新世晚期的社会使得游群聚合成更大的民族语言学单位,从而在缺少正式政治组织的情况下提供社会职能。复杂社会也运用同样的原理来深化和强化阶层的控制力,其中的奥妙在于建立起一个正式的嵌套式阶层制度,在阶层内部产生各种各样的归属感和成就感。每个阶层都复制了狩猎采集游群的结构,每个阶层的领袖都主要与阶层内的人合作,在少数情况下会与低一阶层的领袖接触,新的领袖一般都从次一级的领袖中选拔,且经常是那个阶层中的非正式领袖。具有个体互惠和小群体合作精神的游群缓和了等级制度产生的独裁权威,即使是现代等级社会中的那些高级领袖,也需要采用那些常见于酋长获取领导权时的谦逊技巧。"①

　　帝国统治广大的疆域,但是帝国的权力是比较稀薄的,帝国统治主要依靠以下手段:"使用以军事权力为基础的强制性制裁;统治精英内部的权威合法化,它使得政府管理机构的建立成为可能;相互依赖的经济纽带的形成。"② 权力的形成和使用是在"关系"实践中的,主体与客体之间是相互建构的,权力的运用主要体现在"时空延伸",帝国权力有赖于书写形成的信息存储。"书写的发展以一种根本的方式使行为互动在时间上得到扩展。在没有文字的文化中,传统包含了前代人所有的文化成果;但文字的出现使与过去的直接交流成为可能,而且这种交流方式类似于与身体上在场的个体进行互动。"③ 帝国统治之下,共同体依然是复杂组织中的主要构成单位,帝国内部的整合性与裂变性是帝国循环的主要的动力与逻辑。"随着帝国的稳定,古代资本主义,最重要的资本货物——新增奴隶——的来源开始萎缩,商业败落了。靠沿海城邦的财富管理巨大的被征服内陆地区,事实上已经捉襟见肘。大农场主们自行建立了独立于城邦的行政单元。地方军队取代了常备军,而且大都能自我长存,乃至一半以上的兵员都是军人的子弟。随着经济与文化变成了农村经济与文化,世界主义消失了。因此,古代的经济发展兜了个圈子又

---

① [美]彼得·里克森,罗伯特·博伊德. 基因之外:文化如何改变人类演化[M]. 陈姝,吴楠,译. 杭州:浙江大学出版社,2017:279.
② [英]安东尼·吉登斯. 历史唯物主义的当代批判:权力、财产与国家[M]. 郭忠华,译. 上海:上海译文出版社,2010:104.
③ [英]安东尼·吉登斯. 社会理论中的核心问题[M]. 郭忠华,徐法寅,译. 上海:上海译文出版社,2015:217.

回到了原处，开始成为一种地方色彩的自给经济。"① 从政治秩序演变的角度来说，帝国是权利限制秩序②，带有强烈的人格化特征，帝国在几千年处于往复循环之中，可以说，在有文字记载的人类历史中，90% 以上的时间都是在"帝国时代"。

欧洲殖民帝国超越了传统帝国，将人类带入了"后帝国时代"，主权国家成为普遍的政治组织形态。帝国与主权国家的区别在于强边界还是弱边界，欧洲国家的兴起并没有阻断帝国的市场交易网络，反而却借助和促进了这一网络的发展。欧洲多极体系的兴起和发展是对罗马帝国体系（情结）的超越，但是帝国的情结投射到了海外，因此，殖民帝国体系是主权国家的霸权体系与海外帝国体系的相互嵌套。欧洲殖民帝国包含了双重的空间革命：一是主权国家这种均质且边界分明的新政治组织的出现。卡尔·施米特认为，现代国家是一场空间革命，"随着'国家'这种新的秩序概念粉墨登场，封建的、等级制的中世纪混杂秩序开始慢慢地被清除一空。国家确立了一种在地域上完整的政治统一体。国家拥有最高主权这种法学思想迈出了决定性的第一步，这使得接下来的几个世纪中形成了空间上自成一体、国与国之间存在着数学般精确的疆界，以及中央集权地和普遍理性化了的统一体。"③ 二是不同于陆权的海洋体系的兴起，进一步说是资本主义市场体系的兴起，大航海开启了全球性的空间革命，海权对陆权形成了挤压。"西方崛起，首次挑战东方，并最终主宰世界，这确凿始于 1492 年。"④ 很难用某一具体的时间点来衡量东西方实力的变化，但是殖民帝国恰恰将人类开始带入后帝国的时代。

欧洲殖民帝国是帝国与主权国家的嵌套，是主权国家体系的全球扩张。桑巴特认为："现代殖民制度的发展和现代国家的建立是两个相互依赖的现象。没有乙，甲是不可想像的。"⑤ "欧洲国家体系既为资本主义

---

① ［德］马克斯·韦伯. 经济与社会（第一卷）［M］. 阎步克，译. 上海：上海人民出版社，2010：23.
② ［美］道格拉斯·C. 诺思，约翰·约瑟夫·瓦利斯、巴里·R. 温格斯特. 暴力与社会秩序［M］. 杭行，王亮，译. 上海：格致出版社，2013.
③ ［德］C. 施米特. 陆地与海洋——古今之"法"变［M］. 林国基，周敏，译. 上海：华东师范大学出版社，2006：72.
④ ［英］菲利普·费尔南多-阿梅斯托. 1492：世界的开端［M］. 赵俊，李明英，译. 上海：东方出版中心，2013：22.
⑤ ［德］维尔纳·桑巴特. 犹太人与现代资本主义［M］. 安佳，译. 上海：上海人民出版社，2015：45.

的兴起准备了条件，而且自 16 世纪以降，资本主义与国家体系的交互融合还为欧洲不断加强对世界其他地方的支配提供了手段。"① 从人类组织演化的角度来说，欧洲的扩张是一次巨大的断裂，欧洲的扩张不是传统帝国扩张的重现，而是一种新的扩张形式，构建了新的政治组织，主权国家与世界市场体系同步扩张，是政治与经济的分离与重构，由此形成了巨大的扩张能量。"近代欧洲强国的扩张，采取的方式与古代传统帝国大有不同，它不表现为对毗邻地区实施直接的军事扩张，而主要靠远洋商业和军事方面的努力。由于资本主义经济机制的激励，越洋商业及与之相关的军事行动促使欧洲与全球的生产和商业关系体系联系起来，使既有的本土居民被迫臣服于欧洲统治的地区，及欧洲殖民者占绝对优势的地区全面呈现出殖民主义这个极重要的现象。"②

主权国家、资本主义等因素都被归类为现代性的兴起。现代性"指的是从 18 世纪中期欧洲启蒙运动到 20 世纪 50 年代中期这段时间，特征是世俗化、理性化、民主化、个体化以及科学的兴起"③。现代性打破了既有的帝国兴衰循环，带来了一种全新的组织以及新的时空观念。"现代性的动力机制派生于时间和空间的分离和它们在形式上的重新组合，正是这种重新组合使得社会生活出现了精确的时间—空间的'区分制'，导致了社会体系（一种于包含在时—空分离中的要素密切联系的现象）的脱域（disembedding），并且通过影响个体和团体行动的知识的不断输入，来对社会关系进行反思性定序与再定序。"④

现代性的"脱域"让个体解放出来，成为原子化的个体，马克斯·韦伯将其称为"脱魅"，在欧洲，文艺复兴和宗教改革，打破了宗教在组织中的核心纽带作用，从神的世界到了人的世界，但也带来了严重的冲击。"现在的西方文明被撕裂为两端：一端是进行着名为历史意义之漫长征途的大人先生的精英们，而另一端则在必要时必须屈从

---

① [英] 安东尼·吉登斯. 历史唯物主义的当代批判：权力、财产与国家 [M]. 郭忠华, 译. 上海：上海译文出版社, 2010：216.

② 王铭铭. 超社会体系：文明与中国 [M]. 北京：生活·读书·新知三联书店, 2015：21.

③ [英] 安东尼·吉登斯, 菲利普·萨顿. 社会学基本概念 [M]. 王修晓, 译. 北京：北京大学出版社, 2019：15.

④ [英] 安东尼·吉登斯. 现代性的后果 [M]. 田禾, 译. 南京：译林出版社, 2000：114.

于暴力。"① 在以宗教、血缘为纽带的共同体式微之后，如何重建世俗世界的秩序，这是欧洲从 14、15 世纪以来面临的问题。

首先，个人主义兴起，共同体的纽带瓦解，平等主义已经被激烈的绩效竞争所取代。共同体时代，人生活在一个比较固定或者稳定的时空之中，生活是一种循环，而现代社会是一个加速的社会，"技术的加速和由于时间资源的短缺而导致的生活节奏提高"②。个体面对的是一个急剧变化的不确定的世界，原有的知识和传统已经被抛离出来。个体生活的环境已经从"地方"变成了虚空的"空间"，在共同体时代，人的迁徙是非常慢的，地方就是生活的空间，反过来也成立。当然，个体的解放也释放了人的潜力，激烈的继承激发了活力和效率，"英国不断商业化的生活创造了一个流动性更强的社会，人们发现通过不断提高自己，可以在社会中具有优势——而不是仅仅依靠出身决定"③。

其次，时间被不断的商品化，时间就是金钱，金钱代表着成就，在这样的逻辑之下，时间被"争分夺秒"进行衡量。时间的商品化背后是劳动力的商品化，而劳动力商品化是资本主义系统的核心特征。"资本主义是这样一个社会经济系统：它同建立在成本核算基础上的商品生产挂钩，依靠资本的持续积累来扩大再投资。然而，这种独特的新式运转模式牵涉着一套独特文化和一种品格构造。"④ 一切价值都通过货币这种符号来衡量，货币可以视为一种抽象的信任系统，经济的货币化以及劳动的货币化，瓦解了共同体所形成的信任关系，"金融资本的发展，根本地改变了社会的经济的从而政治的结构"⑤。如马克思所说的，以物为中介的依附取代了人身依附关系，进一步说，现代性创造了一个风险社会体系。

再次，在资本主义和主权国家的双重介入之下，空间管理精细化和

---

① ［美］沃格林. 文艺复兴与宗教改革［M］. 孔新峰, 译. 上海: 华东师范大学出版社, 2016: 340.

② ［德］哈尔特穆特·罗萨. 加速: 现代社会中时间结构的改变［M］. 董璐, 译. 北京: 北京大学出版社, 2015: 83.

③ ［英］罗杰·奥斯本. 钢铁、蒸汽与资本: 工业革命的起源［M］. 曹磊, 译. 北京: 中国工信出版集团, 2016: 11.

④ ［美］丹尼尔·贝尔. 资本主义文化矛盾［M］. 赵一凡, 等, 译. 北京: 生活·读书·新知三联书店, 1989: 25.

⑤ ［德］鲁道夫·希法亨. 金融资本——资本主义最新发展的研究［M］. 福民, 等, 译. 北京: 商务印书馆, 1994: 389.

商品化，空间是被规划和设计出来的。从采集狩猎到农耕或者游牧，人与空间的关系是具体的，也是亲密的，"生于斯，长于斯"，形成了一种叫作"故乡"的地方。但在工业资本主义时代，工厂所代表的空间是被规划出来的，也是抽象的，当然也是可以拆除重建的。"工业革命本质上是从自然经济向建立在化石能源基础上的经济模式的转型，而且是延续到现在的技术进步的开端。"[①] 工业化带动的城市化，从根本上改变了人与空间的关系，共同体的根被拔出，通过劳动分工以及工业生产体系而组成新的生存方式，城市是陌生人的几何体，"无根感"是普遍存在的。"时间商品化以及进一步发展起来的空间商品化过程，给随着资本主义来临而形成的日常社会生活造成了最为深刻的转型。两者结合在一起既构成了生产过程组织、工作场所的核心现象，也构成了日常体验日常社会生活之亲密关系背景的核心现象。"[②] 主权国家与帝国的差别在于确立了明确的国界线，对领土的管辖和治理需要通过地图来实现，或者地图成为国家空间的符号化表达。"现代化过程之一的决定性特征就是以重组空间的名义打一场旷日持久之战。这场重大战役的赌注就是赢得控制地图绘制室的主动权。"[③] 空间的符号化与形式化，掏空了空间的内容，也形成了强烈的空间扩张的冲动。"随着资本主义和国家科层制齐头并进、不断向外扩张，形式理性逐渐渗透到社会生活的绝大多数领域，把其他组织形式的生存空间挤压得喘不过气来。"[④]

最后，欧洲国家体系及市场体系既改变了欧洲人的生存状态，也形成了扩张的浪潮，从1500年开始欧洲的殖民浪潮最终覆盖了全球。国家与国际体系是相互建构的，欧洲国家的锻造与战争相伴随，战争是对一个国家的终极考验，战争将欧洲国家变成了权力的容器。欧洲国家体系形式上是主权国家平等，但却是等级性的霸权体系。"系统能力越来越集中在更少的国家手中，保证威斯特伐利亚体系各成员国平等的力量均衡

---

① [英] 罗杰·奥斯本. 钢铁、蒸汽与资本：工业革命的起源 [M]. 曹磊，译. 北京：中国工信出版集团，2016：320.
② [英] 安东尼·吉登斯. 历史唯物主义的当代批判 [M]. 郭忠华，译. 上海：上海译文出版社，2010：133.
③ [英] 齐格蒙特·鲍曼. 全球化：人类的后果 [M]. 郭国良，徐建华，译. 北京：商务印书馆，2013：29.
④ [英] 安东尼·吉登斯、菲利普·萨顿. 社会学基本概念 [M]. 王修晓，译. 北京：北京大学出版社，2019：25.

原则被这一过程摧毁。随着获得合法主权的国家的数目和种类越来越多，这一体系扩展到全球，大多数国家失去了事实主权，而这先前是靠系统能力更为平衡的分配保证的。在英国霸权之下，这一保证已形同虚设；在美国霸权之下，尽管它形同虚设，也还是被弃之一边。"① 资本主义具有全球扩张性，"马克思认为，发达的市场是资本主义的核心组成部分，市场是分工和货币经济的前提。马克思强调，竞争是残酷且无国界的，竞争能推动技术和组织结构的进步，但也会使市场参与者相互对立"②。

西方殖民帝国体系是国家间体系与帝国间体系的"嵌套"③，欧洲国家之间的战争与殖民扩张的战争同步进行，甚至是一体两面，并且逐渐确立了"均势原则"，尤其是拿破仑战争之后的维也纳体系，不仅重绘了欧洲的版图，建立了欧洲协调机制，更在于它以英国的霸权取代了法兰西的大陆帝国梦，"这场世纪和平以牺牲法国的霸权梦而实现。一个军事化、好征战的帝国坍塌了，把位置让给了另一个商业大国"④。与此同时，"工业化、理性国家和进步的意识形态三个相关进程"相互联结构成了新的权力模式，推动了全球转型⑤，从欧洲体系而言，这是不断"扩展"的过程⑥，但是从全球空间而言，殖民帝国打垮了传统帝国，迫使这些帝国进行艰难的转型，并且成为欧洲殖民帝国的"边疆"，打破了几千年来帝国兴衰更迭的"周期律"，使得"非西方"国家进入了后帝国时代。

从19世纪末到20世纪中期，欧洲的殖民帝国体系维系了不到一个世纪，真正摧毁殖民帝国的并不是"边疆的反抗"，而是殖民帝国内在矛盾，海外扩张在一定程度上缓解或者转移了欧洲国家之间的竞争与战争，但是当殖民帝国已经"覆盖"地球绝大部分陆地空间之后，矛盾又

---

① [意] 乔万尼·阿瑞吉, 贝弗里·J. 西尔弗. 现代世界体系的混沌与治理 [M]. 王宇洁, 译. 北京: 生活·读书·新知三联书店, 2003: 301.
② [德] 于尔根·科卡. 资本主义简史 [M]. 徐庆, 译. 上海: 文汇出版社, 2017: 8.
③ [英] 安德鲁·赫里尔. 全球秩序的坍塌与重建 [M]. 林曦, 译. 北京: 中国人民大学出版社, 2007: 287.
④ [法] 帕特里斯·格尼费, 蒂埃里·李琦主编. 帝国的终结 [M]. 邓颖平, 等, 译. 深圳: 海天出版社, 2018: 236.
⑤ [英] 巴里·布赞, 乔治·劳森. 全球转型对不平衡与综合发展的影响 [J]. 潘玉, 译. 史学集刊, 2016 (3).
⑥ [英] 赫德利·布尔, 亚当·沃森. 国际社会的扩展 [M]. 周桂银, 储召锋, 译. 北京: 中国社会科学出版社, 2014.

重新回到了欧洲国家体系内部。两次世界大战彻底摧毁了殖民帝国体系，并不是基辛格所说的欧洲均势秩序扩展到全球，而是均势的内在逻辑最终摧毁了欧洲帝国，并且带来了去殖民化。

"去殖民化"的进程并不仅仅是民族主义这种"想象的共同体"的普遍构建，它还包含了两个进程：第一，殖民帝国之间的战争摧毁了帝国，"统一的'西方'崛起的传统叙事掩饰了世界历史上一个最古老且最尖锐的文明冲突：盎格鲁-撒克逊人与欧陆持续数世纪的战争"①。而两次世界大战可以说是殖民帝国的终极之战，"为了阻止德国人、日本人和意大利人建立它们的帝国，英国人不惜放弃了自己的帝国"。② 大英帝国并没有如此高尚，而只是在惨胜中"非意图"地摧毁了殖民帝国体系。第二，帝国统治松弛，同时民族主义思想广泛传播。战争期间，帝国的边疆地区为欧洲帝国提供了回旋的空间和大量的兵员，但是，"同时也在那种齐心协力的激情里面暗含了一种给人们更大限度的自由的承诺"③。民族主义带来了一个身份认同的挑战，身份边界确立起来，帝国包容和整合差异的机制失灵了，殖民帝国中心"回归"到主权国家的内核，帝国统治的成本上升，"撤退"也变成了理性的选择，而帝国边疆地区也要寻求建立"自己的国家"。"在大西洋殖民地推翻英国殖民统治的不是当地人，而是英国人自己；在印度，则是当地人推翻了英国的殖民统治。"④

殖民帝国的瓦解与主权国家体系的全球化是相伴随的，从（殖民）帝国边疆向主权国家转变，是一场新的政治空间的革命。如格尔茨所言："将主权从殖民宗主国转移到独立国家，不仅仅是将权力从外国人手中转移到当地人手中；它是整个政治模式的一种转换，是由臣民向公民的转变。"⑤ 这场政治空间革命的本质是在"多重边界"的帝国边疆地区建设边界明确的政治组织，独立，只是国家建设的开始。"'国家'是一个新

---

① [美] 沃尔特·拉塞尔·米德. 上帝与黄金：英国、美国与现代世界的形成 [M]. 涂怡超，罗怡清，译. 北京：社会科学文献出版社，2017：109.
② [英] 尼尔·弗格森. 帝国 [M]. 雨珂，译. 北京：中信出版社，2012：30.
③ [法] 科耶夫. 科耶夫的拉丁帝国 [M]. 邱立波，译. 北京：华夏出版社，2008：245.
④ [美] 理查德·W. 布利特，等. 20 世纪全球史 [M]. 陈祖洲，等，译. 南京：江苏人民出版社，2017：149.
⑤ [美] 克里福德·格尔茨. 文化的解释 [M]. 韩莉，译. 南京：译林出版社，1999：319.

兴的和全然欧洲式的观念，而且多数殖民地在欧洲人来到之前并不存在。"① 帝国边疆如同剥洋葱一样处于痛苦转型之中，新兴国家的边界往往是殖民帝国随意画出来的，国家要么太大，难以整合差异；要么太小，无法形成规模效应，保罗·科利尔认为，底层10亿人面临着战乱陷阱、自然资源陷阱、恶邻环绕的内陆陷阱以及小国劣政的陷阱。②

后帝国空间并不代表一个主权国家的国际体系完全"替代"了帝国，基于主权国家而重建国际秩序也是一种想象。殖民帝国崩溃之后，全球市场秩序并没有崩溃，技术、资本、人员、商品形成了一个既有广度又有深度的全球化空间。帝国崩溃并没有消灭差异性，主权国家创建也没有整合差异性，全球治理需要如帝国一样包容差异，要灵活有弹性。值得关注的是，欧洲国家失去了海外帝国体系，开始重建欧盟，是不是一种帝国的补偿呢？"英国人或许打败了拿破仑，但拿破仑统一欧洲的梦想后来仍以不那么好战的形式被提出：今日欧盟的许多公开政治目标，都与拿破仑的梦想非常接近，只是欧盟没有文化上的强迫。"③ 主权国家源于欧洲，但是在欧洲的"后帝国空间"并不仅仅是主权国家，而是构建了多层次的治理体系，从这个意义上来说，主权国家只是后帝国空间中的"过渡形态"。

第三节 后帝国空间的特征

后帝国空间是帝国秩序坍塌或者崩溃之后的状态，是帝国不再是主导性的政治组织形态背景下的转型。虽然主权国家被视为普遍的、合法的政治组织，但是主权国家是欧洲历史经验的结晶，对于广大的后帝国空间而言，主权国家是外来强加的政治组织。从帝国到后帝国的转型，包含了复杂社会崩溃过程，也暗含了主权国家构建的过程。前者意味着后帝国空间将不同历史时期的秩序遗产的横切面一下子呈现出来；后者意味着后帝国空间的多数主权国家有名无实，有主权国家的名义，但是

---

① [英] 安东尼·派格登. 西方帝国简史 [M]. 徐鹏博，译. 天津：天津人民出版社，2007：135.
② [英] 保罗·科利尔. 最底层的10亿人 [M]. 王涛，译. 北京：中信出版社，2008.
③ [英] 安东尼·派格登. 西方帝国简史 [M]. 徐鹏博，译. 天津：天津人民出版社，2007：20.

没有治理的能力。

  法国哲学家科耶夫在"二战"后认为:"现代国家的民族阶段已经过去,为了政治上继续存在下去,现代国家应该建基于一种由亲缘性的加盟国家构成的广泛的'帝国式'的联盟中。"① 在科耶夫的视野中,法国需要建立一个拉丁帝国,与盎格鲁—撒克逊帝国以及苏联帝国对抗。可以说,第二次世界大战的结果也表明主权国家体系并不是理想的治理方式,两次世界大战可以说是欧洲国家体系的内战,最直接的结果就是终结了殖民帝国以及欧洲在世界舞台上的主宰地位。经济史学家埃里克·琼斯认为,民族国家"是欧洲历史进程中人为的产物,是由一大堆杂七杂八的封建碎片锻造在一起的。它们在有理由去寻找早期发展经验的时期尚未完全成型。一句话,它们既不合时宜,也不合地宜。自1945年以来,它们在很大程度上被强加于世界其他地区,所以它们并不能囊括或涵盖欧洲以外地区整个相关的历史经验"②。

  后帝国空间的出现也是复杂社会崩溃的产物,社会秩序如同帝国留下的断壁残垣一样。帝国是中心—边缘的等级性结构,后帝国空间也是"逆帝国结构"。首先是帝国的层级结构被破坏,帝国秩序对于生存于其中的共同体来说是公共产品,帝国秩序瓦解之后,又回复到共同体的"硬壳"之中。对于帝国的中心区域,尤其是长期存续的定居帝国形成了稳固的中心区域,有比较稳定的治理体系、国家认同,即便帝国秩序瓦解,帝国中心地区也会如同剥洋葱一样转变为一个主权国家。在西方殖民主义和帝国主义的剧烈冲击之下,有边疆无边界的帝国逐渐接受了关于领土边界的条约,朝着主权国家的身份转变。"条约体系非常明显地体现了欧洲对于欧亚大陆上的本土国家的控制力,但是国际法也在这一更加微妙和持久的现象中扮演了重要角色,出现了领土界定明确的主权国家,并作为国际社会的重要参与者。"③ 土耳其、伊朗等国都算是帝国中心转型而来的主权国家,同时,这些国家并没有遗忘昔日光辉的帝国历史,当世界越来越回归到多元权力中心并存的格局之际,这些"包含

---

  ① [法]多米尼克·奥弗莱. 亚历山大·科耶夫:哲学、国家与历史的终结[M]. 张尧均,译. 北京:商务印书馆,2013:300.
  ② [英]埃里克·琼斯. 欧洲奇迹:欧亚史中的环境、经济和地缘政治[M]. 陈小白,译. 北京:华夏出版社,2015:11.
  ③ [美]理查德 S. 霍洛维茨. 19世纪的国际法与中国、暹罗及奥斯曼帝国的转型[A]//新史学(第十六辑)[C]. 郑州:大象出版社,2016:109.

着帝国"的主权国家面临着国家的重新构建,在国家身份认同上,不仅要接受现代国际关系的约束,也要与自己辉煌的帝国历史去"和解"。

后帝国空间的难点在于边疆地带,帝国秩序崩解之后,边疆地区陷入了持续的裂变之中。"对于国家边陲地区的人群来说,适应周边的国家所带来的危险和诱惑是很困难的实践活动。"① "帝国的特性是没有边界的,换言之,变动的、不稳定的边界只是在特定时间内将一个帝国和另一个帝国区分开。"② 边界的变动不仅取决于帝国内部控制能力的消长,也受制于帝国的外部环境,尤其是帝国与邻国的战争的影响。战争带来的人口迁徙、政权更迭和文化变迁在很长一段时期内把帝国的边缘区域塑造成一个复杂的生态系统。以巴尔干为例,"这一地区现代早期的形象是帝国边境之地的集合物,彼此之间缺少联系,与奥斯曼帝国或者哈布斯堡帝国的核心区相距甚远"③。16 世纪初至 18 世纪末,巴尔干大体属于奥斯曼帝国,处于奥斯曼帝国的边缘,同时也是奥斯曼帝国、奥地利和威尼斯共和国的三国边界。随着奥地利吞并威尼斯和沙皇俄国的崛起,巴尔干又成为奥斯曼帝国、奥地利和俄罗斯三国的边疆。

第一,帝国边疆是多重权力边界"混杂"的空间,帝国为了维系统治而采取了相对宽容的政策。从帝国边疆向主权国家体系的转变是厘清边界的过程,在后帝国空间建设民族国家依靠的是民族主义,民族和民族主义是两个不同的概念,民族主义是现代性的产物,"作为民族国家内在组成部分的'民族'指的并非民族主义情感,而是特定明确领土边界(在由其他民族国家所组成的联合体中)范围内的行政机构的统一。只有在商品化生产打破了旧的城乡关系的条件下,只有在超越了阶级分化社会的'碎片化'的时空区域的条件下,诸如此类的行政一体化才有可能出现"④。可以说,"民族"也是一个政治实体,尤其是在"民族国家"的框架之下,民族是具有自我治理能力的组织。在英国、法国,民

---

① [美] 詹姆士·斯科特. 逃避统治的艺术 [M]. 王晓毅, 译. 北京: 生活·读书·新知三联书店, 2016: 415.
② [法] 帕特里斯·格尼费, 蒂埃里·伦茨. 帝国的终结 [M]. 邓颖平, 李琦, 王天宇, 译. 深圳: 海天出版社, 2018: 282.
③ John R. Lampe and Mark Mazower. Ideologies and National Identites: The Case of Twentieth-Century Southeastern Europe [M], Budapest: CEU Press, 2004: 1.
④ [英] 安东尼·吉登斯. 历史唯物主义的当代批判 [M]. 郭忠华, 译. 上海: 上海译文出版社, 2010: 196.

族要先于民族主义,但是在法国大革命之后,民族主义这一情感被激发出来,民族主义的政治目标是建立民族国家。但是问题的关键在于,帝国边疆地区是不同民族混居的地带,民族分布与政治疆界不能合一,产生了生活在多国的跨界民族(Transnational Ethnic Groups)。在民族主义浪潮兴起的时代,"各个政治实体对利益与忠诚的要求越加直接和强烈,总是要求民族成员作出选择,而跨界民族的政治意识趋同主要是民族认同与国家认同,从其民族立场出发有区别的选择使其民族认同与国家认同产生了差异性"①。这种差异很容易引发认同危机和分离主义倾向,进而扰乱国家和区域的稳定与秩序。盘根错节的民族万花筒还导致了接连不断的矛盾和冲突。帝国边疆的民族主义既反对来自帝国中心的统治,也反对自己的邻居,民族主义的先知先觉基本是没有政治经验的知识分子,"它们的开路先锋都是非常敏锐的民族主义者,如马萨里克和毕苏斯基等人,他们把古代存在的王国作为新建立国家的核心。但也正是因为这种分离和碎片化的过程,他们必须利用从帝国的瓦砾堆里能够找到的东西,这样他们仓促建立的新国家也是各种民族的混合体,这些民族曾经和他们并肩作战。从来没有那么多的民族国家看起来像一个小帝国一样,在残酷的四年大战之后,战前的民族之间的紧张关系反而加剧了。国家构建的过程和民族动员的过程持续了数十年,甚至是几个世纪,在西欧,它从波罗的海延伸到亚得里亚海,往往伴随着可怕的暴力过程"②。民族国家的构建经历了漫长的过程,以民族主义的理念在后帝国的边疆建立理想的民族国家是几乎难以完成的理想。

第二,帝国的轮毂结构意味着帝国中央与边疆地区缺少有机的联系,帝国崩解之后,边疆地区即便接受了民族主义这一现代意识形态,也需要发掘自己的历史遗产。在反对帝国统治的过程中,民族主义史学主导新独立民族的历史叙述方式,对本民族历史的美化显然不可避免。"每一个民族都把巅峰时期拥有的所有土地视为其自然的领土"③,梦想重建历史疆界而不顾其追求的领土上民族认同如何。或想要建立一个囊括本民

---

① 赵志,肖克. 跨界民族的认同差异与政治稳定[J]. 北方民族大学学报,2017(5):133.
② [英]大卫·雷诺兹. 长长的阴影[M]. 徐萍,高连兴,译. 北京:北京联出版公司,2017:12.
③ [美]罗伯特·卡普兰. 巴尔干两千年[M]. 赵秀福,译. 北京:北京大学出版社,2018:280.

族所有成员的民族国家，而不顾及有些民族成员非常零散地分散在其他国家中。"所有真正的民族主义都有一种跨国界的想象力：泛非洲主义、大亚细亚主义、泛欧洲主义、泛伊斯兰教主义、什叶教、犹太教等。"①因此，后帝国空间很难形成一个稳定的被各方接受的国界，甚至说，边界清晰的民族国家模式未必适应后帝国空间，尤其是复杂的边疆地带，民族主义不是融合剂，而是分化剂，没有稳定的国界，就没有可能形成稳定的区域秩序。汤因比认为："马其顿与西安纳托利亚近来的历史，是对民族性原则的证伪，同时也已经让西方大众开始看到，在非西方国家运用这个原则有哪些缺陷。"②

第三，帝国边疆是开放、流动的空间，后帝国空间并没有因为接受了主权国家而成为一个自主的空间。后帝国空间政治秩序的重建引发了外部力量的介入：一是接受了源于欧洲的民族国家的理念；二是传统帝国被欧洲殖民帝国打败之后，成为殖民帝国的边疆。后帝国空间也是大国干预的重灾区，复杂的结盟关系使后帝国空间成为大国博弈的舞台。

第四节　巴尔干化的逻辑

"巴尔干化"一词通常被用来指代破碎的状态和难以治理的秩序。美国前财长保尔森在新加坡的彭博新经济论坛发表演讲时提道："技术的巴尔干化，即各国开发自己的技术及技术标准，将会进一步威胁全球创新和各国企业的竞争力。"③"巴尔干化"已经进入公共话语体系之中，但是它依然是一个没有得到充分诠释的概念，同时，由于带有强烈的感情色彩，"巴尔干化"的学术解释力没有得到充分的发展。

"巴尔干化"与"巴尔干火药桶"联系在一起，同时又与"一战"的爆发直接相关。"巴尔干化作为一个地缘政治术语，最初是被用来描述一个地区裂变或者分裂为更小区域的过程，在此期间会导致彼此之间的敌对或者不合作。这一术语是在20世纪巴尔干人的冲突中被提出来的，

---

① ［美］杜赞奇. 从民族国家拯救历史：民族主义话语与中国现代史研究［M］. 王宪明，高继美，李海燕，李点，译. 南京：江苏人民出版社，2009：11.
② ［英］阿诺德·汤因比. 文明的接触：希腊与土耳其的西方问题［M］. 张文涛，译. 上海：上海人民出版社，2019：18.
③ http：//paulsoninstitute.org.cn/index.php/news/2018/11/07/statement-by-henry-m-paulson-jr-on-the-united-states-and-china-at-a-crossroads/ 2019年6月10日访问.

1912—1913年，巴尔干爆发了两次短暂的战争，巴尔干半岛的民族国家为了争夺奥斯曼帝国的欧洲领土而发生战争。战争大大激化了巴尔干的紧张态势，也点燃了一战的导火线。"① 在相当长时间里，欧洲人认为是巴尔干半岛的冲突引爆了"一战"，给欧洲带来了浩劫。"将巴尔干的暴行轻易地描述成原始和非现代，已成了西方和它保持适当距离的一种方式。然而，事实上种族净化并不是特定的巴尔干现象。……种族净化凶残的根源并不是巴尔干人民的心态，而是利用现代科技资源的内战的本质。不同于民族战争，内战无法团结，好像二次大战帮助英国社会走向团结那样。相反，内战恶化了潜在的紧张和差异，社会和政府机构在战时会统统瓦解。"② 巴尔干化并不是巴尔干半岛人的罪恶，而是各种因素叠加的结果。在1912—1913年的巴尔干战争中，"巴尔干化"一词出现了，它用来描述族群暴力、政治混乱与专断，将桀骜不驯的不同祖先、文化、宗教的人们分成不同的新国家。这些小国家都向自己的邻国宣称自己的伟大，全球性大国又不得不卷入他们都感到莫名其妙的纷争之中。在欧洲人的历史叙事中，巴尔干是另外一个世界，时至今日依然如此，20世纪末的科索沃战争可以说是世纪初的巴尔干战争的回声，也因为这场战争引发了人们对于巴尔干历史问题的兴趣。

巴尔干半岛的人们并不喜欢"巴尔干"这个词汇，他们宁愿将自己视为西欧的邻居，是尚未或者正在欧洲化的一部分。从1453年奥斯曼帝国攻陷君士坦丁堡之后，这一地区就成为奥斯曼帝国的一部分。奥斯曼帝国在巴尔干地区的征服运动持续了数百年，与哈布斯堡帝国之间持续拉锯。"巴尔干半岛以北的战争，完全受制于气候和季节。匈牙利大草原在亚洲草原的最西端，除了东面，其他三面为丘陵、高山所围绕。西面则是往下逶迤至多瑙河的阿尔卑斯山；北面是从西边的捷克、斯洛伐克地区往东沿着喀尔巴阡山延伸的中欧高大山脊。土耳其语称之为巴尔干的山区，后来，多瑙河以南这整个地区，就沿用着土耳其语，统称为巴尔干。"③ 对于源于土耳其语的"巴尔干"，在后帝国时代，它是不被接

---

① Dionysios Politis. implementing E-Justice on a National scale: coping with Balkanization and socio-Economical Divergence [J]. Journal of Case on Information Technology, 2008 April-June, 2008.

② [英]马克·马佐尔. 巴尔干：被误解的"欧洲火药桶" [M]. 刘会梁，译. 天津：天津人民出版社，2007：150.

③ [英]安德鲁·惠克罗夫特.1683：维也纳之战 [M]. 黄美瑜，译. 成都：天地出版社，2018：16.

受的，这一地区的人们宁愿称自己为东南欧。"关于巴尔干化的现代历史书写，出现歪曲的最大根源在于，对于希腊人、阿尔巴尼亚人、罗马尼亚人、保加利亚人、南斯拉夫人，巴尔干流亡者和西方历史学家来说，常见的趋势是屈从各种程度的反奥斯曼、反土耳其或者伊斯兰恐怖的偏见。"①

巴尔干化的根源在于，这一地区不仅是三个帝国的边缘与冲突之地，也是欧洲四百年来不同的逻辑和力量交叠的地方，英国的海洋国家的权力网络与欧陆大国的权力在此成为一个出口，它处于两种力量在海外扩张的最大边界之后来解决欧洲内部问题的博弈舞台。从奥斯曼帝国的边疆成为奥斯曼帝国、俄罗斯帝国和哈布斯堡帝国的相互拉锯的边疆，再成为欧洲体系与帝国体系角逐的舞台，最终成为在帝国边疆的废墟中建立民族国家的试验田。"'巴尔干化'不仅指代大型和现实存在的政治单位的裂变，也是回到部落、落后、残忍和野蛮的代名词。"② 简单地说，巴尔干化是"地理和历史的报复"，长久形成的历史沉积在一夜之间被颠倒过来，如同散落的珍珠一样，难以形成新的秩序。帝国、宗教形成的文明的冲突；帝国中心与边缘之间的博弈；民族主义建立国家的冲动；欧洲国际体系对巴尔干国家的深度介入；民族国家构建与个体身份认同之间的冲突，等等，多重矛盾汇聚于此，难以形成稳定秩序。"社会理论中的秩序问题也就是社会关系如何形成的方式，或者换一种方式来说，也就是社会系统如何'凝集'时间和空间的方式。所有社会活动都发生于三种相互关联而又彼此不同的场合之中：时间、结构和空间。"③ 巴尔干化代表这一种裂变的状态，在时间、空间上都没有共识，在时间上体现出来的是不同时间碎片的叠加、拼接与冲突。

第一，巴尔干化深植根于文明身份的冲突。文明是一种生活习惯、日常观念以及宗教信仰的合体，帝国与大型宗教的兴起几乎是同一个过程，彼此相互强化。奥斯曼帝国在巴尔干地区的征服与"圣战"体制息息相关，而奥斯曼帝国的征服同样激发了欧洲的"十字军"的传统，可

---

① [英] 罗伯特·拜德勒克斯，伊恩·杰弗里斯. 东欧史（上）[M]. 韩炯，等，译. 上海：中国出版集团·东方出版中心，2013：40.
② Maria Todorova. Imagining the Balkans [M]. Oxford：Oxford University Press，2009：3.
③ [英] 安东尼·吉登斯. 历史唯物主义的当代批判：权力、财产与国家 [M]. 郭忠华，译. 上海：上海译文出版社，2010：28 – 29.

以说，巴尔干半岛是基督教和伊斯兰教之间的分界线。"巴尔干化，既是古代现象，也是现代的现象，在古代，伴随着文明的崩溃。"① 宗教的认同也是巴尔干国家团结起来反对奥斯曼帝国的黏合剂。"没有奥斯曼帝国的统治，就没有使分散的基督徒或其领袖们团结起来的动因。希腊、保加利亚、马其顿、黑山、塞尔维亚以及波斯尼亚没有天然固定的边界；它们为帝国间相互交织的勃勃野心提供了残忍战场并至当时为止仍是地位未定的国家。"② 虽然巴尔干地区长久处于奥斯曼帝国的统治之下，但是这里的人们并不愿意接受"东欧"，更不用说是"巴尔干"的标签，"东欧被认为是地处西起德语、意大利语东到俄语、乌克兰语的地区标签，但是这里的人们并不接受这一术语。他们认为自己在地理上是中欧或者南欧，在文化上隶属于西方。"③ 这涉及文明之间的另外一个断层，欧洲人并不认为巴尔干是欧洲文明的一部分，天主教与东正教、天主教与新教界定了欧洲的文明版图。"巴尔干化不仅意味着大型、可见的政治单位的碎片化，也是重返部落、落后、原始和野蛮的代名词。巴尔干人已经被描绘为欧洲的'他者'而不需要任何理由。"④ 克罗地亚总统图季曼说："南斯拉夫的经历表明文化和地缘政治上的分野是具有决定性的，现在的断层线与罗马帝国的罗马人、拜占庭人和穆斯林以及后来的奥斯曼帝国与哈布斯堡帝国的界线是重合的。"⑤

第二，巴尔干化的地缘政治政治效应与1912年的巴尔干战争密不可分，从此之后，巴尔干化变成了通用语。汤因比在《巴尔干化：病因及其方案》的演讲中是这么定义"巴尔干化"的：一些包含具有不同语言和制度的民族的帝国崩溃之后，通过保持自身的政治和经济独立性以反对外来侵略，典型的如奥斯曼帝国崩溃后的巴尔干，以及西班牙和葡萄

---

① Robert V. Cram. Balkanization and Ancient History [J]. The Classical Journal, Vol. 30, No. 6, 1935: 362 – 364.
② [美] 简·伯班克，弗雷德里克·库珀. 世界帝国史：权力与差异政治 [M]. 柴彬，译. 北京：商务印书馆，2017: 311.
③ Peter F. Sugar. Eastern European Nationalism in the Twentieth Century [M]. DC: The American University Press, 1995: 1.
④ Maria Todorova. Imagining the Balkans [M]. Oxford: Oxford University Press, 2009: 3.
⑤ David O. Sears, Jack Citrin, Sharmaine V. Cheleden, and Clette van Laar. Cultural Diversity and Multicultural Politics: Is Ethenic Balkanization Psychologically Inevitable? [C] //Deborah A. Prentice, Dale T. Miller, Cultural Divides, Russell Sage Foundation, 1999: 35.

牙帝国的南美大陆。① 巴尔干化是后帝国空间秩序蜕化、裂变的现象，从帝国边疆向民族国家为主体的国际体系的过渡是政治组织形态的惊险一跃。帝国的包容性在崩溃之后产生了强烈的分裂冲动。"奥斯曼帝国的流散群体结构犹如一件杂色的丝绸袍子。在西方政治思想和榜样的影响下，这件精美的丝织品被撕成碎片，其丝线被重新织成了一件拼缀成的外衣，其中原本在地理上你中有我的各个米利特被重组成为彼此在地理分布上截然有别的地区性民族国家。这种倒退的再分裂工作被人笨拙地且漫不经心地完成了，使得这件新的彩色外衣沾染了血污。"② 民族主义并非后帝国空间秩序重建的基础。"随着奥斯曼帝国力量的衰落和民族国家的兴起，巴尔干半岛丧失了它曾经拥有的统一性——屈从于外部势力而保持的统一。地理实况和奥斯曼体系的本质使得这一地区成为不同民族国家构成的万花筒，还有新的民族主义带来的特殊论（particularism），它们使得它的民族处在内部各自的相互冲突中以及欧洲大国的影响和主宰之下。由此，出现了……世人逐渐熟悉的经典模式——巴尔干化，即一组由不稳定的弱小国家组成、基于民族性观念之上、在一个民族和国家的观念并不一致而且都有不得不同化或者抑制的少数民族，被驱逐到他们之间组成的动荡多变的同盟中，寻求外部力量的支持……而且反过来被那些力量用来实现它们自己的战略利益。"③

第三，巴尔干化也是后帝国空间融入国际体系过程中的挫折，欧洲国家以及欧洲国际体系覆盖了全球，但是欧洲国家体系并不是天然的，而是经过几百年锻造而成的。"现代民族国家的兴起及其地域范围的明确界定表明了空间控制的重要性，因为空间是形成权力分化的一种资源。"④ 后帝国空间并没有自然转换为民族国家的组合，"帝国的解体并没有导致沿着国界线重新划分疆界。乌克兰人、亚美尼亚人、库尔德人、

---

① Robert V. Cram. Balkanization and Ancient History [J]. The Classical Journal, Vol. 30, No. 6, 1935: 362 – 364.
② [英] 阿诺德·汤因比. 变革与习俗：我们时代面临的挑战 [M]. 吕厚量, 译. 上海: 上海人民出版社, 2016: 69.
③ [英] 罗伯特·拜德勒克斯, 伊恩·杰弗里斯. 东欧史（上）[M]. 韩炯, 等, 译. 上海: 中国出版集团·东方出版中心, 2013: 42.
④ [英] 安东尼·吉登斯. 社会理论中的核心问题 [M]. 郭忠华, 徐法寅, 译. 上海: 上海译文出版社, 2015: 223.

阿塞拜疆人等民族，正如他们以前在帝国统治下一样，仍然处于分裂状态"①。后帝国空间如同无脊椎动物一样，难以被吸纳到国际体系之中，"作为欧洲独立民族国家中相对较小且力量较弱的'后来者'，巴尔干与东中欧地区的人们获得现代民族国家和领土的独立意识至少在一定程度上源于欧洲大国的恩赐与仁爱"②。然而，欧洲国际体系并不是仁慈的，而是军事、经济以及意识形态的权力装置，后帝国空间无法被吸纳进去，也难以融入其中。"1918 年之后，东欧民族的选择仍然和过去一样，或者效法西欧的模板建立单一民族的国家，或者延续帝国时期的做法成立民族实体。于是，一系列的微型民族实体应运而生，民族国家中出现了多个少数民族，这种混合模式是最糟糕的。"③ 汤因比认为："'巴尔干化'这个词汇表明了一个真实而更不平静的进程。这个由德国社会主义者发明的术语，用以描述《布列斯特和约》对俄国西部边缘的所作所为。该术语自此被运用到《凡尔赛条约》和附约体系对欧洲产生的某种总体影响中。'巴尔干化'很全面地描述了仍没有被完全吸收进西方文明的近东民族在西方世界日渐增长的影响。"④

第四，巴尔干化是双重结盟体系中刚性承诺与义务将各国外交政策锁定之后，大大压缩了各国外交政策的选择，最终进入战争与冲突的单行道。到 19 世纪中后期，帝国的中心开始了民族国家化的进程，奥斯曼帝国的边疆地区不断被"殖民化"，尤其是北非地区，巴尔干地区从希腊革命开始，就出现了越来越多的小民族国家。"奥斯曼帝国领土减少到土耳其主体民族居住的区域（其本身是西方民族性原则的结果），可能最终也给土耳其农民减少了一些负担。土耳其民族的对手将那些过去常常吸干土耳其血液的、无用的边远省份从土耳其政府中解放出来，无意中也解放了土耳其民族。"⑤ 克里米亚战争结束了欧洲大国的均衡格局，开始了新的历史时代。"尽管《巴黎条约》没有立即让欧洲版图发生改

---

① Alexei Miller, Alfred J. Rieber. Imperial Rule [M]. Budapest: Central European University Press, 2004: 178.
② [英] 罗伯特·拜德勒克斯, 伊恩·杰弗里斯. 东欧史（上）[M]. 韩炯, 等, 译. 上海: 东方出版中心, 2013: 1.
③ [美] 托尼·朱特. 论欧洲 [M]. 王晨, 译. 北京: 中信出版社, 2014: 74.
④ [英] 阿诺德·汤因比. 文明的接触: 希腊与土耳其的西方问题 [M]. 张文涛, 译. 上海: 上海人民出版社, 2019: 23 - 2.
⑤ [英] 阿诺德·汤因比. 文明的接触: 希腊与土耳其的西方问题 [M]. 张文涛, 译. 上海: 上海人民出版社, 2019: 20.

变，它仍然是国际关系与政治的一道分水岭，在实质上结束了欧洲过去的权力平衡，即奥地利和俄罗斯共同控制欧洲；与此同时形成了新的势力组合，为一批新的民族国家，如意大利、罗马尼亚和德国等兴起铺平了道路。"① 哈布斯堡帝国在 1867 年之后不得不与匈牙利人共享主权，二元帝国也是帝国对民族主义的妥协。"1913 年的奥匈帝国是矛盾与过时制度的累积、不同民族与宗教的混合、政治制度与政治关系的杂烩、王朝整治下的乱局——长期以来，精打细算的联姻，得天独厚的好运，本是权宜之计，后来却变得一发不可收拾的折中，一切汇聚在一起，造成了这样的局面。"②

从外交政策上来说，维也纳体系形成的大国会议机制已经失效，克里米亚战争之后，德国和意大利的统一改变了欧洲格局，尤其是德国统一打破了 1648 年以来中欧的历史演进逻辑。"在 1859 年和 1866 年的两次战争中战败后，奥地利人被驱逐出意大利和德国，从此，巴尔干地区便成为奥匈帝国外交政策焦点。不幸的是，他们在缩小地缘政治范围之时，恰逢巴尔干半岛的动荡越演越烈的时期。"③ 柏林会议之后，1879 年德奥同盟建立，俾斯麦开始构建大陆联盟体系，稳定德国的战略环境，防止法国的复仇主义。其目标在于让俄国充分警醒并想要改善与德国的关系，同时使德国能够控制奥匈帝国在巴尔干半岛的政策。俾斯麦曾经说，巴尔干半岛不值得德国牺牲任何一个士兵。但吊诡的是，最终是巴尔干问题将德国拖入了战争。"单独来看，奥俄协约在 1878 年后几十年的破裂竟会导致战争，实在是毫无道理。奥地利与俄国在巴尔干的利益本来就不相容，但随着时间过去，这两个强国也自觉势力日渐下滑。巴尔干民族主义的成长以及奥斯曼帝国衰落所产生的权力真空，使奥俄两国难以巩固它们的重要利益——南部斯拉夫人对哈布斯堡的顺服；俄国对黑海的控制及前往地中海的通路。奥俄两国需要巴尔干的盟友和代理人，于是被拖入当地混乱的政治局势中。更糟的是，它们缺少判断力，时常低估这些盟友的军事及外交

---

① ［英］奥兰多·费吉斯. 克里米亚战争：被遗忘的帝国博弈［M］. 吕品，朱珠，译. 南京：南京大学出版社，2018：512.

② ［英］查尔斯·埃默森. 1913：一战前的世界［M］. 杨楠，译. 北京：中信出版社，2017：38.

③ ［英］克里斯托弗·克拉克. 梦游者：1914 年，欧洲如何走向"一战"［M］. 董莹，肖潇，译. 北京：中信出版社，2014：67.

技巧。巴尔干各国在这种'摇摆政治'中已驾轻就熟。1914年巴尔干小国终于逼使列强开战;而我们知道,这种以小犯大的状况不会是最后一次。"①

大陆联盟体系是对维也纳体系的重建,或者说是维也纳体系确立的大国一致原则的退化。维也纳体系曾经试图通过大国会议解决矛盾与分歧,来维持欧洲秩序的稳定。从克里米亚战争之后,维也纳体系几乎是名存实亡,德国和意大利统一之后,欧洲格局发生地震,"大国协调"已经难以维系,德国统一之后的欧洲秩序维持源于两点:一是欧洲国家开始了帝国主义的扩张,尤其是英法的海外扩张;二是依靠灵活外交关系维持欧洲秩序的动态平衡,而俾斯麦就是操控欧洲外交体系的大师。他将俄国、奥匈帝国、意大利、英国等利益有冲突的大国纳入不同层次的同盟之中,同时也将罗马尼亚等巴尔干国家也纳入其中。俾斯麦的大陆联盟已经超越了传统的结盟政治,但是符合同盟"制衡威胁"基本原理,将不同的国家纳入复杂网络之后,从而可以制衡和对冲不同的冲突,形成一个以德国为中心的轮毂结构。另外,俾斯麦主导的结盟体系中,盟友之间的义务和承诺是弹性的,更重要的是,大国对效果具有一定的约束力。

从1890年德国放弃与俄国的《再保险条约》之后十年之间,德国所处的外交环境发生了翻天覆地的变化,原先有利于德国的外交体系不复存在。根本原因就在于俾斯麦的继任者放弃了复杂结盟体系,放弃了以三角关系来运筹德国外交的大战略,德国与盟友之间的义务越来越明确,承诺越来越刚性,同盟不是对冲风险、约束效果的工具,反而变成了德国的锁链。"只有盟友没有背叛迹象时,结盟关系才能形成有效威慑,但如果无法形成有效威慑,那么只有背叛盟友才能避免冲突。"② 法俄结盟之后,一个有利于德国的灵活外交体系开始走向对立的阵营,1904年英法订立《英法协约》之后,欧洲均势体系变成了两个对立的阵营。德国阵营中的盟友只剩下奥匈帝国,为了维持德国的国家威望、维持与奥匈帝国的特殊关系,德国对奥匈帝国的保护变成了德国的义务。同样的情

---

① [英]马克·马佐尔.巴尔干:被误解的"欧洲火药桶"[M].刘会梁,译.天津:天津人民出版社,2007:107-108.
② [美]理查德·罗斯克兰斯,史蒂文·米勒.下一次大战?"一战"的根源及对中美关系的启示[M].陈鑫,程昫,译.北京:新华出版社,2016:161.

况也发生在俄国与巴尔干国家之间，1908 年，奥匈帝国吞并波黑，对俄国在巴尔干的声望是巨大打击，此后，俄国强化了与巴尔干半岛的斯拉夫国家的同盟关系，这种刚性的同盟反而会刺激小国采取更加激进的政策。如托尼·朱特所言："的确，东欧国家缺乏与国家的版图和财富相对应的国际自主权，但他们也不是被不怀好意的外来者玩弄于股掌之中的被动受害者。"①

俾斯麦下台之后的欧洲同盟体系代表了一种失败的结盟体系，对大国来说，尤其如此。"总的说来，纵观历史，较为弱小的盟友经常会带来以下难题：它们要求大国对自己的对手采取强硬立场，却不能提供强大的力量支持。它们助长了开战的动机，而不是有效防止战争的爆发。"②当萨拉热窝的枪声响起的时候，所有的大国几乎没有意识到他们处于一台环环相扣的战争机器之中，这些大国如同"梦游者"一样跌入了大战的泥潭，当然，大国也不是无辜的受害者；相反，他们应该承担最大的责任，没有一个国家去尝试踩住战争的刹车，而是任由战争的喧嚣与通牒变成了难以挽回的事实。"第一次世界大战之所以发生是因为盟友之间必须互相帮助。在这种情况下，大国对弱小盟友的支持会引起而不是阻止战争的爆发。在 1914 年，各国没有什么理由不去帮助处境艰难的盟友。各方可能都判断，如果行动迅速而果断的话，自己可能会取得胜利。"③

从国际关系史的演进而言，第一次世界大战代表着帝国时代的终结，同时，也是帝国向后帝国空间转型过程中的"系统性紊乱"。"一战"摧毁了四个帝国，反过来，帝国向后帝国的转化也是"一战"爆发的原因之一。从 19 世纪下半期开始，世袭君主的威望和经济实力下降，工业革命赋予了新的经济集团力量，同时，民族主义冲击着既有的政治体制。世袭君主难以适应新的政治经济形势，在名义上，欧洲大国的君主之间保持着亲属关系，依然是国家名义的元首，但是他们缺少决心和勇气，各国的军事部门都制定了战争的方案，当危机爆发之后，皇帝们不过下

---

① ［美］托尼·朱特. 事实改变之后［M］. 陶小路，译. 北京：中信出版社，2018：113.
② ［美］理查德·罗斯克兰斯，史蒂文·米勒. 下一次大战？"一战"的根源及对中美关系的启示［M］. 陈鑫，程旸，译. 北京：新华出版社，2016：95.
③ ［美］理查德·罗斯克兰斯，史蒂文·米勒. 下一次大战？"一战"的根源及对中美关系的启示［M］. 陈鑫，程旸，译. 北京：新华出版社，2016：95.

达了执行既定方案的命令而已。第一次世界大战的战火从巴尔干这一帝国边缘地带燃起，戴上了"火药桶"的帽子，但是，巴尔干半岛不过是欧洲国际秩序"巴尔干化"的引爆点，在帝国向后帝国空间的惊险一跃中，"巴尔干化"的幽灵一直在盘旋。

结　语

东方问题不仅是19世纪国际关系史的主题，也是认知当代巴尔干困局的窗口，作为一种历史故事的东方问题已经结束，但是作为一种历史存在的东方问题却依然延续。由"东方问题"抽象出来的巴尔干化可以成为国际关系史解释体系中的重要方法和视角。放宽历史视野，东方问题实乃具有世界历史意义的研究标靶，是国际关系史研究的活体实验室。马克思在《〈政治经济学批判〉导言》中指出："人体结构对于猴体解剖是一把钥匙。低等动物身上表露的高等动物的征兆，反而只有在高等动物本身已被认识之后才能理解。"① 马克思是从历史演进的角度提出了一种"人体解剖"的研究方法，换个角度来看，从横向而言，只有矛盾不断、战火纷飞的地区才能为国际关系研究提供一个鲜活的"解剖"标本，毫无疑问，东方问题便是这样的标本。

东方问题汇集了国际关系史研究的种种时空因素，各种不同的要素在此凝聚与沉淀，最终使之成为难解之题，身处其中的政客与学者将东方问题看作是对欧洲和平的威胁。经过时间的冲刷与理性的反思，人们才能慢慢发现东方问题自身的逻辑与演进道路。延伸历史的视野，东方问题不仅仅驻留在19世纪，实际上自14世纪以来，奥斯曼帝国勃兴并且突入欧洲便成为东方问题的肇始。现代主权国家兴起之前，帝国是统治世界的主要组织形态，多重权力边界交叠的状态造成了核心与边缘的结构性分化，巴尔干地区成为奥斯曼帝国的边缘地带。哈布斯堡帝国与俄国两大帝国的崛起与扩张，使巴尔干成为三个帝国竞逐的舞台，三大帝国的多重权力于此交汇。经过漫长的时间发酵，巴尔干最终成为各种权力边界交错之地，天主教、东正教与伊斯兰教；斯拉夫人、突厥人、

---

① 马克思恩格斯选集（第2卷）[M]. 北京：人民出版社，1972：108.

阿尔巴尼亚人……在帝国统治时期形成的混沌状态在民族主义冲刷之下必然要经历惨烈地撕扯与蜕变。

从帝国向霸权的转型是国际关系史舞台上演的宏大剧目。欧洲国际体系兴起之后，东方问题便遇到了"现代性"的冲击，而世界历史也经历着从帝国向"后帝国空间"的转型，面对具有强大国家能力的欧洲强国，三大帝国开始了不同步骤、不同程度的转型。巴尔干半岛在"边疆化"与"去边疆化"的拉锯中进入了现代世界体系之中。民族主义的流布打破了巴尔干看似平静的水面，掀起了民族独立的惊涛骇浪。民族国家这种权力边界合一的政治组织形态成为最主要的国际行为体，巴尔干混沌的权力边界需要厘清划定，刀与剑、血与火既不能给巴尔干带来秩序，也不能为欧洲带来和平。"对于巴尔干半岛政治发展而言，民族国家的框架并不是最好的选择，只有一种容忍种族与文化多样性的政治框架才能够使巴尔干在政治经济上得到充分的发展，并最终融入欧洲共同团体。"①

东方问题展示了国际关系史几百年演变的主要线索，帝国、霸权、区域代表了东方问题演进的历史脚步。东方问题随着《洛桑条约》的签订而结束，但是东方问题的逻辑却延伸至今日。帝国与霸权的阴影依然笼罩在巴尔干及其奥斯曼帝国昔日的属地上空，区域构建的努力依然在继续。权力边界的调整一直贯穿于东方问题的始终，建设强大的现代国家终究是国际关系中的核心议题之一。国家是从帝国向区域转变的有力跳板，国家失败势必造成地缘政治板块的破碎，成为战争的温床。然而，对于像巴尔干地区这样的帝国边缘地带，基于民族主义这一想象共同体而构建起来的主权国家，未必是正确与合适的选择。

"东方问题"提供了国际关系学与世界历史学交叉融合的样本，没有理论的反思，就没有新的历史叙事，而没有对世界历史深入的研究，就无法产生新的理论观点和学说。"东方问题"与第一次世界大战的爆发息息相关，与欧亚大陆的地缘政治变迁紧密相连。第一次世界大战改变了世界历史发展的方向，基于对"一战"的深刻反思，国际关系学诞生了。国际关系学被认为是建立在主权国家假定之上的学科，而这一假定的前提是"一战"之后世界历史从帝国向后帝国的转型，帝国不再作

---

① Richard C. Hall. The Balkan Wars (1912–1913), Prelude to the First World War [M]. London and New York: Routledge, 2000: 143.

为主导性的人类组织形态。然而，相比于数千年的帝国历史，主权国家只是历史的一瞬间。国际关系学诞生已经 100 年了，但是国际关系学的根基却出现了极大的松动，那就是主权、国家、民族主义等欧洲历史经验的"装置"被套用在其他地区，尤其是昔日的帝国边缘地带，出现了极大的不适应。巴尔干半岛提供了一个"巴尔干化"的实验室，当后帝国空间呈现出更加明显的巴尔干化现象和趋势的时候，国际关系学需要反思和审视自己的学科基础，而世界历史也需要摆脱"国家中心主义"的窠臼。

参考文献

中文著作

1. 陈明明．共和国制度成长的政治基础［C］．上海：上海人民出版社，2009．
2. 陈明明．权利、责任与国家——复旦政治学评论第四辑［C］．上海：上海人民出版社，2006．
3. 陈志武．金融的逻辑［M］．北京：国际文化出版公司，2009．
4. 顾准．顾准文集［M］．贵阳：贵州人民出版社，1994．
5. 郭方．英国近代国家的形成——16 世纪英国国家机构与职能的变革［M］．北京：商务印书馆，2007．
6. 郭树勇．大国成长的逻辑：西方大国崛起的国际政治社会学分析［M］．北京：北京大学出版社，2006．
7. 国际条约集（1648—1871）［M］．北京：世界知识出版社，1984．
8. 国际条约集（1872—1916）［M］．北京：世界知识出版社，1986．
9. 国际条约集（1917—1923）［M］．北京：世界知识出版社，1961．
10. 黄维民．奥斯曼帝国［M］．西安：三秦出版社，2000．
11. 金观涛、刘青峰．兴盛与危机——论中国社会超稳定结构［M］．北京：法律出版社，2010．
12. 柯武刚，史漫飞．制度经济学：社会秩序和公共政［M］．韩朝华，译．北京：商务印书馆，2000．
13. 李彬．全球新闻传播史（公元 1500—2000 年）［M］．北京：清华大学出版社，2005．
14. 刘德斌．国际关系史［M］．北京：高等教育出版社，2003．
15. 刘向，撰．说苑校证［M］．北京：中华书局，1987．

16. 刘小枫．现代性社会理论绪论［M］．上海：上海三联书店，1998．

17. 龙汉宸，等．管子［M］．北京：北京燕山出版社，1995．

18. 庞朴．浅说一分为三［M］．北京：新华出版社，2004．

19. 彭树智．中东史［M］．北京：人民出版社，2010．

20. 钱穆．中国历代政治得失［M］．北京：生活·读书·新知三联书店，2001．

21. 钱穆．中国文化史导论［M]］．北京：商务印书馆，1994．

22. 秦亚青．霸权体系与国际冲突：美国在国际武装冲突中的支持行为［M］．上海：上海人民出版社，2008．

23. 苏力．法治及其本土资源［M］．北京：中国政法大学出版社，1996．

24. 孙隆基．中国文化的深层机构［M］．桂林：广西师范大学出版社，2004．

25. 唐德刚．晚清七十年［M］．台北：远流出版社，1998．

26. 唐德刚．袁氏当国［M］．桂林：广西师范大学出版社，2004．

27. 唐贤兴．近现代国际关系史［M］．上海：复旦大学出版社，2002．

28. 童中心．失衡的帝国：长期影响中国发展的历史问题［M］．贵阳：贵州人民出版社，2001．

29. 童中心．失衡的帝国：长期影响中国发展的历史问题［M］．贵阳：贵州人民出版社，2001．

30. 汪晖．去政治化的政治：短 20 世纪的终结与 90 年代［M］．北京：生活·读书·新知三联书店，2008．

31. 汪晖．现代中国思想的兴起·下卷（第二部）［M］．北京：生活·读书·新知三联书店，2004．

32. 王家福，徐萍．国际战略学［M］．北京：高等教育出版社，2005．

33. 王明珂．游牧者的抉择：面对汉帝国的北亚游牧部落［M］．桂林：广西师范大学出版社，2008．

34. 王铭铭．西学"中国话"的历史困境［M］．桂林：广西师范大学出版社，2005．

35. 王铭铭. 走在乡土上——历史人类学札记［M］北京：中国人民大学出版社，2003.

36. 王绍光，胡鞍钢. 中国国家能力报告［M］. 沈阳：辽宁人民出版社，1993.

37. 王绍光. 安邦之道：国家转型的目标与途径［M］. 北京：生活·读书·新知三联书店，2007.

38. 王绳祖. 国际关系史（第一卷）［M］. 北京：世界知识出版社，1995.

39. 王绳祖. 国际关系史［M］. 北京：法律出版社，1983.

40. 王亚南. 中国官僚政治研究［M］. 北京：中国社会科学出版社，1981.

41. 许倬云. 万古江河：中国历史文化的转折与开展［M］. 上海：上海文艺出版社，2006.

42. 许倬云. 中国文化与世界文化［M］. 桂林：广西师范大学出版社，2006.

43. 许倬云. 中国文化与世界文化［M］. 桂林：广西师范大学出版社，2006.

44. 阎学通，徐进，等. 王霸天下思想及启迪［M］. 北京：世界知识出版社，2009.

45. 杨丙安，校理. 十一家注孙子校理［M］. 北京：中华书局，1993.

46. 杨军. 区域中国［M］. 长春：长春出版社，2007.

47. 杨联陞. 中国制度史研究［M］. 彭刚，程刚，译. 南京：江苏人民出版社，2007.

48. 杨小凯，张永生. 新兴古典经济学与超边际分析（修订版）［M］. 北京：社会科学文献出版社，2003.

49. 张乃和. 贸易、文化与世界区域化——近代早期中国与世界的互动与比较［M］. 长春：吉林人民出版社，2007.

50. 赵冈. 中国传统农村的地权分配［M］. 北京：新星出版社，2006.

51. 赵军秀. 英国对土耳其海峡政策的演变（18世纪末至20世纪初）［M］. 北京：中国社会科学出版社，2007.

52. 赵汀阳. 没有世界观的世界 [M]. 北京：中国人民大学出版社，2005.

53. 郑永年. 中国模式：经验与困局 [M]. 杭州：浙江人民出版社，2010.

54. 中国社会科学院语言研究所词典编辑室. 现代汉语词典（第5版）[M]. 北京：商务印书馆，2002.

55. 周鲠生. 近代欧洲外交史 [M]. 武汉：武汉大学出版社，2007.

56. 周雪光. 组织社会学十讲 [M]. 北京：社会科学文献出版社，2003.

57. 朱孝远. 欧洲涅槃：过渡时期欧洲的发展概念 [M]. 上海：学林出版社，2002.

58. 朱瀛泉. 柏林会议与近东危机 [M]. 南京：南京大学出版社，1995.

59. 左文华，肖宪. 当代中东国际关系 [M]. 北京：世界知识出版社，1999.

中文论文

1. 巴里·布赞. 英国学派与世界历史研究 [J]. 史学集刊，2009（1）.

2. 曹海军. 国家能力建设的理论内涵和制度变迁 [J]. 中共福建省委党校学报，2007（4）.

3. 陈奉林. 东方外交史研究初探 [J]. 世界历史，2010（3）.

4. 崔列勇. "民主帝国"的多重协奏 [J]. 读书，2003（8）.

5. 迪拜耶什·阿南德，戴维·斯托里. 帝国主义研究文献 [J]. 杨大群，摘译. 国外理论研究动态，2007（4）.

6. 冯天瑜. 历史分期命名标准刍议 [J]. 文史哲，2006（4）.

7. 高岱. 帝国主义概念考析 [J]. 历史教学（高校版），2007（2）.

8. 洪邮生. 东方问题和坎宁的"外交革命"[J]. 南京大学学报（哲学·人文·社会科学），1994（2）.

9. 黄宝玖. 国家能力：涵义、特征与结构分析 [J]. 政治学研究，2004（4）.

10. 黄清吉. 国家能力基本理论研究 [J]. 政治学研究，2007（4）.

11. 黄淑桢. 东方问题产生的浅析 [J]. 史学月刊, 1984 (5).

12. 江秀平. 国家能力与政治发展 [J]. 厦门大学学报 (哲学社会科学版, 2000 (4).

13. 金重远. 巴尔干和第一次世界大战 [A]. 复旦学报 (社会科学版), 2007 (4).

14. 林国荣. 罗马帝国的衰亡 [N]. 21 世纪经济报道, 2003 - 6 - 12.

15. 刘德斌. "软权力"说的由来与发展 [J]. 吉林大学社会科学学报, 2004 (4).

16. 刘德斌. 东北亚史研究的学术价值和现实意义 [J]. 史学集刊, 2010 (6).

17. 刘德斌. 软权力：美国霸权的挑战与启示 [J]. 吉林大学社会科学学报, 2001 (5).

18. 刘金涛. 克里米亚战争前俄英在东方问题上的冷战 [J]. 贵州师范大学学报 (社会科学版), 2002 (2).

19. 刘京希. 论转型时期的国家能力和社会能力 [J]. 文史哲, 1996 (1).

20. 刘守刚. 现代国家成长的财政动因研究——一个理论综述 [A] //朱春奎. 公共财政与政府改革 [C]. 上海：上海人民出版社, 2009.

21. 门洪华. 西方三大霸权的战略比较——简论美国制度霸权的基本特征 [J]. 当代世界与社会主义, 2006 (2).

22. 蒲利民. 《卡托—康布雷奇和约》——16 世纪欧洲和平宪章 [J]. 首都师范大学学报 (社会科学版), 2010 (2).

23. 朴炳光. 关于国家能力理论的探讨 [J]. 南京社会科学, 1998 (7).

24. 强世功. "一国"之谜：中国 VS. 帝国——香江便赏的思考之九 [J]. 读书, 2008 (8).

25. 秦亚青. 权势霸权、制度霸权与美国的地位 [J]. 现代国际关系, 2004 (3).

26. 任东波. 从帝国到共同体：东亚国家体系的理论批判与重构 [D]. 长春：吉林大学, 2008.

27. 任晓．当代政治学研究中的国家问题［J］．复旦学报（社会科学版），1994（1）．

28. 时殷弘，惠黎文．战略、制度与文化的较量：第二次布匿战争中的罗马与迦太基［J］．世界经济与政治，2007．

29. 宋保军，王晋新．奥斯曼扩张与16世纪欧洲国际均势的演变［J］．史学集刊，2010（5）．

30. 宋立宏．罗马帝国行省体系中的皇帝——以罗马不列颠为例［J］．南京大学学报（哲学·人文科学·社会科学），2006（5）．

31. 孙炳辉，赵星铁．俾斯麦在东方问题上的"现实政策"［J］．世界历史，1986（1）．

32. 孙明军．政治发展进程中的国家能力及其限度分析［J］．社会科学战线，1993．

33. 唐承运，译：东方问题．齐齐哈尔大学学报［J］．1984（3）．唐承运，译：东方问题．齐齐哈尔大学学报［J］．1986（1）．

34. 田广金，张素新．北方文化与草原文明［A］//内蒙古文物考古文集第2辑［C］．北京：中国大百科出版社，1997：11-12．

35. 托马斯·海贝勒．转型国家的战略集团与国家能力［J］．刘合光，冯贞柏，译．经济与社会体制比较，2004（1）．

36. 王缉思．美国霸权的逻辑［J］．美国研究，2003（3）．

37. 王三义．东方问题的延续与终结［J］．南京师大学报（社会科学版），2006（2）．

38. 徐进，赵鼎新．政府能力和万历年间的民变发展［J］．社会学研究，2007（1）．

39. 许知远．尼尔·福格森：帝国的兴衰［N］．经济观察报，2003-01-20．

40. 杨雪冬．国家的自主性与国家能力——组织现实主义国家理论述评［J］．马克思主义与现实，1996（1）．

41. 张文木．俄罗斯国家兴衰规律及其对中国的影响［J］．世界经济与政治，2010（3）．

42. 张宗华．18世纪俄国选官制度的特征和影响［J］．史学集刊，2009（6）．

43. 章有义．本世纪三十年代我国地权分配的再估计［J］．中国社会经济史研究，1988（2）.

44. 赵爱伦. 俄国与"东方问题"的形成［J］. 西伯利亚研究，2001（5）.

45. 赵明杰. 克里米亚战争前英俄在东方问题上的政策［J］. 长江大学学报（社会科学版），2004（6）.

中文译著

1. ［英］A. J. P. 泰勒. 争夺欧洲霸权的斗争（1848—1918）［M］. 沈苏儒，译. 北京：商务印书馆，1987.

2. ［美］A. T. 马汉. 海权对历史的影响［M］. 安常容，成忠勤，译. 北京：解放军出版社，1998.

3. ［美］阿尔弗雷德·马汉. 亚洲问题及其对国际政治的影响［M］. 范祥涛，译. 上海：上海三联书店，2007.

4. ［英］A. 温. 新编剑桥世界近代史（8）［M］. 中国社会科学院世界历史研究所，译. 北京：中国社会科学出版社，1999.

5. ［俄］B. B. 马夫罗金. 彼得大帝传［M］. 余大钧，译. 北京：商务印书馆，2000.

6. ［俄］B. B. 马夫罗金. 俄罗斯统一国家的形成［M］. 余大钧，译. 北京：商务印书馆，1994.

7. ［英］C. W. 克劳利. 新编剑桥世界近代史（9）［M］. 中国社会科学院世界历史研究所，译. 北京：中国社会科学出版社，1999.

8. ［美］C. E. 林德布鲁姆. 市场体制的秘密［M］. 耿修林，译. 南京：江苏人民出版社，2002

9. ［英］E. H. 卡尔. 两次世界大战之间的国际关系（1919—1939）［M］. 徐蓝，译. 北京：商务印书馆，2010.

10. ［英］F. H. 欣斯利. 新编剑桥世界近代史（第11卷）［M］. 中国社会科学院世界历史研究所，组译. 北京：中国社会科学出版社，1999.

11. ［意］G. 萨托利. 政党与政党体制［M］. 王明进，译. 北京：商务印书馆，2006.

12. ［英］G. R. 埃尔顿. 新编剑桥世界近代史（2）［M］. 中国社会科学院世界历史研究所，译. 北京：中国社会科学出版社，2003.

13. ［英］H. G. 韦尔斯. 世界史纲（上）［M］. 梁思成，等，译. 上海：上海人民出版社，2006.

14. ［英］J. S. 布朗伯利. 新编剑桥世界近代史［M］. 中国科学院世界历史研究所，组译. 北京：中国社会科学出版社，2008.

15. ［英］J. O. 林赛. 新编剑桥世界近代史（7）［M］. 中国社会科学院世界历史研究所，译. 北京：中国社会科学出版社，1999.

16. ［英］J. P. T. 伯里. 新编剑桥世界近代史（10）［M］. 中国社会科学院世界历史研究所，译. 北京：中国社会科学出版社，1999.

17. ［英］J. S. 密尔. 代议制政府［M］. 汪瑄，译. 北京：商务印书馆，1982.

18. ［以色列］S. N. 艾森斯塔特. 反思现代性［M］. 旷新年，王爱松，译. 北京：生活·读书·新知三联书店，2006.

19. ［意］V. 帕累托. 普通社会学纲要［M］. 田时纲，译. 北京：东方出版社，2007.

20. ［法］阿兰·佩雷菲特. 信任社会［M］. 邱海婴，译. 北京：商务印书馆，2005.

21. ［英］阿诺德·汤因比. 历史研究［M］. 刘北成，郭小凌，译. 上海：上海人民出版社，2000.

22. ［奥］埃·普里斯特尔. 奥地利史（上卷）［M］. 陶梁，张傅，译. 北京：生活·读书·新知三联书店，1972.

23. ［奥］埃·普里斯特尔. 奥地利史（下卷）［M］. 陶梁，张傅，译. 北京：生活·读书·新知三联书店，1972.

24. ［英］埃里克·霍布斯鲍姆. 民族与民族主义［M］. 李金梅，译. 上海：上海人民出版社，2006.

25. ［加］埃伦·M. 伍德. 资本的帝国［M］. 王恒杰，宋兴无，译. 上海：上海译文出版社，2006.

26. ［法］埃米尔·涂尔干. 社会分工论［M］. 渠东，译. 北京：生活·读书·新知三联书店，2000.

27. ［英］艾伦·帕尔默. 夹缝中的六国：维也纳会议以来的中东欧历史［M］. 于亚伦，等，译. 北京：商务印书馆，1997.

28. ［英］艾伦·沃尔夫. 合法性的限度［M］. 沈汉，等，译. 北京：商务印书馆，2005.

29. ［英］艾瑞克·霍布斯鲍姆. 帝国的年代［M］. 贾士蘅, 译. 南京：江苏人民出版社, 1999.

30. ［英］艾瑞克·霍布斯鲍姆. 霍布斯鲍姆看21世纪［M］. 吴莉君, 译. 北京：中信出版社, 2010.

31. ［英］艾瑞克·霍布斯鲍姆. 革命的年代［M］. 王章辉, 等, 译. 南京：江苏人民出版社, 1999.

32. ［美］爱德华·W. 萨义德. 东方学［M］. 王宇根, 译. 北京：生活·读书·新知三联书店, 1999.

33. ［英］爱德华·吉本. 罗马帝国衰亡史（上册）［M］. 黄宜思, 黄雨石, 译. 北京：商务印书馆, 1997.

34. ［英］爱德华·卡尔. 20年危机（1919—1939）——国际关系研究导论［M］. 秦亚青, 译. 北京：世界知识出版社, 2005.

35. ［美］爱德华·勒特韦克. 罗马帝国的大战略：公元一世纪到三世纪［M］. 时殷弘, 惠黎文, 译. 北京：商务印书馆, 2008.

36. ［澳大利亚］安德鲁·文森特. 现代意识形态［M］. 袁久红, 等, 译. 南京：江苏人民出版社, 2005.

37. ［德］安德烈·冈德·弗兰克, 巴里·K. 吉尔斯. 世界体系：500年还是5000年？［C］. 郝名玮, 译. 北京：社会科学文献出版社, 2004.

38. ［英］安东尼·布鲁厄. 马克思主义的帝国主义理论：一个批判性的考察［M］. 陆俊, 译. 重庆：重庆出版社, 2003.

39. ［英］安东尼·吉登斯. 超越左与右——激进政治的未来［M］. 李惠斌, 杨雪冬, 译. 北京：社会科学文献出版社, 2000.

40. ［英］安东尼·吉登斯. 现代性的后果［M］. 田禾, 译. 南京：译林出版社, 2000.

41. ［英］安东尼·吉登斯. 历史唯物主义的当代批判：权力、财产与国家［M］. 郭忠华, 译. 上海：上海译文出版社, 2010.

42. ［英］安东尼·吉登斯. 民族—国家与暴力［M］. 胡宗泽, 等, 译. 上海：上海三联书店, 1998.

43. ［英］安东尼·吉登斯. 资本主义与现代社会理论［M］. 郭忠华, 潘华凌, 译. 上海：上海译文出版社, 2007.

44. ［英］安东尼·派格登. 西方帝国简史：迁移、探索与征服的三部曲［M］．徐鹏博，译．天津：天津人民出版社，2007．

45．［英］安东尼·史密斯．民族主义：理论、意识形态、历史［M］．叶江，译．上海人民出版社，2006．

46．［意］安东尼奥·葛兰西．现代君主论［M］．陈越，译．上海：上海人民出版社，2006．

47．［意］安东尼奥·葛兰西．狱中札记［M］．曹雷雨，等，译．北京：中国社会科学出版社，2000．

48．［法］奥利维埃·多尔富斯．地理观下全球化［M］．张弋，译．北京：社会科学文献出版社，2010．

49．［德］奥托·冯·俾斯麦．思考与回忆——俾斯麦回忆录（第二卷）［M］．杨德友，等，译．北京：生活·读书·新知三联书店，2006．

50．［俄］巴巴拉·杰拉维奇．俄国外交政策的一世纪［M］．福建师范大学外语系编译室，译．北京：商务印书馆，1978．

51．［英］巴里·布赞．人、国家与恐惧：后冷战时代的国际安全研究议程［M］．闫健，李剑，译．中央编译出版社2009．

52．［英］巴里·布赞，理查德·利特尔．世界历史中的国际体系——国际关系研究的再构建［M］．刘德斌，主译．北京：高等教育出版社，2004．

53．［英］巴里·布赞．人、国家与恐惧：后冷战时代的国际安全研究议程［M］．闫健，李剑，译．北京：中央编译出版社，2009．

54．［英］巴里·布赞，［丹麦］奥利·维夫．地区安全复合体与国际安全结构［M］．潘忠岐，等，译．上海：上海人民出版社，2010．

55．［英］柏克．法国革命论［M］．何兆武，等，译．北京：商务印书馆，1998．

56．［美］保罗·肯尼迪．大国的兴衰［M］．王保存，等，译．北京：求是出版社，1988．

57．［美］保罗·库比塞克．乌克兰史［M］．颜震，译．北京：中国大百科全书出版社，2009．

58．［美］本尼迪克特·安德森．想象的共同体：民族主义的起源与散步［M］．吴叡人，译．上海：上海人民出版社，2003．

59．［美］彼得·J．卡岑斯坦．权力与财富之间［M］．陈刚，译．

长春：吉林出版集团有限责任公司，2007．

60．［美］彼得·埃文斯，迪特里希·鲁施迈耶，西达·斯考切波．找回国家［M］．方力维，等，译．北京：生活·读书·新知三联书店，2009．

61．［德］彼得·本德尔．美国——新的罗马［M］．夏静，译．北京：中央编译出版社，2005．

62．［美］彼得·卡赞斯坦．地区构成的世界：美国帝权中的亚洲与欧洲［M］．秦亚青，魏玲，译．北京：北京大学出版社，2007．

63．［美］彼得·卡赞斯坦．国家安全的文化：世界政治中的规范与认同［C］．宋伟，刘铁娃，译．北京：北京大学出版社，2009．

64．［英］波特．新编剑桥世界近代史（1）［M］．中国社会科学院世界历史研究所，译．北京：中国社会科学出版社，

65．［美］伯纳德·刘易斯．现代土耳其的兴起［M］．范中廉，译．北京：商务印书馆，1982．

66．［美］布莱恩·巴利．社会学家、经济学家和民主［M］．舒小昀，等，译．南京：江苏人民出版社，2007．

67．［美］查尔斯·蒂利．信任与统治［M］．胡位钧，译．上海：上海人民出版社，2010．

68．［美］查尔斯·蒂利．身份、边界与社会联系［M］．谢岳，译．上海：上海人民出版社，2008．

69．［美］查尔斯·金德尔伯格．西欧金融史［M］．徐子健，等，译．北京：中国金融出版社，2010．

70．［美］查尔斯·库普乾．美国时代的终结：美国外交政策与21世纪的地缘政治［M］．潘忠岐，译．上海：上海人民出版社，2004．

71．［美］查默斯·约翰逊．帝国的悲哀：黩武主义、保密与共和国的终结［M］．任晓，等，译．上海：上海人民出版社，2005．

72．［美］查默斯·约翰逊．通产省与日本奇迹：产业政策的成长（1925—1975）［M］．金毅，等，译．吉林出版集团有限责任公司，2010．

73．［英］D.赫尔德、J.罗西瑙等．国将不国［C］．俞可平，译．南昌：江西人民出版社，2004．

74．［英］达尔文．物种起源［M］．周建人，等，译．北京：商务

印书馆，1995.

75. ［法］达尼洛·马尔图切利. 现代性社会学［M］. 姜志辉，译. 南京：译林出版社，2007.

76. ［英］戴维·毕瑟姆. 官僚制［M］. 韩志明，张毅，译. 长春：吉林人民出版社，2005.

77. ［美］戴维森. 从瓦解到新生：土耳其现代化历程［M］. 张增健，刘同舜，译. 上海：学林出版社，1996.

78. ［美］丹尼尔·贝尔. 资本主义文化矛盾［M］. 赵一凡，等，译. 上海：上海三联书店，1989.

79. ［美］道格拉斯·诺斯，罗伯斯·托马斯. 西方世界的兴起［M］. 厉以平，蔡磊，译. 北京：华夏出版社，1999.

80. ［德］迪特·森格哈斯. 文明内部的冲突与世界秩序［M］. 张文武，等，译. 北京：新华出版社，2004.

81. ［德］恩斯特–奥托·岑皮尔. 变革中的世界政治［M］. 晏扬，译. 上海：华东师范大学出版社，2000.

82. ［美］菲利克斯·格罗斯. 公民与国家——民族、部族与族属身份［M］. 王建娥，魏强，译. 北京：新华出版社，2003.

83. ［美］菲利浦·希提. 阿拉伯通史（第十版）［M］. 马坚，译. 北京：新世界出版社，2008.

84. ［德］斐迪南·滕尼斯. 共同体与社会——纯粹社会学的基本概念［M］. 林荣远，译. 北京：商务印书馆，1999.

85. ［法］费尔南·布罗代尔. 菲利普二世时代的地中海和地中海世界：上卷［M］. 唐家龙，曾培耿等，译. 北京：商务印书馆，1998.

86. ［美］弗兰西斯·福山. 国家构建：21世纪的国家治理与世界秩序［M］. 黄胜强，许铭原，译. 北京：中国社会科学出版社，2007.

87. ［德］弗里德里希·李斯特. 政治经济学的国民体系［M］. 陈万煦，译. 北京：商务印书馆，1961.

88. ［德］弗里德里希·迈内克. 马基雅维里主义［M］. 时殷弘，译. 北京：商务印书馆，2008.

89. ［俄］戈·瓦·普列汉诺夫. 俄国社会思想史（第一卷）［M］. 孙静工，译. 北京：商务印书馆，1988.

90. ［荷兰］格劳修斯. 海洋自由论［M］. 宇川，等，译. 上海：

上海三联书店·华东师范大学出版社,2005.

91. [英] 哈·麦金德. 历史的地理枢纽 [M]. 林尔蔚,陈江,译. 北京:商务印书馆,1985.

92. [英] 哈罗德·D. 拉斯韦尔. 政治学:谁得到什么?何时何如何得到?[M]. 杨昌裕,译. 北京:商务印书馆,1992.

93. [美] 哈罗德·伊罗生. 群氓之族:群体认同与政治变迁 [M]. 邓伯宸,译. 桂林:广西师范大学出版社,2008.

94. [英] 哈特. 法律的概念 [M]. 张文显,等,译. 北京:中国大百科全书出版社,1996.

95. [美] 海斯. 现代民族主义演进史 [M]. 帕米尔,等,译. 上海:华东师范大学出版社,2005.

96. [美] 汉斯·摩根索. 国家间政治:权力斗争与和平 [M]. 徐昕,郝望,李保平,译. 北京:北京大学出版社,2006.

97. [德] 赫尔弗里德·明克勒. 帝国统治世界的逻辑:从古罗马到美国 [M]. 阎振江,孟翰,译. 北京:中央编译出版社,2008.

98. [德] 黑格尔. 法哲学原理 [M]. 范扬,张企泰,译. 北京:商务印书馆,1961.

99. [美] 亨利·基辛格. 大外交 [M]. 顾淑馨,林添贵,译,海口:海南出版社,1998.

100. [比利时] 亨利·皮朗. 中世纪欧洲经济社会史 [M]. 乐文,译. 上海:上海人民出版社,2001.

101. [德] 亨利希·库诺. 马克思的历史、社会和国家学说:马克思的社会学的基本要点 [M]. 袁志英,译. 上海:上海译文出版社,2006.

102. [西班牙] 胡安·诺格. 民族主义与领土 [M]. 徐鹤林,朱伦,译. 北京:中央民族大学出版社,2009.

103. 胡适. 胡适口述自传 [M]. 唐德刚,译. 桂林:广西师范大学出版社,2005.

104. [美] 黄仁宇. 明代的漕运 [M]. 张皓,张升,译. 北京:新星出版社,2005.

105. [美] 黄仁宇. 十六世纪明代中国之财政与税收 [M]. 阿风,等,译. 上海:上海三联书店,2001.

106. [英] 霍布斯. 利维坦 [M]. 黎思复, 黎廷弼, 译. 北京: 商务印书馆, 1985.

107. [美] 基恩·福克斯. 公民身份 [M]. 郭忠华, 译. 长春: 吉林出版集团有限责任公司, 2009.

108. [意] 加塔诺·莫斯卡. 统治阶级 [M]. 贾鹤鹏, 译. 南京: 译林出版社, 2002.

109. [美] 贾恩弗朗哥·波齐. 国家: 本质、发展与前景 [M]. 陈尧, 译. 上海: 上海人民出版社, 2007.

110. [英] 贾斯廷·罗森伯格. 市民社会的帝国——现实主义国际关系理论批判 [M]. 洪邮生, 译. 南京: 江苏人民出版社, 2002.

111. [美] 杰克·斯奈德. 帝国的迷思: 国内政治与对外扩张 [M]. 于铁军, 等, 译. 北京: 北京大学出版社, 2007.

112. [英] 卡尔·波兰尼. 大转型: 我们时代的政治与经济起源 [M]. 冯钢, 刘阳, 译. 杭州: 浙江人民出版社, 2007.

113. [德] 卡尔·迪特利希·埃尔德曼. 德意志史 (第四卷上册) [M]. 高年生, 等, 译. 北京: 商务印书馆, 1986.

114. [德] 卡尔·施密特. 政治的概念 [M]. 刘宗坤, 等, 译. 上海: 上海人民出版社, 2004.

115. [加拿大] 卡列维·霍尔斯蒂. 和平与战争——1648—1989 年的武装冲突与国际秩序 [M]. 王浦劬, 等, 译. 北京: 北京大学出版社, 2005.

116. [罗] 康·康·朱雷斯库. 统一的罗马尼亚民族国家的形成 [M]. 陆象淦, 译. 北京: 人民出版社, 1978.

117. [德] 康德. 历史理性批判文集 [M]. 何兆武, 译. 北京: 商务印书馆, 1990.

118. [美] 柯娇燕. 什么是全球史 [M]. 刘文明, 译. 北京: 北京大学出版社, 2009.

119. [德] 柯武刚, 史漫飞. 制度经济学: 社会秩序和公共政 [M]. 韩朝华, 译. 北京: 商务印书馆, 2000.

120. [保加利亚] 科谢夫, 赫里斯托夫, 安格洛夫. 保加利亚简史 (上册) [M]. 黑龙江大学英语系翻译组, 译. 哈尔滨: 黑龙江人民出版社, 1974.

121. ［保加利亚］科谢夫，赫里斯托夫，安格洛夫. 保加利亚简史（下册）[M]. 黑龙江大学英语系翻译组，译. 哈尔滨：黑龙江人民出版社，1974.

122. ［阿尔巴尼亚］克·弗拉舍里. 阿尔巴尼亚史纲 [M]. 樊集，译. 北京：生活·读书·新知三联书店，1972.

123. ［德］克劳塞维茨. 战争论（上卷）[M]. 中国人民解放军军事科学院，译. 北京：解放军出版社，1964.

124. ［德］克劳塞维茨. 战争论（下卷）[M]. 中国人民解放军军事科学院，译. 北京：解放军出版社，1964.

125. ［美］克利福德·格尔茨. 文化的解释 [M]. 韩莉，译. 南京：译林出版社，1999.

126. ［美］肯尼思·华尔兹. 国际政治理论 [M]. 信强，译. 上海：上海人民出版社，2003.

127. ［英］拉斯基. 国家的理论与实际 [M]. 王造时，译. 北京：商务印书馆，1959.

128. ［美］雷迅马. 作为意识形态的现代化 [M]. 牛可，译. 北京：中央编译出版社，2003.

129. ［英］理查德·克罗卡特. 反美主义与全球秩序 [M]. 陈平，译. 北京：新华出版社，2004.

130. ［瑞典］理查德·斯威德伯格. 熊彼特 [M]. 安佳，译. 南京：江苏人民出版社，2005.

131. ［美］理查德·塔克. 战争与和平的权利：从格劳秀斯到康德的政治思想与国际秩序 [M]. 罗炯，等，译. 南京：译林出版社，2009.

132. ［美］列奥·施特劳斯. 霍布斯的政治哲学 [M]. 申彤，译. 南京：译林出版社，2001.

133. 列宁全集（第38卷）[M]. 北京：人民出版社，1986.

134. ［澳大利亚］琳达·维斯，约翰·M. 霍布森. 国家与经济发展：一个比较及历史性的分析 [M]. 黄兆辉，廖志强，译. 长春：吉林出版集团有限责任公司，2009.

135. ［德］鲁道夫·希法亨. 金融资本——资本主义最先发展的研究 [M]. 福民，等，译. 北京：商务印书馆，1994.

136. [法] 卢梭. 社会契约论 [M]. 何兆武, 译. 北京：商务印书馆, 1980.

137. [美] 鲁恂·W. 派伊. 政治发展面面观 [M]. 任晓, 王元, 译. 天津：天津人民出版社, 2009.

138. [美] 罗伯特·赖特. 非零年代：人类命运的逻辑 [M]. 李淑珺, 译. 上海：上海人民出版社, 2003.

139. [美] 罗伯特·B. 马克斯. 现代世界的起源——全球的、生态的述说 [M]. 夏继果, 译. 北京：商务印书馆, 2006.

140. [美] 罗伯特·K. 默顿. 社会理论和社会结构 [M]. 唐少志, 齐心, 等, 译. 南京：译林出版社, 2006.

141. [加拿大] 罗伯特·W. 考克斯. 生产、权力和世界秩序：社会力量在缔造历史中的作用 [M]. 林华, 译. 北京：世界知识出版社, 2004.

142. [美] 罗伯特·基欧汉, 约瑟夫·奈. 权力与相互依赖（第三版）[M]. 门洪华, 译. 北京：北京大学出版社, 2002.

143. [美] 罗伯特·基欧汉. 霸权之后：世界政治经济中的合作与纷争 [M]. 苏长和, 等, 译. 上海：上海人民出版社, 2001.

144. [美] 罗伯特·吉尔平. 世界政治中的战争与变革 [M]. 宋新宁, 杜建平, 译. 上海：世纪出版集团·上海人民出版社, 2007.

145. [美] 罗伯特·杰克曼. 不需要暴力的权力——民族国家的政治能力 [M]. 欧阳景根, 译. 天津：天津人民出版社, 2005.

146. [加] 罗伯特·杰克逊、[丹] 乔格·索伦森. 国际关系学理论与方法 [M]. 吴勇, 宋德星, 译. 天津：天津人民出版社, 2008.

147. [美] 罗杰·劳·威廉斯. 欧洲简史：拿破仑以后 [M]. 吉林师大历史系翻译组, 译. 长春：吉林人民出版社, 1975.

148. [英] 罗素. 论历史 [M]. 何兆武, 等, 译. 桂林：广西师范大学出版社, 2001.

149. [英] 马丁·吉尔伯特. 俄国历史地图 [M]. 王玉菡, 译. 北京：中国青年出版社, 2009.

150. [英] 马丁·雅克. 当中国统治世界 [M]. 张莉, 刘曲, 译, 北京：中信出版社, 2010.

151. [英] 马克·马佐尔. 巴尔干：被误解的"欧洲火药库"

[M]．刘会梁，译．天津：天津人民出版社，2007．

152．马克思．资本论（第三卷）[M]．郭大力，王亚南，译．北京：人民出版社，1953．

153．马克思．资本论（第一卷）[M]．郭大力，王亚南，译．北京：人民出版社，1952．

154．马克思恩格斯全集（第1卷）[M]．北京：人民出版社，1956．

155．马克思恩格斯选集（第2卷）[M]．北京：人民出版社，1972．

156．马克思恩格斯全集（第4卷）[M]．北京：人民出版社，1958．

157．马克思恩格斯全集（第6卷）[M]．北京：人民出版社，1961．

158．马克思恩格斯全集（第7卷）[M]．北京：人民出版社，1959．

159．马克思恩格斯全集（第8卷）[M]．北京：人民出版社，1961．

160．马克思恩格斯全集（第9卷）[M]．北京：人民出版社，1961．

161．马克思恩格斯全集（第10卷）[M]．北京：人民出版社，1962．

162．马克思恩格斯全集（第11卷）[M]．北京：人民出版社，1962．

163．马克思恩格斯全集（第12卷）[M]．北京：人民出版社，1962．

164．马克思恩格斯全集（第21卷）[M]．北京：人民出版社，1965．

165．马克思恩格斯全集（第22卷）[M]．北京：人民出版社，1965．

166．马克思恩格斯全集（第28卷）[M]．北京：人民出版社，1973．

167．[德]马克斯·韦伯．韦伯政治著作选[M]．阎克文，译．北京：东方出版社，2009．

168．[德]马克斯·韦伯．经济通史[M]．姚曾廙，译．上海：上海三联书店，2006．

169．[德]马克斯·韦伯．经济与社会（上卷）[M]．林荣远，译.北京：商务印书馆，1997．

170．[德]马克斯·韦伯．学术与政治[M]．冯克利，译．北京：生活·读书·新知三联书店，1998．

171．[英]迈克尔·曼．社会权力的来源（第一卷）[M]．陈海宏，等，译．上海：上海人民出版社，2007．

172．[英]麦克尔·格兰特．罗马史[M]．王乃新，郝际陶，译．上海：上海人民出版社，2008．

173．[美]麦克尔·哈特，[意]安东尼奥·奈格里．帝国——全球化的政治秩序[M]．杨建国，范一亭，译．南京：江苏人民出版社，2003．

174．［英］迈克尔·曼．社会权力的来源（第二卷上）［M］．陈海宏等，译．上海：上海人民出版社，2007．

175．［美］曼瑟·奥尔森．国家的兴衰：经济增长、滞涨和社会僵化［M］．李增刚，译．上海：上海人民出版社，2007．

176．［美］曼瑟·奥尔森．集体行动的逻辑［M］．陈郁，等，译．上海：上海人民出版社，1995．

177．［英］梅因．古代法［M］．沈景一，译．北京：商务印书馆，1959．

178．［法］孟德斯鸠．罗马盛衰原因论［M］．婉玲，译．北京：商务印书馆，1962．

179．［罗］米隆·康斯坦丁内斯库．罗马尼亚通史简编（中册）［M］．陆象淦，王敏生，译．北京：商务印书馆，1976．

180．［法］米歇尔·福柯．必须保卫社会［M］．钱翰，译．上海：上海人民出版社，1999．

181．［法］莫里斯·哈布瓦赫．社会形态学［M］．王迪，译．上海：上海人民出版社，2005．

182．［美］威廉森·莫里，等．缔造战略：统治者、国家与战争［C］．时殷弘，等，译．北京：世界知识出版社，2004．

183．［英］莫瓦特．新编剑桥世界近代史（12）［M］．中国社会科学院世界历史研究所，译．北京：中国社会科学出版社，1999．

184．［美］奈尔·弗格森．巨人：美国大帝国的代价［M］．李承恩，译．上海：华东师范大学出版社，2007．

185．［美］尼考劳斯·扎哈里亚迪斯．比较政治学：理论、案例与方法［C］．宁骚，欧阳景根，等，译．北京：北京大学出版社，2008．

186．［俄］尼·米·尼科利斯基．俄国教会史［M］．丁士超，等，译．北京：商务印书馆，2000．

187．［美］尼古拉·梁赞诺夫斯基．俄罗斯史（第七版）［M］．杨烨，卿文辉，主译．上海：上海人民出版社，2007．

188．［意］尼科洛·马基雅维里．佛罗伦萨史［M］．李活，译．北京：商务印书馆，1982．

189．［德］尼克拉斯·卢曼．权力［M］．瞿铁鹏，译．上海：上人民出版社，2005.

190. [德] 诺贝特·埃利亚斯. 文明的进程：文明的社会起源和心理起源的研究 [M]. 王佩莉，袁志英，译. 上海：上海译文出版社，2009.

191. [英] 佩里·安德森. 绝对主义国家的系谱 [M]. 刘北成，龚晓庄，译. 上海：上海人民出版社，2001.

192. [英] 佩里·安德森. 从古代到封建主义的过渡 [M]. 郭方，刘健，译. 上海：上海人民出版社，2001.

193. [德] 齐美尔. 社会是如何可能的——齐美尔社会学文选 [M]. 林荣远，编译. 桂林：广西师范大学出版社，2002.

194. [英] 齐亚乌丁·萨达尔. 东方主义 [M]. 马雪峰，苏敏，译. 长春：吉林人民出版社，2005.

195. [美] 乔·科尔顿，等. 现代世界史（上卷）[M]. 何兆武，等，译. 北京：世界图书出版公司，2009.

196. [法] 乔杜比. 家庭史：遥远的世界 古老的世界 [M]. 袁树仁，等，译. 北京：生活·读书·新知三联书店，1998.

197. [美] 乔尔·S. 米格代尔. 强社会与弱国家：第三世界的国家社会关系及国家能力 [M]. 张长东，等，译. 南京：江苏人民出版社，2009.

198. [意] 乔万尼·阿瑞吉，[美] 贝弗里·J. 西尔弗. 现代世界体系的混沌与治理 [M]. 王宇洁，译. 北京：生活·读书·新知三联书店，2003.

199. [法] 让·博丹. 主权论 [M]. 李卫海，钱俊文，译. 北京：北京大学出版社，2008.

200. [埃及] 萨米尔·阿明. 全球化时代的资本主义——对当代社会的管理 [M]. 丁开杰，等，译. 北京：中国人民大学出版社，2005.

201. [埃及] 萨米尔·阿明. 世界一体化的挑战 [M]. 任友谅，等，译. 北京：社会科学文献出版社，2003.

202. [美] 塞缪尔·P. 亨廷顿. 变化社会中的政治秩序 [M]. 王冠华，等，译. 北京：生活·读书·新知三联书店，1989.

203. [美] 塞缪尔·亨廷顿. 第三波：20 世纪末的民主化浪潮 [M]. 刘军宁，译. 上海：上海三联书店，1998.

204. ［美］塞缪尔·亨廷顿. 文明的冲突与世界秩序的重建［M］. 周琪, 等, 译. 北京: 新华出版社, 2002.

205. ［德］施路赫特. 理性化与官僚化: 对韦伯之研究与诠释［M］. 顾忠华, 译. 桂林: 广西师范大学出版社, 2004.

206. ［美］史丹利·阿若诺威兹, 彼得·布拉提斯. 逝去的范式: 反思国家理论［M］. 李中, 译. 长春: 吉林人民出版社, 2008.

207. ［荷兰］斯宾诺莎. 神学政治论［M］. 汤锡增, 译. 北京: 商务印书馆, 1963.

208. ［荷兰］斯宾诺莎. 政治论［M］. 冯炳昆, 译. 北京: 商务印书馆, 1999.

209. 斯大林全集（第2卷）［M］. 北京: 人民出版社, 1957.

210. ［美］斯蒂芬·范·埃弗拉. 战争的原因［M］. 何曜, 译, 上海: 上海人民出版社, 2007.

211. ［美］斯蒂芬·沃尔特. 联盟的起源［M］. 周丕启, 译. 北京: 北京大学出版社, 2007.

212. ［美］斯坦利·阿罗诺维茨, 希瑟·高特内. 控诉帝国: 21世纪世界秩序中的全球化及其抵抗［M］. 桂林: 广西师范大学出版社, 2004.

213. ［古罗马］塔西佗. 编年史［M］. 王以铸, 崔妙因, 译. 北京: 商务印书馆, 1981.

214. ［美］唐纳德·R. 凯利. 多面的历史: 从希罗多德到赫尔德的历史探询［M］. 陈恒, 宋立宏, 译. 北京: 生活·读书·新知三联书店, 2003.

215. ［美］唐纳德·坦嫩鲍姆、戴维·舒尔茨. 观念的发明者——西方政治哲学导论［M］. 叶颖, 译. 北京: 北京大学出版社, 2008.

216. ［德］特奥多尔·蒙森. 罗马史（第三卷）［M］. 李稼年, 译. 北京: 商务印书馆, 1994.

217. ［德］特奥多尔·蒙森. 罗马史（第一卷）［M］. 李稼年, 译. 北京: 商务印书馆, 1994.

218. ［美］腾尼·弗兰克. 罗马帝国主义［M］. 宫秀华, 译. 上海: 上海三联书店, 2008.

219. ［挪威］托布约尔·克努成. 国际关系理论史导论［M］. 余万

里，何宗强，译．天津：天津人民出版社，2005.

220. ［法］托克维尔．旧制度与大革命［M］．冯棠，译．北京：商务印书馆，1992.

221. ［美］托马斯·F. 梅登．信任帝国［M］．孙饴，等，译．上海：学林出版社，2009.

222. ［美］托马斯·埃特曼．利维坦的诞生：中世纪及现代早期欧洲的国家与政权建设［M］．郭台辉，译．上海：上海人民出版社，2010.

223. ［美］托马斯·巴尼特．五角大楼的新地图——21世纪的战争与和平［M］．王长斌，等，译．北京：东方出版社，2007.

224. ［俄］瓦·奥·克柳切夫斯基．俄国史教程（第四卷）［M］．张咏白，等，译．北京：商务印书馆，2009.

225. ［俄］瓦·奥·克柳切夫斯基．俄国史教程（第五卷）［M］．刘祖熙，等，译．北京：商务印书馆，2009.

226. ［美］王国斌．转变的中国——历史变迁与欧洲经验的局限［M］．李伯重，连玲玲，译．南京：江苏人民出版社，1998.

227. ［美］威廉·弗格森．希腊帝国主义［M］．晏绍祥，译．上海：上海三联书店，2005.

228. ［德］威廉·冯·洪堡．论国家的作用［M］．林荣远，冯兴元，译．北京：中国社会科学出版社，1998.

229. ［德］维尔纳·桑巴特．为什么美国没有社会主义［M］．王明璐，译．上海：上海人民出版社，2005.

230. ［美］克多·李·伯克．文明的冲突：战争与欧洲国家体制的形成［M］．王晋新，译．上海：上海三联书店，2006.

231. ［法］魏丕信．十八世纪中国的官僚制度与荒政［M］．徐建青，译．南京：江苏人民出版社，2006.

232. ［德］文德尔班．哲学史教程（上卷）［M］．罗达仁，译．北京：商务印书馆，1987.

233. ［美］沃尔特·李普曼．公众舆论［M］．阎克文，江红，译．上海：上海人民出版社，2006.

234. ［美］沃尔特·W. 鲍威尔，保罗·J. 迪马吉奥．组织分析的新制度主义［C］．姚伟，译．上海：上海人民出版社，2008.

235. ［美］西达·斯考切波. 国家与社会革命：对法国、俄国和中国的比较分析［M］. 何俊志，王学东，译. 上海：上海人民出版社，2007.

236. ［德］西美尔. 货币哲学［M］. 陈戎女，等，译. 北京：华夏出版社，2007.

237. ［古罗马］西塞罗. 国家篇 法律篇［M］. 沈叔平，苏力，译. 北京：商务印书馆，1999.

238. ［古罗马］西塞罗. 西塞罗三论［M］. 徐奕春，译. 北京：商务印书馆，1998.

239. ［法］西斯蒙第. 政治经济学新原理［M］. 何钦，译. 北京：商务印书馆，1963.

240. ［日］篠田英朗. 重新审视主权——从古典理论到全球时代［M］. 戚渊，译. 北京：商务印书馆，2004.

241. ［英］休·希顿-沃森. 民族与国家——对民族起源与民族主义政治的探讨［M］. 吴洪英，黄群，译. 北京：中央民族大学出版社，2009.

242. ［美］许田波. 战争与国家形成：春秋战国与近代早期欧洲之比较［M］. 徐进，译. 上海：上海人民出版社，2009.

243. ［瑞士］雅各布·布克哈特. 历史讲稿［M］. 刘北成，刘研，译. 北京：生活·读书·新知三联书店，2009.

244. ［美］雅克·巴尔赞. 从黎明到衰落：西方文化生活五百年［M］. 林华，译. 北京：世界知识出版社，2002.

245. ［美］亚历山大·格申克龙. 经济落后的历史透视［M］. 张凤林，译. 北京：商务印书馆，2009.

246. ［美］亚历山大·温特. 国际政治的社会理论［M］. 秦亚青，译. 上海：上海人民出版社，2000.

247. ［美］伊曼纽尔·沃勒斯坦. 沃勒斯坦精粹［M］. 黄光耀，洪霞，译. 南京：南京大学出版社，2003.

248. ［美］伊曼纽尔·沃勒斯坦. 现代世界体系（第一卷）［M］. 尤来寅，等，译. 北京：高等教育出版社，1998.

249. ［美］伊曼纽尔·沃勒斯坦. 转型中的世界体系［M］. 路爱国，译. 北京：社会科学文献出版社，2006.

250. ［南斯拉夫］伊万·博日奇，等. 南斯拉夫史（上册）［M］. 赵乃斌，译. 北京：商务印书馆，1984.

251. ［英］以赛亚·柏林. 苏联的心灵：共产主义时代的俄国文化［M］. 潘永强，刘北成，译. 南京：译林出版社，2010.

252. ［德］于尔根·哈贝马斯. 现代性的哲学话语［M］. 曹卫东，等，译. 南京：译林出版社，2004.

253. ［美］禹贞恩. 发展型国家［M］. 曹海军，译. 长春：吉林出版集团有限责任公司，2008.

254. ［美］约翰·费斯克. 理解大众文化［M］. 王晓钰，宋伟杰，译. 北京：中央编译出版社，2001.

255. ［美］约翰·A. 霍尔，G. 约翰·艾坎伯雷. 国家［M］. 施雪华，译. 长春：吉林人民出版社，2007.

256. ［美］约翰·S. 戈登. 伟大的博弈：华尔街金融帝国的崛起［M］. 祁斌，译. 北京：中信出版社，2005.

257. ［美］约翰·米尔斯海默. 大国政治的悲剧［M］. 唐小松，王义桅，译. 上海：上海人民出版社，2003.

258. ［英］约翰·B. 汤普森. 意识形态与现代文化［M］. 高铦，等，译. 南京：译林出版社，2005.

259. ［英］约翰·霍布森. 西方文明的东方起源［M］. 孙建党，译. 济南：山东画报出版社，2009.

260. ［英］约翰·霍夫曼. 主权［M］. 陆彬，译. 长春：吉林人民出版社，2005.

261. ［希腊］约翰·科里奥普罗斯. 希腊的现代进程——1821年至今［M］. 郭云艳，译. 上海：上海人民出版社，2008.

262. ［美］约翰·伊肯伯里. 大战胜利之后：制度、战略约束与战后秩序重建［M］. 门洪华，译. 北京：北京大学出版社，2008.

263. ［美］约拉姆·巴泽尔. 国家理论：经济权利、法律权利与国家范围［M］. 钱勇，曾咏梅，译. 上海：上海财经大学出版社，2006.

264. ［美］约瑟夫·奈. 硬权力与软权力［M］. 门洪华，译. 北京：北京大学出版社，2005.

265. ［美］约瑟夫·泰恩特. 复杂社会的崩溃［M］. 邵旭东，译. 海口：海南出版社，2010.

266. [俄] 扎多欣, 尼佐夫斯基. 欧洲的火药桶: 20 世纪巴尔干战争 [M]. 徐锦栋, 等, 译. 北京: 东方出版社, 004.

267. [英] 詹姆斯·C. 斯科特. 国家的视角: 那些改善人类状况的项目是如何失败的 [M]. 王晓毅, 译. 北京: 社会科学文献出版社, 2004.

268. [美] 詹姆斯·W. 汤普逊. 中世纪晚期欧洲经济社会史 [M]. 徐家玲, 等, 译. 北京: 商务印书馆, 1992.

269. [美] 詹姆斯·多尔蒂、小罗伯特·普法尔次格拉夫. 争论中的国际关系理论 (第五版) [M]. 阎学通, 等, 译. 北京: 世界知识出版社, 2003.

270. [英] 詹姆斯·梅奥尔. 民族主义与国际社会 [M]. 于光思, 译. 北京: 中央编译出版社, 2009.

271. [美] 朱迪斯·戈尔茨坦, 罗伯特·O. 基欧汉. 观念与外交政策: 信息、制度与政治变迁 [C]. 刘东国, 于军, 译. 北京: 北京大学出版社, 2005.

272. [美] 兹比格纽·布热津斯基. 大棋局——美国的首要地位及其地缘 [M]. 中国国际问题研究所, 译. 上海: 上海人民出版社, 1998.

英文著作

1. Dennisi, P. Hupch. *The Balkans from Constantinople to Communism* [M]. Hampshire: Palgrave Macmillan, 2002.

2. Dimitis, J. Kastritsis. *The Sons of Bayezid: Empire Building and Representation in the Ottoman Civil War of* 1402 – 14013 [M]. Leiden: Koninklijke Brill NV, 2007.

3. Dixon, Simon. *The Modernisation of ussia* (1676 – 1825) [M]. Cambridge: Cambridge University Press, 1999.

4. Fleet, Kate. *The Cambridge History of Turkey* (Volume 1) [M]. Cambridge: Cambridge University Press, 2009.

5. Levy, Jack S.. *Declining Power and the Preventive Motivation for War* [M]. World Politics, 1987.

6. Wheatcroft, Andrew. *The EvoluThe Enemy at the Gate: Habsburgs, Ot-

tomans and the Battle for Europe [M]. New York: Basic Books, 2008.

7. Argyll, G. D. C. . *The Eastern Question: From the Treaty of Paris in 1856 to the Treaty of Berlin in 1878, and to the Second Afghan War* (Volume 1) [M]. London: Strahan & Company Limited, 1879.

8. Argyll. *The Eastern Question* (Vols. 1) [M]. London: Strahan & Company Limited, 1879.

9. Benson, Leslie. *Yugoslavia: A Concise History* [M]. Hampshire: Palgrave, 2001.

10. Bringmann, Klaus. *A History of the Roman Republic* [M], Cambridge: Polity Press, 2007.

11. Bull, Heddly and Watson, Adam. *The Expansion of International Society* [C]. Oxford: Clarendon Press, 1984.

12. Bury, J. B. . *A history of the Eastern Roman empire from the fall of Irene to the accession of Basil I. , A. D.* 802 – 867 [M]. London Macmillan, 1912.

13. Caprie, Rene Albrecht. *A Diplomatic History of Europe Since the Congress of Vienna* [M]. New York: Harper & Row, Pubilshers Inc. , 1973.

14. Carsten, F. L. . *The New Cambridge Modern History* (5) [M]. Cambridge: Cambridge University Press, 1961.

15. Clayton, G. D. . *Britain and The Eastern Question: Missolonghi to Gallipoli* [M]. London: University of London Press Ltd. , 1971.

16. Cooper, J. P. . *The New Cambridge Modern History: The Decline of Spain and the Thirty Years War* [M]. Cambridge: Cambridge University Press, 1971.

17. Cox, John K. . *The History of Serbia* [M]. Westport: Greenwood Publishing Group, 2002.

18. Cracraft, James. T*he Revolution of Peter the Great* [M]. Massachussets: Harvard University Press, 2003.

19. Creasy, E. S. . *History of the Ottoman Turks: From the Beginning to the Present Time* (Volume 2) [M]. London: Bradbury and Evans Printers, 1856.

20. De Madariaga. *Isabel. Catherine the Great : A Short History* [M].

New Haven and London: Yale University Press, 1990.

21. Doyle, Michael W.. *Empires* [M]. NY: Conell University Press, 1986.

22. Esherik, Joseph W., Kayali, Hasanand Young, Eric Van. *Empire to Nation: Historical Perspectives on the Making of the Modern World* [M]. Lanham: Rowman & Littlefield Publishing Group, Inc. 2006.

23. Fleet, Kate. *The Cambridge History of Turkey (Volume 1)* [M]. Cambridge: Cambridge University Press, 2009.

24. Fontana, Benedetto. *Hegemony and Power: on the relation between Gramsci and Machiavelli* [M]. Minneapolis: University of Minnesota Press, 1993.

25. Frichtner, Paula Sutter. *Historical Dictionary of Austria (2th edition)* [M]. Toronto: The Scarecrow Press, Inc., 2009.

26. Hall, Richard C.. *The Balkan Wars (1912 – 1913), Prelude to the First World War* [M]. London and New York: Routledge, 2000.

27. Hanioğlu, M. Şükrü. *A Brief History of the Late Ottoman Empire* [M]. Princeton: Princeton University Press, 2008.

28. Harvey, David. *The New Imperialism* [M]. Oxford: Oxford University Press: 2003.

29. Harvey, David. *Spaces of Neoliberalization: Towards a Theory of Uneven Geographical Development* [M]. Wiesbaden: Franz Steiner Verlag, 2005.

30. Hatzopoulos, Pavlos. *The Balkans Beyond Nationalism and Identity: International Relations and Ideology* [M]. London: I. B. Tauris & Co Ltd, 2008.

31. Howson, Richard and Kylie Smith. *Hegemony: Studies in Consensus and Coercion* [M]. NY.: Routledge, 2008.

32. Jane K. Cowan. *Macedonia: The Politics of Identity and Difference* [C]. London: Pluto Press, 2000.

33. Jastrow, Morris. *The Eastern Question and Its Solution* [M]. Philadelphia and london: J. B. Lippincott Company, 1920.

34. Jonathan, Joseph. *Hegomony: A realist analysis* [M]. New York:

Routledge, 2002.

35. Kia, Mehrdad. *The Ottoman Empire* [M]. London: Greenwood Press, 2008.

36. Kissinger, Henry. *A World Restored: Metternich, Castlereagh and the Problems of Peace* (1812 – 1822) [M]. London: Weidenfeld & Nicolson, 2000.

37. Kort, Michael . *A Brief History of Russia* [M]. Boston: Facts on file, Inc. , 2008.

38. Lieven, Dominic. *The Cambridge History of Russia* (Vol. 2) [M]. Cambridge: Cambridge University Press, 2006.

39. Macdonald, John. *Turkey and The Eastern Question* [M]. New York: Dodge Publishing Co. , 1912.

40. Marriot, J. A. R. . *The Eastern Question: An Historical Study in European Diplomacy* [M]. Oxford: Oxford University Press, 1947.

41. Millar, Simon . *Vienna 1683: Christian Europe Rebels the Ottomans* [M]. Oxford: Osprey Publishing, 2008.

42. Quataert, Donald. *The Ottoman Empire* (1700 – 1922) [M]. Cambridge: Cambridge University Press, 2000.

43. Raleigh, Donald J. . *The Emperors and Empresses in Russia: Rediscovering the Romanovs* [C]. London: M. E. Sharpe, Inc. , 1996.

44. Schurman, Jacob Gould . *The Balkan Wars* (1912 – 1913) [M]. The Floating Press, 1917.

45. Silver, Larry. *Marketing Maximilian: A Visual Ideology of Holy Roman Emperor* [M]. Princeton and Oxford: Princeton University Press, 2008.

46. Skowronek, S. . *Build ing a new American State: The expansion of national administration capacities* (1877 – 1920), [M]. Cambridge: Cambridge University Press, 1982.

47. Spruyt, Hendrik. *Ending Empire: Contended Soverignty and Territorial Partition* [M]. Ithaca and London: Cornell University Press, 2005.

48. Stavrianos, L. S. . *The Balkans since 1453* [M]. NY: Rinehatr & Company, Inc. , 1958.

49. Stein, Mark L. . *Guarding the Frontier: Ottoman Border Forts and*

Garrisons in Europe [M]. London: I. B. Tauris Co Ltd., 2007.

50. Stepan, A.. *The State and Society: Peru in Comparative Perspective* [M]. Princeton: Princeton University Press, 1978.

51. Stephen Plerce Hayden Dugga. *The Eastern Question: A Study in Diplomacy* [M]. New York: The Columbia University Press, 1902.

52. Stevan K. Pavlowitch. *A History of the Balkans* (1804 – 1945) [M]. London and New York: Addison Wesley Longman Limited, 1999.

53. Suraiya Faroqhi. *The Ottoman Empire and the World Around It* [M]. London and New York: I. B. Tauris & Co Ltd., 2004.

54. Suraiya N. Faroqhi. *The Cambridge History of Turkey* (Volume 3) [M]. Cambridge: Cambridge University Press, 2006.

55. Talcott Williams. *Turky, A World Problem of Today* [M]. Toronto: Doubleday, Page & Company, 1921.

56. Taylor, A. J. P.. *The Habsburg Monarchy* (1809 – 1918): *A History of the Austrian Empire and Austria-Hungary* [M]. London: Hamish Hamilton, 1948.

57. Tilly, Charles. *Coercion, Capital, and European States, AD 990 – 1990* [M]. Cambridge: Basil Blackwell, Inc., 1990.

58. Tilly, Charles. *The Formation of National States in Western Europe* [M]. Princeton: Princeton University Press, 1975.

59. Valery Kolev, Christina Koulouri. *The Balkan Wars* [M]. Thessaloniki: Center for Democracy and Reconciliation in Southeast Europe, 2009.

60. Villari, Luigi. *The Balkan Question* [M]. London: John Murray, Albemarle Street, W., 1905.

61. Watson, Adam. *The Evolution of International Society: A Comparative Historical Analysis* [M]. London and New York: Routledge, 1992.

62. Wight, Martin. *Systems of states* [M]. Leicester University Press, 1977.

63. William L. Langer. *Farewell to Empire* [M]. Foreign Affairs, 1962.

64. William V. Harris. *War and Imperialism in Republlican Rome* [M]. Oxford: Oxford University Press, 1979.

65. Wimmer, Andreas and Min, Brian. *From Empire to Nation-State:*

Explaining Wars in the Modern World (1816 – 2001) [M]. American Sociological Review, 2006.

英文论文

1. Berger, Mark T.. From Nation-Building to State-Building: The Geopolitics of Development, the Nation-State System and the Changing Global Order [J]. *Third World Quarterly*, 2006 (1).

2. Bolsover, G. H.. Lord Ponsonby and The Eastern Question (1833 – 1839) [J]. *The Slavonic and East European Review*, 1934 (37).

3. Eckhardt, William. *Civilizations*, Empires, and Wars [J]. *Journal of Peace Research*, 1990 (1).

4. Langer, William L.. Farewell to Empire [J]. *Foreign Affairs*, 1962 (1).

5. Postgate, J. N.. In Search of the First Empires [J]. *Bulletin of the American Schools of Oriental Research*, 1994 (293).

6. Strang, David. The Inner Incompatibility of Empire and Nation: Popular Sovereignty and Decolonization [J]. *Sociological Perspectives*, 1992 (2).

7. Strange, Susan. The Defective State, [J]. *Daedalus*, 1995 (2).

8. Adshead, S. A. M.. Dragon and Eagle: A Comparison of the Roman and Chinese Empires [J]. *Journal of Southeast Asian History*, 1961 (3).

9. Alamgir, Jalal. Review of Globalization and State Capacity, [J]. *International Studies Review*, 1999 (1).

10. American Historical Association. Periodization in World History [J]. The*American Historical Review*, 1996: (3).

11. Beales, Derek. Review of Austria's Eastern Question, 1700 – 1790 by Karl A. Roider, Jr. [J]. *The Journal of Modern History*, 1984 (3).

12. Bolsover, G. H.. Palmerston and Metternich on The Eastern Question in 1834 [J]. *The English Historical Review*, 1936 (292).

13. Boswell, Terry. Colonial Empires and the Capitalist World-Economy: A Time Series Analysis of Colonization (1640 – 1960) [J]. *American Sociological Review*, Vol. 54, No. 2 (Apr., 1989).

14. Bryce, Viscount. Religion as a Factor in the History of Empires [J].

The Journal of Roman Studies, 1915 (5).

15. Cheal, David J.. Hegemony, Ideology and Contradictory Consciousness [J]. *The Sociological Quarterly*, 1979 (1).

16. Cox, Robert W.. Labor and Hegemony [J]. *International Organization*, 1977 (3).

17. Dieter Bos. Crisis of the Tax State [J]. *Public Choice*, 1982 (3).

18. Dimitis J. Kastritsis. State, Social Elites, and Government Capacity in Southeast Asia [J]. *World Politics*, 1988 (2).

19. Easton, David. The Political System Besieged by the State [J]. *Political Theory*, 1981 (3).

20. Emanuel Max, The Tribe as a Unit of Subsistence [J]. *American Anthropologist*, 1977 (2).

21. Ernst H. Kantorowicz. Mysteries of State: An Absolutist Concept and Its Late Mediaeval Origins [J] . *The Harvard Theological Review*, 1955 (1).

22. Evenly B. Davidheiser. Strong States, Weak States: The Role of the State in Revolution [J] . *Comparative Politics*, 1992.

23. Ferguson, Niall. Review of Hegemony or Empire? [J]. *Foreign Affairs*, 2003 (5).

24. Galbraith, John S.. The "Turbulent Frontier" as a Factor in British Expansion [J]. *Comparative Studies in Society and History*, 1960 (2).

25. Geertz, Clifford . Ritual and Social Change: A Javanese Example [J]. *American Anthropologist*, 1957 (1).

26. Geiger, Gebhard, Boulding, Kenneth E. and Rose, Michael R.. The Concept of Evolution and Early State Formation [J]. *Politics and the Life Sciences*, 1985 (2).

27. Golub, Philip S.. Imperial Politics, Imperial Will and the Crisis of US Hegemony [J]. *Review of International Political Economy*, 2004 (4).

28. Hulme, Peter . Reviewe of Empire and Order: The Concept of Empire, 800 – 1800 [J] . *The American Historical Review*, 2000 (4).

29. Ikenberry, G. John. Liberalism and Empire: Logics of Order in the American Unipolar Age [J]. *Review of International Studies*, 2004 (4).

30. Ikenberry, G. John. Rethinking the Origins of American Hegemony

[J]. *Political Science Quarterly*, 1989 (3).

31. Ikenberry, G. John. The State and Strategies of International Adjustment [J] . *World Politics*, 1986 (1).

32. Jackson, Robert H. and Rosberg, Carl G. . Why Africa's Weak States Persist: The Empirical and the Juridical in Statehood [J]. *World Politics*, 1982 (1).

33. Karen Sánchez-Eppler. Raising Empires like Children: Race, Nation, and Religious Education [J] . *American Literary History*, 1996 (3).

34. Kedourie, Elie . Britain, France, and the Last Phase of The Eastern Question [J]. *Proceedings of the Academy of Political Science*, 1969 (3).

35. Kothari, Rajni. State Building in the Third World: Alternative Strategies [J]. *Economic and Political Weekly*, 1972 (5/7).

36. Lears, T. J. Jackson. The Concept of Cultural Hegemony: Problems and Possibilities [J]. *The American Historical Review*, 1985 (3).

37. Mayer, Matthew Z. . The Eastern Question Unresolved: Europe, the US, and the Western Balkans [J]. *International Journal*, 2004/2005 (1).

38. Mazrui, Ali A. . The Blood of Experience: The Failed State and Political Collapse in Africa [J]. *World Policy Journal*, 1995 (1).

39. Mendels, D. . The Five Empires: A Note on a Propagandistic Topos [J]. The*American Journal of Philology*, 1981 (3).

40. Moorman, Christine and Miner, Anne S. . Organizational Improvisation and Organizational Memory [J]. *The Academy of Management Review*, 1998 (4).

41. Motyl, Alexander J. . Why Empires Reemerge: Imperial Collapse and Imperial Revival in Comparative Perspective [J]. *Comparative Politics*, 1999 (2).

42. Nettl, J. P. . The State as a Conceptual Variable [J]. *World Politics*, 1968.

43. Pain, Adam . Afghanistan: A Failed State? [J]. *Economic and Political Weekly*, 2001 (44).

44. Pinson, Mark. Ottoman Bulgaria in the First Tanzimat Period: The Revolts in Nish (1841) and Vidin (1850) [J]. *Middle Eastern Studies*,

1975 (2).

45. Rosa, Ehrenreich Brooks. Failed States, or the State as Failure? [J]. *The University of Chicago Law Review*, 2005 (4).

46. Rose, J. Spalding. The Review of Power Without Force: The Political Capacity of Nation-States. by Robert W. Jackman and State Formation in Central America: The Struggle for Autonomy, Development, and Democracy. by Howard H. Lentner [J]. *The Journal of Politics*, 1995: (1).

47. Scelle, G.. Studies on The Eastern Question [J]. *The American Journal of International Law*, 1911 (1).

48. *States: A Cross-National Study* [J]. American Sociological Review, 1976 (4).

49. Stavrianos, L. S.. Reviewe of The Eastern Question (1774 – 1923): A Study in International Relations by M. S. Anderson [J]. *The American Historical Review*, 1967 (4).

50. Strayer, Joseph R.. *Empires-Some Reflections on Roman and Modern Imperialism* [J]. Comparative Studies in Society and History, 1966 (1).

51. Sweet, Louise E.. Camel Raiding of North Arabian Bedouin: A Mechanism of Ecological Adaptation [J]. *American Anthropologist*, 1965 (5).

52. Szporluk, Roman. After Empire: What? [J]., *Daedalus*, 1994 (3).

53. Taagepera, Rein . Size and Duration of Empires: Growth-Decline Curves, 600 B. C. to 600 A. D. [J] . *Social Science History*, 1979 (3/4).

54. Tetreault, Mary Ann. Review of The Declining Hegemony Thesis [J]. *The Journal of Politics*, 1987 (1).

55. Wanniski, Jude T.. Economic Policy and the Rise and Fall of Empires [J]. *Financial Analysts Journal*, 1980 (1).

56. Watson, Adam and Bull, Hedley. States Systems and International Societies [J]. *Review of International Studies*, 1987 (2).

57. Watt, W. Montgomery. The Place of Religion in the Islamic and Roman Empires [J] . *Numen*, 1962 (9).

58. Wimmer, Andreas and Min, Brian. From Empire to Nation-State: Explaining Wars in the Modern World (1816 – 2001) [J]. *American Sociologi-*

cal Review, 2006（6）.

网络资源

1. 脱脱等，宋史［EB/OL］.［2010 - 01 - 20］.

2. http：//www. zgwww. com/wenxian/% CA% B7% B2% BF/25% CA% B7/% CB% CE% CA% B7/ssh_177. htm.

3. ［2010 - 4 - 17］. Wikipedia，http：//en. wikipedia. org/wiki/Failed_state#2005.

4. Daniel Thurer. The "Failed State" and Internationa Law［J/OL］.（1999 - 12 - 31）［2010 - 4 - 14］. http：//www. globalpolicy. org/component/content/article/173-sovereign/30464. html.

5. Hobsbawm，Eric. Spending Democracy，Foreign Policy［J/OL］.［2010 - 04013］. http：//www. foreignpolicy. com/articles/2004/09/01/spreading_democracy？page = full.

6. Failed state［N/OL］.